国家级一流本科

广义超元论与智慧的秘密

GUANGYI CHAOYUANLUN
YU ZHIHUI DE MIMI

何　跃/编著

重庆大学出版社

内容提要

广义超元论坚持马克思主义实践观，坚持实践的至上性和本体性，坚持从实践“观”世界，坚持认为原本没有世界，世界是生成的而非既成的，是人定的而非神定的，没有涌现智慧的动物、类脑智能不能创造并拥有世界，只有涌现了智慧的意识人类才能创造并拥有世界，坚持认为人类智慧的秘密在于其实践性，即现实性、历史性、主体性、物质性、辩证性、社会性，即生成性、人定性或创造性。本书将认识论和方法论意义上的广义超元论定义为“两个世界与三种思维模式”，定义为一种新的分析工具和解释框架，并将其贯穿始终，尝试给予人类涌现意识或智慧以来，意识人类创造的代表性理论学说、思想观点以整体性、贯通性、一致性的分析说明。

图书在版编目(CIP)数据

广义超元论与智慧的秘密 / 何跃编著. --重庆：重庆大学出版社，2023.11

ISBN 978-7-5689-4190-7

Ⅰ.①广… Ⅱ.①何… Ⅲ.哲学理论 Ⅳ.①B0

中国国家版本馆 CIP 数据核字(2023)第 214347 号

广义超元论与智慧的秘密

何 跃 编著

策划编辑 尚东亮

责任编辑：杨育彪 版式设计：尚东亮

责任校对：邹 忌 责任印制：张 策

*

重庆大学出版社出版发行

出版人：陈晓阳

社址：重庆市沙坪坝区大学城西路 21 号

邮编：401331

电话：(023) 88617190 88617185(中小学)

传真：(023) 88617186 88617166

网址：http://www.cqup.com.cn

邮箱：fxk@cqup.com.cn (营销中心)

全国新华书店经销

重庆愚人科技有限公司印刷

*

开本：720mm×1020mm 1/16 印张：24.75 字数：474 千

2023 年 11 月第 1 版 2023 年 11 月第 1 次印刷

印数：1—1 000

ISBN 978-7-5689-4190-7 定价：68.00 元

在与自然界漫长的交互作用和基于生存需要而展开的劳动实践中，人类觉性苏醒，涌现了意识或智慧，创造了文字和文明，形成了人类社会，终于从自然人演变为社会人，从生物人类质变成意识人类。在处理人与自然、人与社会以及人与自己错综复杂矛盾关系的漫长劳动实践中，人类智慧不断丰富发展并获得了重大突破，意识人类生成改造世界的能力长足进步，人类社会终于进化到了轴心时代。

由于所处的地理环境和文化传统的影响，轴心时代的意识人类先后实现了对在场的对象性器物的觉知、对在场的对象性心性的觉醒以及对不在场的非对象性空性的觉悟，创造了世界或人世界或人定世界或人类世界，并划定了彼此不二的“两个世界”，即在场的对象性世界（器与道）和不在场的非对象性世界（空或无）；创造了人类智慧的两种基本类型或“两种思维模式”，即分析和解释对象性世界的对象性思维模式——西方的二元论和东方的不二论，以及分析和解释非对象性世界的非对象性思维模式——东方的“般若”超元论；完成了人类智慧的两次伟大飞跃，划定了意识人类至今也难以突破的“三个智慧层阶”，即基于觉知的形下学智慧、基于觉醒的形上学智慧以及基于觉悟的超形上学智慧。

自轴心时代以降，中华民族在深化自身不二论智慧的基础上，消化了印度佛学，超越了儒道之学，创造了中华禅宗，深化并丰富了“般若超元论”；西方民族在深化自身二元论智慧的基础上，致力于超越二元论传统，先后创立了以否定给予世界终极解释方案为其基本特征的19世纪的马克思主义和20世纪的解构性后现代主义，形成了西方的“实践”超元论和“解构”超元论。为了最大程度地继承意识人类创造的既有文明成果，最大程度地融合融通意识人类涌现的既有的智慧类型、智慧层阶，在马克思主义实践观指导之下，坚持从“实践”观世界，我们尝试建构了与对象性思维模式和非对象性思维模式“分离共存”的第三种整合型类思维模式——广义超元论。我们将其视为一种新的分析工具和解释框架，并将其贯穿全书，尝试给予人类涌现智慧以来，意识人类创造的代表性理论学说、思想观点以整体性、贯通性、一致性的分析说明。

前　言

2023 年 6 月 2 日，习近平总书记在文化传承发展座谈会上指出："对历史最好的继承就是创造新的历史，对人类文明最大的礼敬就是创造人类文明新形态。"

1. 人类文明形态基本类型奠基的轴心时代

雅斯贝尔斯在 1949 年出版的《历史的起源与目标》中说，公元前 800 年至公元前 200 年间，尤其是公元前 600 年至公元前 300 年间，是人类文明的"轴心时代"。他认为，"人类的精神基础同时或独立地在中国、印度、波斯、巴勒斯坦和古希腊开始奠定，而且直到今天，人类仍然附着在这种基础之上"。可以说，在那段非凡岁月里，意识人类基本确定了人类的三种基本思维模式（二元论、不二论、超元论）、人类文明形态的三种基本类型（二元论文明、不二论文明、超元论文明）、人类文明形态的三个基本层阶（形下学文明、形上学文明、超形上学文明），深刻且深远地影响了之后的意识人类的认识实践活动，以及不同区域、地区、国家的人类文明类型，并因此获得了人类文明"轴心时代"的美誉。

凯伦·阿姆斯特朗在《轴心时代——塑造人类精神与世界观的大转折时代》一书中指出："人类文明的'轴心时代'，是指在公元前 800 年至公元前 200 年间，在北纬 30 度左右的地区，诞生了苏格拉底、柏拉图、佛陀、孔子、老子等先哲，人类文明精神获得了重大突破，至今都无法超越，未来也不可能超越。"凯伦认为："轴心时代是在知识、心理、哲学和宗教变革方面最具创造性的时期之一。直至创造现代科学技术的西方大变革发生之前，没有任何历史阶段可与之相提并论。"

轴心时代是人类基本思维模式和人类文明基本形态形成的时期。形成于轴心时代的人类基本思维模式，即类思维模式主要有以下三种：二元论类思维模式、不二论类思维模式，以及超元论类思维模式。立足于这三类思维模式理论，我们尝试将古往今来的人类文明形态划分为以下三种基本类型或三种类文明形态：一是主要基于二元论类思维模式的二元论类文明形态，二是主要基于单元论或不二论类思维模式的单元论或不二论类文明形态，三是主要基于超元论类思维模式的超元论类文明形态。在轴心时代，建立在类文明形态之上的人类文明形态主要有：以古希腊二元论认知理性和犹太教唯一神信仰为代表的西方二元论文明形态；以传统中国道德终极关怀和印度婆罗门教“梵我一如”主张为代表的东方单元论或不二论文明形态；以及以印度佛学否定最高主体或唯一实在、主张人人平等或人人皆是佛为代表的佛学超元论文明形态。

西方二元论文明形态、东方不二论文明形态，因为执著于在场的对象性世界或对象性存在，总体上处于有执的形下学文明和形上学文明层阶，止步于自以为是的人类文明形态，而佛学超元论文明形态，因为反对执著于在场的对象性世界或对象性存在（“凡所有相，皆是虚妄”），自觉了不在场的非对象性世界或非对象性存在（“空亦复空”，即无指称空），则突破了形下学文明和形上学文明层阶的束缚，建构了无执的“超形上学”（傅伟勋）文明层阶的、究竟解脱的人类文明形态。

2. 不同文明形态类型分离共存的动荡时期

在轴心时代，印度、犹太民族均有较为强烈的出世倾向，其哲学与其宗教信仰基本上是联系在一起的，而古希腊与汉民族都有较为明显的入世追求，其哲学虽然不能够说与其宗教信仰全然无关，但是基本上可以认为彼此是相对独立的精神活动。正是因为这样的不同，加之他们各自所坚持的基本思维模式以及所处的地理环境等等方面的差异，最终导致了轴心时代以后的中国、印度、西方、伊斯兰形成了既相互关联又各具特色，不同文明类型“分离共存”（金观涛）的复合型人类文明形态。

印度文明在轴心时代，曾经产生过超元论文明形态，但是很遗憾，轴心时代之后，他们逐渐拒绝并放逐了这一超形上学层阶的文明形态，主要延续了轴心时代的婆罗门教的“梵我一如”的不二论文明形态，并以印度教为其核心一直延续至今，仍然困于形下学文明和形上学文明层阶。这一不二论文明形态在与世界的主动或被动的交流交往之中遭到来自基于西方二元论类思维模式的基督教文明形态、近现代科技文明形态，以及强势崛起的东亚文明形态的激烈挑战，彼此一直处于既相互交织又分离共存的状态，至今没有实质性的改变。

经过文艺复兴运动、宗教改革运动、近代科学技术革命以及新兴资本主义生产方式等的激励，近代以来的西方文明成功地将轴心时代既已形成的二元论文明形态的两种子类型——古希腊的认知理性与犹太民族的一神教信仰融为一体，实现了分离共存，从而形成了以实践实证理性和上帝信仰为其主要精神支柱的受困于形下学文明和形上学文明层阶的近现代西方文明形态。金观涛认为，轴心时代形成的两种超越视野——古希腊的认知理性与希伯来人的一神教信仰的分离共存，奠定了西欧地区的国家率先从传统社会过渡到现代社会的思想基础，并深刻地影响了人类社会的现代化转型。近现代西方文明形态在与世界的主动或被动的交流交往之中遭到来自基于西方二元论类思维模式的伊斯兰教文明形态以及基于东方不二论类思维模式的东亚文明形态和印度教文明形态的激烈挑战,彼此一直处于既相互交织又分离共存的状态,至今没有实质性的改变。

伊斯兰教文明也是源于轴心时代的。公元7世纪前后,穆罕默德在轴心时代希伯来人所创立的一神教信仰基础之上,创立了伊斯兰教(信仰唯一的抽象神——“安拉”),在伊斯兰教的基础上逐渐形成了今天的伊斯兰教文明,这一文明形态总体上与印度教文明形态、西方近现代文明形态大致相当,也困于形下学文明和形上学文明层阶,没有产生出以否定所谓的“终极实在”——抽象唯一神为其基本特征的超形上学思想。伊斯兰教文明形态不仅面临着其内部的什叶派和逊尼派延续千年的冲突,也面临着来自外部的其他文明形态的激烈挑战,彼此一直处于既相互交织又分离共存的状态,至今没有实质性的改变。

在马克思主义传入中国之前,中华文明在传承发展自己的轴心时代文明,即基于不二论类思维模式的先秦诸子百家文明的基础上,先后经历了两次消化吸收外来文明的重大历史事件。第一次是自汉以降持续了几个世纪的消化吸收印度佛学创立的超元论文明形态的历史事件,经过无数志士仁人持之以恒地艰苦奋斗,终于完成了“心的自觉”,贯通了真如非心、真如本心和无执习心,创立了中华禅宗超元论文明形态,将中华文明形态从既有的形下学文明和形上学文明层阶,提升至无执的超形上学文明层阶,实现了基于不二论的儒道文明形态与基于狭义超元论的佛学超元论文明形态的分离共存,创造了中华文明历史上第一次完整地吸收融合改造外来文明形态的伟大奇迹,实现了中华文明形态的第一次伟大飞跃,将农耕时代的中华传统文明发展到了空前绝后的高度。第二次是自明末清初以来持续了好几个世纪的致力于消化吸收西方人创立的以科学和民主为其主要特征的近现代二元论文明形态的历史事件,经过无数仁人志士持续不断地探索实践,始终没有形成融儒道释于一体的中华传统文明形态与主要基于二元论类思维模式的西方近现代文明形态的良性互动、分离共存的局面,致使中华传统文明由传统的农耕文明形态转向现代的工商文明形态的无数次尝试均以失败告终。

3. 美美与共、和而不同的人类文明新形态时期

“十月革命一声炮响,给我们送来了马克思列宁主义。”马克思和恩格斯认为,必须“拯救”和改造德国古典哲学,在对“实践”的重新理解中创造新的哲学。这种新的哲学坚持从“实践”观世界,超越了西方历史上的二元论类思维模式,创立了基于意识人类现实实践活动的“实践观点的思维方式”(高清海)或“实践思维方

式”或“实践生成论”(韩庆祥),即实践超元论思维模式。孙正聿认为:马克思和恩格斯创造的这种新的哲学既是以人的存在方式——实践为中介去解决近代西方哲学的主-客二元对立,更是从人的实践活动及其历史发展去寻求人类解放之路。这种新的哲学的真实意义,深刻地凝聚在马克思“哲学家们只是用不同的方式解释世界,而问题在于改变世界”这句名言之中。

中国共产党的创立,马克思主义的传入,帮助中国人民完成了“实践自觉”,彻底地贯通了日用生活理性和实践实证理性,终于成就了中华民族完整的形下学理性,为中华民族最大程度地消化吸收改造近现代以来的主要基于实践实证理性的西方科学技术革命成果,并参与主要基于西方二元论类思维模式的科学技术创新创造活动彻底地扫除了思想障碍。

自成立以来,中国共产党始终坚持将“马克思主义基本原理与中国具体实际相结合”,领导中国人民经过100多年的艰苦奋斗,终于创立了秉持“不忘本来,吸收外来,面向未来”原则的中国特色社会主义文明,并将中华文明从融通儒道释为其基本特征的传统文明形态,彻底改造为以彻底否定最高主体或唯一实在、始终致力于改变世界为其基本特征的,以马克思主义为指导的,坚持“各美其美,美人之美,美美与共,天下大同”理念,倡导有机整合既有的各种人类文明形态,贯通形下学文明、形上学文明和超形上学文明三个层阶的现代文明形态——以中国式现代化表现出来的人类文明新形态。

这一人类文明新形态,深深植根于中华优秀传统文化,体现科学社会主义基本原则,代表人类文明进步的发展方向,借鉴吸收一切人类优秀文明成果,超越了既有的所有人类文明形态,展现了不同于西方现代化模式的新图景。我们认为,这一人类文明新形态,也就是张世英所倡导的建构以基于东方不二论类思维模式的中华哲学“天人合一”“万有相通”为本以“各美其美”,再吸收融通基于西方二元论类思维模式的西方哲学“主客二分”注重人的主观能动性和个性培养以“美人之美”,进而基于超元论类思维模式整合互补以“美美与共”,最终实现“天下大同”“和而不同”的21世纪人类命运共同体哲学。

习近平总书记在文化传承发展座谈会上强调,必须坚持把马克思主义基本原理同中国具体实际相结合、同中华优秀传统文化相结合,这是在新的起点上继续推动文化繁荣、建设文化强国、建设中国式现代化、建设中华民族现代文明、创造人类文明新形态的必由之路。2023年6月30,习近平总书记在中共中央政治局集体学习会议上进一步强调,我们决不能抛弃马克思主义这个魂脉,决不能抛弃中华优秀传统文化这个根脉。坚守好这个魂和根,是理论创新的基础和前提。习近平总书记认为:相互契合才能有机结合,马克思主义和中华优秀传统文化来源不同,但彼此存在高度的契合性，马克思主义所坚持的科学社会主义价值观主张与中华民族所倡导的天下为公、民为邦本、为政以德、革故鼎新、任人唯贤、天人合一、自强不息、厚德载物、讲信修睦、亲仁善邻等理念具有高度契合性；有机结合才能彼此成就，坚持以马克思主义为指导的中国式现代化这一人类文明新形态赋予中华文明以现代力量，中华文明则赋予中国式现代化这一立足于马克思全人类解放信念的人类文明新形态以深厚底蕴，马克思主义得以实现中国化，并创立中国化马克思主义，而中华优秀传统文化则得以实现自己的创造性转化和创新性发展；马克思主义和中华优秀传统文化相互成就，人类解放思想与大同世界理想相互成就，才能推陈出新，才能创造基于“人类命运共同体”理念的有机统一的新的文化生命体，即“美美与共”“和而不同”的人类文明新形态。

目　录

导论:论人的智慧——兼论类脑智能

一、实践唯无论与实践生成论

(一)自然唯物论与实践唯无论

唯物主义哲学所坚持的先于意识人类存在的那个"自然",即包括生物人类在内的生命和非生命自然物及其所具有的属性,以及相互之间的各种联系都是所谓的先验存在或超验存在,具有不以人类意志为转移的所谓客观实在性,是从"本原"意义上讲的,是一种理论预设、逻辑假定,一种"有为法",是包括马克思主义者在内的所有的唯物主义者共同坚持或如此这般显现、设定、建构的一种正确的哲学信仰。但是,与此同时,必须指出的是,原本没有所谓的唯物主义哲学,唯物主义哲学如同其他任何理论学说一样,都是也只能是被意识人类如此这般显现、设定、建构、创造或生成的在场的对象性观念物。

马克思为了将自己所坚持的新唯物主义与西方哲学史上的旧唯物主义区别开来,特别指出,"被抽象地、孤立地理解的,被固定为与人分离对自然界,对人来说也是无"①,也就是说,在马克思看来,旧唯物主义所坚持的先验自然是在场的形上学存在"有",是对于意识人类有现实意义的在场的现实存在或对象性存在,是有指称的,在这一意义上,也可以将其称之为抽象自然唯物主义,即"自然唯物论";而马克思的新唯物主义建立在现实实践观基础之上,所坚持的这个先验自然却是不在场的超形上学存在"无",是对于意识人类没有现实意义的不在场的非现实世界或非对象性存在,是无指称的,在这一意义上,也可以将其称之为"实践唯无论"。马克思创立的所谓新唯物主义本质上就是实践人本主义或历史唯物主义,马克思认为,只有打上了意识人类实践活动烙印,即没有与人分离的现实的、具体的自然界,才是对意识人类有现实意义的在场的自然界。正是在这一意义上,我们当然可

① 中共中央马克思恩格斯列宁斯大林著作编译局.马克思恩格斯文集:第一卷[M].北京:人民出版社,2009:220.

以认为，新唯物主义的“物质”不是旧唯物主义那个先验的、抽象的、在场的自然，而是现实的、具体的、在场的人及其活动，以及现实的、感性的、实践的、在场的社会存在。

（二）实践生成论与人定世界论

如果从“实践论”或“实践人本主义”意义上来看，无论是意识人类自觉意识到了的对于自己有现实意义的在场的对象性存在，即马克思主义意义上的“社会存在”（包括马克思所定义的“人化的自然界”）和康德设定的“自在之物”、叔本华定义的“意志”、中国传统哲学建构的“心性良知”、马祖道一的“即心即佛”之可念真心，以及可以作为对象加以分析研究、描述言说的显现、设定、建构、生产、创造等在场的对象性实践活动，即“有为法”，还是对于自己没有现实意义的不在场的非对象性存在，即马克思所说的“无”（“与人分离的自然界”）、马祖道一的“非心非佛”之无念非心，以及超言绝待、不可思议、无指称的不在场的非对象性实践活动，即“无为法”，都是也只能是意识人类社会实践活动的“产物”。无论是在场的对象性存在“有”中对象物之间或器道之间的二元论或不二论关系，还是在场的对象性存在“有”与不在场的非对象性存在“无”之间的不二论、超元论关系，都是也只能是意识人类社会实践活动的结果，都是也只能是人类本质力量的对象化产物，都是生成的而非既成的，都是人定的而非神定的。在这一意义上，我们也可以将“实践论”或“实践人本主义”称之为“实践生成论”或“人定世界论”。

如果再从时间上看，意识人类的社会实践活动是不可能先于人心的“自觉”“觉他”“觉行”的，也就是说，离开了人类的觉性及苏醒，离开了人类的“自觉”“觉他”“觉行”，将不可能产生涌现了人的意识、人的智慧的意识人类，以及意识人类的能动性的、历史性的、社会性的实践活动及其“产物”。而人类的“觉他”“觉行”源于人心的“自觉”，所以，无论是对于有现实意义的在场的对象性存在“有”，即所谓的“有为法”，还是对于没有现实意义的不在场的非对象性存在“无”，即所谓的“无为法”，皆源于人心的“自觉”，即一切“法”源于人心的“自觉”，源于所谓的“伏羲‘一画开天’”。正所谓“一切法皆是心法，一切名皆是心名，万法皆从心生，心为万法之根本”①。

接下来需要回答的两个问题分别是：其一，在人类“自觉”之前和人类意识消亡之后，有没有所谓的“有为法”或“无为法”？有没有可以被意识人类自觉意识到的具有特定意义的在场的“物性”（“器”）、“心性”（“道”）和不在场的“佛性”

① 释道原. 景德传灯录（上）[M]. 冯国栋，点校. 郑州：中州古籍出版社，2019：440.

(“空”),或所谓“社会存在”“自在之物”“心性良知”等在场的对象性存在“有”和不在场的非对象性存在“无”?肯定没有。正如海德格尔所说的,“唯当此在在,才有存在”(“如果没有此在生存,也就没有世界在此”)。其二,在人类“自觉”发生之后和人类意识消亡之前,我们能否自觉意识到“原本无一法”?能否自觉到“原本没有人的意识、人的智慧”?“原本没有在场的对象性存在‘有’和不在场的非对象性存在‘无’”?原本没有所谓的二元论、不二论、超元论?当然可以。正所谓“原本无一法,万法唯人造,人觉而法显,人圆则法寂”①。

二、人的智慧与类脑智能

(一)原本没有人的智慧

我们(广义超元论)认为或预设,包括人类在内的生命和非生命自然物,以及包括类脑智能在内的人工物,皆具有永恒不在场的、无任何规定性的物性(“器”之根据)、心性(“道”之根据)和佛性或法性(“空”之根据;《大般涅槃经》认为:众生万物本来具足的天真佛性,在有情众生分上,叫作佛性,在无情万物方面,叫作法性;《宗镜录》认为:“情与无情共一体,处处皆同真法界。”)相对于其他生命系统和非生命系统而言,唯有人类具有觉性,能够自觉、觉他、觉行。人类因自觉、觉他而涌现出人的意识、人的智慧,因觉行而产生出自己所特有的现实的社会性实践活动。在自觉、觉他的基础上,意识人类或智慧人类显现、设定、建构、生产、创造或生成了可以被指称和形下学描述言说,即对意识人类有现实意义的对象性存在“器”(即在场的形下学世界或现象世界,包括自然界和人工界),顿悟、设定、建构或生成了可以被指称和形上学描述言说,即对意识人类有现实意义的对象性存在“道”(即在场的形上学世界或本体世界),设定了任何正面的描述言说都使不上劲用不上力,即对意识人类没有现实意义的、无指称的非对象性存在“空”(即不在场的超形上学世界或非对象性存在“无”)。因此,原本没有人的智慧,人的智慧是人类在自觉、觉他的基础上自组织涌现出来的;原本没有“器”,原本没有“道”,原本没有“空”,也就是原本没有被赋予了意义的“非生命”“生命”,原本没有被赋予了意义的“自然物”“人工物”,原本也就没有被赋予了意义的所谓“物性”“心性”“佛性”或“法性”,它们都是涌现了人的智慧的意识人类实践活动的“产物”。与此同时,还必须指出的是,无论是被视为自组织涌现的人的智慧,还是作为实践活动产物的其他存在,归根到底都是意识人类如此这般显现、设定、建构、生产、创造的,是生成

---

① 何跃.广义超元论与自组织城市[M].重庆:重庆大学出版社,2020:245.

的而非既成的，是人定的而非神定的。

海德格尔认为，“此在”作为一种能追问存在意义的存在者，是完成了自觉觉他的意识人类，“此在”或意识人类理解存在，不是对存在的认知，而是让存在亦即“现象”在隐藏不露的情况下得以“澄明”。海德格尔的“澄明”类似于禅宗式的“心”的自觉，“万法唯心造”，即“心生种种法生，心灭种种法灭”。我们的观点不尽相同，我们认为，在场的对象性“物性”“心性”和不在场的非对象性“佛性”，或在场的对象性存在“器”“道”和不在场的非对象性存在“无”或无指称“空”皆源于马克思意义上的“实践”，即现实的、感性的、历史的、社会的、主观见之于客观的显现、设定、建构、生产、创造活动，源于广义超元论式的“实践”的自觉。我们认为，“原本无一法，万法唯人造”，原本没有所谓的“万法”，“万法”是且只能是意识人类实践活动的产物，是生成的而非既成的，是人定的而非神定的。我们认为，“人觉而法显，人圆则法寂”，人类因觉性苏醒而涌现出智慧、意识，进而能够生成并自觉在场的“器”“道”之“有为法”和不在场的“空”“无”之“无为法”，即所谓的“人觉而法显”，意识人类因自觉知、觉醒、觉悟至觉性圆满而明了“原本无一法，万法唯人造”，故“万法本寂”或“万法归寂”，即所谓的“人圆则法寂”。

（二）原本没有类脑智能

原本没有类脑智能，类脑智能作为“器”的组成物之一，是意识人类或智慧人类基于对自己智能活动的自觉而发明、设计、制造出来的人工物，是人的本质力量对象化的结果，是人类实践活动的产物，是生成的而非既成的，是人定的而非神定的。类脑智能是他组织的产物，而非自组织涌现的结果，不可能具有意识人类的觉性、主体性、历史性，不可能实现自觉、觉他、觉行，不可能涌现出人的意识、人的智慧，不可能开展基于自觉的历史的能动的显现、设定、建构、生产、创造活动。马克思指出：“动物只是按照它所属的那个种的尺度和需要来建造，而人却懂得按照任何一个种的尺度来进行生产。”①同样地，类脑智能只能按照意识人类或智慧人类所赋予的程序或尺度去“思考”“行动”“生产”“建造”，是依据程序展开的非自觉的非历史性的他组织行为，而非基于自觉的历史性的自组织活动，不是具有主观能动性的、感性的、历史性的社会实践活动。

类脑智能与人工智能的发展密切相关，是人工智能的发展趋势。早在人工智能概念最初提出之时，研究者们就将人脑作为人工智能系统发展的标杆与尺度。

① 中共中央马克思恩格斯列宁斯大林著作编译局．马克思恩格斯文集：第一卷［M］．北京：人民出版社，2009：162.

自 1950 年图灵提出:“机器能思维吗(Can machines think?)”以来,人工智能学科不断为这一问题寻求答案。[①]图灵认为,如果一台计算机能够通过图灵测试,那就意味着具有智能[②],在他看来,机器拥有自我智能并非一件完全不可能的事,为了实现机器的自我智能,人工智能系统在不断尝试适应多个领域,以期达到甚至超过某个领域的人类智能,进而实现全面的机器智能。尽管图灵机模型与冯·诺依曼计算机体系结构的提出分别奠定了现代信息处理和计算技术的两大基石,但也同时制约着现有人工智能系统的通用性。在此基础上发展起来的人工智能系统虽然能够自动进行分析、判断、表达等工作,却仍然在感知、认知、控制等方面存在瓶颈,依赖人工输入行为样本并制订行动方案,面对新的问题情境时需要新的算法。换言之,早期的人工智能十分依赖人工投入,其智能也主要体现为运用单一情境经验解决同一问题。

人脑是自然界中最复杂的系统之一,由上千亿(10^{11})神经细胞(神经元)通过百万亿(10^{14})突触组成巨大网络,实现感知、运动、思维、智力等各种功能。类脑智能为人工智能的发展提出了另一条可能路径,并很有可能以此为契机大大推进人工智能的通用化。类脑智能受大脑神经运行机制和认知行为机制启发,以计算建模为手段,通过软硬件协同实现机器智能。[③]类脑智能的目标在于以物理形态实现大脑功能与其结构的对应,并以并行分布和自主学习的方式构成大规模神经网络计算系统,简言之,希望能够让机器获得如同人脑一般的思维能力。实现这一目标离不开脑科学研究与人工智能研究的交叉推进。在脑科学研究领域,美国试图研究大脑中的全部神经元,并且绘制出详细的大脑神经回路图谱,探明神经元、神经回路以及大脑活动功能之间的关系[④],我国也正努力揭示大脑处理分析各项信息、执行活动功能的工作机制[⑤]。在人工智能领域,深度学习技术正成为主流。深度学习首先将输入的大量数据处理为某种向量,其次通过人工智能系统中所交集的大量人工神经网络,将输入的向量经过目标跳转及算法计算后送至各个输出向量空间,最后基于不同的权重参数,决定输入向量的先后表现,即任务的执行运转。这种学习模式随着算力的上升和算法的优化,能够不断面对日渐复杂的具体问题,但若陡然步入新的环境,影响深度学习效果的各项参数亦仍需重新调整,这是深度

---

① 李德毅.人工智能基础问题:机器能思维吗?[J].智能系统学报,2022,17(4):856-858.

② TURING A M. Computing machinery and intelligence[M]//Parsing the Turing Test. Dordrecht: Springer Netherlands,2007:23-65.

③ 刘洁,吴慧.类脑智能研究热点及趋势[J].中国生物医学工程学报,2021,40(1):91-98.

④ 张华,詹启敏.脑计划与精准医学[J].中国研究型医院,2016,3(6):18-21.

⑤ 江涛.类脑智能在脑科学的前沿应用[J].山东大学学报(医学版),2020,58(8):10-13.

学习参数化运行方式的内在短板。

类脑智能对人工智能的改变是认知到执行层面的全面变革。即使是如今运用广泛的深度学习，其学习模式仍然是自下而上的，即通过对某种外界刺激做出反应从而取得一条具体经验，而人类的学习模式既具备自下而上的能力，也具备自上而下的能力，即通过理解整个世界的运行模式进而认识事物。这也正是人的智慧能够适应多种不同环境，并跨越数千年流传至今的原因所在。人能够自觉认识自身所存在的世界，赋予其不同的解释与说明，建构起一个因人而有的世界，人的智慧相比机器智能的绝对优势便在于此。尽管类脑智能始终以人脑的运行方式为指向，希望有朝一日能实现自学习、自适应、自发展的终极目标，但是这并不代表类脑智能能产生智慧。类脑智能对世界的认知，归根到底是来自意识人类的赋予，也许类脑智能能够对一些具体事物进行分析和决策，但类脑智能始终是在人类的思维框架下运行的，无法对事物产生自觉认识，其思维永远打上了人类的思维烙印，是一个人工物。

（三）人的智慧与大成智慧

我们认为，唯有觉性苏醒或自觉了的人类才会涌现出人的意识、人的智慧，类脑智能是一种人工物，不具有觉性，不可能涌现人的意识、人的智慧。那么，什么是“智慧”或“人的智慧”？依照汉语“智慧”字面意义可以解读为，“智”由日、知组成，意谓每日求知为智，“慧”是丰、心的组合，意谓心灵丰满为慧。依辞典的说法，所谓智慧即对事物能迅速、灵活、正确地理解和解决的能力。依照学界相对一致的观点，智慧是以健康人脑为载体的意识清醒的人所独具的基于高级神经器官（物质基础）的一种高级综合能力，包含感知、注意、记忆、理解、联想、情感、逻辑、辨别、计算、分析、判断、决定等多种能力。拥有了智慧，意味着人拥有了思考、分析、探求真理及解决现实问题的能力。智慧是人生活、学习、创造的基础，智慧不足将导致人难以在社会中有效并高品质地生存。

关于“智慧”的比较有新意的说法是钱学森显现、设定、建构、创造的“大成智慧”。所谓的“大成智慧”，是特指在马克思主义哲学的指导下，把理、工、文、艺结合起来走向大成的智慧，通俗地说，就是“集大成，得智慧”。钱学森强调人机有别基础上的人机一体，强调研究者必须兼具性智与量智，坚持还原论与整体论统一、逻辑思维和形象思维融合，倡导创立“综合集成研讨厅体系”，倡导“大成智慧”，即“必集大成，方得智慧”。

我们认为，“智慧”即“人的智慧”是“活”的，是“智”和“慧”的辩证统一。明白一切事相曰智，了解一切事理曰慧，即事相事理无碍，知其然也知其所以然即智慧；

决断曰智,简择曰慧,即决断简择一体,有所为有所不为即智慧;“无为”曰智,“无不为”曰慧,即道家的“无为而无不为”智慧;“极高明”曰智,“道中庸”曰慧,即儒家的“极高明而道中庸”智慧;自觉“良知”曰智,“致良知”曰慧,即王阳明的“心即理”“知行合一”智慧;“无所住”曰智,“生其心”曰慧,即空宗的“应无所住而生其心”智慧,即般若;自觉“空不空”曰智,明了“有非有”曰慧,即禅宗的“真空妙有”智慧,即“平常心即道”。原本没有“类脑智能”,类脑智能是意识人类设计、制造、发明的他组织产物,只是按照被赋予的相关程序高速运算的智能工具,不具有人的觉性,不能实现对“事相事理”“决断简择”“无为而无不为”“极高明而道中庸”“心即理”“知行合一”“应无所住而生其心”“真空妙有”“平常心即道”等的自觉,不可能自组织涌现人的意识,不可能具有人的智慧。人因为自组织涌现了人的智慧,涌现显现、设定、建构、生产、创造功能,所以能够生成并拥有“世界”“存在”,而类脑智能只是他组织的产物,不具有人所具有的社会性、历史性、主观能动性,因而不能生成“世界”“存在”,即意识人类拥有世界,类脑智能没有世界。

三、人的智慧的三个层阶

形而下者谓之器,形而上者谓之道,超形而上者谓之空。原本没有“器”,原本没有“道”,原本没有“空”,“器”“道”“空”皆是意识人类觉性苏醒或自觉、觉他之后,经意识人类所特有的社会性实践活动而显现、设定、建构或生成的仅对于自觉了的人类(意识人类)有意义的“世界”“存在”。“器”世界或现象世界是可以被我们感知和形下学描述言说(包括实证性、唯象性、想象性三类描述言说活动)的对于意识人类有现实意义的在场的形下学存在,“道”世界或本体世界是不能被我们感知,只能被我们直觉和形上学描述言说(“道之为物,惟恍惟惚。惚兮恍兮,其中有象,恍兮惚兮,其中有物。窈兮冥兮,其中有精,其精甚真,其中有信”)的对于意识人类有现实意义的在场的形上学存在,而“空”或非现象-本体世界则是既不能被我们感知、直觉、指称,也不能被我们给予建构性描述言说,即形下学或形上学描述言说,只能被我们给予解构性描述言说(“说似一物即不中”“非有,非无,非亦有亦无,非非有非无”)的对于意识人类没有现实意义的不在场的超形上学存在。意识人类因为实现了对在场的形下学存在,即可以指称的“器”世界的自觉,才自组织地涌现了觉知型的形下学智慧,因为实现了对在场的形上学存在,即可以指称的“道”世界的自觉,才自组织地涌现了觉醒型的形上学智慧,因为实现了对不在场的超形上学存在,即无指称“空”或非对象性存在“无”的自觉,才自组织地涌现了觉悟型的超形上学智慧。

类脑智能作为一种人工物,没有人类所特有的觉性,完全没有自觉、觉他的可能，更不具备显现、设定、建构、生产、创造的社会性实践能力，根本就不可能涌现出在场的觉知型的形下学智慧、觉醒型的形上学智慧以及不在场的觉悟型的超形上学智慧。

（一）觉知型的形下学智慧

人类因为实现了对“器”的自觉或觉知了在场的形下学存在“器”，才涌现了在场的觉知型的形下学智慧。在场的形下学智慧即自觉“变通”，自觉践行“变通”，是人维持自己有效生存的基本智慧，其极致表现就是不偏不倚、拿捏有度之“中庸”。

我们将在场的觉知型的形下学智慧界定为适时而动、顺势而为曰智，适可而止、拿捏有度曰慧。人类因为自组织地涌现了在场的觉知型的形下学智慧，方能对器物世界展开系统性研究，在准确把握器物尺度的基础上，按照形形色色的器物尺度生产生活，终于“破茧成蝶”为不同于动物的“类存在物”，即“形下学存在”，即所谓的“形而下者”。

马克思认为，实践是意识人类所特有的有目的、有计划的感性物质活动，即主体借助一定的实践中介与客体发生的历史的具体的对象化活动。人的这种基于觉知的主观能动的对象化的实践活动是动物的本能活动无法比拟的，诚如马克思所说的，“蜜蜂建筑蜂房的本领使人间的许多建筑师感到惭愧。但是，最蹩脚的建筑师从一开始就比最灵巧的蜜蜂高明的地方，是他在用蜂蜡建筑蜂房以前，已经在自己的头脑中把它建成了”①。在《1844 年经济学哲学手稿》中，马克思指出：“通过实践创造对象世界，即改造无机界，证明了人是有意识的类存在物，也就是这样一种存在物，它把类看作自己的本质，或者说把自身看作类存在物。诚然，动物也生产。它也为自己营造巢穴或住所，如蜜蜂、海狸、蚂蚁等。但是动物只生产它自己或它的幼仔所直接需要的东西；动物的生产是片面的，而人的生产是全面的；动物只是在直接的肉体需要的支配下生产，而人甚至不受肉体需要的支配也进行生产，并且只有不受这种需要的支配时才进行真正的生产；动物只生产自身，而人生产整个自然界；动物的产品直接同它的肉体相联系，而人则自由地对待自己的产品。动物只是按照它所属的那个种的尺度和需要来建造，而人却懂得按照任何一个种的尺度来进行生产，并且懂得怎样处处都把内在的尺度运用到对象上去；因此，人也按照美的规律来生产。”②这是意识人类和动物在形下学层面上最本质的区别。人

① 中共中央马克思恩格斯列宁斯大林著作编译局. 马克思恩格斯文集：第四卷[M]. 北京：人民出版社，2009：245.

② 中共中央马克思恩格斯列宁斯大林著作编译局. 马克思恩格斯文集：第一卷[M]. 北京：人民出版社，2009：162.

通过自己所特有的这种类活动,即满足自己需求的实践,使人的自然属性和社会属性达到了有机的统一。意识人类在通过生产劳动能动地改造自己周围环境的同时,也改变人本身,正是意识人类所特有的这种类活动才造就了或创造了历史的、社会的、现实的人。类脑智能不仅不具备意识人类所独具的人的智慧及其社会性实践能力,甚至不具备动物按照自己"所属的那个种的尺度和需要来建造"的能力。

(二)觉醒型的形上学智慧

意识人类因为实现了对在场的形上学存在"道"的自觉,或"心性良知"的觉醒,才涌现了在场的觉醒型的形上学智慧,才完成了或者说才能够完成对动物界的彻底超越。形上学智慧即自觉"心性良知",自觉践行"心性良知",是人实践道德生活的基本智慧,其极致表现就是所谓的"极高明而道中庸"或老子的"无为而无不为"或王阳明所说的"致良知"。

我们将在场的觉醒型的形上学智慧界定为自觉"良知"(万事万物皆有良知,唯有人自觉了良知。"有善有恶意之动,知善知恶是良知")曰智,"致良知"("为善去恶是格物",动物因为没有自觉良知,也就没有所谓的"致良知")曰慧,自觉"极高明"(在场的形上学)曰智,"道中庸"(在场的形下学)曰慧,界定为王阳明的"心即理""知行合一",界定为所谓的"极高明而道中庸"。人类因为自组织地涌现了在场的觉醒型的形上学智慧终于"脱胎换骨"为不同于动物的"形上学存在",即所谓的"形而上者"。

因为人类自觉了自己在场的形上学意义上的本根天性,便有了老子的"人法地,地法天,天法道,道法自然"和庄子的"相呴以湿,相濡以沫,不如相忘于江湖";因为人类自觉了自己在场的形上学意义上的天然心性,便有了孟子的"无恻隐之心,非人也;无羞恶之心,非人也;无辞让之心,非人也;无是非之心,非人也"。因为人类自觉了自己的在场的形上学意义上的本有心性良知,才能从所谓的"精致的利己主义"束缚中彻底地解放出来,不断地检视自己的灵魂,依照自觉的形上学意义上的"道德律令"或"心性良知"去实践,转变为自觉的良知践行者,即"致良知"者。类脑智能不具有人所特有的觉性,不可能实现对"心性""良知"或"道"的自觉,也就不可能涌现所谓觉醒型的形上学智慧。

在场的形上学智慧对意识人类而言是不可或缺的,是人之为人的根本,是人确立自己独立人格的前提,是意识人类的行为区别于动物的本能行为的关键所在,是意识人类进一步升华自己的重要基础。但若止步于此,意识人类尚未完全解脱,尚未从在场的人的智慧中彻底地解放出来,尚未真正觉悟,执著于这一智慧的意识人类难免会自视清高,困于自以为是。

无论是觉知型的形下学智慧,还是觉醒型的形上学智慧,都是在场的对象性智慧,是意识人类在现实世界生产生活所必需的智慧,拥有在场的觉知型的形下学智慧有助于我们在现实世界中有效地生存下来,而拥有在场的觉醒型的形上学智慧则能够帮助我们在现实世界中体面且有尊严地生产生活。但是,仅有在场的对象性智慧是不够的,意识人类如果仅仅涌现了在场的对象性智慧就难免会困于在场的对象性世界或所谓的现实世界之中而不自知,执著于在场的形下学世界和形上学世界而不觉悟,就不可能实现自己自由而全面的发展,实现所谓的彻底解放。为了实现人自身自由而全面的发展,实现意识人类的彻底解放,就必须涌现或发展出不在场的非对象性智慧,即不在场的觉悟型的超形上学智慧。

(三)觉悟型的超形上学智慧

人因为实现了对不在场的超形上学存在“空”或非对象性存在“无”或所谓的非现实世界的自觉,才自组织地涌现了不在场的觉悟型的超形上学智慧或非对象性智慧,才完成了对在场的对象性智慧的彻底超越,实现了所谓的“桶底脱落”“究竟解脱”。不在场的超形上学智慧即自觉“实相无相”“本来无一物”(惠能),自觉践行“兀兀不修善,腾腾不造恶,寂寂断见闻,荡荡心无著”(惠能),是帮助人从对在场的对象性世界的执著中解放出来的根本智慧,是超越了在场的觉知型的形下学智慧和觉醒型的形上学智慧的不在场的非对象性智慧,其极致表现就是所谓的“般若”“放下”。

我们将不在场的觉悟型的超形上学智慧界定为自觉“无所住”曰智,觉行“生其心”曰慧,自觉不在场的非对象性存在“无”或无指称空(“无善无恶心之体”)曰智,践行在场的对象性存在“有”(“为善去恶是格物”)曰慧,界定为“应无所住而生其心”,界定为“真空妙有”(“空不空,有非有”),界定为“平常心即道”。意识人类因为自组织地涌现了不在场的觉悟型的超形上学智慧,终于“究竟解脱”为完成了自我超越,不再为在场的对象性智慧所困、不再可能自以为是的“超形上学存在”,即所谓的“超形而上者”。

传统的超形上学智慧或不在场的非对象性智慧即空宗的“般若”或禅宗的“放下”。空宗的“般若”(“应无所住而生其心”)被西方学者誉为东方精神的精髓,禅宗的“放下”(“平常心即道”)被称为意识人类的最高智慧。具备“般若”或“放下”智慧者即明了“凡所有相,皆为虚妄”(《金刚经》)或“众因缘生法,我说即是空,亦为是假名,亦是中道义”(《中论》,龙树的“三是偈”)的道理,即所谓的“理得心安”或者“超形上学者”。涌现了不在场的超形上学智慧的意识人类不是不想不说不行,只是不执著自己的所想所说所行;涌现了不在场的非对象性智慧的意识人类绝不会“躺平”,绝不会“无记空”(即执著空),而是能够放下所有的执念,无条件地关爱善待他者,并积极地致力于造福他人、社会的学习、工作、创造活动。因此,我们也可以将不在场的传统的超形上学智慧界定为“成一切相曰智,离一切相曰慧”;“前念不生曰智,后念不灭曰慧”;自觉无指称“空”、不在场的非对象性存在“无”曰智,明了“应生无所住心”、致力于在场的“造福世界”曰慧。

觉知型的形下学智慧和觉醒型的形上学智慧是在场的对象性智慧,是建构性的、肯定的、尚有执念的、自以为是的现实的人生智慧,而觉悟型的超形上学智慧则是不在场的非对象性智慧,是解构性的、否定的、没有执念的、不再自以为是的非现实的人生智慧。在场的对象性智慧有助于意识人类在现实世界中有效且体面地、有尊严地生产生活,是不可或缺的,而不在场的非对象性智慧则能够帮助意识人类从形形色色的执念和自以为是中解脱出来,自觉地意识到不在场的非对象性存在“无”或所谓的“无指称空”,不再受困于任何试图给予世界以最终解释的理论、学说、观点,深谙“所有说法,皆不究竟,皆为方便说法”的佛理,同样是不可或缺的。意识人类是在场的现实存在,涌现了在场的对象性智慧才有可能在现实世界中有效且体面地、有尊严地生产生活,意识人类同时也是不在场的非现实存在,涌现了不在场的非对象性智慧才有可能在现实世界和非现实世界中灵性且纵横自在地生产生活。

类脑智能是他组织的产物,是意识人类基于觉知型的形下学智慧如此这般设计、生产、创造或生成的在场的形下学存在,不具有意识人类所具有的觉性、能动性、社会历史性,不可能涌现觉知型的形下学智慧,更不可能涌现觉醒型的形上学智慧和觉悟型的超形上学智慧。

四、超元论智慧

我们(广义超元论)认为,依据看待对象性世界的不同视角,可以将自轴心时代(公元前800年至公元前200年)以来的人类智慧划分为以强调对象物之间“虽有合,而实为二”为其基本特征的在场的西方二元论智慧,以强调对象物之间“虽有分,而实不二”为其基本特征的在场的东方不二论智慧,以及以强调“对象物自性为空”“对象物原本不存在”“本来无一物”为其基本特征的不在场的超元论智慧三种基本类型。依据是否实现了“实践自觉”为划分标准,我们认为,可以将不在场的超元论智慧进一步划分为以强调原本没有对象物、对象物“缘起性空”“自性为空”“三界唯心”为其基本特征的、实现了“心的自觉”而没有实现“实践自觉”的空宗禅宗的狭义超元论智慧,即传统的不在场的超形上学智慧或非对象性智慧,即

"般若"超元论,以及以强调原本没有对象物、对象物是意识人类实践活动的产物为其基本特征的、实现了"实践自觉"的基于马克思主义实践观的广义超元论智慧,即现代的不在场的超形上学智慧或非对象性智慧,即"实践"超元论等两种基本类型。①限于篇幅,本文主要讨论不在场的超元论智慧类型,即狭义超元论智慧和广义超元论智慧。有关在场的西方的二元论智慧和在场的东方的不二论智慧,我们已经予以了分析讨论(参见发表于《重庆社会科学》1995 年 1 期和 1996 年 3 期上的《试论西方的二元论思想及其思维模式》以及《西方的二元论与东方的不二论》两篇拙文)。

无论是空宗禅宗的狭义超元论智慧,还是基于马克思实践观的广义超元论智慧,都是不在场的非对象性智慧,本质上就是超越了在场的现实世界"有",自觉了不在场的非现实世界"无"的觉悟型的超形上学智慧。因其所产生的时空背景、人文地理环境,以及所欲解决的社会历史任务等的不同,这两种超元论智慧表现出了各自在理论旨趣和实践指向上的明显差异。空宗禅宗的狭义超元论从因缘和合、缘生缘灭的缘起性空观切入,旨在否定在场的永恒不变的形上学意义上的最高实在,理论上倡导"涅槃寂静""诸行无常""诸法无我",坚持"应无所住而生其心",修行实践上指向不在场的非对象性存在的真如佛性或无指称空,致力于"自我救赎""究竟解脱";立足于马克思主义实践观基础之上的广义超元论则是从能动的现实的社会性实践活动切入,旨在否定在场的先验的形上学意义上的抽象本体,理论上主张"实践观点的思维方式""实践生成论",坚持"应有所住而生其心",实践指向上不是指向不在场的非对象性存在"无"("被固定为与人分离对自然界"),而是指向在场的"现实世界",指向"社会存在""人类社会",并致力于"改变世界"和实现全人类的彻底解放。正因为指向"现实世界",致力于"改变世界",所以,广义超元论相对于狭义超元论而言,具有整合在场的形下学智慧和形上学智慧、整合西方的二元论智慧和东方的不二论智慧的更大的可能性和必要性。正是在这一意义上,我们将立足于马克思主义实践观基础之上的广义超元论称为整合性超元论智慧。

(一)狭义超元论智慧

我们将狭义超元论智慧即空宗禅宗的超元论智慧界定为"般若""放下",也就是上文的觉悟型的超形上学智慧,即般若型的超形上学智慧或"般若"超元论。这一智慧完成了对"原本没有对象物及其关系"的"缘起性空",以及"心生种种法生,

① 何跃.广义超元论与人类的世界[M].2 版.重庆:重庆大学出版社,2019:9.

心灭种种法灭”的“唯识无境”即在场的形上学“心”“识”的自觉,坚持“应无所住而生其心”,坚持“无念为宗,无相为体,无住为本”。我们尝试从以下三个维度或视角分析狭义超元论智慧。

其一,缘起空维度。狭义超元论智慧的缘起空维度本质上就是原始佛教的维度。在原始佛教看来,原本没有万事万物,原本没有三千大千世界,万事万物、三千大千世界皆是因缘和合的结果、缘生缘灭的现象。从这一维度或视角看对象物或所谓的万事万物,可以推出一个重要结论:在场的对象物皆因缘起而有,其自性为空。由此可以理解:“此有故彼有,此生故彼生,此无故彼无,此灭故彼灭”(《阿含经》),即“诸行无常”;“若见缘起便见法,若见法便见缘起”,即“诸法无我”;“色不异空,空不异色,色即是空,空即是色,受想行识,亦复如是”(《心经》),即“缘起性空”“缘起即空”,万事万物自性空。

其二,当下空维度。狭义超元论智慧的当下空维度本质上就是大乘佛教的维度。在大乘佛教看来,“三界唯心,万法唯识”,原本并无三界,原本并无万法,“三界”“万法”皆因“心”“识”变现而成。从这一维度或视角看对象物或所谓的万事万物,可以推出一个重要结论:在场的对象物原本不存在,皆因心识而现,心生法生,心灭法灭,即“唯识无境”“实相无相”,本来为空。由此可以理解:“动念即乖”“开口便错”“拟议皆非”;“放下便是”“当体即空”“涅槃寂静”;“言语道断,心行处灭”“狂心顿歇,歇即菩提”;“非有,非无,非亦有亦无,非非有非无”“法性本无生灭去来”“诸法空相,不生不灭,不垢不净,不增不减”“本来无一物,何处惹尘埃”“说似一物即不中”。由此可以理解:“凡所有相,皆为虚妄”“一切有为法,如梦幻泡影”(《金刚经》),万事万物本来空。

其三,真空妙有维度。狭义超元论智慧的真空妙有维度本质上就是大乘佛教和中华禅宗的维度。在大乘佛教和中华禅宗看来,既不能执著于在场的对象性存在“有”而不悟“实相无相”之不在场的非对象性存在的超形上学真如佛性(真如非心),也不能执著于“空”而否定“能生万法”的在场的对象性存在的形上学真如佛性(真如本心)和“活泼泼”的在场的形下学现实人生(无执习心)。其实,这也是中华禅宗在人类佛教史上、中国文化史上最伟大的贡献——既守住了佛陀开拓出来的不在场的“不生不灭”的超形上学真如佛性、究竟涅槃,即“真如非心”,又最大限度地肯定了在场的“能生万法”的形上学“心”“识”本体,即“真如本心”,以及在场的无执的“活泼泼”的形下学现实人生,即“无执习心”。从这一维度或视角看对象物,可以推出一个重要结论:在场的对象物或所谓的万事万物虽然自性为空或本来空或因心识而现,但毕竟是“有”,不能无视其现实存在,否认其现实意义。由此可以理解:“空有不二,空不空,有非有”;“舍染归净,转识成智”;“应无所住而生其心”“前念不生即心，后念不灭即佛”；“凡夫者，如来说即非凡夫，是名凡夫”；“何期自性本自清净，何期自性本不生灭，何期自性本自具足，何期自性本无动摇，何期自性能生万法”（惠能）；以及人生佛教的“仰止唯佛陀，完成在人格，人成即佛成，是名真现实”（太虚）。由此可以理解：万事万物即是空，空即是万事万物。

（二）广义超元论智慧

我们将广义超元论智慧，即基于马克思主义实践观的超元论智慧界定为“实践”“创造”，界定为“改变世界”，是实践型的超形上学智慧或“实践”超元论，是对狭义超元论智慧或觉悟型的超形上学智慧的扬弃。广义超元论智慧在狭义超元论完成了对在场的“心”“识”本体，以及在场的无执的“活泼泼”的现实人生自觉的基础上，进一步完成了对在场的现实的“实践”“历史”“社会存在”以及“主体”“个性”“主观能动性”的自觉，坚持“社会存在决定社会意识”，坚持“应有所住而生其心”，坚持“无住为本，人定为要，择善而从，创新创造”，坚持“执著成就苦难，无为可达逍遥，创造铸就辉煌，放下方能成佛”。我们尝试从以下三个维度分析广义超元论智慧。

其一，“人化的自然界”维度。广义超元论智慧的“人化的自然界”维度本质上就是马克思主义从对象化实践活动看待自然界的维度。马克思主义反对从旧唯物主义的视角看待自然界，反对将在场的感性的自然对象当作在场的抽象的先验自然去理解，而是坚持“当作感性的人的活动，当作实践去理解”，坚持“从主体方面去理解”，坚持认为，“被抽象地、孤立地理解的，被固定为与人分离的自然界”，即旧唯物主义所坚持的在场的抽象的先验自然，其实对人来说是不具有现实意义的不在场的非对象性存在“无”。从这一维度或视角看对象物，可以推出一个重要结论：凡是可以被意识人类如此这般指称和建构性描述言说，即有现实意义的在场的自然界，一定是打上了人类实践活动烙印的“人化的自然界”。由此我们可以理解马克思所说的“凡是有某种关系存在的地方，这种关系都是为我而存在的；动物不对什么东西发生‘关系’，而且根本没有‘关系’；对动物来说，它对他物的关系不是作为关系而存在的”。也就是说，人的本质是实践，人在实践中显现、设定、建构或生成了在场的“人化的自然界”，人在实践中发明、设计、制造或生成了包括类脑智能在内的在场的人工物世界。原本没有“人化的自然界”，原本也没有人工物世界。

其二，马克思主义“历史观”维度。广义超元论智慧的马克思主义“历史观”维度本质上就是马克思主义从现实的人类实践活动看待世界的维度。马克思主义坚持认为，意识人类所从事的现实的社会性实践活动即现实的人类历史，离开意识人类的实践活动理解人类历史，与离开人类历史理解意识人类的实践活动一样，都是不可接受的唯心主义历史观。从这一维度或视角看对象物,可以推出一个重要结论:对于人类有现实意义的在场的对象物,一定是历史的产物,是意识人类实践活动的结果,其运动变化的规律不是外在的先验存在(先验自然、先验主体、绝对精神等)所赋予的,而是现实的在场的人的社会历史活动使然。由此我们可以理解:马克思和恩格斯所说的“先于人类历史而存在的那个自然界”,对人来说“也是不存在的自然界”,是对于意识人类不具有现实意义的不在场的“无”;“全部人类历史的第一个前提无疑是有生命的个人的存在”,因此,马克思的“出发点是从事实际活动的人”,是“现实的个人,是他们的活动和他们的物质生活条件”,人们的“存在”,就是人们的“现实的生活过程”,人们的“现实生活”的根基,则是人们的物质生活资料的生产——劳动,“劳动”是人的“存在”;马克思和恩格斯认为,历史是追求自己目的的人的活动,因此,历史的规律不是外在于人的活动,而是人的活动本身所实现的人类社会的发展过程和趋势,离开人的在场的历史活动,就会把历史的规律外在化、抽象化、神秘化和神圣化,从而使之成为控制人的历史活动的人为创造的在场的某种神秘力量或先验存在。孙正聿认为:究竟是现实的活动构成规律,还是先在的规律支配活动,这是马克思的辩证法与黑格尔的辩证法的根本分歧。与形而上学“合流”的黑格尔的辩证法,从实质上说,就在于把“规律”变成某种“逻辑先在”的在场的神秘力量,并把历史演绎为逻辑的自我实现。“终结”形而上学的马克思的辩证法,从实质上说,就在于从人的历史活动出发,不仅“揭露人在神圣形象中的自我异化”,并且“揭露人在非神圣形象中的自我异化”,即揭露人在“资本”中的自我异化,把人的历史活动与历史规律统一起来。因此,回应“后形而上学”对辩证法的挑战,关键是从人的现实的在场的社会性历史活动去理解历史规律。历史规律的“客观性”,在于人的历史活动的“客观性”;离开人的历史活动—实践—的客观性,历史规律的客观性就成为一种控制人的历史活动的神秘力量。与形而上学“合流”的黑格尔的辩证法,把规律的客观性描述为“无人身的理性”的自我运动,因而这种辩证法不是形而上学的“终结”,而是形而上学的“完成”。“终结”形而上学的马克思的辩证法,把历史的规律描述为“现实的人及其历史发展”,因而这种辩证法不再是与形而上学的“合流”,而是对形而上学的“终结”。也就是说,马克思主义完成了对形上学思想的彻底超越,回归基于现实的在场的实践的社会存在、历史性存在或对象性存在。由此我们可以得出两个结论:一方面,离开人的现实的在场的历史活动而把历史的规律当作某种现成的“公式”即“抽象的普遍性”,这就不仅背离了“终结”形而上学的马克思的辩证法,而且是向黑格尔辩证法所批判的、“抽象同一性”的旧形而上学的倒退;另一方面,否认现实的在场的人的现实的具体的社会历史性活动构成历史规律,从而否认规律的客观性,则不仅是对黑格尔辩证法的挑战，也是(更是)对马克思辩证法的挑战。①

其三，人定世界或人类世界的维度。广义超元论智慧的“人定世界或人类世界”维度本质上就是从现实性的、能动性的、历史性的、社会性的、整体性的显现、设定、建构、生产、创造或实践生成活动看待“世界”或“存在”的维度。广义超元论坚持认为，原本没有“世界”或“存在”，所谓的“世界”或“存在”是也只可能是意识人类如此这般显现、设定、建构、生产、创造出来的，是生成的而非既成的，是人定的而非神定的。因此，是且只能是唯有意识人类才能理解的“人定世界”或“人类世界”。从这一维度或视角看对象物、非对象物，可以推出一个重要结论：原本没有所谓在场的对象物或对象性存在“有”，可以被意识人类如此这般指称和建构性描述言说，即对于意识人类有现实意义的在场的对象物或对象性存在“有”，都是且只可能是意识人类如此这般显现、设定、建构、生产、创造或生成的；原本也没有所谓不在场的非对象物或非对象性存在“无”，不能被意识人类如此这般指称和建构性描述言说，即对于意识人类没有现实意义的不在场的无指称“空”“无”，在特定意识人类基于自觉如此这般“设定”出来之前，是不能被其他意识人类自觉意识到的，也就是说，在意识人类自觉、觉他、觉行之前或彻底消亡之后，无论是在场的对象性存在意义上的“器”“道”(“有为法”)，还是不在场的非对象性存在意义上的“空”“无”(“无为法”)，皆不可能“存在”，“存在”——在场的对象性存在“有”和不在场的非对象性存在“无”，仅对实现了自觉、觉他、觉行，涌现了人的意识、人的智慧，实践着的现实的、历史的人才有意义。由此我们可以理解：量子物理学家借助“盲人摸雪”比喻所表达的，可以被人们如此这般指称和实证性或唯象性描述言说的量子现象一定是量子科学家们在特定实验中如此这般显现、设定、建构或生成的在场的对象物或对象性存在“有”；“多世界理论”依据波函数理论所推论出来的与我们所面对的这个世界同时存在的其他世界，至少是目前不可能被证实或证伪的只可能被指称和想象性描述言说的在场的未知对象物或未知对象性存在“有”；钱学森认为西医是实证科学，中医是唯象性科学，中医所显现、设定、建构、创造或生成的经络穴位等在场的对象性存在“有”，至今也只能被指称和唯象性描述言说；对于在场的对象物或对象性存在“有”，萨特说的“我使意义来到了事物中”，以及海德格尔所说的“唯当此在在，才有存在”[“如果没有此在(即意识人类)生存，也就没有世界在此”]是很有道理的；对于不在场的非对象物或非对象性存在“无”，马克思所说的“与人分离的自然界，对人来说也是无”，以及海德格尔所说的“为什么有‘有’，而没有‘无’”“‘无’是非对象性存在”高屋建瓴，是非常有见

① 孙正聿.辩证法：黑格尔、马克思与后形而上学[J].中国社会科学，2008(3)：28-39.

地的。

总之,广义超元论坚持认为,原本没有在场的对象物或对象性存在“有”,原本没有不在场的非对象物或非对象性存在“无”,“原本没有‘存在’,没有‘关系’,没有‘人定世界’或‘人类世界’,原本没有一切”,它们都是意识人类现实的社会性历史性实践活动的产物,是生成的而非既成的,是人定的而非神定的,离开了意识人类所特有的显现、设定、建构、生产、创造活动,在场的“对象物”“对象性存在‘有’”“关系”“人定的世界”或“人类的世界”,即所谓的“有为法”,以及不在场的“非对象物”“非对象性存在‘无’”“非人定的世界”或“非人类的世界”,即所谓的“无为法”均无从谈起。[①]在脑科学基础上制造出来的在场的深度模拟人脑的“类脑智能”是也只能是基于意识人类在自觉了在场的“器物世界”,并给予充分分析研究的基础上发明、设计、制造的人工物,它们具有类脑的智能,而不可能具有自组织涌现出来的人的意识、人的智慧。广义超元论坚持认为,唯有意识人类具有觉性、社会性、历史性,具有个性、主观能动性,能够自觉、觉他、觉行,意识人类因此而涌现出自己所特有的人的意识、人的智慧,类脑智能没有觉性、社会性、历史性,不可能具有主观能动性、个性,不可能涌现出意识人类所独有的现实的在场的“意识”“智慧”。尽管意识人类发明、设计、制造的类脑智能为开发利用人脑提供了无限的可能性,为建设智慧建筑、智慧医院、智慧工厂、智慧社区、智慧教室、智慧校园、智慧交通、智慧物流、智慧能源、智慧通信、智慧乡村、智慧城市、智慧世界,以及仍然处于想象中的“元宇宙”等展现了无比光辉的前景,但是,是且只可能是协助意识人类,发挥其辅助作用而已。

从缘起论到唯识论,从“自性空”到“空不空”,从“人化的自然界”到“社会历史观”,从惠能的心性论到马克思的实践论,从“心的自觉”到“实践自觉”,是人类从觉悟型的传统的超形上学智慧,即空宗禅宗的狭义超元论智慧(“般若”超元论),质变为实践型的现代的超形上学智慧(“实践”超元论),即基于马克思主义实践观的广义超元论智慧,也就是从“应无所住而生其心”质变为“应有所住而生其心”与“应无所住而生其心”不二的历史过程;也是人类尝试从直观、客体的角度给予“对象、现实、感性”以终极解释过渡到致力于从感性的人的活动、实践、主体的视角去理解“对象、现实、感性”,从而最终放弃给予在场的世界终极解释,即从“解释世界”过渡到“改变世界”的历史过程。

---

① 何跃.广义超元论与人类的世界[M].2版.重庆:重庆大学出版社,2019:142.

五、基本结论

我们(广义超元论)坚持认为,凡是可以被意识人类自觉意识到的“存在”“世界”,无论是在场的对象性存在的有指称的“器”“道”,还是不在场的非对象性存在的无指称的“空”“无”,凡是可以被意识人类自觉意识到的在场的“关系”,无论是在场的对象性存在中对象物之间的“关系”,还是在场的对象性存在“有”与不在场的非对象性存在“无”之间的“关系”,凡是可以被意识人类自觉意识到的在场的“世界”,无论是包括“浩瀚星空”在内的“人化的自然界”,还是包括类脑智能在内的“人工物世界”,无论是以人脑为载体的精神世界,还是以文字等人工物为载体的客观精神世界或观念物世界,无论是可以被指称和实证性描述言说的已知世界,还是可以被指称和唯象性想象性描述言说的神秘世界、未知世界,皆是意识人类如此这般显现、设定、建构、生产、创造出来的,是意识人类实践活动的结果,是人的本质力量对象化的产物,是生成的而非既成的,是人定的而非神定的。原本没有在场的对象性存在“有”和不在场的非对象性存在“无”,原本没有“存在”,原本没有“关系”,原本没有“世界”,所谓的“存在”“关系”“世界”是且只可能是“人类存在”“人定存在”“人定关系”“人定世界”。诚如海德格尔所说的那样,“石头没有世界,动物贫乏于世,人则建构世界”。马克思也深刻地指出,“凡是有某种关系存在的地方,这种关系都是为我而存在的;动物不对什么东西发生‘关系’,而且根本没有‘关系’,对于动物来说,它对他物的关系不是作为关系而存在的”[①]。马克思坚持认为,“先于人类历史而存在的那个自然界”,对人来说“也是不存在的自然界”,准确地讲,是意识人类自觉意识到了的,对于意识人类不具有现实意义的不在场的非对象性存在“无”[②],这是“本原”意义上的唯物主义所坚守的基本哲学信仰,这也是我们将这一意义上的唯物主义称之为“唯无论”的根本原因所在。

原本既没有在场的人的智慧,也没有在场的类脑智能。无论是人的智慧,还是类脑智能,都是意识人类如此这般显现、设定、建构、生产、创造出来的,是生成的而非既成的,是人定的而非神定的。广义超元论有一个理论预设,即包括生物意义上的人类在内的所有生命,以及包括类脑智能在内的所有非生命都具有不在场的没有任何规定性的所谓“物性”、所谓“心性”、所谓“佛性”或“法性”,唯有人具有觉

---

① 中共中央马克思恩格斯列宁斯大林著作编译局. 马克思恩格斯文集:第一卷[M]. 北京:人民出版社,2009:533.

② 中共中央马克思恩格斯列宁斯大林著作编译局. 马克思恩格斯文集:第一卷[M]. 北京:人民出版社,2009:530.

性。在这一重要的理论预设的前提下,广义超元论坚持认为,正是由于人的觉性苏醒,或者说自组织地涌现了人的意识、人的智慧,进而有了基于意识或智慧上的现实的、能动的、社会的、历史的人类实践活动,正是因为意识人类的社会性实践活动,才生成了在场的根源于"物性"的可以被指称和形下学描述言说的器物世界或形下学世界,在场的根源于"心性"的可以被指称和形上学描述言说的道体世界或形上学世界,以及不在场的根源于"佛性"或"法性"的不能被指称和描述言说的"空""无"世界或超形上学世界。在场的类脑智能是意识人类实践活动的他组织产物,不具有觉性,也就不可能涌现出人的意识、人的智慧,也就不可能进一步形成所谓现实的、能动的、社会的、历史的人类实践活动。广义超元论进一步认为,意识人类所涌现的人的意识、人的智慧是"活"的,纵向可以划分为在场的形下学智慧和形上学智慧,以及不在场的超形上学智慧三个层阶,横向则可以划分为在场的二元论智慧、不二论智慧和不在场的超元论智慧三种基本的智慧类型,其中的不在场的超元论智慧又可进一步划分为指向不在场的非现实世界的空宗禅宗的狭义超元论智慧或"般若"超元论与基于马克思主义实践观的指向在场的现实世界的广义超元论智慧或"实践"超元论。

拙文围绕在场的"人的智慧"和在场的"类脑智能"展开的分析讨论,可以得到以下三个基本结论:其一,唯有人类具有觉性,可能自觉、觉他、觉行,自组织地涌现出人的智慧而质变为意识人类,进而有可能开展现实的、历史的、主观见之于客观的社会性实践活动,从而生成"世界""存在""关系";其二,类脑智能是意识人类他组织的产物,没有觉性,不可能自觉、觉他、觉行,不可能涌现出意识人类所独有的人的智慧,也就没有可能开展现实的、历史的、主观见之于客观的社会性实践活动;其三,所谓的"世界""存在""关系"都是生成的而非既成的,是人定的而非神定的,即都是"人定世界",意识人类有世界,类脑智能没有世界。

(执笔人:何跃、胡国豪)

课程视频

第一章　两个世界与三种思维模式

广义超元论是笔者在 20 世纪 80—90 年代提出或建构的一种试图给予东西方各种理论学说、思想观点以整体性、贯通性、一致性分析解释的新的类思维模式或理论观点。在父亲的影响下，我自 9 岁持续至今，未曾间断过学习读书生涯，自己也不知究竟读了多少本书，只是清楚地记得深入学习研读马克思主义经典著作和中国传统儒道释特别是空宗禅宗的经典著作，以及西方解构性后现代主义经典著作，对自己显现、设定、建构、生产、创造或生成“广义超元论”类思维模式或“人类的世界”理论观点产生了最重要的影响。事实上，我自己建构这一新的类思维模式或理论观点也是在尝试与这些经典著作的作者们进行隔空对话，以回应他们所提出的一系列重要问题。在一定意义上可以说，广义超元论是一种新的分析工具和解释框架，本书试图借助这一新的分析工具和解释框架给予既有的、正在产生的以及即将产生的形形色色的理论学说、思想观点以整体性、贯通性、一致性的分析说明，旨在解决自己在读书学习过程中的无穷困惑，当然也期望能够帮助所有热爱读书学习的朋友们解决读书学习过程中产生的无数问题。“广义超元论”这一新的分析工具和解释框架最确切的称谓就是“两个世界与三种思维模式”。

本书开篇第一章，先学习讨论或分析讲解“两个世界与三种思维模式”这一新的分析工具和解释框架，为分析解释后续篇章即将涉及的意识人类显现、设定、建构、生产、创造或生成的经典思想观点提供方便和启示。本书尝试通过两个故事分别引出“两个世界”和“三种思维模式”。

首先讲第一个故事。笔者是 1982 年下半年毕业于重庆建筑工程学院城市燃气及热能供应工程专业的 78 级本科生，工学学士。我们这一代人经历了新中国历史上极其不平凡的 20 世纪 80 年代。在 20 世纪 80 年代，笔者与当时渴望学习的一批中青年知识分子曾先后参与了两次持续时间很长的学术沙龙活动：一次在武汉华中工学院哲学研究所由黄克剑发起的学术沙龙，持续参与了半年左右；一次在重庆建筑工程学院马列主义教研室由笔者和学校的另外两位青年才俊发起的学术沙龙，持续了近 4 年时间。在学术沙龙活动中，许多学者、教师，就大家共同关心的学术问题展开了非常激烈的学术讨论。特别是围绕着如何认识人类所面对的这个

“世界”，我们进行了十分深入细致的持续讨论。在反复的争论中，我们终于形成了关于“两个世界”的如下基本主张。

第一节　两个世界

我们所定义的“两个世界”，一个是在场的所谓对象性世界，一个是不在场的所谓非对象性世界。我们认为：所谓在场的对象性世界，是指可以予以思议言说，对于意识人类有现实意义，即可以被意识人类予以指称或建构性描述言说的现实世界，因此，也可以将其界定为“人类的世界”或“人定的世界”。而所谓不在场的非对象性世界，是指我们不能予以思议言说，或者说，对意识人类没有现实意义，即不能被意识人类予以指称和建构性描述言说的非现实世界，因此，也可以将其界定为“非人类的世界”或“非人定的世界”。这两个世界彼此“虽有分，而实不二”，都是生成的而非既成的，都是人定的而非神定的，也就是说，是意识人类如此这般显现、设定、建构、生产、创造或如此这般设定的，仅对于涌现了人类意识的活着的现实的意识人类(个体)有现实意义或非现实意义的世界，即所谓的“人类世界”或“人定世界”或“人世界”或“人存在”或“世界”或“存在”。张世英指出：“世界因人而有意义，无人的世界是没有意义的，也不成其为世界。正是根据这个道理，海德格尔指出，动物没有世界。”张世英继续指出：“海德格尔的‘世界’不是单纯在场的东西、单纯的诸存在者，而是对在场的东西的超越，对现实的诸存在者的超越，从更高的高度说是超越‘有’以达于‘无’，只有人能作这种超越，因而只有人才有‘世界’。”①我们是高度认可张世英这一说法的，也就是说，我们坚持认为，所谓的“世界”就是“人类世界”或“人定世界”或“人世界”或“世界”，是意识人类通过现实的历史的社会性实践活动生成的“敞开”或“去蔽”了的现实世界“有”，即意识人类如此这般显现、设定、建构、生产、创造或生成的，可以被指称和建构性描述言说的在场的对象性世界或“人类的世界”或“人定的世界”或“在场的人定世界”，以及“隐蔽”或“遮蔽”的非现实世界“无”，即意识人类如此这般设定或生成的、不能够被指称和建构性描述言说的不在场的非对象性世界或“非人类的世界”或“非人定的世界”或“不在场的人定世界”。

---

① 张世英．进入澄明之境：哲学的新方向[M]．北京：商务印书馆，1999：65，89.

一、对象性世界

广义超元论认为,对象性世界或对象性存在"有",是指由意识人类如此这般显现、设定、建构、生产、创造或生成的现实世界,即打上了意识人类实践活动烙印的世界。它对我们具有现实意义,即可以被我们如此这般指称和建构性描述言说,是在场的"人类的世界"或"人定的世界"或"在场的人定世界"。根据思想家们关于世界划分的现象—本体标准或形下学—形上学标准,我们尝试将在场的对象性世界"有"划分为现象世界和本体世界,或形下学世界和形上学世界两个部分。在这两个部分里,我们更为关注的是在场的现象世界或在场的形下学世界。

(一)现象世界

现象世界,即在场的形下学世界,是指由意识人类如此这般显现、设定、建构、生产、创造或生成的,可以或可能被意识人类感知、指称和形下学描述言说(即实证性或唯象性或想象性描述言说)的对象性世界。在场的现象世界或形下学世界是一个整体,是由彼此始终保持单元不二关系的三个部分构成的,一是已知现象世界或已知形下学世界,二是唯象性世界或唯象性形下学世界,三是未知现象世界或未知形下学世界。在场的已知现象世界或已知形下学世界,就是已经进入意识人类感知视野的可以被我们如此这般指称和实证性、唯象性、想象性描述言说的对象性世界或人类的世界或"在场的人定世界";在场的唯象性世界,是指部分地进入了意识人类的感知视野的可以被我们如此这般指称和唯象性、想象性描述言说的对象性世界或人类的世界或人定的世界或"在场的人定世界";在场的未知现象世界,则是指尚未进入意识人类的感知视野,不能被实证性、唯象性描述言说,可能被感知、被指称和想象性描述言说的对象性世界或人类的世界或人定的世界或"在场的人定世界"。无论是可以被实证性描述言说的已知世界、可以被唯象性描述言说的唯象性世界,还是可以被想象性描述言说的未知世界,都是可以被意识人类如此这般指称和形下学描述言说的在场的形下学世界或形下学意义上的"在场的人定世界"。原本没有"在场的人定世界"。

我们更为关注的是在场的已知现象世界和在场的未知现象世界。

1. 已知现象世界

借助波普尔建构的"三个世界"理论,即"物理世界(世界 1)、精神世界(世界 2)和客观知识世界(世界 3)"理论,我们尝试将在场的已知现象世界划分为以下三个世界:其一,世界 1,也就是客观物质世界或物理世界;其二,世界 2,也就是以人脑为载体的主观世界;其三,世界 3,也就是以文字等人工物为载体的客观知识世界或观念物世界。

我们先从在场的世界 1 讲起。世界 1，是特指物理世界，包含两个部分：一是自然物世界，即自然界；一是人工物世界，即人工界。

根据目前自然科学对自然界的认识，我们可以将自然界的时空作如下定位。

先从太阳系说起。太阳系，是特指由太阳和八大行星以及星云物质组成的一个天体系统。太阳系有多大呢？我们先借助两个案例引出描述言说浩瀚宇宙的“光年”单位。地球到月球的距离大概是 38 万千米；地球到太阳的距离大约是 1.5 亿千米，即 1 个天文单位（149597870 千米）。现在我们引入天文单位——光年。光年，即光跑一年所经历的里程或距离。如果将光年这个距离单位引入，那么地球到月球的距离大约只有 1.3 光秒，即光从地球上发射，大约耗时 1.3 秒就可抵达月球；地球到太阳的距离约 8.3 光分，即太阳所发射的光大约经过 8.3 分钟即可到达地球。如果以海王星轨道作为太阳系边界，则太阳系直径约为 60 个天文单位，即 8 光时左右；如果以日球层作为太阳系边界，太阳距太阳系边界可达 100 个天文单位（最薄处），则太阳系直径约为 200 个天文单位（最薄处），如果按光年单位计算，是 20～30 个光时，也就是说光跑 20～30 个小时就可以穿过太阳系；如果以奥尔特星云作为太阳系边界，则太阳系直径可能有 20 万天文单位，那么太阳系的直径将超过 3 光年，也就是说光要跑 3 年多才能穿过太阳系。

再说银河系。太阳系属于银河系，在银河系中，类似于太阳系的恒星系有 2000 亿～4000 亿个，也就是说，太阳系在银河系中只是沧海一粟。那么银河系有多大呢？根据已有的资料介绍，在银河系中，恒星与恒星之间的平均距离大约是 10 光年。离太阳系最近的恒星大约是 4.2 光年，也就是说，从太阳发出光要跑大约 4.2 年，才能抵达离我们最近的恒星。那么，整个银河系有多大呢？银河系类似于一个铁饼，中间是银球，然后以悬臂的方式组成了一个漩涡状的星系。银河系的厚度是多少？是 1.1 万～1.2 万光年，而银河系的直径是 10 多万光年（有文献说是 16 万光年）。也就是说，光要跑 10 多万年（或 16 万年）才能穿过银河系。

太阳系带着我们以多快的速度绕着银河系中心旋转？科学家们认为，是 220～250 千米/秒。笔者曾经在上海浦东国际机场坐飞机时，体验性地乘坐了由上海浦东国际机场开往浦东新区龙阳路的磁悬浮列车，车速约 400 千米/小时。笔者坐在磁悬浮列车上，看到下面与笔者同方向的高速路上的小车，以非常快的速度相对于磁悬浮列车而后退，约 400 千米/小时，而我们今天所在的太阳系带着我们是以 220～250 千米/秒的速度在飞奔，以这样的速度飞行，我们一天能跑多远？我们 1 小时的速度是多少？笔者粗略地计算了一下，是 80 万～90 万千米/小时。笔者在年轻时读到毛泽东的一首诗词，很感慨。毛泽东的诗词是这样写的：“坐地日行八万里，巡天遥看一千河。”这首诗词曾经唤起了笔者无穷的想象力，并沉醉于其中。我们所在的太阳系携带着大家以多快的速度在绕着银河系旋转？笔者粗略地计算了一下，是 1900 万～2160 万千米/日。所以，宇宙之大，大到人类难以想象。笔者接着问一个问题。太阳系以这么快的速度带着我们在银河系中飞驰，需要多长时间才能绕着银河系中心旋转一圈？宇宙学家们根据相关资料计算出来的结果是，大约花 2.5 亿年才能绕着银河系中心旋转一圈。这就是我们生活于其中的银河系，我们的宇宙家园。

上文说了，在银河系中，类似于太阳的恒星系只是沧海一粟，类似于大地上的沙粒。大家想一想，在已知的宇宙中，或者借助电磁波能够感知的我们这个宇宙有多少类似于银河系这样的星系？宇宙学家们说，大约有几千亿个！换句话说，银河系在已知的宇宙中，仅是沧海一粟，大地上的一颗沙粒！

那么，今天我们借助射电望远镜能够感知到的宇宙有多大呢？宇宙学家们已经观察到了距银河系 138 亿光年以外的天体系统。这意味着我们今天所感知的宇宙至少是几百亿光年的直径（约 930 亿光年）。也就是说，光要跑近 1000 亿年才能穿过我们今天借助电磁波天文学所探测到的宇宙。

这就是目前所知道的世界 1 中的在场的已知自然界的尺度。

请注意，这仅是借助射电望远镜观察所及的宇宙。2016 年年初，人类已经发现了引力波。随着引力波逐渐被意识人类所驾驭，人类将迎来一个伟大的引力波天文学时代！引力波承载信息的能量、能力远大于电磁波。宇宙学家们借助引力波所能够感知到的宇宙会远大于借助电磁波所能感知到的宇宙的尺度。可以期待，随着引力波天文学的成熟，意识人类对宇宙的认识将可能发生天翻地覆的变化！这就是我们说的在场的科学意义上的自然界。

在世界 1 中，还有个很重要的部分，就是在场的人工物或人工界。科学家们很早就说过，我们这个时代已经是高度人化了的时代，我们生活在一个由人工物包围着的物质世界之中，我们举目望去，除了肉体可以视为一个自然物，几乎所有的物质都是人工物。今天的意识人类离开人工物几乎不可能生存。关于在场的人工界，就讲这些内容。

接下来分析讲解在场的世界 2。世界 2，其实就是以人脑为载体的在场的主观精神。换言之，如果没有健康人脑的存在，也就没有在场的世界 2；如果人脑死亡，世界 2 也就消亡了。生老病死，爱恨情仇，灿烂星空，无尽思绪，皆为泡影。

那么如何理解在场的世界 2 呢？请大家思考以下两个问题：第一，1 加 1 等于多少？你们会说，1 加 1 等于 2。但是，我告诉大家，1+1=10，你们能够接受吗？我相信所有接受过一定教育的读者都能够接受。为什么？因为 1 加 1，按照二进位制，即逢二进位制，1 加 1 是可以等于 10 的。1+1=10，可不能小看了，它可是今天信息时代的数理基础。第三章要介绍中国优秀传统文化最重要的自然哲学经典之一《易经》。在《易经》这个体系中，有先天八卦和后天八卦之分。先天八卦排序的数理基础就是二进位制。这个问题讲到《易经》时再仔细介绍。通过这样一个案例，我与你能够沟通，为什么？因为我们彼此都拥有在场的世界 2，即“活泼泼”的主观精神，我们都是“此在”，都是意识人类（个体）。第二，三角形内角之和可以等于 270°吗？大家能否想象一下，有一个三角形，它的内角之和等于 270°。现在我们做一个理想实验：我们把地球设想成一个标准的正圆球体，假设有一位神拿着一把刀，从南北极砍一刀，将地球划分成两个半球；然后在垂直方向再砍一刀，就划分为了四个半球；再在赤道这个平面切一刀，就把这个正圆球体的地球划分成了八个部分。大家想象每个部分的表面是不是一个三角形？每个角是多少度？是不是 90°？对，就是 90°。三角形三个角，3 乘以 90°，是不是 270°？所以，一个正圆球体经过这样的处理，它的 1/8 球表面就是一个曲面三角形。这个曲面三角形的内角之和就等于 270°。如果大家静下来认真想象是能够接受的。为什么能够接受？因为我们彼此都拥有在场的世界 2。我们能感知到对方的思维，能够理解对方的想法。在场的世界 2 对意识人类而言的确是太重要了，可以这么说，没有在场的世界 2，也就不可能有所谓的“人类世界”或“人定世界”或“人世界”或“人存在”或“世界”或“存在”，是在场的世界 2 赋予了这个世界或存在以意义，也只有世界 2 才能够理解这个世界或存在。正是因为人类、人类个体拥有了或涌现了世界 2，我们才将人类界定为意识人类，将人类个体界定为意识人类个体。只有意识人类或意识人类个体才能够显现、设定、建构、生产、创造或生成“人类世界”或“人定世界”或“世界”或“存在”，并赋予其意义。

接下来，我们再来分析讲解在场的世界 3。所谓的世界 3，卡尔·波普尔也把它叫作人类文明。其实，我更愿意把世界 3 界定为存在于文字等物质载体中的在场的客观形态的人类精神，也就是所谓的客观精神，或对象化了的人类精神。

关于在场的世界 3，卡尔·波普尔做了一个理想实验或思想实验，大致是这样进行的：我们设想，意识人类遭遇了一场大劫难，这场劫难把意识人类基于世界 3 所创造的物质文明全部毁灭了，但是很庆幸，在场的世界 3——意识人类所创造的支撑这个物质文明的精神文明没有被毁灭。波普尔认为，意识人类就可以借助这个在场的世界 3，在非常短的时间内再造出一个物质文明。我们在欧洲旅游时，导游带我们到意大利、法国、德国参观一些重要的历史文化遗迹。导游做了这样的介绍：“在欧洲，德国不值一看。”问他为什么？他说，德国的这些建筑几乎都是在第二次世界大战以后依据既有的建筑图纸重建的。下面，以此为题，分析讨论波普尔这一理想实验。德国因第二次世界大战几乎被夷为废墟。当时有学者讲,德国能够在 20 年内重建一个德国,都算是奇迹了。但据我们掌握的资料,德国只用了 10 年左右的时间,就重建了一个德国。所以,今天我们在德国看到的这些建筑,几乎都是“第二次世界大战”之前的模样。为什么它们能够只用 10 年左右的时间就能恢复原样?就是因为承载这些建筑的世界 3 尚存。波普尔继续指出:如果人类遭到的这次大劫难,不仅意识人类所设计、建构、创造的人工物世界被毁灭了,而且承载这些人工物的世界 3 也被毁灭了,而尚存的人类又没有接受过很好的教育,那么将意味着,尚存的人类将重新开始一场从野蛮到文明的演化。波普尔通过这个理想实验,强调了一个非常重要的问题,就是在场的世界 3 对意识人类的极端重要性。

关于在场的已知现象世界或形下学世界,就做如上分析讲解,我们是非常看重在场的已知现象世界的。

2. 未知现象世界

借助相关文献资料,简要地分析讲解在场的未知现象世界。

根据物质—精神划分标准,我们将在场的未知现象世界划分为以下两个部分:一个是在场的未知的自然界。就是说,根据我们对已知自然界的分析和研究,可以推论出尚有许多没有进入感官视野的未知自然物的存在。比如,今天绝大多数的意识人类(个体),都认可在我们所居住的星球之外,应该存在着比人类意识水平或许更高或许更低的其他智慧生命,也就是外星人。我们也坚定地相信,在我们借助电磁波所感知到了的这个已知宇宙之外,还存在许多类似于这个宇宙的其他宇宙。这就是未知的自然界。另一个是在场的未知精神世界。在未知现象世界里面,还有个很有意思的部分,就是我们所定义的所谓未知精神世界。大家知道,弗洛伊德所提出的精神分析学说,在对人类意识进行划分时,将人类意识大体划分为了以下三个部分:一个是(显)意识世界,一个是前意识世界,再一个就是所谓的潜意识世界。弗洛伊德认为,潜意识世界构成了人类意识的主体,也是决定意识人类心理行为的主要因素。我们认为,可以将弗洛伊德意义上的潜意识世界界定为所谓的在场的未知精神世界。

关于对象性世界中的在场的现象世界或形下学世界,就做以上的分析说明。

(二)本体世界

前面把对象性世界中的现象世界,也就是在场的形下学世界分析讲解完了。下面尝试分析讲解在场的对象性世界中的第二个重要组成部分——在场的本体世界。

本体世界，是特指由意识人类如此这般显现、设定、建构或生成的，不可能被意识人类感知和形下学描述言说，但可以被意识人类直觉或证悟，被如此这般指称和形上学描述言说的在场的对象性世界或形上学世界或形上学意义上的"在场的人定世界"。

在《周易·系辞》里有一段经典语录，即"形而上者谓之道，形而下者谓之器"，划分了形上学和形下学这样两个世界。我们据此将现象世界背后的这个世界界定为本体世界，或者叫形上学世界。在人类历史上，无论是中国人、希伯来人，还是古印度人，抑或是古希腊人，他们历史上的一次非常伟大的思想进步，其实都发生在从形下学到形上学的飞跃，他们终于自觉意识到并显现、设定、建构了这个不能被意识人类的感官直接感知的本体世界或形上学世界。中国先秦时期的老子为什么被称为中国的第一个哲学家？主要就是因为老子提出了一个非常重要的概念——"道"。而这个"道"在老子那儿最主要的含义是"道体"意义上的"道"，其实就是形上学意义上的在场的本体世界。

在古希腊，哲学家们很早就提出了一个重要命题——在场的现象世界或世界万物的本原是什么。泰勒斯认为，世界万物的本原是"水"。但是他的学生阿那克西曼德则认为，世界万物的本原是"无限者"或"不定形"。黑格尔并没有将泰勒斯称为西方哲学的第一人，而是将阿那克西曼德称为西方哲学真正的奠基者。为什么？因为泰勒斯的"水"还是一个具象性的存在，应该讲是没有到形上学高度的，而阿那克西曼德的"无限者"或"不定形"，是一个典型的抽象概念，表达了清晰的形上学意义。从阿那克西曼德开始，其实古希腊哲学家们一直都在探索这个问题，探索世界万物的本原。大家比较熟悉的还有克塞诺芬尼、巴门尼德、苏格拉底、柏拉图、亚里士多德。以柏拉图为例，柏拉图坚定地认为，现象世界是虚幻的，理念世界才是真实的。也就是说，在柏拉图看来，理念世界是真实的，是永恒的、绝对的实在，而人类感官所接触到的这个现象世界，只不过是理念世界的微弱的影子，是对理念世界的复制或模仿。柏拉图的理念世界，也就是这里所定义的在场的本体世界或形上学世界。

所以，从轴心时代的中国、印度、巴勒斯坦、古希腊开始，其实意识人类已经界定了一个在现象世界之上或形下学世界背后的在场的本体世界或形上学世界。这就是中国道家的在场的"道体"之"道"（傅伟勋）、孟子的在场的"良知"、印度婆罗门教的在场的终极实在之"梵"或"上梵"、希伯来先知的在场的唯一神之"上帝"、巴门尼德的在场的"存在"、柏拉图的在场的"理念"等。

在西方，关于在场的本体世界，其实有两个大流派：一个是唯物主义，一个是唯心主义。唯物主义认为，世界万物的本原是在场的先验的抽象的物质。这里的物质是一个哲学概念,是在场的形上学的存在。而唯心主义则认为世界万物的本原是在场的先验的抽象的精神,即形上学意义上的精神。在唯心主义中,又划分成两个流派:一个是客观唯心主义,一个是主观唯心主义。客观唯心主义认为,世界万物的本原是在场的先验的抽象的客观精神,这里最经典的一个例子就是黑格尔的绝对理念。黑格尔认为,世界万物的本原是绝对理念。绝对理念异化产生自然界、人类及精神;绝对理念是感官可以感知的现象世界背后的根源。这就是西方世界对在场的本体世界或形上学世界的认识。

现在有两个问题,问题1:为什么说本体世界只是一个承诺?问题2:中国先秦诸子百家学说有没有唯心唯物之论?这是一个很重要的问题,我将在"三种思维模式"部分回答这个问题。

为了更清楚地讨论本体世界问题,再次给本体世界下一个定义:本体世界或形上学世界是特指意识人类如此这般显现、设定、建构或生成的,不能被感知和形下学描述言说,但可以被直觉、证悟,可以被如此这般指称和形上学描述言说的在场的对象性世界或人类的世界或人定的世界或形上学意义上的"在场的人定世界"。在场的本体世界对我们有现实意义,即可以被如此这般指称和形上学描述言说,如老子的"道可道,非常道"之"常道"、王阳明的"知善知恶是良知"之"良知"、康德的作为现象基础且绝对不可认识之"自在之物"或"物自体"、叔本华的没有经过感官整理之前的"自在之物"之"意志",能够直接影响心理和行为,如王阳明的"致良知"、康德的"道德律令"、叔本华的"生命意志"或"生存意志"(will to live)。这就是所界定的在场的本体世界或形上学世界。

现象世界和本体世界或形下学世界和形上学世界"虽有分,而实不二",共同构成了可以被我们如此这般指称和建构性描述言说的在场的对象性世界或人类的世界或人定的世界或"在场的人定世界"。我们可以将对象性世界之现象世界或形下学世界界定为对象性存在"器",将对象性世界之本体世界或形上学世界界定为对象性存在"道",而将对象性世界统一界定为对象性存在"有",即"有为法"。原本没有所谓的在场的对象性世界,原本没有"器""道""有""有为法"。对象性世界或对象性存在"有"是意识人类如此这般显现、设定、建构、生产、创造或生成的,对于我们具有现实意义,即可以被我们如此这般指称并予以建构性描述言说的现实世界,在场的"人类的世界"或"人定的世界"或"在场的人定世界"。也就是说,在场的对象性世界或对象性存在"有"或"在场的人定世界"是生成的而非既成的,是人定的而非神定的。

二、非对象性世界

前面分析讨论了"人类世界"或"人定世界"或"世界"或"存在"之在场的对象

性世界或对象性存在“有”或“人类的世界”或“人定的世界”或“在场的人定世界”,下面分析讨论“人类世界”或“人定世界”或“世界”或“存在”之不在场的非对象性世界或非对象性存在“无”或“非人类的世界”或“非人定的世界”或“不在场的人定世界”。

关于“人类世界”之在场的对象性世界,前面是这样界定的:对象性世界或对象性存在“有”,即所谓的“人类的世界”或“人定的世界”或“在场的人定世界”是意识人类如此这般显现、设定、建构、生产、创造或生成的,可以被如此这般指称和建构性描述言说的,即对于我们有现实意义的、有指称的“敞开”或“去蔽”了的或“在场”的现实世界。对象性世界是在场的现实世界,无论是在场的形下学世界,还是在场的形上学世界,都能够直接影响我们的心理与行为,并在相当程度上决定我们的心理与行为的内容与方向。

关于“人类世界”之不在场的非对象性世界,我们尝试予以如下定义:非对象性世界或非对象性存在“无”,即“非人类的世界”或“非人定的世界”或“不在场的人定世界”是意识人类如此这般设定或生成的,不可能被我们感知、直觉、证悟并予以建构性描述言说,即既不能被指称和形下学描述言说,也不能被指称和形上学描述言说的,对于我们没有现实意义的尚未“敞开”或“去蔽”或永恒“不在场”的非现实世界。非对象性世界是不在场的非现实世界,无法直接影响意识人类的心理与行为,更不可能决定其内容与方向。

怎么理解不在场的非对象性世界或非对象性存在“无”? 按照龙树的观点,龙树把这个非现实世界命名为无指称“空”或者无指称“最高实在”(黄心川),并将其界定为“非有,非无,非亦有亦无,非非有非无”。怎么理解呢? 龙树讲,你如果把无指称“空”界定为“有”,那么告诉你,不是“有”,即“非有”;如果你说不是“有”,是“无”,那么告诉你,也不是“无”,即“非无”;不是“有”,不是“无”,就应该是“亦有亦无”,不,告诉你,也不是“亦有亦无”,即“非亦有亦无”;你会想,不是“有”,不是“无”,不是“亦有亦无”,那就应该是“非有非无”,龙树告诉你,不,也不是“非有非无”,即“非非有非无”。其实龙树是想告诉我们:无指称“空”,即不在场的非对象性世界是人类意识使不上劲、用不上力的,是“动念即乖”“开口便错”“拟议皆非”的,是不可能被指称和思议言说的,也就是说,是对意识人类没有任何现实意义的非现实世界。其实庄子在他的文本——《庄子》里,也对不在场的非对象性存在“无”有所涉及。按照傅伟勋的观点,庄子认为:“泰初有无无,有无名”,这个“无无”,是“言默不足以载”的,就是这里所定义的“开口不得”“拟议皆非”的所谓的不在场的非对象性世界或无指称“空”或非对象性存在“无”或“非人类的世界”或“非人定的世界”或“不在场的人定世界”。

我们认为,马克思关于不在场的非对象性世界也有相关论述。马克思曾经讲过:“被抽象地、孤立地理解的,被固定为与人分离的自然界,对人来说也是无”①。关于马克思这一经典论述,我们认为可以有以下两种解释。第一种解释是,与人类分离的自然界,对人类没有现实意义,是永远不在场的非对象性存在,所以,马克思说“先于人类历史而存在的那个自然界”,对人来说“也是不存在的自然界”,“非对象性的存在物是非存在物”。第二种解释为,与人类有关的自然界,即对人类有现实意义,可以被我们如此这般指称和描述言说的“在场”的自然界,肯定是打上了人类实践活动烙印的,是“人化的自然界”,是对象性存在,是在场的对象性世界。而与人类分离的自然界,或者说没有打上人类实践活动烙印的“自然界”,是永恒不在场的非对象性世界,即所谓的非对象性存在“无”。广义超元论认为,因为都是强调“不在场”,所以马克思意义上的“无”,其实在一定程度上是可以等同于空宗和禅宗的“实相无相”“空亦复空”,等同于龙树所说的“非有,非无,非亦有亦无,非非有非无”的无指称“空”,等同于惠能所说的“不思善,不思恶,正与么时,哪个是明上座本来面目”的“本来无一物”,等同于王阳明所说的“无善无恶心之体”之非对象性存在“无”,等同于广义超元论所定义的所谓的不在场的“非人类的世界”或“非人定的世界”或“不在场的人定世界”。

也就是说,我们也可以将非对象性世界界定为非对象性存在“无”或无指称“空”,界定为不在场的非现实世界,即“无为法”。原本没有非对象性世界或非对象性存在“无”,原本没有所谓的“空”,原本没有所谓的“无为法”。非对象性世界是意识人类如此这般设定或生成的,对于意识人类不具有现实意义的,即不可以被意识人类指称和建构性描述言说的不在场的非现实世界。我们之所以在设定了在场的对象性世界“有”的基础之上,一定要设定一个不在场的非对象性世界“无”,是为了彻底说清楚在场的对象性世界的客观现实性、社会历史性、实践辩证性、主观能动性。换言之,为了能够彻底说清楚在场的对象性世界“有”,即“有为法”的现实性、历史性、实践性、辩证性、主体性、社会性,必须要有一个不在场的非对象性世界“无”,即“无为法”的预设。对象性世界是有名且有指称的在场的现实世界或现实存在,而非对象性世界则是有名却没有指称的不在场的非现实世界或非现实存在。不仅在场的对象性世界“有”或现实世界是生成的而非既成的,是人定的而非神定的,而且不在场的非对象性世界“无”或非现实世界也是生成的而非既成的,也是人定的而非神定的。

---

① 中共中央马克思恩格斯列宁斯大林著作编译局.马克思恩格斯全集:第42卷[M].北京:人民出版社,1979:178.

在一定意义上也可以这样说，我们设定在场的对象性世界“有”和不在场的非对象性世界“无”这两个世界，是为了给予马克思如下思想以充分论证——“从前的一切唯物主义（包括费尔巴哈的唯物主义）的主要缺点是：对对象、现实、感性，只是从客体的或者直观的形式去理解，而不是把它们当作感性的人的活动，当作实践去理解，不是从主体方面去理解。因此，和唯物主义相反，唯心主义却把能动的方面抽象地发展了，当然，唯心主义是不知道现实的、感性的活动本身的”。（《关于费尔巴哈的提纲》《马克思恩格斯选集》，人民出版社 2012 年版）。我们认为，一方面，我们之所以要设定所谓在场的对象性世界“有”，是为了将马克思关于从“感性的人的活动”、从现实的“实践”、从“主体方面去理解”“对象、现实、感性”的实践哲学思想贯彻到底，这也是我们始终坚持认为在场的对象性世界具有现实性、历史性、实践性、辩证性、主体性、社会性，是意识人类如此这般显现、设定、建构、生产、创造或生成的现实世界的根本原因；另一方面，我们之所以要设定不在场的非对象性世界“无”，不仅是为了彻底地说清楚对象性世界“有”的现实性、历史性、实践性、辩证性、主体性、社会性，还有一个很重要的理由，就是将马克思主义实践哲学的唯物主义性质彻底地说清楚。我们认为，马克思主义实践哲学之所以是唯物主义哲学，是因为马克思在建构自己的实践哲学、自己的历史唯物主义之前有一个十分重要的“唯物主义预设”，这就是马克思坚定不移地承认先于意识人类存在的外部自然界对人及其精神的“优先地位”，并以是否承认这种“优先地位”作为划分唯物主义和唯心主义的标准。为了能够将马克思主义实践哲学的“唯物主义预设”说清楚，当然，也是为了将对象性世界的现实性、历史性、实践性、辩证性、主体性、社会性彻底地说清楚，我们认为，从“本原”意义上，必须设定一个先于在场的对象性世界“有”存在的、不能被意识人类指称和描述言说，即对于意识人类不具有现实意义、非意识人类对象的永远不在场的非现实世界——非对象性世界“无”（自然唯物主义意义上的“先验自然界”）。这样一来，我们也就将马克思关于“先于人类历史而存在的那个自然界”对人来说“也是不存在的自然界”“非对象性的存在物是非存在物”以及“被抽象地、孤立地理解的，被固定为与人分离的自然界，对人来说也是无”等相关论述彻底地说清楚了。也就是说，马克思所说的“先于人类历史而存在的那个自然界”、所说的“非存在物”、所说的“无”，就是旧唯物主义所坚持的那个先验自然界，就是我们所定义或设定的或生成的永远不在场的“非现实世界”，即所谓的有名却无指称的非对象性世界“无”，即“非人类的世界”或“非人定的世界”或“不在场的人定世界”。这也是我们将“本原”意义上唯物主义界定为唯“无”主义或实践唯“无”论的根本原因所在。

必须指出的是，马克思主义实践观所预设的“先于”人类而存在的“先验自然界"与旧唯物主义所坚持的外在于人类意识而存在的"先验自然界"有本质上的不同。前者是"不在场"的非现实世界,是非对象性世界或非对象性存在"无",是"非人类的世界"或"非人定的世界"或"不在场的人定世界",而后者则是"在场"的现实世界,是对象性世界或对象性存在"有",是"人类的世界"或"人定的世界"或"在场的人定世界"。马克思建立在新实践观基础上的所谓"新唯物主义",既不是"本原"意义上唯"无"主义或实践唯"无"论,也不是旧唯物主义意义上的先验唯物主义或所谓的自然唯物主义,而是坚持现实性物质性社会性实践至上的实践唯物主义,坚持立足于现实的社会历史性活动的历史唯物主义,坚持致力于"改变世界"而非"解释世界"的以实现意识人类个体自由而全面发展、意识人类彻底解放为终极目标的辩证唯物主义和科学社会主义。

现在把前面分析说明的内容再简单小结一下:我们所说的"人类世界"或"人定世界"之"两个世界",一个是有名且有指称的对象性世界"有"或对象性存在"有"或人类的世界或人定的世界或"在场的人定世界",即在场的世界或存在,一个是有名却无指称的非对象性世界"无"或非对象性存在"无"或非人类的世界或非人定的世界或"不在场的人定世界",即不在场的世界或存在。对象性世界"有",即人类的世界或人定的世界或"在场的人定世界",即形下学世界"器"和形上学世界"道",是意识人类如此这般显现、设定、建构、生产、创造或生成的,对意识人类有现实意义,即可以被意识人类指称和建构性描述言说或思议言说的在场的现实世界;非对象性世界"无",即非人类的世界或非人定的世界或"不在场的人定世界",即超形上学世界"空",是意识人类如此这般设定或预设或生成的,对意识人类没有现实意义,即无指称,不能给予建构性描述言说或思议言说("非有,非无。非亦有亦无,非非有非无""一念不生全体现,六根才动被云遮")的不在场的非现实世界。原本既不存在所谓在场的对象性世界或对象性存在"有"(有指称"道""器")或"在场的人定世界",原本也不会有所谓不在场的非对象性世界或非对象性存在"无"(无指称"空")或"不在场的人定世界",也就是说,原本没有"人类世界"或"人定世界"或"人世界"或"人存在"或"世界"或"存在",正所谓"原本无一法,万法唯人造。人觉而法显,人圆则法寂"[①]。

我们肯定更看重在场的对象性世界"有"或人类的世界或人定的世界或"在场的人定世界"。所以,在前面给予了对象性世界"有"以相对详细的分析说明,把对象性世界"有"又分成可以被指称和形下学描述言说(实证性、唯象性、想象性描述言说)的现象世界或形下学世界"器",以及可以被指称和形上学描述言说(绝对

---

① 何跃.广义超元论与自组织城市[M].重庆:重庆大学出版社,2020:245.

的、唯一的、永恒的、无对的、肇始万物的终极实在或根本因）的本体世界或形上学世界“道”。关于现象世界，我们又进一步将其划分为已知现象世界和未知现象世界。对于已知现象世界，我们又借助波普尔“三个世界理论”，进一步将其划分为可以被指称和实证性、唯象性、想象性描述言说的世界1、世界2、世界3。

关于在场的对象性世界“有”和不在场的非对象性世界“无”或无指称“空”之间的关系，我们的基本观点是：对象性世界谓之“有”，非对象性世界谓之“无”或“空”，“有非有，无不无”或“有非有，空不空”，“无有不二，真无妙有”或“空有不二，真空妙有”，即在场的对象性世界“有”与不在场的非对象性世界“无”或“空”“虽有分，而实不二”。关于对象性世界中的形上学世界与形下学世界或现象世界与本体世界之间的相互关系，我们的基本观点是：在场的形上学世界谓之“道”，在场的形下学世界谓之“器”，“道器不二”，即“道”与“器”或形上学世界与形下学世界或现象世界与本体世界“虽有分，而实不二”。也就是说，不在场的“无”或“空”与在场的“道”“器”之间以及“道”“器”之间“虽有分，而实不二”，即不在场的“非人类的世界”（“不在场的人定世界”）与在场的“人类的世界（“在场的人定世界”）”之间以及在场的本体与现象之间“虽有分，而实不二”。

第二节　三种思维模式

第一节把“两个世界”，即在场的对象性世界“有”和不在场的非对象性世界“无”讲完了。接下来讲第二个故事，并分析讲解“三种思维模式”。

我大约9岁时开始读西方经典著作，读的第一本经典著作是伽利略的《关于托勒密和哥白尼两大世界体系的对话》。因为时代因素，只能读到西方的文本。我大学学的是理工科专业，课余时间继续阅读了一些西方的科学著作和哲学经典，包括德国古典哲学家和马克思主义经典作家的经典著作。因学校需要留任并培养兼具哲学和科学双重素养的“自然辩证法概论”课程师资，我通过了学校组织的相关考查，毕业后即留校从事与“自然辩证法概论”课程相关的教学研究工作。因为学校安排我主要担任理工科硕士生的“自然辩证法概论”课程的教学任务，为此，必须充分了解科学技术和西方哲学的基本内容。所以，我花了很长时间阅读西方科学技术史和西方哲学史相关文本。20世纪80年代，我在学校内外为学生也分别主讲过“科学思想史”“现代自然科学基础”“马克思主义哲学”“西方哲学史”等相关课程。

1983年,学校安排我到华中工学院哲学研究所举办的哲学教师进修班学习进修,这是我人生中非常重要的一年,20多岁是最具有创造性的阶段。当时我写了一篇3万多字的课程论文——《对思维中感兴趣问题的思维》。我用了7天时间完成了论文,兴奋之情溢于言表,人生第一次有了踌躇满志、自以为是、飘飘然的感觉。自己感觉,通过对对立统一这个辩证法核心观点的理解,似乎是把住了西方哲学很重要的一个切入点,掌握了西方哲学家们的思维模式。换句话讲,通过对对立统一这个思维模式的提炼,可以对西方思想史作一个系统梳理,给予西方哲学以贯通性理解。我当时认为,以对立统一为其核心的辩证法理论是西方哲学最精彩、最重要、最深刻的哲学思想。

从武汉回到重庆后,我按照对立统一思维模式尝试研读中国传统文化经典文本,但似乎是在读天书,深感困惑。在这时,经朋友介绍,我认识了80多岁的王舜钦先生,王先生是熊十力的学生。我跟他学习中国传统哲学之后,常常听他动情地讲熊十力的诸多感人的故事。由于他腿脚不便,每次见面,先生都躺坐在床上,床头上方悬挂一幅熊十力的标准像。印象很深的是,先生天庭饱满、鼻梁挺拔、满头银发、白须垂胸、神采奕奕、和蔼可亲、平等待人、睿智豁达,其睿智的形象完全不输于他的老师熊十力。先生告诉我说,他的书法绘画技艺已达炉火纯青的境界,他几十年的修为可以总结为以下三句话——“平常心即道,平等心即教,平安心即效”。王先生推荐的第一本书就是熊十力的《新唯识论》。我尝试按照对立统一这一思维模式去读熊十力的《新唯识论》,完全读不懂,深感困惑与不解。我向王先生表达了自己的困惑与不解。王先生将他收藏的熊十力的所有书提供给我,我一本一本地读,直到读到《原儒》这本书,终于豁然开朗。原来熊十力构造他自己的哲学体系使用的思维模式,与建基于西方的二元论基础之上的所谓的辩证思维模式完全不同。熊十力所使用的思维模式是一种不二论的整体有机思维模式。熊十力在《原儒》中,用了很多个“不二”来表达自己对中国哲学思想的理解。如本体现象不二,道器不二,天人不二,心物不二,理欲不二,动静不二,知行不二,德慧知识不二,成己成物不二,自他不二,生死不二,等等。当我读到这些文字,并读懂这些文字的时候,内心确实非常激动。我想起黑格尔说过的一句话——我们日耳曼民族一提到古希腊,一种家国情感便油然而生。我在读到并读懂熊十力的这些文字时,其实一种家国情感也油然而生。我当时的深切感受是:我终于找到“家”了,终于“回到家”了。自己非常兴奋,思想脱胎换骨,自己所面对的世界也不再像从前。人生第二次有了踌躇满志、自以为是、飘飘然的感觉。我按照读熊十力《原儒》《体用论》读出的不二论思维模式再去读《新唯识论》《道德经》以及《易经》等中国传统文化经典,终于能够读懂这些文本,基本理解了先人们的不二论思想、有机整体论思想。

我把这些想法跟王舜钦先生交流了，他一方面很高兴，肯定了我的这些想法；另一方面，也委婉地指出了我的知识缺陷。于是，王先生建议我仔细读读《金刚经》。《金刚经》是佛学经典，我确实未曾读过。我按照自己读《原儒》《体用论》读出的不二论思维模式，试图进入《金刚经》的世界、佛学的世界。但是很遗憾，我无法理解书中所陈述的佛学思想！我很苦恼，并将这些苦恼反馈给了王先生。王先生针对我的实际情况，把一本线装书——丁福保注解的《六祖坛经笺注》递给我，并很严肃地告诉我，这是十分重要的中国佛学经典，也是一部十分重要的佛学经典，并特别提示我，务必结合丁福保的注释，认真研读这部重要的中国佛学经典。我把这本书请回了家，认真地研读，还是感到不能进入惠能的世界或禅宗的世界抑或佛学的世界。我不好意思再向先生诉说自己的困惑与不解。于是，我就广泛收集并认真研读了相关佛学经典及解读这些佛学经典的相关文献，尝试通过自己的努力解答自己的困惑，消除自己的不解。这一过程持续了较长的时间，也是自己有生以来最艰困、最刻骨铭心的一段岁月，可以用“黎明前的黑暗”形容。直到某一天，因为读到一位高僧大德的一句话，自己终于放下了所有的执念，无数的困惑，盲目的自信，终于豁然开朗、拨云见日、洗心革面、究竟解脱！踌躇满志、自以为是、飘飘然的感觉顷刻消失、荡然无存。大致情形是这样的：在广泛阅读了诸多佛学经典文献的基础上，我在认真阅读蔡志忠精心绘制的佛家经典漫画时，因为一位高僧大德在其所作的一篇序文中大致是说，佛学要我们领悟的是任何意识活动都使不上劲、用不上力的所在。这句话深深地触动了我，终于自觉地意识到了，佛学让我们去体悟的东西不在意识人类的感官和思议言说可以触及的范围中，是非“思议”可及的“非思议”，是永远不在场的非现实世界，换句话说，所有可以思议言说的皆不究竟，皆为方便说法；构建佛学思想体系的思维模式，既不是西方的二元论思维模式，也不是熊十力式或东方的不二论思维模式，而是一种全新的类思维模式——超元论思维模式。当自己把佛学的“非思议”思想，以及构建这一思想的超元论类思维模式悟出之后，再重读《金刚经》《六祖坛经》以及其他佛学经典，终于可以顺利地进入佛学世界。至此，我终于可以借助西方的二元论、东方的不二论、空宗禅宗的超元论这三种类思维模式自由地出入西方哲学经典、中国儒道经典、佛学禅宗经典。这就是我想讲的自己当年渐次递进、一朝觉悟的故事。

总而言之，在王先生的指导下，我不仅实现了对类思维模式的自觉，还实现了类思维模式的两次重要突破。第一次就是由西方二元论类思维模式，提升到东方的不二论类思维模式，并在这个基础上，再一次提升到超元论类思维模式。并在此基础上，为了过活耕耘所言及的“理得心安”的安详人生，经过反复琢磨，先后提出了“人类的世界”与“非人类的世界”概念，建构了“西方的二元论”“东方的不二论”“狭义超元论”(即空宗禅宗的超元论)和“广义超元论”类思维模式,建构了“人类的世界”或“人定的世界”的系列观点。多年之后,才又分别提出了与“人类的世界”和“非人类的世界”或“人定的世界”和“非人定的世界”概念本质一致的“对象性世界”和“非对象性世界”概念,建构了与“西方的二元论”和“东方的不二论”对应的“对象性思维模式”、与“空宗禅宗狭义超元论”对应的“非对象性思维模式”以及与“广义超元论”类思维模式本质一致的“整合性思维模式”,完成了关于类思维模式体系新的建构——一曰“对象性思维模式”,二曰“非对象性思维模式”,三曰“整合性思维模式”,建构了与“人类的世界”或“人定的世界”学说,即“人定世界”学说本质一致的“广义超元论”系列观点,终于完成了将“广义超元论”从一种新的类思维模式、一种新的分析工具和解释框架向一种新的系列观点,即“人定世界”系列观点的成功转化,终于“理得心安”或“心安理得”。

现在尝试简要地分析讲解前文提及的三种思维模式。第一种思维模式是对象性类思维模式,即如何分析理解、把握在场的对象性世界“有”或“人类的世界”或“人定的世界”或“在场的人定世界”的思维模式。在这类思维模式中,又分为两种类型:一是西方的二元论思维模式,二是东方的不二论思维模式。第二种思维模式是非对象性类思维模式,即如何“分析理解”“把握”不在场的非对象性世界“无”或无指称“空”或“非人类的世界”或“非人定的世界”或“不在场的人定世界”的思维模式,即空宗禅宗发明的所谓狭义超元论思维模式。第三种思维模式是整合型类思维模式,即统一地“分析理解”“把握”在场的对象性世界“有”和不在场的非对象性世界“无”或无指称“空”,或者说“分析理解”“把握”融在场的“人类的世界”或“人定的世界”与不在场的“非人类的世界”或“非人定的世界”于一体的所谓整体性的“人类世界”或“人定世界”或“人世界”或“人存在”或“世界”或“存在”的思维模式,我们也将其称之为广义超元论思维模式。

一、对象性类思维模式

下面先分析说明对象性类思维模式。

我们认为,对象性类思维模式就是怎样分析理解或描述言说在场的对象性世界“有”的思维模式,它有助于深入全面地认识“现实世界”。它分为以下两个典型的次类思维模式:一是西方的二元论;二是东方的不二论。

(一)西方的二元论思维模式

西方的二元论思维模式是怎么分析理解或描述言说在场的对象性世界“有”

的呢？依照这一思维模式，西方的哲学家们认为，对象性世界中的对象物之间的关系是一种“虽有合，而实为二”的二元对立关系，其经典表述是：“心是什么？非物。物是什么？决非心！”我们认为，西方哲学之所以有唯心唯物之论，有唯实论与唯名论之争，有科学主义与人本主义之对立，有解构性后现代主义和建设性后现代主义的不同说法，很重要的一个原因，就是西方哲学家们普遍认为，心和物或心和身、理性与非理性或科学与人文“虽有合，而实为二”。西方二元论思维模式的认知程序一般是“始于分，中于合，终于分”。结合20世纪之前，西方科学界有关光的基本认识分析西方的二元论。在19世纪，因为实验证明光具有波动性，科学家们因此普遍认为光是波，不是粒子。而在19世纪之前，科学界普遍认为，光是粒子，不是波。也就是说，在20世纪之前，西方科学界一致性认为，光要么是波，要么是粒子，是粒子就不是波，是波就不是粒子。

这就是影响西方文化几千年发展的西方的二元论类思维模式。接下来分析说明影响东方文化几千年演变的东方的不二论类思维模式。

（二）东方的不二论思维模式

东方的不二论思维模式和西方的二元论思维模式不同，二元论思维模式是坚持认为，对象物之间“虽有合，而实为二”，而不二论思维模式则是坚持认为，对象物之间“虽有分，而实不二”。这里介绍宋明时期的一位重要思想家程颢的一个经典观点——“天人本无二，不必言合”。人们过去都说“天人合一”是传统中国哲学坚持的一种基本观点、一种类思维模式。其实很多人都不是十分清楚“天人合一”究竟是什么意思。程颢将“天人合一”的本质意义、将传统中国哲学所坚持的不二论思维模式表达得非常清楚，这就是——“天人本无二，不必言合”。熊十力在他的论述中也有类似的经典论述，比如关于本体和现象的关系，他认为，“体与用，本不二，而究有分，虽分，而仍不二”。东方不二论思维模式的认知程序一般是“始于合，中于分，终于合”。

现在结合20世纪量子力学关于基本粒子基本属性的基本观点来分析说明东方的不二论。量子力学认为，基本粒子具有波粒二象性。请大家注意，在20世纪之前，西方科学界关于光的基本观点是，要么是波动，要么是粒子，是粒子就不是波，是波就不是粒子。到了20世纪物理学家们都坚持认为，包括光在内的所有基本粒子，它们是同时具有波动性和粒子性，也就是“波粒二象性”。如何理解基本粒子的波粒二象性？它们是对立统一关系吗？在我看来不是。我坚持认为，微观粒子的波粒二象性，像中国易经文化中的太极图中的阴和阳的关系一样，是阴中有阳，阳中有阴，共存于一个单元不二的体系中，彼此“虽有分，而实不二”。也就是说，20 世纪之后的西方科学界几乎一致认为，光是波，也是粒子，光既是粒子也是波，进而认为，所有的基本粒子都具有波粒二象性。这也就是为什么玻尔在看见中国太极图之后，把太极图作为自己家族族徽的很重要原因。因为在玻尔看来，基本粒子的波动性和粒子性共存于基本粒子中，彼此"虽有分，而实不二"，彼此互补，单元不二，也就是说基本粒子既是粒子也是波。

知识卡片：熊十力的心物不二之论

熊十力晚年以如下一些命题总结自己的哲学："本体现象不二，道器不二，天人不二，心物不二，理欲不二，动静不二，知行不二，德慧知识不二，成己成物不二。"(《原儒·绪言》)他以"不二"的框架，把体用、道器、天人、心物等成对范畴维系起来，联结起来。所谓"不二"，既不是完全地等同，又不是彼此隔绝，既不一又不异，而是一种内在的统一。①

如果大家对这个问题感兴趣，我建议大家学习研究 20 世纪中后期一个非常重要的自然科学理论——混沌理论。混沌理论关于"混沌"的表达，其实也是一种经典的不二论表达。在 20 世纪之前或者在混沌理论提出之前，学界关于有序与无序的关系、确定性系统与随机性系统的关系的认识，其实是依据二元论思维模式的。学界普遍认为，是有序就不是无序，是无序就不是有序，是确定性系统就不是随机性系统，是随机性系统就不是确定性系统。学界也承认有序与无序之间、确定性系统与随机性系统之间可以相关转换，但是，学界普遍把有序与无序、确定性系统与随机性系统之间的关系视为彼此"虽有合，而实为二"的二元对立关系。而混沌理论关于无序与有序的关系、关于确定性系统与随机性系统的关系的认识不是这样的。在坚持混沌理论的学者们看来，"混沌"就是确定论系统中的内在随机性，确定性与随机性共存于一个体系中，就是有序之中有无序，无序之中有有序。也就是说，在混沌系统中，有序与无序"虽有分，而实不二"，确定性与随机性"虽有分，而实不二"。

关于东方的不二论类思维模式，就做以上的简单介绍。

二、非对象性类思维模式

现在分析讲解非对象性类思维模式。这一思维模式有助于我们透彻地领悟不

① 郭其勇.论熊十力的"天人不二"思维模式[J].江汉论坛，1985(11)：32-34.

在场的非对象性世界“无”或无指称“空”,但同时反对执著于“无”或“空”。

前面所讲的对象性类思维模式是帮助我们分析理解或描述言说在场的对象性世界“有”的类思维模式,而非对象性思维模式则是帮助我们怎么去“分析理解”或“把握”不在场的非对象性世界“无”或无指称“空”的类思维模式,它有助于我们理解不能理解或者说无法起心动念的所谓“非现实世界”。我们将这种类思维模式界定为空宗禅宗的狭义超元论思维模式。我们认为,空宗禅宗建构的狭义超元论完成了对“原本没有对象物及其关系”的“超元无我”联系的自觉,坚持缘起性空或万事万物自性空,坚持放下一切执念,坚持“真空妙有”“平常心即道”,坚持“应无所住而生其心”,坚持“前念不生即心,后念不灭即佛”。

我想从以下三个维度分析讲解非对象性类思维模式,一个是所谓的“缘起空”,一个是所谓的“当下空”,再一个是所谓的“真空妙有”。

(一)缘起空

所谓的“缘起空”,我们也把它叫作理性空、逻辑空、“在场空”,把它叫作佛学的俗谛,也就是说,可以被一般人所理解的“空”。释迦牟尼当年坐在菩提树下,最终觉悟。觉悟什么?其实就是觉悟了“缘起”,万事万物皆因因缘和合而有,其自性为空。释迦牟尼曾经有一个关于“缘起”的经典表述:“此有故彼有,此生故彼生,此无故彼无,此灭故彼灭。”(《杂阿含经》)也可以这么讲:“若见缘起便见法,若见法便见缘起。”(《中阿含经》)20 世纪 80 年代,我多次请教时任重庆佛学院教务长的柳契先生,记得有一次我请教柳先生“什么叫空?”他径直回答我“缘起即空”,或者“缘起性空”。

我想通过一个具体案例的分析讲解,帮助大家理解所谓的“缘起即空”或“缘起性空”。在佛教中经常要问一个问题,即“我是谁”?大家想想,也问问自己:“我是谁”?下面,我们以“我”的肉身为例,分析讲解什么叫“缘起空”。大家想一想,自己的肉身怎么来的,若追根溯源的话,可以追溯到最早的一个状况,即“我”的肉身源于“我”的父母的精子和卵子刹那间的结合。在“我”父母的精卵结合之前,“我”是谁?即“父母的精卵结合之前,我是谁”?大家想想?“我”什么都不是嘛。这个肉身都是自己的父母精卵结合刹那间才开始的,才生成在场的,从这个意义上,当然可以说,肉身自性为空或缘起性空。所有生成在场的东西皆自性为空。这就是“缘起空”。佛学的“缘起空”是可以理解的,是可以借助在场的对象性存在“有”,即在场的“人类的世界”或“人定的世界”,即“在场的人定世界”予以清晰地分析说明的,是根性一般的意识人类都能够理解的佛学道理,是佛学的俗谛,是理解佛学的最佳切入点。

(二)当下空

接下来谈一谈“当下空”。人们把“当下空”界定为一个非理性的空,超逻辑的空,“不在场空”,界定为佛学的真谛。佛学的真谛,一是说这是佛学最核心的道理或观点,二是说这一道理或观点很难被根性一般者所理解,主要是讲给根性锐利者听的。前面已经讲过“动念即乖”“开口便错”“拟议皆非”,其实就是讲的“当下空”的道理,也就是我们经常听说的“当体即空”“放下便是”。也就是佛学学者说所说的“佛教无非是放下而已”。有句话大家非常熟悉,叫作“放下屠刀,立地成佛”,这里面想表达的意思其实也就是“放下”“当下空”。

下面尝试借助两个故事分析讲解“放下”或“当下空”。

第一个故事是大家非常熟悉的,就是一个老和尚带着一个小和尚去山下化缘,路过一条河时,看见一个姑娘想过河又不敢过河,这个老和尚征得姑娘同意之后,便背着这个姑娘过河了,到了河对岸把姑娘放下,就一路走去。小和尚一路都不高兴,到了住处,饭也吃不好,觉也睡不着,最后他实在忍不住,就问他师父:师父啊,你总是教导我们出家人不近女色,你为什么要背这个姑娘过河呢?你们想想,师父怎么回答小和尚?师父说:我早放下了,你还“背”着她。这就是所谓的“放下”,其实就是所谓的“不执著”。

第二个故事就是与历史上一个很著名的禅师——金碧峰开悟相关的故事,我想借助这个故事进一步讲讲什么叫“放下”。一天,阎王翻生死簿,翻到金碧峰阳寿到了,就派黑白小鬼到金碧峰所在的禅寺捉拿他。黑白小鬼到了禅寺之后找不到金碧峰,怎么办?于是,他们就去找土地爷,问土地爷怎么才能找到金碧峰?土地爷想了想说,你们可以到他的禅房,他禅房里有一个紫金钵,据说是皇帝送给他的。你们尝试敲一敲,看能不能让金碧峰现身。然后黑白小鬼就到了禅房敲了这个紫金钵,一敲,金碧峰果然现身了。黑白小鬼一把抓住他,说道:我们奉阎王之命拿你的性命。就在此刻,金碧峰彻底开悟了。接着对黑白小鬼讲,不着急,你们先放我一下,我有件事情还没处理好,待处理好了之后,再抓我也不迟。小鬼想了想,就放手了。请想一想,金碧峰接着要做什么事情?他随即把这个紫金钵拿起来向地上用力一摔,把它摔碎了。听到紫金钵被摔碎的声音,小鬼再想抓金碧峰时,金碧峰已经不见了。这时,金碧峰在虚空中脱口而出一首偈颂:“小鬼拿我金碧峰,除非铁索锁虚空,铁索锁得虚空住,方能拿我金碧峰。”这一偈颂表达的意思也是“放下”。但是我要提醒大家注意,佛教所说的“放下”,是放下所有的执念,并不是所谓的百物不思或断念,百物不思意味着枯坐,断念意味着死亡,所以惠能说,“若百物不思,念尽除却,一念断即死,别处受生”(《坛经》)。这里的“放下”,准确地讲也就是佛学家们常说的“不执著”。

讲完两个故事。接下来我再次问这个问题：“我是谁?”前面从缘起或“缘起空”这个角度，解释“我是谁”，现在大家能不能尝试从“当下空”这个角度去诠释“我是谁”，该怎么回答？其实就是佛学家们反复讲过的“言语道断”“心行处灭”“放下便是”“寂寂断见闻”“无善无恶心之体”。这就是“放下”“当下空”或“当体即空”。“放下”“当下空”是比“缘起空”更深刻、更重要的佛学思想，是佛学思想的精髓和真谛。这一思想强调万事万物本来空，或者说，万事万物的本来面目是永远不在场的。佛学试图要意识人类真正理解的正是所有的思虑言说都是使不上劲、用不上力的这个永远不在场的非对象性存在“无”，即不在场的“非人定的世界”或“非人类的世界”，即“不在场的人定世界”，即佛学试图宣示的无法予以指称和建构性描述言说的永远不在场的无指称“空”。这一重要的思想使得佛学彻底地超越或否定了所有以试图给予在场的对象性存在“有”，即在场的形下学世界和在场的形上学世界，即在场的“人类的世界”或“人定的世界”，即“在场的人定世界”以终极解释的哲学学说或形而上学，这也是我们将佛学定义为超形上学学说或后形而上学的根本原因。

在《金刚经》里有一个非常经典的表述，即“法尚应舍，何况非法”。就是说，我们既不执著于指称和描述言说在场的对象性存在“有”的所谓的“法”或“有为法”，也不执著于仅为了宣示不在场的非对象性存在“无”或无指称“空”存在的所谓的“非法”或“无为法”，也就是真正意义上的“言语道断”“心行处灭”“狂心顿歇，歇即菩提”。其实你们去读文本，佛学研究者们很强调一个观点，即佛学智慧不是概念、逻辑所能够把握的，我们要理解佛学所致力于宣示的不在场的非对象性存在“无”或无指称“空”，一定是超出逻辑、超出概念的，如果尚在逻辑中、概念中，我们最多能够理解在场的“缘起空”，理解佛学的俗谛，而不能够理解不在场“当下空”，不能理解永远不在场的非对象性存在“无”或无指称“空”，即所谓的“实相无相”之“真如佛性”“究竟涅槃”“本来面目”，也就是不能理解佛学之真谛，佛学之“超言绝虑”“放下便是”“说似一物即不中”。

（三）真空妙有

现在尝试分析讲解“真空妙有”。空宗禅宗都很强调“空不空，有非有”，强调“空有不二”，强调“转识成智”，强调“应无所住而生其心”，强调“不离万有，超然相外”。其实这些观点要讲的就是“真空妙有”。

我们将“真空妙有”界定为佛学的圆谛，主要是想强调如下观点：佛学没有止步于“本寂”，止步于“当下空”，止步于不在场的非对象性存在“无”，止步于“唯识无境”，而是在此基础之上进一步开拓出了“本觉”，开拓出了“空不空”，开拓出了在场的对象性存在“有”，开拓出了“转识成智”，开拓出了“应生无所住心”。“应生无所住心”，其实就是《心经》中的“空即是色”。意思是说，不论处于何境，此心皆能无所执著，而自然生起。心若有所执著，犹如生根不动，则无法同时把控住在场的对象性存在“有”和不在场的非对象性存在“无”，无法把控住融在场的“人类的世界”或“人定的世界”与不在场的“非人类的世界”或“非人定的世界”于一体的全体世界——“人类世界”或“人定世界”或“人世界”或“人存在”或“世界”或“存在”，“一念不生全体现，六根才动被云遮”。故不论于何处，心都不可存有丝毫执著，才能随时任运自在、空有一体、有无不二，自由地出入在场的对象性世界和不在场的非对象性世界，自由地出入在场的“色受想行识”和不在场的无指称“空”，自由地出入在场的“人定的世界”与不在场的“非人定的世界”。

“真空妙有”或“空即是色”，“应生无所住心”，也就是《金刚经》反复讲的“凡夫者，如来说即非凡夫，是名凡夫”的道理，也就是惠能所说的五个“何期自性”——“何期自性本自清净，何期自性本不生灭，何期自性本自具足，何期自性本无动摇，何期自性能生万法”，也就是太虚所倡导的“人生难得”“人成即佛成”的“人生佛教”思想——“仰止唯佛陀，完成在人格，人成即佛成，是名真现实”。我们认为，“本寂”与“本觉”不二，“因果不空”与“不昧因果”不二，“空不空”与“有非有”不二，“缘起空”与“当下空”不二，“在场空”与“不在场空”不二。我们认为，“真空妙有”“无所住心”，也就是马祖道一所说的“平常心即道”。

三、整合性类思维模式

最后分析讲解第三种思维模式，即整合性思维模式，我们也把它称为“广义超元论”。这一种思维模式有助于我们透彻地理解在场的对象性世界“有”或有指称的“道”“器”，但同时反对执著于“有”或“道”“器”。这种思维模式是以狭义超元论类思维模式为基础的，是在坚持“应无所住而生其心”的基础上，进一步提出“应有所住而生其心”，强调“无住为本，人定为要，择善而从，创新创造”，强调实践生成论，强调实践思维方式，强调“实践不息，理论常新”，强调以积极的心态面对“人类世界”或“人定世界”，强调“革故鼎新”“改变世界”，强调“应无所住而生其心”与“应有所住而生其心”不二。

我们尝试从以下两个维度分析讲解整合性类思维模式：一个是马克思的“人化的自然”维度；另外一个是“人定世界”维度。

（一）人化的自然

马克思指出，“凡是有某种关系存在的地方，这种关系都是为我而存在的；动物不对什么东西发生‘关系’，而且根本没有‘关系’；对于动物来说，它对他物的关系不是作为关系而存在的”[①]。也就是说，在马克思看来，对于人类有意义的这个世界，它一定是打上了人类实践活动烙印的，或者按照马克思的说法，自然界是人的本质力量的对象化。也就是说，可以如此这般指称和思议言说的这个自然界，一定是打上了人类实践活动烙印的，是意识人类如此这般显现、设定、建构或生成的对象性世界，是具有历史性、实践性、辩证性、主体性、社会性的在场的现实自然界。这就是想强调的一个很重要的观点，也就是马克思的“人化的自然”思想。“人化的自然”原是黑格尔的用语，指绝对精神外化于自然，赋予自然以人的生命。马克思在《1844 年经济学哲学手稿》中将之改造为人与自然之间以物质生产活动为中介的辩证统一关系，马克思指出：“只有当对象对人说来成为人的对象或者说成为对象性的人的时候，人才不致在自己的对象里面丧失自身。”[②]也就是说，在马克思看来，所谓的“人化的自然”指的是人在与自然的关系中，通过主体的活动，把自己的本质力量体现在客体当中，使客体成为人的本质力量的一个确证，成为人的创造物和人的现实。这个过程，对主体说来称作人的本质力量对象化，对客体而言叫做人化的自然或自然的人化。[③]

其实海德格尔有一个与之类似的经典表述——“动物缺乏世界”（“动物贫乏于世”）。“通过与无生命物质、人以及机器的比较中，海德格尔阐释了‘动物缺乏世界’的命题。与自然界中无生命物质相较而言，动物能对其生活的环境做出反应，因此它‘有’世界；与人相较而言，它无法理解人的举止，因此它‘没有’世界；与工具相较的为他存在而言，它是一自为的存在。在海德格尔看来，昏沉性决定了动物以既有又没有世界。”[④]这个问题今后可能要在一定场合同大家分析讨论。很多人问我，怎么能说“动物缺乏世界”或“动物贫乏于世”或“动物没有世界”（张世英）呢？其实，海德格尔表达的意思和马克思的想法类似，因为动物不是意识主体，并不具有赋予世界以意义的能力。这种能力只有涌现了意识或智慧的意识人类或具有意识的主体才可能具有，所以，只有意识人类才能如此显现、设定、建构或生成对象性世界，才能如此指称和描述言说这个世界，动物是不具有这个能力的。所以有学者指出，“动物缺乏世界”的实质，其实就是“动物没有世界”。也就是说，动物既没有显现、设定、建构或生成世界的能力，也不具有指称和描述言说世界的可能。

---

① 中共中央马克思恩格斯列宁斯大林著作编译局. 马克思恩格斯选集：第一卷[M]. 北京：人民出版社，2012：161.

② 马克思，恩格斯. 马克思恩格斯全集：第 42 卷[M]. 北京：人民出版社，1960：125.

③ 朱立元. 美学大辞典[M]. 上海：上海辞书出版社，2010.

④ 蒋邦芹. 海德格尔论“动物缺乏世界”[J]. 江苏社会科学，2013(2)：52-59.

（二）人定世界

接下来尝试分析理解广义超元论类思维模式的第二个维度，即“人定世界”或“人类世界”维度。这一维度又可以进一步划分为“人定的世界”或“人类的世界”维度和“非人定的世界”或“非人类的世界”维度。

关于“人定的世界”或“人类的世界”维度。“人定的世界”，即“人类的世界”，也就是前面所讲的在场的对象性世界“有”或“在场的人定世界”，“在场的人定世界”是意识人类如此显现、设定、建构、生产、创造出来的，或者说，是意识人类借助对象化的现实实践活动如此生成的，可以被我们如此指称和建构性描述言说的“现实世界”。换言之，在我们看来，所有可以被如此指称和建构性描述言说的现实世界，它一定是打上了人类实践活动烙印的，是人的本质力量的对象化产物，是“生成的”，而非“现成”的或“既成”的，是“人定”的而非“神定”的或“祂定”的。如何理解呢？大家可以尝试借助“盲人摸雪”的故事或比喻予以理解。“盲人摸雪”是海森堡为了帮助大家理解量子力学现象所做的一个经典比喻。大家想想，盲人怎么知道雪的结构？是不是需要雪花飘落在其肌肤上面，而肌肤是有温度的，所以，盲人所知道的雪的结构一定是受到体温影响之后的一种“主体性”结构，而这种结构肯定不是明眼人所见的晶莹透明的六角结构。海森堡用这样一个比喻表达什么意思呢？就是我们所观察到的，或者说呈现给我们的微观世界，准确地讲，我们可以如此这般指称和实证性描述言说（即可以被实验验证的建构性描述言说）的所谓的微观世界，原本不存在，它实际上是量子物理学家们如此这般显现、设定、建构、创造或生成的，具有现实性、历史性、实践性、辩证性、主体性、社会性的在场的现实世界。

关于“非人定的世界”或“非人类的世界”维度。作为马克思实践哲学所预设的先于意识人类存在或者说相对于意识人类具有“优先地位”的“自然界”，即“被抽象地、孤立地理解的，被固定为与人分离的自然界”，即所谓的“现成”或“既成”世界，因其不能被意识人类指称和建构性描述言说，是永远不在场的非现实世界或非对象性存在或非人定的世界或非人类的世界或“不在场的人定世界”。必须指出的是，这里的“现成”或“既成”世界，即不能被指称和建构性描述言说的不在场的“非现实世界”，因其只可能被意识人类自觉地意识到其存在，就其本质而论，是且只可能是意识人类如此设定的，既是生成的而非既成的，也是人定的而非神定的。原本不仅没有在场的“对象性世界”或“人定的世界”或“人类的世界”或“现实世界”或“在场的人定世界”，原本也没有不在场的“非对象性世界”或“非人定的世界”或“非人类的世界”或“非现实世界”或“不在场的人定世界”。无论是在场的

"现实世界",还是不在场的"非现实世界",因其都是"因人而有"或"因人而造"的,都是意识人类如此显现、设定、建构、生产、创造或如此设定或生成的,本质上是且只可能是对于意识人类才具有意义的"人类世界"或"人定世界"或"人世界"或"人存在"或"世界"或"存在",在这一意义上,当然可言说,原本没有"人类世界"或"人定世界"或"人世界"或"人存在"或"世界"或"存在",正如伽达默尔所指出的,"没有语言性之外的'自在世界'",正如海德格尔所坚持的"动物缺乏世界"或"动物没有世界"。

我们之所以在20世纪80—90年代即提出了"人类的世界"或"人定的世界"系列观点,就是想陈述这样的想法:原本没有"人定的世界"或"人类的世界",即原本没有对象性世界"有",在场的"现实世界"或"在场的人定世界"。"人定的世界"或"人类的世界"或对象性世界"有",即"现实世界"是意识人类在其社会性实践活动中生成的,即如此显现、设定、建构、生产、创造出来的,是人类历史的产物,按照马克思的说法,是人的本质力量的对象化,是对象性的存在物。与此同时,我们也坚持认为,原本没有"非人定的世界"或"非人类的世界",即原本没有非对象性世界"无",不在场的在场的"非现实世界"或"不在场的人定世界"。"非人定的世界"或"非人类的世界"或非对象性世界"无",即"非现实世界"也是意识人类在其社会性实践活动中生成的,即如此这般设定出来的,也是人类历史的产物,也是人的本质力量的体现,只是对于意识人类不具有现实意义的"非对象性的存在物"或"非存在物"而已,是"人定的世界"或"人类的世界"的本来面目。"'人类意识之灯'熄灭之后,'人的世界'(即在场的'人定的世界'或'人类的世界')将不复存在,与'人的世界'保持一体两面关系的'人的世界的本来面目'(即不在场的'非人定的世界'或'非人类的世界')也将不复存在。"①

在结束这部分内容的分析讲解之前,再将前面讲的内容小结一下。分析理解或把握世界的类思维模式,可以分成以下三种基本类型。第一种就是分析理解或把握在场的对象性世界或者"人定的世界"或"在场的人定世界"的类思维模式,即对象性类思维模式,有以下两种亚类型:一是西方的二元论,坚持认为对象物之间"虽有合,而实为二";二是东方的不二论,坚持认为对象物之间"虽有分,而实不二"。也就是说,东方思想家们把世界视为一个单元不二的有机整体,而西方思想家则将其视为一个二元对立的无数对象物的堆集。第二种基本的类思维模式就是分析理解或把握不在场的非对象性世界或"非人定的世界"或"不在场的人定世界"的非对象性思维模式,也就是空宗禅宗的狭义超元论思维模式。它是从"缘起

① 何跃.人类的世界[M].重庆:西南师范大学出版社,1995:53.

空”“当下空”“真空妙有”这三个维度帮助“理解”“实相无相”之“实相”“真如”，也就是说，不能被我们思议言说的无指称“空”或非对象性存在“无”。第三种基本的类思维模式则是分析理解或把握融在场的世界和不在场的世界于一体的“人类世界”或“人定世界”的整合性思维模式，即我们在20世纪80—90年代提出的广义超元论思维模式①，这种思维模式试图将对象性思维模式和非对象思维模式融合在一起，实现对在场的对象性世界“有”或“在场的人定世界”和不在场的非对象性世界“无”或“不在场的人定世界”的统一把握。依据这种整合性思维模式或者广义超元论思维模式观世界，我们认为，对象性世界“有”当然是打上了人类实践活动烙印的，是意识人类如此显现、设定、建构、生产、创造或生成的，因而是可以被如此指称和建构性描述言说的，即对意识人类具有现实意义的在场的现实世界或“在场的人定世界”。而非对象性世界“无”则是意识人类为了透彻说明对象性世界“有”的现实性、历史性、实践性、辩证性、主体性、社会性，而设定或生成的一个不能被意识人类指称和建构性描述言说，即对于意识人类不具有任何现实意义的不在场的非现实世界或“不在场的人定世界”。因为非对象性世界“无”相对于对象性世界“有”的“先在性”“超验性”“无指称”“现成性”或“既成性”，即所谓的“非现实性”“非对象性”“不在场性”，我们才能深刻地理解对象性世界“有”的实践性、现实性、历史性、生成性、主体性、社会性、可指称性、对象性、在场性。所以，我们认为，整合性思维模式，即“广义超元论”这种类思维模式既可以帮助我们理解在场的对象性世界“有”或“现实世界”或“在场的人定世界”，也可以帮助我们理解不在场的非对象性世界“无”或“非现实世界”或“不在场的人定世界”，即有助于我们理解包含在场的对象性世界“有”和不在场的非对象性世界“无”于一体的“人类世界”或“人定世界”，即仅对于意识人类有意义的“世界”或“存在”；既有助于分析研究西方的哲学思想、中国的哲学思想，也有助于分析讨论印度的缘起论、空宗、有宗以及中华禅宗的佛学思想，即有助于我们给予自轴心时代以来，意识人类所创造的所有人类文明以相对统一或贯通性的分析讨论；既有助于我们给予传统的中西印文明以统一分析讲解，也有助于我们给予中华文明“通三统”“儒道释”“中西马”以贯通性分析说明，即有助于我们在“不忘本来，吸收外来，面向未来”原则的指导之下去尝试显现、设定、建构、生产、创造或生成仅仅对于意识人类有意义的“新文明形态”②。

---

① 何跃.广义超元论与人与自然的关系[J].自然辩证法研究，1995(10):65-66.

② 何跃.广义超元论与人类的世界[M].重庆:重庆大学出版社,2012:18.

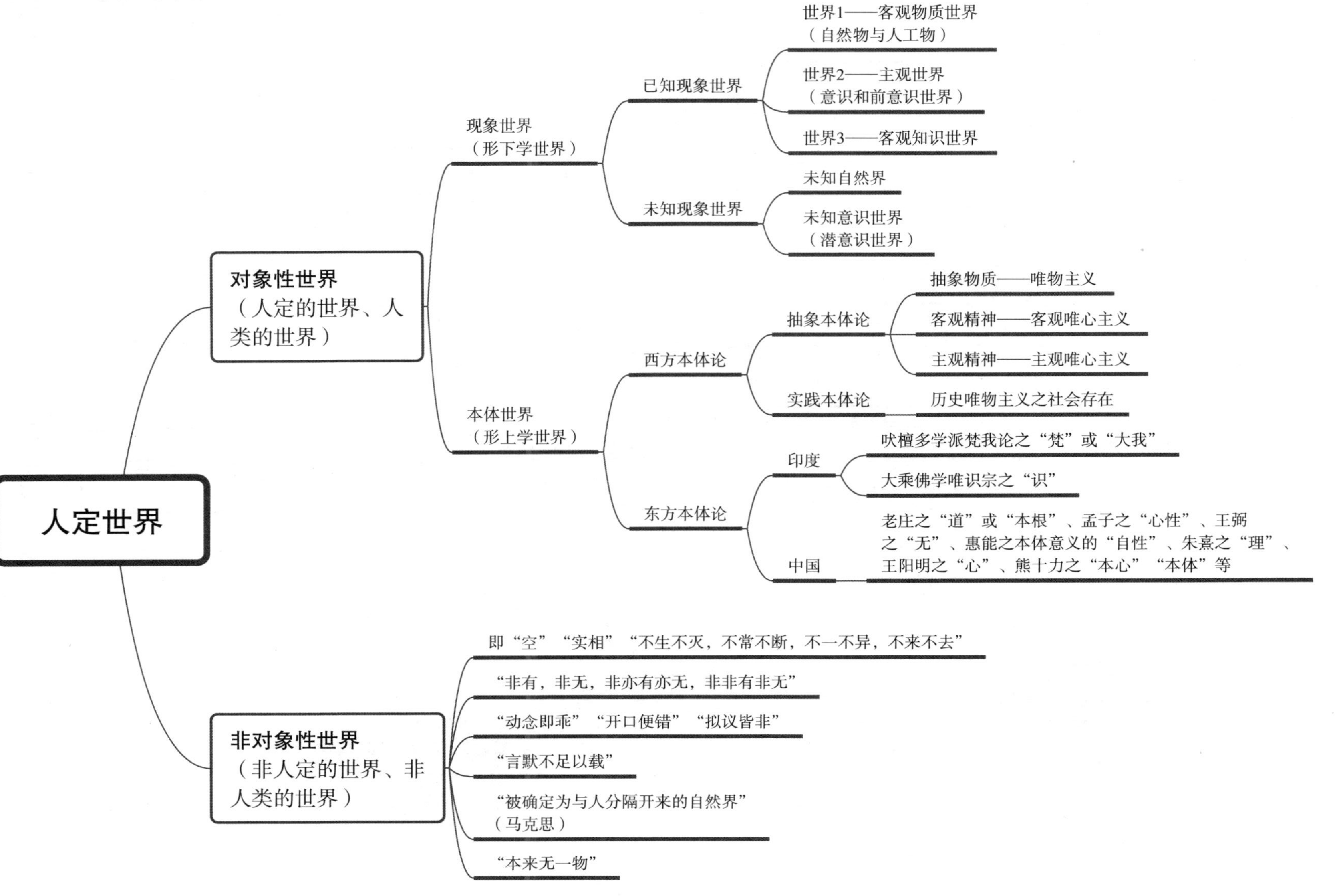
人定世界
对象性世界
（人定的世界、人类的世界）
现象世界
（形下学世界）
已知现象世界
世界1——客观物质世界
（自然物与人工物）
世界2——主观世界
（意识和前意识世界）
世界3——客观知识世界
未知现象世界
未知自然界
未知意识世界
（潜意识世界）
本体世界
（形上学世界）
西方本体论
抽象本体论
抽象物质——唯物主义
客观精神——客观唯心主义
主观精神——主观唯心主义
实践本体论
历史唯物主义之社会存在
东方本体论
印度
吠檀多学派梵我论之“梵”或“大我”
大乘佛学唯识宗之“识”
中国
老庄之“道”或“本根”、孟子之“心性”、王弼之“无”、惠能之本体意义的“自性”、朱熹之“理”、王阳明之“心”、熊十力之“本心”“本体”等
非对象性世界
（非人定的世界、非人类的世界）
即“空”“实相”“不生不灭，不常不断，不一不异，不来不去”
“非有，非无，非亦有亦无，非非有非无”
“动念即乖”“开口便错”“拟议皆非”
“言默不足以载”
“被确定为与人分隔开来的自然界”
（马克思）
“本来无一物”

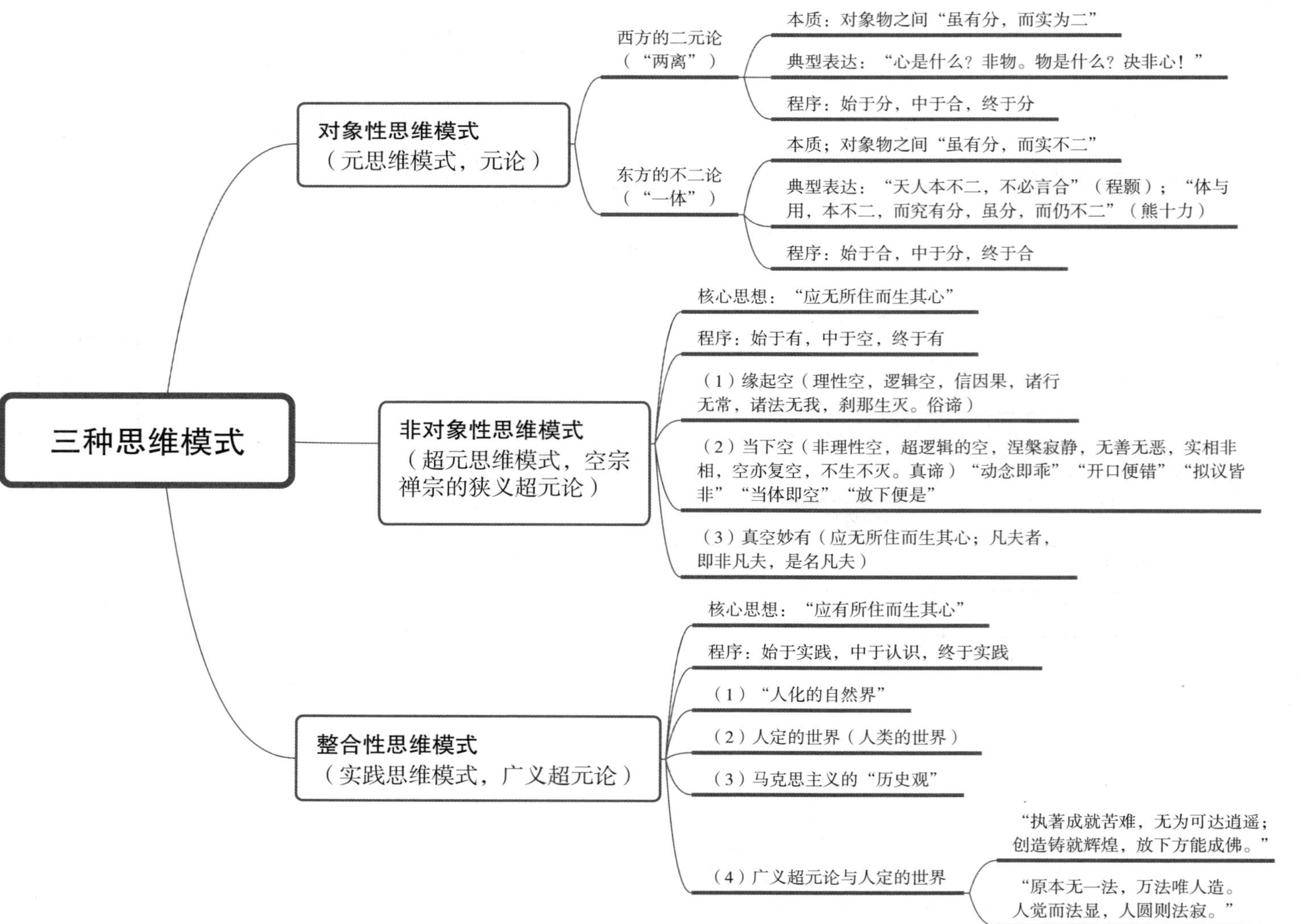

三种思维模式
对象性思维模式
（元思维模式，元论）
西方的二元论
（“两离”）
本质：对象物之间“虽有分，而实为二”
典型表达：“心是什么？非物。物是什么？决非心！”
程序：始于分，中于合，终于分
东方的不二论
（“一体”）
本质；对象物之间“虽有分，而实不二”
典型表达：“天人本不二，不必言合”（程颢）；“体与用，本不二，而究有分，虽分，而仍不二”（熊十力）
程序：始于合，中于分，终于合
非对象性思维模式
（超元思维模式，空宗禅宗的狭义超元论）
核心思想：“应无所住而生其心”
程序：始于有，中于空，终于有
（1）缘起空（理性空，逻辑空，信因果，诸行无常，诸法无我，刹那生灭。俗谛）
（2）当下空（非理性空，超逻辑的空，涅槃寂静，无善无恶，实相非相，空亦复空，不生不灭。真谛）“动念即乖”“开口便错”“拟议皆非”“当体即空”“放下便是”
（3）真空妙有（应无所住而生其心；凡夫者，即非凡夫，是名凡夫）
整合性思维模式
（实践思维模式，广义超元论）
核心思想：“应有所住而生其心”
程序：始于实践，中于认识，终于实践
（1）“人化的自然界”
（2）人定的世界（人类的世界）
（3）马克思主义的“历史观”
（4）广义超元论与人定的世界
“执著成就苦难，无为可达逍遥；创造铸就辉煌，放下方能成佛。”
“原本无一法，万法唯人造。人觉而法显，人圆则法寂。”

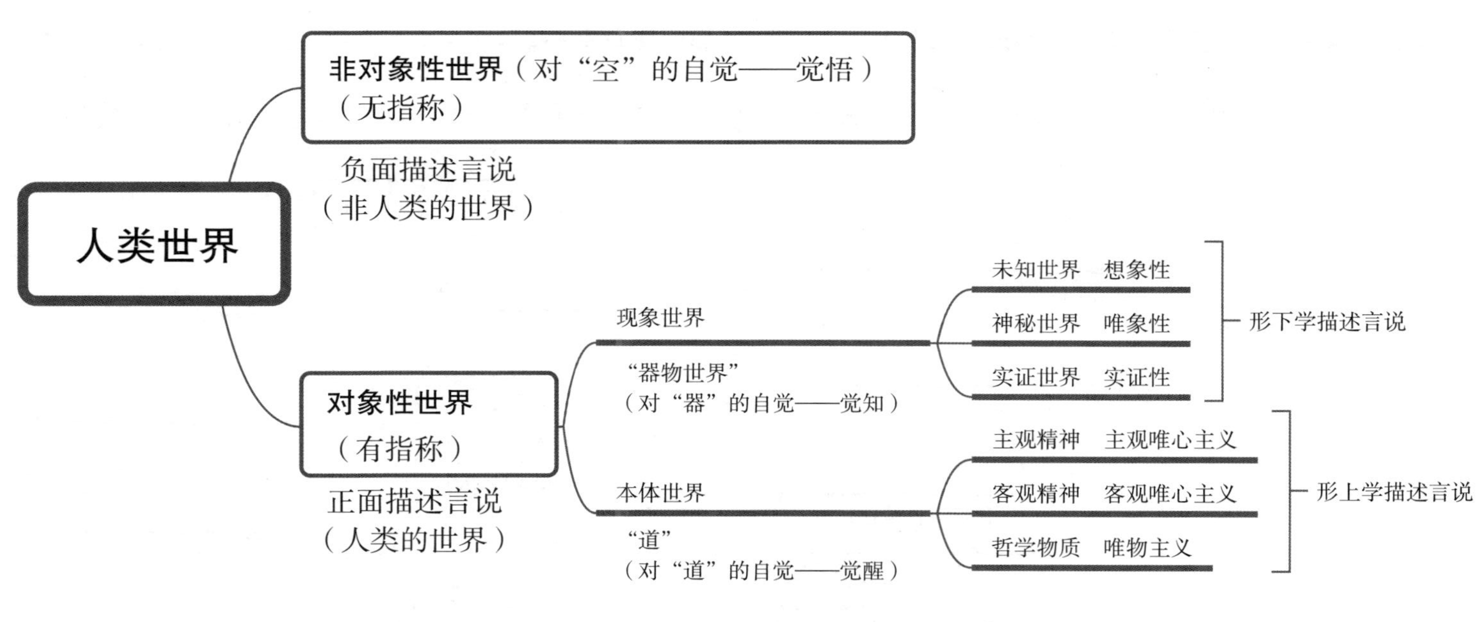
人类世界
非对象性世界（对“空”的自觉——觉悟）
（无指称）
负面描述言说
（非人类的世界）
对象性世界
（有指称）
正面描述言说
（人类的世界）
现象世界
“器物世界”
（对“器”的自觉——觉知）
本体世界
“道”
（对“道”的自觉——觉醒）
未知世界　想象性
神秘世界　唯象性
实证世界　实证性
形下学描述言说
主观精神　主观唯心主义
客观精神　客观唯心主义
哲学物质　唯物主义
形上学描述言说

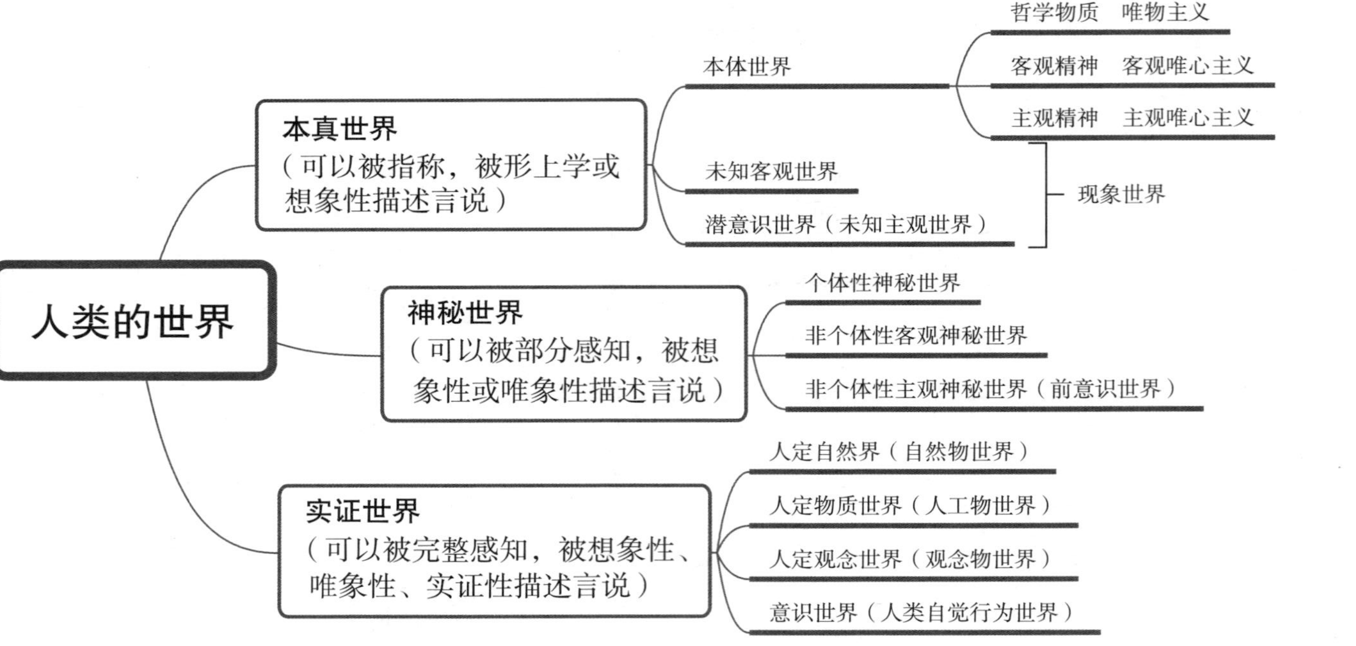

人类的世界=人定的世界=人的世界=对象性世界=对象性存在=在场的现实世界=在场的人定世界

非人类的世界=非人定的世界=非人的世界=非对象性世界=非对象性存在=不在场的非现实世界=不在场的人定世界

世界=存在=人世界=人存在=人定世界=人类世界=人的世界+非人的世界=人定的世界+非人定的世界=人类的世界+非人类的世界=对象性世界+非对象性世界=对象性存在+非对象性存在=在场的现实世界+不在场的非现实世界=在场的人定世界+不在场的人定世界

第二章　轴心时代与人类智慧

本书第二章及其后续篇章,尝试运用"两个世界与三种思维模式"即广义超元论这一新的分析工具和解释框架分析讲解"轴心时代"《易经》《老子》《坛经》以及"西方哲学""禅与星空""马克思主义实践观"等经典思想理论观点,以回应提出的"广义超元论与智慧的秘密"这个重要问题。

轴心时代是人类文化史上最光辉灿烂的时期,一大批从血缘关系中解放出来并被赋予神圣使命的伟大人物实现了人类精神有史以来最重大的突破,奠定了意识人类永恒的精神基础,深刻且持久地影响了意识人类的精神气质和行为方式,是人类社会发展演变所围绕的永远的"轴心"。

本书的第二章"轴心时代与人类智慧",分为以下三个部分分别予以分析说明:第一部分分析讲解"文化自觉与文化自信",简要地介绍费孝通、张世英有关"文化自觉"的相关论述,以及习近平有关"文化自信"的系列重要观点。第二部分分析讲解"轴心时代与人类智慧",这是本章的重点部分,在这部分尝试分析讨论三个问题:一是"何谓轴心时代",二是"为什么会产生轴心时代",三是"轴心时代的主要贡献及其深远影响"。第三部分分析讲解"印度文明及其与其他文明的关系",简要地介绍印度哲学的主要流派及其基本观点、婆罗门教与早期佛教的区别与联系、印度文明与希腊文明与中国文明的关系等内容。

第一节　文化自觉与文化自信

首先分析讲解第一部分——"文化自觉与文化自信",主要分析讨论或讲解两个问题,一是费孝通、张世英"文化自觉"的相关论述,二是习近平有关"文化自信"的系列重要观点。

一、费孝通论“文化自觉”

首先，学习讨论费孝通关于“文化自觉”的重要论述。

20 世纪 90 年代，费孝通多次讲到“文化自觉”。他的典型表述是：文化自觉是指生活在一定文化中的人对其文化有自知之明，明白它的来历、形成过程、所具特色和发展趋向，不带任何“文化回归”的意思。费孝通认为，自知之明是为了加强对文化转型的自主能力，取得适应新环境、新时代文化选择的自主地位。

费孝通认为，有关文化自觉的讨论，其目的是尝试回答“不同文明之间该如何相处”这一“全人类都要共同解决的问题”。其实，这也是社会可持续发展的核心问题。可持续发展理论主要涉及三个系统的可持续发展：一个是生态系统的可持续发展；一个经济系统的可持续发展；一个是社会系统的可持续发展。生态系统的可持续发展，以生物多样性为其基础和前提，经济系统的可持续发展主要表现为人们的生活福利一代比一代更强，而社会系统的可持续发展的本质或基础则是文化多样性的保护。没有了生物多样性，就不可能有生态系统的可持续发展，同样地，没有了多样性的文化，也就不可能有人类社会系统的可持续发展。总之，一是必须既站在中华民族伟大复兴的高度，又应该站在人类文明永续发展的高度分析看待文化自觉问题；二是生物多样性是生态系统可持续发展的前提，文化多样性则是社会可持续发展的核心问题。

费孝通认为，“只有当不同族群、民族、国家以及各种不同文明，达到了某些新的共识，世界才可能出现一个相对安定祥和的局面，这是全球化进程中不可回避的一个挑战”。“近年来，在讨论全球化这个话题时，我多次提到‘和而不同’的概念。这个概念不是我发明的，它是中国传统文化中的一个重要核心。这种‘和而不同’的状态，是一种非常高的境界，是人们的理想。”“从总体上说，人类文明的多样性是各个文明得以‘不朽’的最可靠的保证。一种文明、文化，只有融入更丰富、更多样的世界文明中，才能保证自己的生存。人们常说，‘只有民族的，才是世界的’，这是不错的；换言之，只有世界的，才是民族的，才能使这个民族的文化长盛不衰，也很有道理。所以，文化上的唯我独尊、故步自封，对其他文明视而不见，都不是文明的生存之道。只有交流、理解、共享、融合，才是世界文明共存共荣的根本出路。”1990 年 12 月，在就“人的研究在中国——个人的经历”主题进行演讲时，时年 80 岁的费孝通首次提出了“各美其美，美人之美，美美与共，天下大同”这一处理不同文化之间关系的十六字“箴言”。费孝通认为，“如果人们真的做到‘美美与共’，也就是在欣赏本民族文明的同时，也能欣赏、尊重其他民族的文明，那么，地球上不同文化、不同民族、不同国家之间就达到了一种和谐，就会出现持久而稳定的‘和而不同'"。张世英给予费孝通这十六字箴言以精彩解读，他指出，建构以中华哲学"天人合一""万有相通"为本以"各美其美"，再吸收融通西方哲学"主客二分"注重人的主观能动性和个性培养以"美人之美"，进而整合互补以"美美与共"，最终实现"天下大同"的 21 世纪人类命运共同体哲学。[①] 非常精彩且深刻的解读！

费孝通给予文化自觉以充分的阐释，并在学术界产生了非常广泛而深远的影响，但是普通百姓和各级领导并没有对这个问题作出应有的广泛回响。

下面分析说明本节的第二个问题——习近平论"文化自信"。

二、习近平论"文化自信"

习近平在费孝通倡导的"文化自觉"的基础上进一步提出了"文化自信"的命题。习近平对"文化自信"的强调在 21 世纪的中国产生了非常强烈的反响，特别是普通百姓及各级领导给予了文化自信以充分的讨论。下面结合官媒的相关文献给予习近平有关"文化自信"的相关论述以分析讲解。

习近平认为："文化自信是一个民族、一个国家以及一个政党对自身文化价值的充分肯定和积极践行，并对其文化的生命力持有的坚定信心。"他指出："增强文化自觉和文化自信，是坚定道路自信、理论自信、制度自信的题中应有之义"；"中国有坚定的道路自信、理论自信、制度自信，其本质是建立在 5000 多年文明传承基础上的文化自信"；"抛弃传统、丢掉根本，就等于割断了自己的精神命脉。对我们来说，博大精深的中华优秀传统文化是我们在世界文化激荡中站稳脚跟的根基"；"文化自信，是更基础、更广泛、更深厚的自信，是更基本、更深沉、更持久的力量。坚定文化自信，是事关国运兴衰、事关文化安全、事关民族精神独立性的大问题。"

2021 年 3 月 22 日，习近平在福建武夷山市考察时指出，如果没有中华五千年文明，哪里有什么中国特色？如果不是中国特色，哪有我们今天这么成功的中国特色社会主义道路？我们要特别重视挖掘中华五千年文明中的精华，弘扬优秀传统文化，把其中的精华同马克思主义立场观点方法结合起来，坚定不移走中国特色社会主义道路。2021 年 7 月 1 日，习近平在庆祝中国共产党成立 100 周年大会上正式提出了"两个结合"的重要观点。习近平指出，我们务必要"坚持两个结合"，即"坚持把马克思主义基本原理同中国具体实际相结合、同中华优秀传统文化相结合"。习近平认为，马克思主义是历史和人民的必然选择，为中国革命、建设、改革提供了强大思想武器，中华优秀传统文化是中华民族的根和魂，为中华民族克服困难、生生不息提供了强大精神支撑，坚持把马克思主义基本原理同中华优秀传统文

---

① 仲呈祥. 坚持马克思主义基本原理同中华优秀传统文化相结合[N]. 中国艺术报，2021-07-16(3).

化相结合，是中国共产党百年奋斗历程中始终关切的一个重大理论和实践问题。2022 年 10 月 16 日，习近平在党的第二十次代表大会上再次就“两个结合”做出了重要论述：“中国共产党人深刻认识到，只有把马克思主义基本原理同中国具体实际相结合、同中华优秀传统文化相结合，坚持运用辩证唯物主义和历史唯物主义，才能正确回答时代和实践提出的重大问题，才能始终保持马克思主义的蓬勃生机和旺盛活力。”习近平指出：“中华优秀传统文化源远流长、博大精深，是中华文明的智慧结晶，其中蕴含的天下为公、民为邦本、为政以德、革故鼎新、任人唯贤、天人合一、自强不息、厚德载物、讲信修睦、亲仁善邻等，是中国人民在长期生产生活中积累的宇宙观、天下观、社会观、道德观的重要体现，同科学社会主义价值观主张具有高度契合性。”

2023 年 6 月 30 日，习近平在中共中央政治局集体学习会议指出：“我们决不能抛弃马克思主义这个魂脉，决不能抛弃中华优秀传统文化这个根脉。”“用马克思主义激活中华优秀传统文化中富有生命力的优秀因子并赋予新的时代内涵，将中华民族的伟大精神和丰富智慧更深层次地注入马克思主义，有效把马克思主义思想精髓同中华优秀传统文化精华贯通起来，聚变为新的理论优势，不断攀登新的思想高峰。我们要拓宽理论视野，以海纳百川的开放胸襟学习和借鉴人类社会一切优秀文明成果，在‘人类知识的总和’中汲取优秀思想文化资源来创新和发展党的理论，形成兼容并蓄、博采众长的理论大格局大气象。”

以习近平同志为核心的中国共产党为什么在新的世纪、新的时代、新的发展阶段高度重视中国特色社会主义文化建设，反反复复地强调务必要增强“文化自信”？

根据相关学者的论述，增强“文化自信”主要基于以下三个理由：一是为了守护国家民族的灵魂。习近平指出：“文明特别是思想文化是一个国家、一个民族的灵魂。无论哪一个国家、哪一个民族，如果不珍惜自己的思想文化，丢掉了思想文化这个灵魂，这个国家、这个民族是立不起来的。”二是为了坚持走中国特色社会主义道路。习近平认为：“我国今天的国家治理体系，是在我国历史传承、文化传统、经济社会发展的基础上长期发展、渐进改进、内生性演化的结果。”习近平在中南海与时任美国总统奥巴马交谈时说到，一双鞋是否适合，只有穿鞋的人才知道，以此论证每个国家民族都有自己的历史、自己的文化，都有自己独特的发展道路。三是为了实现中华民族的伟大复兴。习近平指出：“只有坚持从历史走向未来，从延续民族文化血脉中开拓前进，我们才能做好今天的事业”，“没有文明的继承和发展，没有文化的弘扬和繁荣，就没有中国梦的实现”。

2013 年 8 月 19 日，习近平在全国宣传思想工作会议上强调指出：“宣传阐释中国特色，要讲清楚每个国家和民族的历史传统、文化积淀、基本国情不同，其发展道路必然有着自己的特色；讲清楚中华文化积淀着中华民族最深沉的精神追求，是中华民族生生不息、发展壮大的丰厚滋养；讲清楚中华优秀传统文化是中华民族的突出优势，是我们最深厚的文化软实力；讲清楚中国特色社会主义植根于中华文化沃土、反映中国人民意愿、适应中国和时代发展进步要求，有着深厚历史渊源和广泛现实基础。中华民族创造了源远流长的中华文化，中华民族也一定能够创造出中华文化新的辉煌。独特的文化传统，独特的历史命运，独特的基本国情，注定了我们必然要走适合自己特点的发展道路。对我国优秀传统文化，对国外的东西，要坚持古为今用、洋为中用，去粗取精、去伪存真，经过科学的扬弃后使之为我所用。"

2017 年 1 月，中共中央办公厅、国务院办公厅印发了《关于实施中华优秀传统文化传承发展工程的意见》（以下简称《意见》）。《意见》指出："随着我国经济社会深刻变革、对外开放日益扩大、互联网技术和新媒体快速发展，各种思想文化交流交融交锋更加频繁，迫切需要深化对中华优秀传统文化重要性的认识，进一步增强文化自觉和文化自信；迫切需要深入挖掘中华优秀传统文化价值内涵，进一步激发中华优秀传统文化的生机与活力；迫切需要加强政策支持，着力构建中华优秀传统文化传承发展体系。实施中华优秀传统文化传承发展工程，是建设社会主义文化强国的重大战略任务，对于传承中华文脉、全面提升人民群众文化素养、维护国家文化安全、增强国家文化软实力、推进国家治理体系和治理能力现代化，具有重要意义。"《意见》制定的总体目标是："到 2025 年，中华优秀传统文化传承发展体系基本形成，研究阐发、教育普及、保护传承、创新发展、传播交流等方面协同推进并取得重要成果，具有中国特色、中国风格、中国气派的文化产品更加丰富，文化自觉和文化自信显著增强，国家文化软实力的根基更为坚实，中华文化的国际影响力明显提升。"

《意见》提出的主要任务主要有：一是深入阐发文化精髓。"深入研究阐释中华文化的历史渊源、发展脉络、基本走向，深刻阐明中华优秀传统文化是发展当代中国马克思主义的丰厚滋养，深刻阐明传承发展中华优秀传统文化是建设中国特色社会主义事业的实践之需，深刻阐明丰富多彩的多民族文化是中华文化的基本构成，深刻阐明中华文明是在与其他文明不断交流互鉴中丰富发展的，着力构建有中国底蕴、中国特色的思想体系、学术体系和话语体系。"二是贯穿国民教育始终。"按照一体化、分学段、有序推进的原则，把中华优秀传统文化全方位融入思想道德教育、文化知识教育、艺术体育教育、社会实践教育各环节，贯穿于启蒙教育、基础教育、职业教育、高等教育、继续教育各领域。推动高校开设中华优秀传统文化必修课，在哲学社会科学及相关学科专业和课程中增加中华优秀传统文化的内容。""研究制定国民语言教育大纲，开展好国民语言教育。加强面向全体教师的中华文化教育培训，全面提升师资队伍水平。”三是保护传承文化遗产。“坚持保护为主、抢救第一、合理利用、加强管理的方针，做好文物保护工作，抢救保护濒危文物，实施馆藏文物修复计划，加强新型城镇化和新农村建设中的文物保护。加强历史文化名城名镇名村、历史文化街区、名人故居保护和城市特色风貌管理，实施中国传统村落保护工程，做好传统民居、历史建筑、革命文化纪念地、农业遗产、工业遗产保护工作。规划建设一批国家文化公园，成为中华文化重要标识。推进地名文化遗产保护。实施非物质文化遗产传承发展工程，进一步完善非物质文化遗产保护制度。”四是融入生产生活。“把中华优秀传统文化内涵更好更多地融入生产生活各方面。深入挖掘城市历史文化价值，提炼精选一批凸显文化特色的经典性元素和标志性符号，纳入城镇化建设、城市规划设计，合理应用于城市雕塑、广场园林等公共空间，避免千篇一律、千城一面。挖掘整理传统建筑文化，鼓励建筑设计继承创新，推进城市修补、生态修复工作，延续城市文脉。加强‘美丽乡村’文化建设，发掘和保护一批处处有历史、步步有文化的小镇和村庄。”五是加大宣传教育力度。“综合运用报纸、书刊、电台、电视台、互联网站等各类载体，融通多媒体资源，统筹宣传、文化、文物等各方力量，创新表达方式，大力彰显中华文化魅力，实施中华文化新媒体传播工程。充分发挥图书馆、文化馆、博物馆、群艺馆、美术馆等公共文化机构在传承发展中华优秀传统文化中的作用。”“加强国民礼仪教育。加大对国家重要礼仪的普及教育与宣传力度，在国家重大节庆活动中体现仪式感、庄重感、荣誉感，彰显中华传统礼仪文化的时代价值，树立文明古国、礼仪之邦的良好形象。”“把优秀传统文化思想理念体现在社会规范中，与制定市民公约、乡规民约、学生守则、行业规章、团体章程相结合。弘扬孝敬文化、慈善文化、诚信文化等，开展节俭养德全民行动和学雷锋志愿服务。广泛开展文明家庭创建活动，挖掘和整理家训、家书文化，用优良的家风家教培育青少年。挖掘和保护乡土文化资源，建设新乡贤文化，培育和扶持乡村文化骨干，提升乡土文化内涵，形成良性乡村文化生态，让子孙后代记得住乡愁。”

《意见》要求：一是加强组织领导。“各级党委和政府要从坚定文化自信、坚持和发展中国特色社会主义、实现中华民族伟大复兴的高度，切实把中华优秀传统文化传承发展工作摆上重要日程，加强宏观指导，提高组织化程度，纳入经济社会发展总体规划，纳入考核评价体系，纳入各级党校、行政学院教学的重要内容。各级党委宣传部门要发挥综合协调作用，整合各类资源，调动各方力量，推动形成党委统一领导、党政群协同推进、有关部门各负其责、全社会共同参与的中华优秀传统文化传承发展工作新格局。”二是加强政策保障。“加大中央和地方各级财政支持力度，同时统筹整合现有相关资金，支持中华优秀传统文化传承发展重点项目。制定和完善惠及中华优秀传统文化传承发展工程项目的金融支持政策。”“制定和完善历史文化名城名镇名村和历史文化街区保护的相关政策。”“建立健全中华优秀传统文化传承发展重大项目首席专家制度，培养造就一批人民喜爱、有国际影响的中华文化代表人物。”三是加强文化法治环境建设。“修订文物保护法。制定文化产业促进法、公共图书馆法等相关法律，对中华优秀传统文化传承发展有关工作作出制度性安排。在教育、科技、卫生、体育、城乡建设、互联网、交通、旅游、语言文字等领域相关法律法规的制定修订中，增加中华优秀传统文化传承发展内容。加大涉及保护传承弘扬中华优秀传统文化法律法规施行力度，加强对法律法规实施情况的监督检查。”“加强法治宣传教育，增强全社会依法传承发展中华优秀传统文化的自觉意识，形成礼敬守护和传承发展中华优秀传统文化的良好法治环境。各地要根据本地传统文化传承保护的现状，制定完善地方性法规和政府规章。”四是充分调动全社会积极性创造性。“传承发展中华优秀传统文化是全体中华儿女的共同责任。坚持全党动手、全社会参与，把中华优秀传统文化传承发展的各项任务落实到农村、企业、社区、机关、学校等城乡基层。”“充分尊重工人、农民、知识分子的主体地位，发挥领导干部的带头作用，发挥公众人物的示范作用，发挥青少年的生力军作用，发挥先进模范的表率作用，发挥非公有制经济组织和社会组织从业人员的积极作用，发挥文化志愿者、文化辅导员、文艺骨干、文化经营者的重要作用，形成人人传承发展中华优秀传统文化的生动局面。”

以习近平同志为核心的中国共产党有充分的理由在新的世纪、新的时代、新的发展阶段始终坚持并大力倡导中华民族的“文化自信”。根据习近平和相关学者的论述，坚持“文化自信”的理由主要有以下三个方面。

第一，我们拥有以儒道释为其核心骨架，延绵5000年不绝、博大精深的中华优秀传统文化。习近平认为，中华优秀传统文化“体现着中华民族世世代代在生产生活中形成和传承的世界观、人生观、价值观、审美观等，其中最核心的内容已经成为中华民族最基本的文化基因。这些最基本的文化基因，是中华民族和中国人民在修齐治平、尊时守位、知常达变、开物成务、建功立业过程中逐渐形成的有别于其他民族的独特标识。”这些千百年传承下来的理念，已经浸润于每个国人心中，成为日用而不觉的价值观，构成中国人的独特精神世界。中华优秀传统文化的基本内容主要有：“自强不息”的奋斗精神，“精忠报国”的爱国情怀，“天下兴亡，匹夫有责”的担当意识，“舍生取义”的牺牲精神，“革故鼎新”的创新思想，“扶危济困”的公德意识，“国而忘家，公而忘私”的价值理念；“天人合一”“天下为公”的社会理想，“以人为本”“民惟邦本”的治国理念，“载舟覆舟”“居安思危”的忧患意识，“止戈为武”“协和万邦”的和平思想，“与人为善”“己所不欲，勿施于人”的处世之道，“儒法并用”“德刑相辅”的治理思想,“和为贵”“和而不同”的东方智慧;等等。

第二,我们拥有近代以来在反帝反封建的革命活动中崛起的鲜明独特、奋发向上的红色革命文化。从伟大建党精神(“坚持真理、坚守理想,践行初心、担当使命,不怕牺牲、英勇斗争,对党忠诚、不负人民”)、井冈山精神、长征精神、延安精神、西柏坡精神、红岩精神、抗美援朝精神,到雷锋精神、大庆精神、“两弹一星”精神,再到航天精神、北京奥运精神、抗震救灾精神、抗疫精神(“生命至上,举国同心,舍生忘死,尊重科学,命运与共”)、脱贫攻坚精神(“上下同心、尽锐出战、精准务实、开拓创新、攻坚克难、不负人民”)等,这些富有时代特征、民族特色的宝贵财富,脱胎于中华民族优秀文化传统,同时又在新形势下不断进行着再生再造、凝聚升华,再一次唤醒了中华民族敢于斗争、善于斗争、勇于开拓前进、不断争取胜利的伟大斗争精神。

第三,我们拥有在中华人民共和国建设,特别是改革开放的伟大实践中孕育发展的社会主义先进文化。这一文化始终坚持“不忘本来、吸收外来、面向未来”的基本原则,坚持将马克思主义基本原理与中国具体实际相结合,与中华优秀传统文化相结合,坚持以马克思主义为指导、充分继承了中国优秀的传统文化,充分吸纳了包括西方世界在内的外来文化,同时,它还是面向未来的不断开拓进取的开放性文化。我们创造了中国道路、中国模式、中国奇迹,这已充分说明社会主义先进文化是一种有生命力的文化,是一种体现人类文明发展进步方向的文化。

习近平认为,我们的文化自信,不仅来自文化的积淀、传承与创新、发展,更来自当今中国特色社会主义的蓬勃生机,来自实现中国梦、建设中华民族现代文明的光明前景。自 20 世纪 70—80 年代改革开放以来,我们创造了举世瞩目的伟大成就。在新的历史起点,我们正在致力于以中国式现代化实现中华民族的伟大复兴。习近平指出:“对历史最好的继承,就是创造新的历史;对人类文明最大的礼敬,就是创造人类文明新形态。”总之,这三种文化夯实了文化建设的根基,同时,文化的优秀、国家的强大、人民的力量,奠定了文化自信的强大底气。

第二节 轴心时代及其伟大贡献

这部分讨论“轴心时代及其伟大贡献”的故事。这个故事发生的时间是公元前 800—前 200 年,发生的地点是分布在北纬 30°上下的几个相对分离的意识人类集中聚居的区域。这个故事的主人公是影响至今的一大批伟大的人类精神导师,以及创造人类轴心时代伟大奇迹的千千万万的劳动人民。

轴心时代与人类智慧的故事尝试回答以下三个问题：何谓“轴心时代”？为什么会产生轴心时代？轴心时代的主要贡献及深远影响？

这部分的分析讲解主要参考了英国学者凯伦·阿姆斯特朗的《轴心时代——塑造人类精神与世界观的大转折时代》（海南出版社 2010 版）、金观涛的《轴心文明与现代社会——探索大历史的结构》（东方出版社 2021 版）以及许多研究轴心时代的著作、论文。未注明的相关观点的来源，敬请相关作者原谅。

一、何谓“轴心时代”

何谓“轴心时代”？雅斯贝尔斯的“轴心时代”理论将人类历史划分为史前（阶段）、古代文明（阶段）、轴心时代（阶段）和科技时代（阶段）四个基本阶段，但他没有更多地着墨第二阶段的埃及、美索不达米亚、印度和中国四个“古代高级文明”，而是重点讨论了第三阶段的中国、印度、巴勒斯坦和希腊四个文明古国。雅斯贝尔斯在 1949 年出版的《历史的起源与目标》中说，公元前 800 年至公元前 200 年，尤其是公元前 600 年至公元前 300 年，是人类文明的“轴心时代”。他认为，“人类的精神基础同时或独立地在中国、印度、波斯、巴勒斯坦和古希腊开始奠定，而且直到今天，人类仍然附着在这种基础之上”。可以说，在那段非凡岁月里，意识人类基本确定了自己的认知疆界、智慧层阶以及基本的智慧类型，深刻且深远地影响了之后的意识人类的认识实践活动，以及不同区域、地区的人类文明类型，并因此获得“轴心时代”的美誉。

由英国学者凯伦·阿姆斯特朗所写著的《轴心时代——塑造人类精神与世界观的大转折时代》是自雅斯贝尔斯本人算起第二部关于“轴心时代”的重要汉译论著。这本书直接以“轴心时代”为书名，并在书中给予了“轴心时代”以十分清晰的界定和非常重要的肯定：“人类文明的‘轴心时代’，是指在公元前 800—元前 200 年，在北纬 30°左右的地区，诞生了苏格拉底、柏拉图、佛陀、孔子、老子等先哲，人类文明精神获得了重大突破，至今都无法超越，未来也不可能超越”，从而明确了“轴心时代”的概念。凯伦说：“轴心时代是在知识、心理、哲学和宗教变革方面最具创造性的时期之一。直至创造现代科学技术的西方大变革发生之前，没有任何历史阶段可与之相提并论。”专家学者认为，根据现在掌握的文献，雅斯贝尔斯对于“轴心时代”的提法尚有疑虑，而凯伦对此则坚信不疑。雅斯贝尔斯说过：“在公元前 800 年到公元前 200 年间所发生的精神过程，似乎建立了这样一个轴心。”“似乎”一词具有猜测、不确定的含义，而凯伦则不这样认为，凯伦认为轴心时代是确切无疑的历史事实。凯伦不仅是严肃的学者，还是深刻的哲学家。雅斯贝尔斯依循的是哲学智慧、人性觉醒的理路，而人性觉醒在欧洲是由文艺复兴最终完成的，文艺复兴崛起的背景是中世纪的宗教。而现在,凯伦无疑是在证明,轴心时代所开启的乃是人类的不同哲学、宗教、文明传统。那么,轴心时代到底是哲学与人性的觉醒,还是现代社会流行的主要宗教和主要文明类型的奠基呢?我们认为,两者兼有。也就是说,轴心时代既是哲学与人性的觉醒,也是人类主要宗教传统和文明类型的奠基。关于这一问题的具体阐释,我们在后面再给予分析说明。

闻一多可能是我国最早明确意识到轴心时代现象的学者。1943 年,他在《文学的历史动向》一文中有过涉及轴心时代的相关说法:“人类在进化的途程中蹒跚了多少万年,忽然,对近世文明影响最大最深的四个古老民族——中国、印度、以色列、希腊都在差不多同时猛抬头,迈开了大步。”关于古代世界中几个主要文明在公元前 1000 年之内都经过了一次精神的觉醒或跳跃的思想,学术界实际上早已有此共识,它并不是雅斯贝尔斯独创。根据相关文献介绍,西方学界第一次注意到“轴心时代”这个历史现象是 19 世纪初叶。当时,法国的亚贝尔·雷慕沙已注意到公元前 1000 年,在古代东西方几个主要文明的区域里,大约同时发生了空前的思想跃进。19 世纪中叶,德国的拉苏斯在其论著《历史哲学新探》和维克多·冯·施特劳斯在对老子做评论时已经把这个现象提高到历史哲学的层次去反思。雅斯贝尔斯的新说法基本上是在马克斯·韦伯的比较宗教史的基础上发展出来的。“突破”这一观念实际上也早已蕴含在韦伯的著述中。1963 年,菲施贺夫译韦伯有关宗教社会学的著作为英文,帕森斯为该书写了一篇很长的“引论”,对“突破”的观念作了重要的发挥,稍后帕森斯自己写《知识分子》一文又继续阐释此义,并提出“哲学的突破”概念。可以说,雅斯贝尔斯的真正贡献是把轴心时代及其突破的问题提得更尖锐、更集中、更系统了。

以上内容参照了张京华 2013 年 1 月 30 日发表在《中华读书报》上的文章——“‘轴心时代’:中国文明归在何处?”

二、为什么会产生轴心时代

下面分析讨论本节的第二个问题,即为什么会产生“轴心时代”?其实这个问题被很多专家学者关注,并从不同的角度给予了不同的回答。有人说,那是一个非凡的时代,或许是某种特殊的天象使然,或许是特殊的地理环境使然,或许是那个时代的意识人类的某些基因发生了突变,这些都只是一些见解而已。我们相对比较同意一些学者有关这个时代所做出的历史唯物主义的解释。这些学者就“为什么会产生轴心时代”,提出了如下三个理据。

第一个理据是人类社会生产力的巨大进步,为思想文化的突破奠定了坚实的物质基础。大家知道,铁器的普遍使用是“轴心时代”生产力发展的突出标志。根据我们现在掌握的文献，约在公元前 1000 年，古希腊和古罗马就开始普遍使用铁制的工具和兵器。中国在春秋时期，已经在农业、手工业生产上广泛使用铁器。铁器的广泛使用，使人类的工具制造进入了一个全新的时代，生产力得到极大的提高，社会生产获得巨大发展，人类历史产生了深刻变化。其实，在某种程度上，铁器的使用也产生了伟大的古希腊、伟大的中国。依据马克思所创立的历史唯物主义的基本原理，社会存在决定社会意识，生产力决定生产关系，经济基础决定上层建筑，社会生产力的巨大进步是推动思想文化进步发展的根本动力。

第二个理据是人类认识世界的能力得到了极大提高。大家知道，生产力提高、社会经济进步，极大拓展了人类活动的区域和范围，进而开阔了人类了解、观察、认识客观世界的视野，提高了人类认识世界的能力。这一时期的思想家们把人类零散朦胧的哲学思想从纵向提高到了一个崭新高度，即从形下学提升到了形上学和超形上学高度，从横向扩展到了至今也没有被突破的认知疆界，即人与自然（古希腊哲学）、人与人（先秦诸子哲学）、人与心（轴心时代的印度哲学）问题域。为人类的后续发展，特别是思想文化的发展奠定了十分重要的思想基础。

第三个理据是人的解放和发展取得了阶段性进步。“轴心时代”正处在早期国家形态向帝国过渡时期，人们逐渐摆脱了早期国家中血缘关系的束缚，开始以个人的形式存在，个人存在的价值开始可以而且必须由自己决定，人获得了自身的一次重大的解放。而当时的世界都处在邦国林立、诸国争雄的时代，引发了一大批的智者就许多问题进行长时期的深度思考。在这些外在的和内在的、物质的和精神的条件共同作用下，“轴心时代”成为人类文明史上的重大突破时期。如果没有从血缘关系的束缚中解放出来，如果没有历史为人类提供的好几个世纪的自由探索、独立思考的时间，很难想象会有轴心时代人类精神的一系列重大突破，会有轴心时代的千千万万神一样的个体，会有如此众多的伟大思想家脱颖而出，会有如此众多的伟大思想喷薄而出、光照寰宇。

大家知道，春秋战国是中国的一个特殊时代，也是中国的一些学者借用雅斯贝尔斯“轴心时代”概念提出的中国文化的轴心时代。从周平王迁都（公元前 770 年）到秦始皇统一六国（公元前 221 年）这 500 多年间，也就是大家非常熟悉的春秋战国时期。公元前 476 年以前为春秋时期，这段时期同孔子所编的鲁国史书《春秋》的时间大体上差不多。公元前 475 年到秦统一中国为战国时期。

有关专家总结了中国的历史，发现动荡与变革的时期，一般也是人们的精神发生变革的时期，更是人们的思想活跃的时期，还是各种艺术创造活动十分昌盛的时期，所以，学者专家们将春秋战国时期视为中国文化的轴心时代。但是关于这个问题，学界是有不同的看法的。

三、轴心时代的主要贡献及其深远影响

本节的第三个问题——"轴心时代的主要贡献及其深远影响"是第二章的重点问题，尝试从以下五个方面进行分析讲解。

（一）产生了一批伟大的人类精神导师

在那个时代，源于古埃及文明和两河流域文明的古希腊、以色列，以及中国和印度等地的古代文化都发生了"终极关怀的觉醒"，形成了各自独具特色的"超越视野"。金观涛认为，这一时期的希伯来人、印度人、古希腊人、中国人超越视野的形成，也是个体意识从群体意识或集体意识独立出来的重要原因。完成觉醒的意识人类开始以独立个体方式存在，他们开始用理智的方法（古希腊的先哲们形成了入世的"认知理性"超越视野）、道德的方式（春秋战国时期的中国思想家们形成了入世的"道德终极关怀"超越视野）来面对这个世界，也产生了犹太教（执著的希伯来人形成了出世的"一神教信仰"以及"他力拯救"超越视野，影响了后来的基督教、伊斯兰教）、婆罗门教（外来的雅利安人形成了出世的"上梵"信仰以及"自我拯救"超越视野，影响了后来的印度教）、佛教（反对任何意义上的所谓"终极实在"，拒绝"终极实在"信仰，深刻地影响了后来的中国佛教，特别是中华禅宗）等影响深远的现代宗教。在那个时代产生了一大批伟大的人类精神导师，他们的思想与行为至今仍然在深刻影响着人们的思考、塑造着人们的心灵、规范着人们的行为。

古印度出现了耶若婆佉、因陀罗、筏驮摩那、俱舍罗（大雄）、释迦牟尼等思想家，其基本的思想倾向是主张出世和"自力拯救"或"自我救赎"；波斯出现了琐罗亚斯德等思想家，巴勒斯坦出现了以利亚、以赛亚、耶利米、以赛亚第二等希伯来先知，其基本思想倾向是主张出世和"他力拯救"或"上帝救赎"；那时的中国出现了老子、孔子、墨子、杨朱、庄子、列子、孟子等一大批思想家，其基本思想倾向是主张入世和以道德理性方式生活；古希腊亦是贤哲如云，出现了荷马、巴门尼德、德谟克利特、毕达哥拉斯、欧几里得、赫拉克里特、苏格拉底、柏拉图、亚里士多德等思想家，其基本思想倾向是坚持以认知理性方式面对这个世界，主张积极入世，积极地致力于解释世界；等等。

（二）诞生了一批伟大的人类文明经典

人类精神文明的最具代表性的成果是传承至今的人类文明经典。人类文明经典不仅很好地记录了她所诞生的那个时代，标注了那个时代的意识人类思想的高度和深度，更为重要的是人类文明因此而得以传承延续、发扬光大、丰富多彩。

在古希腊诞生了《荷马史诗》《几何原本》《形而上学》《物理学》《理想国》《高尔吉亚篇》《法律篇》等伟大作品。在此简单地介绍下《几何原本》,大约在公元前300年,欧几里得比较系统地总结了古代劳动人民长期积累的几何知识,运用公理化方法把人们公认的一些事例归纳成定义和公理,用它研究图形的性质,完成了这部伟大的人类经典,建立起人类科学文明史上第一个完整的公理演绎体系。他以23个定义、5个公设和5个公理作为基本出发点,给出了119个定义和465个命题及证明,几乎完成了平面几何学的构造。与此同时,这本书还包括了立体几何和初等数论的一些内容。这本书直到19世纪在英国等欧洲国家仍然是作为基本的数学教材使用。据我们了解,爱因斯坦9岁就读《几何原本》。数学史家认为,古希腊时期欧几里得的《几何原本》、阿波罗尼的《圆锥曲线论》以及阿基米德的《论球和圆柱》《抛物线求积法》《圆的度量》《论螺线》《论锥型体与球型体》等数学著作对近现代数学的发展产生了非常大的影响。西方中世纪后期,古希腊的这些文化经典经阿拉伯再次传入欧洲,深刻且持续地影响了近现代欧洲文明以及更为广泛的近现代西方文明的形成和发展演变,深刻且持续地影响了欧洲以及美国、加拿大、澳大利亚、新西兰等国家区域的普通百姓的心理—思想—行为。可以说,不学习阅读理解古希腊的这些伟大作品,就不能够真正理解近代以来建立在古希腊认知理性基础上的西方文明。

在轴心时代的两河流域诞生的希伯来人的文化元典《圣经》,是今天全世界流传最广泛的一部重要经典。《圣经》深刻且持续地影响了西方文明的形成发展演变,深刻且持续地影响了欧洲以及美国、加拿大、澳大利亚、新西兰等国家区域的普通百姓的心理—思想—行为。同样道理,不学习阅读理解《圣经》,就不可能真正理解近代以来建立在一神教信仰(上帝信仰)基础之上的西方文明。

在轴心时代的古印度诞生了婆罗门教经典《梵书》、哲学经典《奥义书》以及一系列佛学经典。除了佛学经典不被后世的印度人重视,婆罗门的这些经典传承至今,深刻且持续地影响了印度文明的后续发展、影响了印度普通百姓的心理—思想—行为。学习阅读理解这些重要经典,也是我们理解今天印度人的思想行为,理解包括印度教在内的印度文明的重要且基本的途径。

在那时的中国则诞生了《易经》《老子》《诗》《书》《礼》《春秋》《论语》《孟子》《庄子》《中庸》《墨子》等传承至今的千古名篇。这些经典也传承至今,反复被注释,深刻且持续地影响了中华文明、东亚文明、东南亚文明的后续发展,深刻且持续地影响了中国、东亚、东南亚普通百姓的心理—思想—行为。学习阅读理解这些重要的人文经典,是这些区域的人们日常生活的一部分,也是理解这些区域的人们所思所想所行以及文明形态的基本且重要的途径。

(三)确立了人类智慧的三个层阶

在人类文明的轴心时代,人类聚居的部分区域完成了对原始文化的超越和突破,实现了人类智慧的两次伟大飞跃,发生了从形下学智慧向形上学智慧和超形上学智慧的整体性超越,确立了人类智慧的三个层阶。超越和突破的不同类型决定了今天西方、印度、中国、伊斯兰教不同的文明形态,它们已成为人类文明的共同精神财富。这些轴心时代所产生的文化一直延续到今天,并相互激荡、相互影响、相互作用,共同推动着人类文明的进步和发展。而那些没有实现超越突破的古文明,如巴比伦文明、埃及文明,虽然规模宏大,但都难以摆脱灭绝的命运,他们已经被滚滚黄沙所淹没,成了人类文化的化石,成了凭吊的对象。

下面分别对“什么是智慧”“人类智慧的三个层阶”予以分析讲解。

1. 什么是智慧

智慧,即人类智慧。依照汉语词典的说法,智慧即对事物能迅速、灵活、正确地处理和理解的能力。智慧是高等生物所具有的基于神经器官(物质基础)的一种高级综合能力,包含感知、知识、记忆、理解、联想、情感、逻辑、辨别、计算、分析、判断、决定等多种能力。钱学森在晚年创造性地提出了以“大成智慧”为其核心的“大成智慧学说”。钱学森认为,大成智慧的主要含义是在马克思主义哲学的指导之下,把理、工、文、艺结合起来走向大成的智慧。通俗地说,就是“集大成,得智慧”,或者说“必集大成,方得智慧”。

我们认为,原本没有智慧,智慧是意识人类在自觉、觉他、觉行的基础上自然涌现出来的,智慧是活的,是智与慧的有机组合、不断转化,智中有慧,慧中有智,智不离慧,慧不离智,即智与慧不二。因此,我们将智慧界定为:每日求知曰智,心灵丰满曰慧;明白一切事相曰智,了解一切事理曰慧;决断曰智,简择曰慧;适时而动曰智,知足知止曰慧;极高明曰智,道中庸曰慧;无为曰智,无不为曰慧;觉良知曰智,致良知曰慧;量智曰智,性智曰慧;明缘起曰智,觉性空曰慧;放下曰智,般若曰慧;无所住曰智,生其心曰慧;前念不生曰智,后念不灭曰慧;唯识无境曰智,转识成智曰慧;外离相曰智,内不乱曰慧;实践曰智,无执曰慧;等等。我们认为,拥有智慧是意识人类理性且优雅生活的基础,没有智慧,任何人都难以在社会中有效并高品质地生存。

下面结合相关文献向大家介绍人类智慧的三个层阶。

2. 人类智慧的三个层阶

根据相关文献相关学者的研究,可以将人类智慧划分为以下三个层阶。

第一,人类智慧的第一个层阶,即基于物性自觉的觉知型形下学智慧。

这一层阶的人类智慧是建立在对在场的对象性物性自觉或觉知器物的基础之上的，人类因为完成了对在场的形下学“器物”或“现象世界”的自觉，终于“破茧成蝶”为不同于动物的“类存在物”（马克思），但是若仅有形下学智慧，人类将不可能完成对动物界的彻底超越。

形下学智慧，也就是人们常说的基于自觉而非本能的适时而动、顺势而为。更准确地说，意识人类的形下学智慧是适时而动曰智，适可而止曰慧；顺势而为曰智，知足知止曰慧。这一智慧是意识人类维持自己有效生存所需的基本智慧，其极致表现就是不偏不倚、拿捏有度之“中庸”。孔子曾说过一句话：“天下国家可均（治理、平治）也，爵禄可辞也，白刃可蹈也，中庸不可能也。”为什么？因为在孔子看来，一个人要达到中庸，需要同时具备以下三个条件：智商要高，也就是说，你必须具备准确理解与之打交道的人和事的基本智力；情商要高，也就是说，你在与人打交道的过程中能够很好地感知彼此的情绪，并且具备将彼此的情绪管控在可以控制的范围之内的基本能力；人品还要好，即德商还要高，也就是说，你必须严格管束自己的欲望，依照既有的道德法律规范规范自己的行为。总而言之，在孔子看来，仅有高智商和高情商还不够，还必须同时具备高德商才行，也就是说，只有智商高、情商高，而且人品好、德商高的人，其言谈举止才可能接近于中庸，所以，孔子认为“中庸不可能也”。

必须指出的是，在孔子等古今思想家看来，即使你达到了中庸，也还是俗人。为什么？因为中庸只是维持人类类存在的生成发展，或者说人类作为类存在物生存发展所必需具备的基本智慧，这一智慧不足以将意识人类与动物彻底地区分开来，更为重要的是，仅就生存而论，意识人类相对于大多数动物并不具备优势，应该继续虚心地向动物学习如何生存下去的智慧。尽管人与动物的生存有本质的不同，前者是基于意识人类独有的自觉，而后者是基于其本能。

第二，人类智慧的第二个层阶，即基于心性自觉的觉醒型形上学智慧。

这一层阶的人类智慧是建立在对在场的对象性心性自觉或形上学良知觉醒基础之上的，人类因为实现了对在场的形上学“心性”“良知”或“本体世界”的自觉，确立了自己的独立人格，诞生了真正意义上的人类个体，终于“脱胎换骨”为“形上学存在”。至此，意识人类才可能完成对动物界的彻底超越，成为真正意义上的独立自主、自由自觉的意识个体。

所谓的形上学智慧，即基于自觉的道法自然、依道而为的智慧。有句古语讲得好，“智，法用也；慧，明道也”。也就是老子在他的著作中特别强调的“人法地，地法天，天法道，道法自然”。庄子在他的作品里面有一个非常经典的表述——“泉涸，鱼相与处于陆，相呴以湿，相濡以沫，不如相忘于江湖”。这里的“相呴以湿，相濡以沫”，大致可理解为形下学道德智慧，而“相忘于江湖”就是所谓的道法自然、依道而为的形上学道德智慧（个人认为，道德理性有形下学与形上学之分，前者是指导规范社会性道德行为的，而后者是指导规范心性良知道德行为的；前者是基于对意识人类道德规范的自觉与践行，而后者则是基于心性良知的觉醒与践行）。在《中庸》里面，有一句非常有名的话——“极高明而道中庸”。冯友兰曾经将这句话誉为中国哲学精神的精髓。按照冯友兰的理解，如果只有“道中庸”而无“极高明”，就失于俗，如果只有“极高明”，而没有“道中庸”，可能就留于虚。这里的“极高明”，即所谓的形上学，“道中庸”，即形下学。也就是说，我们既要有形下学“道中庸”的追求，也要有形上学“极高明”的坚守，只有这样，我们才能够真正做到道法自然、依道而为，才能够真正融通形下学和形上学智慧，即“极高明而道中庸”“无为而无不为”，“致良知”“知行合一”。孔子在《易经 · 易传》指出，“形而上者谓之道，形而下者谓之器”，中国传统哲学是主张“形而上”和“形而下”合二为一的，坚持认为，彼此“虽有分，而实不二”。

形上学智慧本质上是一种超越视野，对人而言不可或缺，是人之为人的根本，是独立个体诞生的必要条件，是人实现再次升华的重要基础。自觉“极高明”“良知”曰智，“道中庸”“致良知”曰慧。但是，意识人类或智慧人类若止步于此，易困于自己创造的“超越视野”（金观涛和刘青峰认为，存在一种可以转为社会行动却不需要社会行动来维系其存在的普遍观念，比如中国儒家倡导的“心性良知”、印度宗教主张的“自我救赎”、犹太民族坚持的“上帝”信仰、古希腊人坚信的“理念”“逻各斯”等，构成了各自不同的“超越视野”），难以从自以为是的或在场的形上学意义上的“上帝”或“上梵”或“大我”或“存在”或“理念”或“逻各斯”或“物自体”或“绝对理念”或“意志”或“道”或“心性”或“良知”或“天理”等的执念中挣脱出来，实现究竟解脱。

第三，人类智慧的第三个层阶，即基于佛性自觉的觉悟型超形上学智慧。

这一层阶的人类智慧是建立在对不在场的非对象性佛性的自觉或觉悟无指称“空”“无”基础之上的，人类因为完成了对不在场的超形上学“空”“无”或“非对象性世界”的自觉，突破了所谓的“超越视野”或“终极关怀觉醒”，超越了形上学意义上的所谓“最高实在”，放下了对在场的对象性物性、心性的执念，不再自以为是，终于“究竟解脱”为具备般若智慧的“超形上学存在”。

超形上学智慧，即“般若”，即“成一切相曰智，离一切相曰慧；前念不生曰智，后念不灭曰慧”；即自觉无指称“空”“无”曰智，明了“应生无所住心”曰慧。究竟解脱者即“般若”者，“般若”者即彻底明白了“凡所有相，皆为虚妄”“众因缘生法，我说即是空，亦为是假名，亦是中道义”道理的意识个体，即完全自觉了永远不在场的非对象性存在“无”或无指称“空”，即“实相无相”之真如佛性，不再执念于在场的对象性存在“有”或三千大千世界或“三界”“万法”的觉悟者。“般若”是梵文的音译，唐朝时期，学者们在翻译印度佛学文本时，发现“般若”这个词的意思就是智慧。但是，如果仔细研究佛学文本，它所包含的内容又不能被形下学智慧和形上学智慧所涵盖。翻译者经过认真研究，最后决定直接把这个词原来的读音用汉语表达出来，这就是“般若”。般若智慧的核心就是放下、不执著，就是去来自由、纵横自在。

能够与佛学的般若智慧比较的是马克思主义的实践智慧，两者都实现了对永远不在场的非对象性存在“无”（马克思）或无指称“空”（释迦牟尼）的完全自觉，两者都涌现了或生成了反对执著于在场的先验“终极实在”或“最高实在”的超元论智慧或超形上学智慧或后形上学智慧。佛学的般若智慧旨在守住无指称“空”、反对执著于不在场的“空”，亦可名为“般若”超元论；马克思主义的实践智慧旨在“改变世界”，反对执著于在场的“有”，亦可名为“实践”超元论。无论是前者，还是后者，都既反对执著于不在场的“空”或“无”，也反对执著于在场的“有”，都坚持放下执念，海阔天空。般若智慧，即“般若”超元论的基本特征是重视缘起性空，倡导随缘、放下，主张“应无所住而生其心”或“应生无所住心”，而实践智慧即“实践”超元论的基本特征是重视社会实践，倡导积极进取、改变世界，主张“应有所住而生其心”或“应生有所住心”。广义超元论则坚持认为，“般若”与“实践”不二、“应无所住而生其心”与“应有所住而生其心”不二，即“既坚持‘应有所住而生其心’的现实主义态度，又坚持‘应无所住而生其心’的超现实主义观点”①。也就是说，广义超元论既继承了“般若”超元论旨在守住无指称“空”“无”，主张“无住为本”的东方文化传统，又弘扬了“实践”超元论旨在“改变世界”，强调“实践生成论”的根本精神，广义超元论坚持“无住为本，人定为要，择善而从，创新创造”②。

（四）基本成就了人类智慧的三种类型

轴心时代对意识人类的第四个贡献是基本形成了人类智慧的三种基本类型：一是西方的二元论智慧；二是东方的不二论智慧；三是佛学的超元论智慧。这些内容在前面已经做了介绍，在这儿再简要地给予分析讲解。

1. 西方的二元论智慧

西方的二元论智慧坚持认为，不同的对象物之间“虽有合，而实为二”，即对象物之间的对立、差异、斗争是绝对的、无条件的，统一、同一、和谐是相对的、有条件

① 何跃. 人类的世界[M]. 重庆：西南师范大学出版社，1995：198.

② 何跃. 广义超元论与自组织城市[M]. 重庆：重庆大学出版社，2020：238.

的。其典型表达是:“心是什么？非物。物是什么？决非心。”所以在西方,一直有唯心论与唯物论的对立、唯实论与唯名论的对立、唯理论与经验论的对立、科学主义与人本主义的对立、解构性后现代主义与建设性后现代主义的对立。比较典型的案例有古希腊的原子论(原子与虚空,实体与空间),柏拉图的“理念论”(理念与现象,理念是正本,现象是副本),亚里士多德的“两因论”(形式与质料,存在纯粹的形式以及纯粹的质料)、“两个世界”观点(由以太构成的月上世界与由水土气火四元素构成的月下世界),以及源自古希腊的西方医学的身体观、整体大于部分的身体结构思想、注重分析还原的研究方法。

2. 东方的不二论智慧

东方的不二论智慧坚持认为,不同的对象物之间,包括心物之间、自他之间、生死之间、道器之间、体用之间、天人之间“虽有分,而实不二”,即对象物之间的对立、差异、斗争是相对的、有条件的,统一、同一、和谐是绝对的、无条件的。其典型表达是:“天人本无二,不必言合”(程颢)。我们过去总讲天人合一、天人协调,其实在祖先看来,天人关系是一体两面关系,准确表达应该是天人不二、天人一本。在东方传统文化中不倡导心与物的对立、道与器的对立、体与用的对立、人与自然的对立、凡夫与佛的对立、个体与集体的对立,倡导万物一本、天地一气、斗而不破、和而不同。比较典型的案例有表达阴阳和而不同、阴阳永续互动的转动太极图思想,婆罗门教的“梵我一如”思想,中国春秋战国时期的“道器不二”“物我一体”等思想,以及源自春秋战国时期的中国医学的生命观、部分即整体的医学全息思想、体悟直观的研究方法。

3. 佛学的超元论智慧(超形上学智慧)

第三种就是前面介绍的超元论智慧,也就是超形上学智慧。佛学的超元论完成了对“原本没有对象物及其关系”的“超元无我”或“法无我”“人无我”的自觉,坚持“应无所住而生其心”。超元论智慧表现为以下三个方面:一个是“缘起空”,一个是“当下空”,一个是“真空妙有”。

“缘起空”,其实就是释迦牟尼显现、设定、建构或“发现”的“缘起”。在释迦牟尼看来,任何事物都是因为因缘和合而有的,所以它自性为空,也可以说“缘起即空”“缘起性空”。典型的表达有:“此有故彼有,此生故彼生,此无故彼无,此灭故彼灭”(《杂阿含经》),故“诸行无常”;“若见缘起便见法,若见法便见缘起”(《中阿含经》),故“诸法无我”。“缘起空”坚持“万法皆空,因果不空”。“万法皆空”,不仅是认为“由缘合成的事物是空,而且认为缘本身也是空”(姚卫群),即没有不空者;“因果不空”,是说只要坚持“缘起空”,其实就是承认了“缘起”,“既然承认了缘起,那么事物就不是绝对的虚无,只不过是不断变化的缘聚和缘散的形态”(姚卫群),即因缘果相续不断、永无尽日。仔细推敲起来,“万法皆空”与“因果不空”其实是存在内在矛盾的:如果坚持“万法皆空”,就得否定“因果不空”,因为“因”“果”“因果不空”也是“法”;如果承认“因果不空”,就得否定“万法皆空”,因为“万法”“万法皆空”皆缘于“因”“果”。因此,我们认为“缘起空”是一种理性空、逻辑空,是必须要借助在场的“有”或“法”或“相”才能够予以呈现的“在场空”,不究竟空。为解决这一矛盾,后来的大乘佛学发展出了“三界唯心,万法唯识”的“唯识论”。唯识论坚持“唯识无境”“心为法本”,为我们理解所谓的“放下”“当下空”奠定了理论基础。

“当下空”,其实就是“放下便是”“当体即空”。为什么呢?因为“三界唯心,万法唯识”“唯识无境”“心为法本”,即所有思议言说皆因“意之动”,因人而有;所有理论学说皆因人置,均为方便说法。“凡所有相,皆为虚妄”(《金刚经》),“心生种种法生,心灭种种法灭”(《大乘起信论》),万事万物本来空。王阳明有一个非常经典的表达:“无善无恶心之体,有善有恶意之动,知善知恶是良知,为善去恶是格物”,把“当下空”思想应该是说得比较通透的。《成唯识论》卷第二中说:“为遣妄执心心所外实有境故说唯有识。若执唯识真实有者,如执外境,亦是法执。”姚卫群解释道:“外境只是人们虚妄认识的产物,从这个意义上说,这识是一切事物的根源或根本。但这并不等于说有一实有的作为事物最高本体或实体的‘识’,识也是不实在的,仅是佛教用来使信众认识事物性空的一种工具,对识也不能执著。”①也就是说,不仅“缘起性空”,而且“唯识性空”。必须放下对“心”“识”的执著,“心为法本”,但“心无自性”,“唯识无境”,但“识不究竟”;唯有放下“心”“识”,方能顿悟“当下空”,无指称“空”,方能理解“本来无一物”“说似一物即不中”。因此,我们认为,“当下空”是一种非理性空、非逻辑空,是无法借助在场的“有”或“法”或“相”予以呈现的“不在场空”,真正究竟空。这样一来,确实又有引导人们“滞空守寂”、执著于“空”之嫌疑。为此,佛学家们又发展出了“真空妙有”“空亦复空”“空不空”“世间与菩提,无有分别”等思想以破解之。

“真空妙有”,其实就是“应生无所住心”或“应无所住而生其心”(《金刚经》),即《心经》的“空不异色”“空即是色”。为什么呢?“应生无所住心”是说,不论处于何境,此心皆能无所执著,而自然生起,既不能执著于在场的形下学意义上的“法”“相”,也不能执著于在场的形上学意义上的“心”“识”;既不能执著于现象意义上的“缘起”,也不能执著于本体意义上的“唯识”;既不能执著于在场的对象性存在“有”,也不能执著于不在场的非对象性存在“无”或无指称“空”。心若有所执

① 姚卫群.印度哲学与中印佛教[M].北京:宗教文化出版社,2021:18.

著，犹如生根不动，无论是执著于“法”“相”“缘起”“有”，还是执著于“心”“识”“唯识”“空”，皆不可能究竟。故不论于何处，心都不可存有丝毫执著，才能整体性地把握色空一体的“世界”，任运自在、纵横寰宇，也就是“色不异空，空不异色，色即是空，空即是色。受想行识，亦复如是”，也就是“兀兀不修善，腾腾不造恶。寂寂断见闻，荡荡心无著”。也就是“一念不生全体现，六根才动被云遮”，也就是“眼横鼻直”“花红柳绿”“平常心即道”，也就是“般若”。因此，我们认为，“真空妙有”是在扬弃“缘起空”“当下空”基础上生发出来的般若智慧，即所谓的大圆镜智。

（五）奠定了中国、印度、西方不同的文明形态

第五个问题，我们分析讲解轴心时代第五个方面的重要贡献。

学者们认为，在轴心时代，印度、犹太民族均有较为强烈的出世倾向，其哲学与其宗教信仰基本上是联系在一起的，而古希腊与汉民族都有较为明显的入世追求，其哲学虽然不能够说与其宗教信仰全然无关，但是基本上可以认为彼此是相对独立的精神活动，正是因为这样的些许差别或不同，加之他们各自所坚持的基本思维模式以及所处的地理环境等方面的差异或不同，最终导致了轴心时代以后的中国、印度、西方各国等地形成了相互关联又各具特色的人类文明形态。

印度文明在轴心时代，曾经产生过超形上学的佛学思想，但是很遗憾，轴心时代之后他们放逐了这一伟大的思想，主要延续了轴心时代的婆罗门教的“梵我一如”的宗教思想，并以印度教的形式一直延续至今，其文明的层阶没有突破形下学和形上学，仍然处于印度轴心时代的婆罗门教文明层阶。

经过文艺复兴运动，近代以来的西方文明成功地将古希腊的哲学思想与犹太民族的一神教信仰融为一体，从而形成了以古希腊学术思想和一神教信仰为其主要精神支柱的现代西方文明。其文明的层阶并没有超越轴心时代，总体上仍然处于形下学和形上学层面。金观涛认为，轴心时代形成的两种超越视野——古希腊的认知理性与希伯来人的一神教信仰的分离共存，奠定了西欧地区的国家率先从传统社会过渡到现代社会的思想基础，并深刻地影响了人类社会的现代化转型。

中华文明在传承发展自己的轴心时代文明，即先秦诸子百家文明的基础上，先后经历了两次消化吸收外来文明的重大历史事件。一次是从汉以来持续了几个世纪的消化吸收印度佛学，实现了“心的自觉”（中华禅宗、阳明心学等），终于创立中华佛学，成功地融通了儒道释，将中华文明从形下学、形上学层阶提升至超形上学层阶的重大历史事件；一次是从20世纪以来消化吸收近现代西方文明，特别是马克思主义理论和近现代西方科学文明，实现了“实践自觉”（“中国化马克思主义”“实践观点的思维方式”“实践生成论”“广义超元论”），创立中国特色社会主义文

明，并将中华文明从儒家文明主导的传统农耕文明形态，彻底改造为以彻底否定所谓的“终极实在”——抽象唯一神、彻底批判资本主义、致力于改变世界为其基本特征的马克思主义为指导的、融通“中西马”，贯通形下学、形上学、超形上学三个层阶的现代工商文明形态的重大历史事件。

第三节　印度文明及其与其他文明的关系

下面分析讲解本章的第三部分——“印度文明及其与其他文明的关系”，简要地介绍印度文明的哲学思想、婆罗门教与佛教的关系以及印度文明与其他文明之间的关系。因为有关西方文明，我们后面有专章介绍，而印度文明后面可能不会作系统介绍，所以，在本节相对集中地介绍印度文明及其相关问题，尝试从以下几个方面给予以分析讲解。

本节的分析讲解主要参考了黄心川的《印度哲学史》、汤用彤的《印度哲学史略》、巫白慧的《印度哲学》、姚卫群的《印度哲学与中印佛教》、孙晶的《印度吠檀多不二论哲学》、李辑的《世界古代前期哲学思想史》，以及许多已经无法注明准确出处的相关著作、论文。引用了又未准确注明出处，实属无奈，敬请学者专家原谅。

一、印度哲学概述

（一）《吠陀》及其哲学思想

轴心时代之前，印度处于吠陀时代。吠陀时代最重要的经典是《吠陀》，它是用古梵文写成的印度上古时期的文献总集，是印度人世代口口相传、长年累月结集而成的作品，是印度宗教、哲学、文学、文明的基石，历来被认为是印度教最古老的经典，被印度人尊为“天启圣典”，其主要文体是赞美诗、祈祷文和咒语。作品产生年代可上溯到公元前 1500 年前，最晚约在公元前 6 世纪。狭义的《吠陀》指最古老的《梨俱吠陀》《娑摩吠陀》《夜柔吠陀》《阿达婆吠陀》这四部本集，简称四吠陀；广义的《吠陀》则指这四部本集以及主要由散文写成的《梵书》《森林书》《奥义书》等附加文献。《吠陀》尤其是《梨俱吠陀》虽然绝大部分是神话和对神的赞歌，但也含有相当丰富的人类幼年的“思维萌芽”。

《梨俱吠陀》的前 7 卷是神话的宇宙构成论、多神论、泛神论、神人—神畜—神物同形或同质论，从第 8 卷开始，逐渐向一神论过渡。与此同时，吠陀哲学家开始对宇宙本原、人的本质进行哲学探究，出现了许多关于宇宙本体的各种不同的观点。有的吠陀哲学家坚持一神（生主，或婆罗那神）创造了宇宙；有的认为宇宙起源于物质；有的则主张“二元论”，既承认一神（生主）为宇宙的主体，又认为宇宙的本原是水。其中的有关“原人”的相关论述表明，那个时期的印度先哲已经具有非常深刻的宗教哲学思想。“原人”理论认为，一神的“生主”是原人的绝对本体，即生主为体；原人完整地呈现生主，即原人为用；生主与原人“虽有分，而实不二”。《梨俱吠陀》认为：“原人之神，微妙现身，千头千眼，又具千足；包摄大地，上下四维；巍然站立，十指以外。唯此原人，是诸一切，既属过去，亦为未来；唯此原人，不死之主，享受牺牲，升华物外。”

沿袭至今的印度“四种种姓”学说也源自古老的《吠陀》文献。其中的《梨俱吠陀》有一首颂是这样说的：“原人之口，生婆罗门；彼之双臂，长刹帝利；彼之双腿，产生吠舍；彼之双足，出首陀罗。”也就是说，原人不仅现身为客观世间，而且现身为人类个体。吠陀哲学家将人类分为婆罗门、刹帝利、吠舍、首陀罗四个种姓，前面的三个种姓分别生自原人之口、臂、腿，比较高贵，最后一个种姓出自原人的双足，相对比较低贱。这首颂是印度历史上第一次关于种姓划分的文字记录。由这首颂可以推论出：原人为大我，由原人产生的人为小我；大我小我在形式上有差别，但二者本性同源同一，大我小我，相即相离，彼此“虽有分，而实不二”。生主与原人结合的理论、大我与小我不二的思想，可以视为吠陀之后的“梵我一如”哲学思想的萌芽。

在探索宇宙本原的过程中，吠陀哲学家还观察到事物时有时无、时生时灭的矛盾现象，看到事物是不断运动和变化的。同时，他们也看到，事物不仅有矛盾的一面，还有统一的一面。吠陀哲学家因此提出一个“有无统一”的辩证模式：“无既非有，有亦非有。”这个模式可以有两种解释：一是依照逻辑的观点，“有、无”是矛盾，“非有、非无”是对矛盾的否定，从而达到二者的统一；二是依照本体论的观点，“有、无”是现象，“非有、非无”是本体，“有、无”非实在，在它们复归于本体时，只有唯一同一，即所谓的“彼一”（姚卫群译为“太一”）。孙晶认为，吠陀神话中的“彼一”是一种既非有又非无的原始的混沌，正是这一原始混沌创造了宇宙，自己造成了有与无的分家。①

此外，印度哲学的其他重要理论，如业行、轮回、解脱、法等，在《梨俱吠陀》中虽然尚未具体形成，但都可以从中找到它们各自的渊源。

---

① 孙晶.印度吠檀多不二论哲学[M].北京：东方出版社，2002.

(二)《奥义书》及其“梵我一如”思想

吠陀时代晚期,出现了《奥义书》,梵名 Upanisad,音译为优波尼沙,以梵文书写,为师徒对坐密传教义的书籍,故称奥义书。《奥义书》记载了印度教历代导师和圣人的观点,是用散文或韵文阐发吠陀文献形上学思想的最古老的印度哲学著作,是婆罗门教的经典,也是印度哲学的法源。由于《奥义书》把印度上古的吠陀神话上升到形而上的高度来论述,因此,它被称为印度哲学的开端。姚卫群认为:“奥义书由一大批文献构成。这些文献现存有二百多种,反映了很长一个时期中印度哲学和宗教思想中的一些基本观念。奥义书形成年代的时间跨度很长。其中最初的一些奥义书产生在公元前9世纪左右。之后的几个世纪又有这类文献陆续产生。较晚的奥义书有些甚至在公元后才出现。”①《奥义书》在印度宗教与哲学的发展过程中有重大意义,印度的宗教哲学多是从《奥义书》发展而来,千百年来对印度文化和西方文化均产生了巨大影响,《奥义书》也因此被学者专家们誉为印度的《论语》和东方的《沉思录》。

《奥义书》是印度历史上最早借助“我”和“梵”这两个重要概念讨论宇宙终极真理或终极实在的哲学著作。《奥义书》主要宣扬的观点是“梵我同一”,即坚持认为,人类的我(个体灵魂,小我,生灭之我)来自宇宙的我(宇宙灵魂,大我,不死之我),宇宙的我或大我就是梵,人类的我或小我与梵同一。《奥义书》对于“梵”和“我”以及宇宙与人的探讨,最终可以表述为宇宙即梵、梵即我,即“梵我同一”或“梵我一如”“梵我不二”。《奥义书》认为,若知道了“梵”和“我”,也就知道了一切;“认识了梵我同一就认识了自然现象的本质和人的本质,就能驱除各种错误的思想,使人摆脱无知,脱离痛苦,达到最终的解脱”②。对于古印度思想来说,没有什么概念比“梵”“我”这两个概念更重要、更基本了。可以说,《奥义书》所建构的以“梵”“我”及其相互关系为其核心的梵我论,“奠定了后世一切印度哲学的基础”。

在《奥义书》之前,梵天是一个有形象的具有人格化的神。到了《奥义书》时期,“梵”“我”已经演变成了抽象的非人格化的终极实在或最高存在,即所谓在场的形上学存在。《奥义书》思想家们认为,“它既动又不动,既遥远又邻近,既在一切之中又在一切之外”(《自在奥义书》),“认识梵者,直升天界,获得解脱”(《广森林奥义书》)。

---

① 姚卫群.印度哲学与中印佛教[M].北京:宗教文化出版社,2021:78。

② 姚卫群.印度哲学与中印佛教[M].北京:宗教文化出版社,2021:5。

关于“梵”（“我”）这一在场的终极实在，《奥义书》思想家们常常认为，不能予以正面描述或建构性描述，但是可以采用“遮诠法”，即采用不断否定梵有具体特性的方式予以负面描述。《奥义书》中典型的“遮诠法”描述有：“梵，它不可目睹，不可把握，无族姓，无种姓，无手无脚，永恒，遍及一切，微妙，不变，万物的源泉”（《剃发奥义书》）；“它不死、无畏，它是梵”（《歌者奥义书》）；“不可目睹、不可言说、不可执取、无特征、不可思议、不可名状”（《蛙氏奥义书》）；等等。

之后兴起的早期佛教，为了宣示其所觉悟的永远不在场的“本来面目”或无指称“空”，也采用了《奥义书》所发明的“遮诠法”。如《中阿含经》卷第五十六中说：“五比丘当知，有二边行，诸为道者所不当学：一曰著欲乐下贱业，凡人所行；二曰自烦自苦，非贤圣求法，无义相应。五比丘，舍此二边，有取中道，成明成智，成就于定，而得自在。”姚卫群认为，“这里涉及的是两种对立的观念或倾向，一种是追求欲乐，一种是崇尚苦行。佛陀对它们中的任何一个都持否定态度，显示他否定苦行并不等于肯定欲乐，否定欲乐也不等于肯定苦行。这就是一种遮诠的态度，他要达到的目的是不执著于二者的所谓‘中道’”。又如《杂阿含经》卷第三十四中论述了佛陀对待当时的一些“外道”等提出的十四个问题——“世间常、世间无常、世间常无常、世间非常非无常、世有边、世无边、世有边无边、世非有边非无边、命即是身、命异身异、如来死后有、如来死后无、如来死后有无、如来死后非有非无”的基本态度——或“不为记说”，或“无记”，或“默然”。也就是说，在佛陀看来，“提这些问题都是基于愚痴的偏见”，“对它们都要加以否定”或“放下”，佛陀希望人们理解或把握的缘起万物之本来面目不在可以思议言说的范围之内，是永远不在场的非对象性存在“无”或无指称“空”，即所谓的不可思议言说的超形上学存在。姚卫群认为，“佛教在后来的发展中对这类成分更为重视，对奥义书中的婆罗门教的否定形态的思维方式的借鉴更为明显”；“早期佛教虽然借鉴吸收了奥义书中的婆罗门教的遮诠法，但佛教遮诠后所要达到的目的是让人们体悟到缘起事物的本来面目。而奥义书中的婆罗门教使用遮诠法是要人们体悟出梵或阿特曼这种万有的根本因。二者所要达到的目的有差别，但方法类似”①。

也就是说，婆罗门教和佛学都使用了遮诠法，但是目的却全然不同。婆罗门教使用遮诠法，是为了确证在场的对象性存在之形上学“梵”或“阿特曼”，而佛学使用遮诠法，则是为了确证不在场的非对象性存在“无”或无指称“空”。

---

① 姚卫群．早期佛教的基本教义与奥义书思想[J]．北京大学学报（哲学社会科学版），2007，44（2）：29-35.

广义超元论认为，中国轴心时代的老子和印度中世纪的商羯罗都是在婆罗门教意义上使用遮诠法的，他们使用遮诠法的目的也是确证在场的形上学存在，即“道体”之“道”和“本体”之“上梵”的。老子关于在场的形上学意义上的“道体”之“道”（即王弼之“无”）的如下描述言说皆是使用的遮诠法：“道可道，非常道；名可名，非常名”；“视之不见，名曰夷；听之不闻，名曰希；搏之不得，名曰微”；“道之出口，淡乎其无味，视之不足见，听之不足闻，用之不足既”；“道之为物，惟恍惟惚。惚兮恍兮，其中有象。恍兮惚兮，其中有物。窈兮冥兮，其中有精”；“有物混成，先天地生。寂兮寥兮，独立不改，周行而不殆，可以为天下母。吾不知其名，强字之曰道，强为之名曰大”；等等。商羯罗也是使用婆罗门教的遮诠法来指称和描述言说在场的形上学意义上的“本体”之“上梵”的，他认为，梵作为最高存在，必须超越世间万物，为此，他把“梵”分为“上梵”和“下梵”。“上梵”即所谓的“无性梵”，它本身不存在任何性质，即无属性、无差别、无限制，是非经验的或非现象的；而“下梵”则是受无明所限制的梵，是有具体性质的，即有属性、有差别、有限制的，是经验的或现象的。商羯罗采用了《广森林奥义书》的遮诠法，如“无内，无外者”“此自我者，非此也，非彼也，非可摄持，非所摄故也。非可毁灭，非能被毁故也。无着，非有所凝也，无束缚、无动摇、无损伤”“非粗、非细、非短、非长、非赤、非润、无影、无暗、无风、无空、无着、无味、无臭、无眼、无耳、无语、无意、无热力、无气息、无口、无量、无内、无外、彼了无所食、亦无食彼者”（参见徐梵澄译.《五十奥义书》）等来指称和描述言说形上学意义上的、在场的对象性存在之“最高存在”或“上梵”。正如孙晶所指出的那样，“因为梵（上梵）无任何特征，它又不活动，所以没有可以作为参照物来作为比拟者的，也就只能以否定来表述它那不可表述的本体”①。

《奥义书》所建构的梵我论，也是印度最早的创世说。《奥义书》认为，世界最初的唯一存在就是自我，由自我创造出世界万物，这里的自我就是梵。梵创造了一切，存在于一切中，又超越了一切。《奥义书》的思想家们成就了印度历史上“跳跃到存在”（从形下学到形上学）的伟业。在一定意义上可以说，印度哲学后来的各种哲学学说基本上是对梵（我）或存在问题的回应。

（三）吠檀多派

在《奥义书》思想基础上产生了吠檀多派。“吠檀多”一词的本来意味是“吠陀的终结”，也是指把整个吠陀的意旨（即奥义）都秉承下来的奥义书，即吠陀之集大成者（孙晶，2002）。汤用彤认为：“所谓吠檀多者，显即指奥义。奥义书中主即梵

---

① 孙晶.印度吠檀多不二论哲学[M].北京：东方出版社，2002：72。

即我,已开吠檀多之说。”[①]“梵书之智,实指奥义。而奥义书之智,则已进入哲学之域,必智者乃可知之。”[②]吠檀多派将《奥义书》《薄伽梵歌》《梵经》三部书视为其正统经典,其中的《梵经》(多数学者认为,《梵经》是在公元200—400年写成的)被确立为最根本的经典。学界认为,从《梵经》建构的梵实在论到几百年之后的商羯罗(约8—9世纪)提出的梵我不二论,彻底清除了印度哲学思想的神学因素,标志着建基于理论抽象之上的印度形而上学的最终完成。《奥义书》《梵经》最主要的理论都是梵我论,坚持认为“梵”是宇宙唯一的终极实在,坚决反对主张纯粹精神和根本物质并存的二元论哲学数论的观点(孙晶,2002)。吠檀多派是这一理论的主要继承和发展者,这一学派所讨论的基本问题是梵和我的关系。吠檀多派是印度哲学的主要流派,成为独立派别的时间约在公元1世纪。这一学派后来产生了许多分支,这些分支的出现与这一派思想家对《奥义书》《梵经》等文献中提出的梵我关系理论的不同见解直接相关。吠檀多派的主要分支有尼跋伽的“不一不异论”、商羯罗的“不二一元论”、罗摩努者的“限定不二论”以及摩陀婆的“二元论”。

尼跋伽的“不一不异论”的基本观点是:在场的梵作为世界的创造者或根本因与小我或现象界是不同的,而从小我都具有梵性,一切事物离开梵都不能存在的角度看,梵与我又是同一的,所以叫作“不一不异论”。

商羯罗的“不二一元论”的基本观点是:在场的梵或大我是万有的根本,一切事物在本质上都是梵或大我(形上学存在,即本体世界)的幻现,没有独立于梵或大我之外的事物存在;小我(形下学存在,即现象世界)既不是梵的部分,也不是它的变异;作为人生现象的无数小我与大我本来就是一个东西,仅由于身体的限制才显得不同,两者实际上是不二的。商羯罗所坚持的这一主要观点与宋明时期的程朱理学所坚持的“理一分殊”观点基本一致。

罗摩努者的“限定不二论”的基本观点是:小我(现象界)是梵(实体或整体)的属性或部分,属性或部分尽管隶属于实体或整体,但并不能因此认为它们不实,在场的梵、个我(小我)、非精神的物质世界都是实在的,但三者本性各异,又彼此不可分离;在场的现象界(小我、物质世界)虽非虚无,但也仅是限定最高实体的属性或部分,宇宙的最高实体是在场的形上学意义上的不二的梵。罗摩努者认为,吠檀多哲学的最高绝对者梵是无限的,是在场的,是形上学的,其属性是无任何缺陷的,是现象界或宇宙的动力因和质料因(孙晶,2002)。

---

① 汤用彤.印度哲学史略[M].北京:中华书局,2016:152。

② 汤用彤.印度哲学史略[M].北京:中华书局,2016:17。

摩陀婆的“二元论”则认为：梵虽是根本，梵与小我不同一，二者是分离的，它们都实在，彼此之间是一种二元的关系。摩陀婆的“二元论”思想综合了吠檀多的哲学与毗湿奴派的神学，认为最高的梵就是神，就是所谓的最高主宰者毗湿奴。[①] 梵与个我（小我）、物质之间、个我之间、个我与物质之间，以及物质与物质之间，都是二元独立的关系。摩陀婆还持“二实体论”，认为在场的实体有两种：一种是自存的或独立的存在，即在场的梵或毗湿奴；另一种则是依存的存在，即在场的个我（小我）、物质世界。两种实体之间也是二元对立的关系。这种梵与小我或自存的实体与依存的实体的“二元论”观点不是印度哲学的主流观点，在印度思想发展史上的影响不大。

吠檀多派自产生后，一直在印度文化中占有主导地位。源于奥义书的传统，在吠檀多派中，多数思想家或理论分支都是将事物的根本实体等同于最高神。直到近现代，吠檀多派的哲学仍是印度思想界影响最大的传统哲学理论。[②]

（四）业报轮回说

业报轮回的观点在《梨俱吠陀》中尚未出现，《梵书》只是偶尔提及人死后可以转生，在《奥义书》中才完整提出了业报轮回的思想，即转世者的转世形态取决于他前世的所作所为（业）的思想。《广林奥义书》说，转世者“因善业而成为善人，因恶业而成为恶人”。《奥义书》还认为，从无尽的轮回中解脱出来的方法就是觉悟“梵我同一”的思想。总之，“业和转生”“业报轮回”是当时的一种重要学说，这一学说促成了古印度道德思想的形成，也深刻地影响了包括佛学在内的沙门思想的形成发展。

（五）智慧瑜伽说

依据《奥义书》的观点，“梵我合一”或“梵我不二”不仅是人生和宇宙之大道，也是人生所追求的最高境界。为了达到梵我合一的境界，《奥义书》提倡一种瑜伽，这个瑜伽就是“智慧瑜伽”（又称知识瑜伽）。俄罗斯著名印度学专家和佛学家舍尔巴茨基说：“在古代印度的宗教生活中，瑜伽禅定的实践是非常普遍的，除了弥曼差派及唯物主义者几乎所有的哲学派别都将禅定手段同自己的理论相结合，以提供达到神秘出神状态的机会。”

---

①② 姚卫群. 印度哲学与中印佛教［M］. 北京：宗教文化出版社，2021：57。

二、早期佛教与婆罗门教思想的主要区别

姚卫群认为，早期佛教的教义在许多方面与奥义书中的婆罗门教思想有差别或对立。这种差别或对立主要表现在以下三个方面①：

第一是关于事物中有没有一个最高主体或根本因的观念差别或对立。早期《奥义书》中的婆罗门教认为事物中有一个最高主体或唯一实在的根本因。“梵”就是世界一切事物的根本因。“阿特曼”（意译“我”）在许多时候是指人生命现象中的主体，但也经常被看作是一切事物的主体，也就是梵。《奥义书》认为，世界一般事物的主体和人的主体是同一的，主张“梵我同一”。因而“梵”和“我”两词常常混用，它们都可作为世间一切事物或人的根本因，实际上是一个主体。所以，也可以说，最高主体或根本因是在场的、唯一不二的形上学存在。而早期佛教则认为世间事物或人是由多种要素产生的，确切说是因缘和合而生的，没有在场的形上学意义上的最高主体或唯一实在的根本因，从而完成了对婆罗门教在场的形上学思想或在场的所谓终极实在思想的超越，涌现出了具有印度特色的超形上学智慧。但是，很吊诡的事情是，佛教在自觉了不在场的非对象性存在“无”或无指称“空”基础上创立了不在场的超形上学智慧，完成了对于在场的形上学智慧的实质性超越，印度文明却不能容纳这一非凡的智慧、伟大的思想。我们同样感到困惑的是，为什么自汉代以来的历代中国智者贤达居然能够通过持续几个世纪的不懈努力，终于完整地理解、接受了这些非凡的智慧、伟大的思想，并创造性地建构了以宣示不在场的超形上学智慧为其基本使命并贯通了在场的形上学和形下学智慧的具有世界性影响的中华禅宗、中国佛学。

第二是关于事物在本质上有无变化的观念差别或对立。早期《奥义书》中的婆罗门教不但认为事物中有一最高的主体或根本因，而且认为这主体或根本因在本质上是不变的。《奥义书》中的婆罗门教主张“梵”“我”在本质上不灭的观念是与其认为存在最高主体的观念一致的。如果只能有一个实在的东西，那就必须否定有实在的变化或转化。而早期佛教认为事物是缘起的，缘起的事物是处在不断变化中的，是无常的，即所谓的“诸行无常”，自然不能接受本质不变的观点。正如姚卫群所指出的那样——“早期佛教主张无常的观念与其主张无主体（无我）的观念是一致的。因为既然事物中没有一个最高的主体，既然事物都是缘起的，那么事物也就是不断变化的或无常的。缘起的过程自然不可能是没有任何变化的。如果

---

① 姚卫群．早期佛教的基本教义与奥义书思想[J]．北京大学学报（哲学社会科学版），2007，44（2）：29-35．

把生灭看作诸缘的分分合合,那么从事物在缘的不同形态上有交替变化也可说是有生灭。这和奥义书中婆罗门教的一切事物在本质上均为梵或阿特曼的理论显然不同。"①

第三是关于社会中人的地位是不是生来就确定的观念差别或对立。早期《奥义书》中的婆罗门教是由雅利安人创立的,他们认为,人们的社会地位生来就可以不同,认为婆罗门种姓至上。《奥义书》继承了早期吠陀中关于种姓区分的观念。《奥义书》认为,认识了梵为一切的根本就可摆脱罪恶,获得解脱,而婆罗门思想家是专事探讨关于"梵"的智慧的人,因而在各种姓中,婆罗门种姓是最有能力或有资格做到这点的。因此,《奥义书》认为,婆罗门种姓的地位是至高无上的,是其他种姓所不能比拟的。而早期佛教基于佛陀所自觉或发现的缘起论,坚决主张婆罗门、刹帝利、吠奢、首陀罗在内的所有种姓都是平等的,没有高低贵贱之别。佛教在创立时主要反映了印度当时社会中刹帝利和吠舍等非婆罗门种姓阶层的利益与观念,反对人生来社会地位就不平等的传统观念。早期佛教文献《别译杂阿含经》指出,"不应问生处,宜问其所行,微木能生火,卑贱生贤达";《长阿含经》认为,"汝今当知,今我弟子,种姓不同,所出各异,于我法中出家修道,若有人问:汝谁种姓?当答彼言:我是沙门释种子也。"姚卫群由此指出:"佛教在这里明确反对婆罗门教以人的出身定社会地位高下的思想,认为重要的是人的行为,出身卑贱的人也一样能成为社会贤达。按照婆罗门教的观念,一些低种姓或贱民是不能进行宗教修行的。而佛教则认为,不同种姓的人虽然出身不同,但都可以来修佛法,不同出身的修行者都可参加到佛教僧团中来。这样,在早期佛教看来,出身对于获得最高智慧或达到解脱并不是最重要的,来修行的人都有沙门释种子,既然种子一样,人们当然是生而平等的,至少在宗教修行身份上有平等。"姚卫群总结道:"古印度是一个通常婆罗门种姓占据主导地位的国度或地区。佛教作为当时新兴的一个宗教派别,反对印度社会中盛行的森严的种姓等级差别,主张一定程度上的种姓平等观念。这在当时有重要的影响,也是佛教能够吸引较多信众,在古代印度迅速发展,并在后来成为一个世界性宗教的原因之一。"②

三、印度哲学与希腊哲学的同与异

印度哲学中的存在论、本体论问题与西方哲学有显著的不同,与希腊哲学的主题始于存在问题一样,印度哲学亦源于对于在场的存在(梵、我)问题的讨论。两

---

①② 姚卫群.早期佛教的基本教义与奥义书思想[J].北京大学学报(哲学社会科学版),2007,44(2):29-35.

者几乎同时探讨作为终极实在的在场的存在，为各自传统的精神生活的开端奠定了形上学基础。在领会形上学存在问题方面，两者有相似处，但在表征存在之内容与结构方面，却发生了分流。存在的“神显”在希腊哲学中平衡于智性层面，这导致了认知理性、西方古典哲学的诞生。在印度，“神显”进入灵性深度，致使《奥义书》的“大梵明”（或“有明”）及其后继思想均成为救赎性解脱论。也就是说，似乎希腊哲学重理性精神，而印度哲学与致力于自我救赎的宗教信仰密切相连。①

必须指出的是，希腊哲学有自己深厚的神学传统，主要体现在俄耳甫斯神学思想对于赫拉克利特、恩培多克勒、柏拉图等古希腊哲学家的深刻影响上，而印度哲学自诞生之日起，就几乎没有与印度宗教彻底地分离过，正如姚卫群所指出的那样，“在古代印度，哲学与宗教有着密切的关系，很难离开印度的宗教讲哲学，印度的哲学多为宗教派别中变现出来的思想。也可以说，印度的宗教具有很强的思辨性，而印度的哲学大多带有宗教色彩”②。

四、印度文明与中国文明的同与异

老子提出的“道体”意义上的“道”（傅伟勋）与《奥义书》提出的“梵（自我）”均属于在场的形上学意义上存在。也就是说，两者均突破了在场的形下学世界，并将自身的智慧提升至在场的形上学层面，均完成了“跳跃到存在”的惊人一跳。老子之后，孔子、庄子等即开始尝试突破在场的形上学世界，这一工作直到惠能才得以最终完成，并形成传统中华文明的儒道释“核质结构”，终于贯通了在场的形下学、形上学和不在场的超形上学，成就了伟大的中华文明。

印度文明放逐了佛学，有意无意地迫使其传至中国，并最终在中国生根、开花、结果，成就了完整通透、究竟解脱的传统中华文明。为此，我们坚持以下两个基本观点：第一，印度文明曾经产生了究竟解脱的佛学，遗憾的是，佛学未能最终进入印度文明的主流，成为其重要组成部分，佛学被印度放逐了，导致印度文明与西方文明和伊斯兰文明一样，也止步于在场的形下学世界与形上学世界，困于意识人类如此这般显现、设定、建构的在场的对象性世界中，回归宗教信仰，使人类理性最终臣服于“梵”“自我”等所谓的“最高存在”或“根本因”，未能将理性思维贯彻到底，挣脱对在场的对象性世界的束缚，实现人类意识的究竟解脱；第二，中华文明因老子等思想家的努力已经提升至在场的形上学境界，但是他们并没有将其固化为绝对的存在或根本因，孔子、庄子等一直在尝试理性地突破这一境界。在印度佛学的影

① 朱成明. 存在的分流：对印度哲学开端的初步思考[J]. 世界哲学，2016(1)：151-159.

② 姚卫群. 印度哲学与中印佛教[M]. 北京：宗教文化出版社，2021：87.

响下，终于如愿以偿，将理性思维贯彻到底，实现了“桶底脱落”“究竟解脱”，完成了从在场的对象性世界跳跃到不在场的非对象性存在的伟业，终于成就了唯一贯通了在场的形下学、形上学和不在场的超形上学三个境界，贯通了在场的对象性世界和不在场的非对象性世界的传统中华文明，成就了中国人的独特信仰——信仰不在场的非对象性世界，信仰人类理性，坚持“无极而太极。太极动而生阳，动极而静，静而生阴，静极复动。一动一静，互为其根。分阴分阳，两仪立焉。阳变阴合，而生水火木金土。五气顺布，四时行焉。五行一阴阳也，阴阳一太极也，太极本无极也”（周敦颐），坚持“无善无恶心之体，有善有恶意之动，知善知恶是良知，为善去恶是格物”（王阳明）。

课程视频

第三章 《易经》之变通与圆融

《易经》是中国文化史上最具有神秘色彩的经典作品，也是深刻地影响并铸造了中华民族精神气质和思想行为方式的伟大著作。这一章以“《易经》之变通与圆融”为章名，尝试分成以下两个部分予以分析讲解。第一节“关于《易经》”，在这一节中对《易经》作一个简要的分析介绍。第二节，关于“《易经》之变通与圆融”，在这一节中，尝试借助“一张图，三句话”给予《易经》以较为整体性的分析讲解，以帮助大家全面了解《易经》及其独特的易象思维。

关于《易经》的分析讲解，主要参照了王弼的《周易注》，李光地纂、刘大钧整理的《周易折中》，朱伯崑主编的《易学基础教程》，潘雨廷的《易学史发微》，傅佩荣的《傅佩荣解读易经》，成中英的《易学本体论》，朱伯崑等整理的《周易知识通览》，以及张其成的《张其成全解周易》，廖名春的《〈周易〉经传与易学史新论》，以及许多自己曾经学习研读过，因为自己没有记录，难以准确注明出处的相关著作、论文，希望得到相关学者专家的原谅。

首先分析讲解第一部分——“关于《易经》”。

第一节 关于《易经》

一、《易经》的成书过程

《周礼·大卜》有“三易”的说法：这“三易”分别是《连山》《归藏》《周易》，夏曰《连山》，商曰《归藏》，周曰《周易》。郑康成说：“《连山》者，象山之出云，连连不绝；《归藏》者，万物莫不归葬于其中；《周易》者，言易道周普，无所不备。”《世谱》等书云：“神农一曰连山氏，亦名列山氏，皇帝一曰归藏氏。”朱熹认为：“圣人作《易》，本是使人卜筮，以决所行之可否，而因之以教人为善。”

《易经》是我国最古老的经典，是诸子百家的开始，是中华文化的源头和哲学基础，自古以来就被尊称为“群经之首”和“群经之始”。

《汉书·艺文志》曾对《易经》有这样的评价：“易道深矣，人更三圣，世历三古。”也就是说，《易经》这本书的完成经历了三代圣人——上古时期的伏羲、神农和中古周文王、周公，以及下古时期的孔子等。伏羲创造了八卦图，“神农演之为64卦”。文王重新演绎64卦，并作卦辞，周公作爻辞，完成了狭义的《易经》。传说孔子则为《易经》作了《十翼》，即“彖辞”上下、“象传”上下、“系辞”上下、“文言传”“说卦传”“序卦传”“杂卦传”，后人也将孔子所做的《十翼》简称为《易传》，将《易经》提升至形上学高度，并将其演变为中国最重要的哲学著作。

《易经》本文的“经”与解说《易经》的“传”，构成广义《易经》。孔子也曾经花了很多的时间研读《易经》，班固曾曰：孔子晚而好《易》，读之韦编三绝。孔子给予《易经》高度评价：“加我数年，五十以学易，可以无大过矣。”

二、《易经》的性质

关于《易经》到底是一本什么样的书，历代都有不同的看法，归纳起来大致有以下几种基本观点：

朱熹认为，“《易》本卜筮之书”。郭沫若、高亨、李镜池、刘大均等现当代学者多支持这一观点。

《易经》是一部专门研究阴阳变化的哲学之书。庄子指出，“《易》以道阴阳”。阴阳问题确实是中国传统哲学的最重要问题之一，而《易经》则是借助64卦的卦爻辞系统论述阴阳变化的经典。

《易经》是一部记载了特定历史事件的历史之书。章太炎认为，《易经》讲的是人类文化发展的历史。《易经》确实记载了中国人生产生活的历史。

《易经》是一部具有科学意义的科学之书。冯友兰曾说：“《易经》是一部宇宙代数学。”大家知道，莱布尼茨是二进位制的发明者，莱布尼茨曾说：“中国的伏羲大帝已经发现了二进制。”玻尔也认为太极图很了不起，他将太极图作为自己家族的族徽，为什么呢？因为玻尔认为太极图能够很好地解释量子力学著名的“互补原理”或所谓的“并协原理”，也就是能够给予基本粒子的波粒二象性以更为合理的说明。

《易经》是一部百科全书，是一部内容无所不包的万世经典，为群经之首。

上述观点都有一定的道理，也有其片面性。我们赞成关于《易经》性质的如下观点：狭义的《易经》是带有哲学色彩的卜筮书，广义的《易经》则是带有卜筮色彩的哲学书；狭义的《易经》深刻地影响了中国普通百姓的思想行为习惯，广义的《易经》则构成了中国文化最为重要的组成部分——易学文化。

如果有时间,我希望大家思考一个问题:《易经》《易传》《易学》的区别与联系?我想提醒大家要注意,学习讨论《易经》其实有三个视角:一个是狭义的《易经》,就是周文王、周公完成的《易经》;第二个视角就是孔子及其弟子完成的《易传》,他们将《易经》从形下学层面提升到了形上学层面,将其变成了一本哲学之书;其实还有第三个视角,容易被忽视,也就是历代关于《易经》《易传》的研究,我们把它统称为《易学》。我将从《易经》《易传》《易学》三个维度分析解读《易经》。

三、《易经》的文化地位

讨论第三个问题——《易经》的文化地位。关于这个问题,我采用了张其成的相关观点。张其成认为,《易经》的文化地位大致表现为以下三个方面:其一,《易经》是人类"轴心时代"唯一一本由符号系统和文字系统共同构成的书;其二,《易经》是中国文化史上唯一一本为儒家和道家所共同尊奉的书。儒家尊称为"六经(《诗》《书》《礼》《乐》《易》《春秋》)之首",道家则将其尊称为"三玄(《易经》《老子》《庄子》)之一";其三,《易经》是中国科学史上唯一一本对自然科学和人文社会科学都产生过重要影响的书。

四、《易经》的相关知识

(一)卦代表什么

《易经》中的卦代表三样东西:一是讲时,时间的时;二是讲位,空间的位;三是讲性质,阳爻用九表示,阴爻用六表示。

开始的第一爻,人们都是用表述"时"的"初",而不用表述"位"的"下",到最后一爻,用表述"位"的"上",而不用表述"时"的"末",当中就用六、九代表阴、阳。下面先简要地介绍下阳爻、阴爻,阳爻就是一条实线,阴爻就是一条虚线。三爻组成一卦,两个卦重叠在一起,就是个别卦,这样就有 64 卦。我们把下面的卦叫内卦,上面的卦叫外卦。画卦时大家要注意,是从下往上,最下面的爻叫初爻,接下来,分别是二爻、三爻、四爻、五爻,最上面的爻就叫上爻。请大家注意,如果初爻是阳爻,就叫初九;如果是阴爻,就该叫初六。同样,如果第二个爻是阴爻,就叫六二;如果是阳爻,就该叫九二。我们再看第五个爻位,如果是阴爻,就该叫六五;如果是阳爻,就叫九五,即所谓的九五之尊。以《易经》中的乾卦为例,乾卦由六个阳爻构成,所以,其爻位就分别叫初九、九二、九三、九四、九五、上九。

(二)位、德、应、比

《易经》中的位、德、应、比这四个问题有点复杂,但如果大家想看懂《易经》,这些知识是必须掌握的。

位,指爵位,贵贱上下的意思。一般而论,卦中四爻有位,就是二、三、四、五是有位的。五,指君位;四,指的是近臣之位;三,位亦尊;二,与五为正应者,位亦尊。初、上两爻无位。

德,在《易经》里主要是刚柔中正的意思。该刚则刚,该柔则柔,善也,反之为不善;中与正,无有不善者。六爻当位者也未必皆吉,这就是德。

什么是应呢?应者,上下体对应之爻也。什么是比呢?比者,逐位相比连之爻也。其中二与五应,四与五比为最重。凡比与应,必须是一阴一阳,其情乃相求而相得。若以刚应刚,以柔应柔,则谓之“无应”。

(三)《易经》杂说

狭义《易经》是由64卦卦符(卦画)、卦名、卦辞、386条爻辞组成的。《易经》的卦爻辞并非出自一人之手,而是卜筮者长期探索积累的结果。卜与筮含义略有不同。卜者,就是用火烧龟壳,根据其纹路定吉凶;而筮,则是以记数组成卦的方式预测吉凶。

根据考证,狭义《易经》成书不晚于西周前期。汉代将狭义《易经》和《易传》合二为一,称为广义《易经》,使之具有占筮、哲学、史学、科学等多层面的性质和成分。

卦爻象不仅是《易经》的符号系统,也是中华民族的“文化基因”。卦与爻的关系是“体”与“用”的关系,卦是物之体,爻是物之用。

爻位的功能:初多潜、二多誉、三多凶、四多惧、五多功、上多亢。也就是说,初爻象征事物发端萌芽,主潜藏勿用;二位象征事物崭露头角,主适当进取;三位象征事业小成,主慎行防凶;四位象征事物新进高层,接近君位,主警惕审时;五位象征事物圆满成功,主张处盛戒盈;上位象征事物发展终尽,主张穷极必反。六爻中的初、三、五为阳位,为贵位,二、四、六为阴位,为贱位;五为贵位,二为贱位。

“一”即道即太极,“二”为阴阳,“三”为一卦三爻,三爻八卦产生宇宙万物,正所谓“道生一,一生二,二生三,三生万物”(《老子》)。太极是宇宙的本原,阴阳是宇宙最基本的组成,阴阳和合组成了万物。太极阴阳思想是《易传》哲理体系的基本内核,是《易传》的总原则,阴和阳是《易传》借助卦爻象说明万事万物属性、规律的基本范畴。

太极、阴阳、五行是一个在场的对象性整体,共同组成了可以被指称和建构性描述言说的在场的对象性世界“有”，与之对应的则是不可言说思虑的不在场的非对象性世界“无”——“无极”，在场的太极、阴阳、五行与不在场的无极共同构成一个新的整体世界。“有无不二”，不在场的无极与在场的太极、阴阳、五行及其所构成的万物不二。正所谓“无极而太极。太极动而生阳，动极而静；静而生阴，静极复动。一动一静，互为其根。分阴分阳，两仪立焉。五气顺布，四时行焉。五行，一阴阳也；阴阳，一太极也；太极，本无极也”（周敦颐《太极图说》）。广义超元论认为，在场的太极为形下学阴阳、五行、万物的形上学根据，而不在场的无极则为太极、阴阳、五行、万物的超形上学根据，在场的形下学、形上学与不在场的超形上学不二。

（四）《易经》之象、数、理、占

象、数、理、占是《易经》的四大功能。

什么是象？象是指八卦的卦象与爻象，是指构成八卦的阴阳爻画所组成的表象系统及其所代表的物象、自然现象或自然形态。下面，将八卦所代表或表征的最基本的象作一个简要的介绍。乾卦，乾三连，是三个阳爻所构成的纯阳之卦，在自然方面，它就代表天；兑卦，兑上缺，上面是阴爻，下面是两个阳爻，它代表自然现象中的泽；离卦，离中虚，上下是两个阳爻，中间是个阴爻，它代表自然现象中的火；而震卦，震仰盂，上面是两个阴爻，最下面是个阳爻，它代表自然现象的雷；巽卦，巽下断，上面是两个阳爻，下面是个阴爻，它代表自然现象的风；而坎卦，坎中满，上下是阴爻，中间是阳爻，它代表水；艮卦，艮覆碗，上面是阳爻，下面是两个阴爻，它代表山；坤卦，坤六断，是由三个阴爻所组成的，它代表自然现象的地。

在中国传统易经文化体系中，八卦也被用来指称和描述言说家族的组成情况。在八卦里，如果阳爻是奇数，它就指家族中的男性，阴爻是奇数，就指家族中的女性。乾卦是三个阳爻，是奇数，是纯阳之卦，指代家中的父亲；坤卦是三个阴爻，在家族里指代母亲；如果一个阳爻，在最下面，就是震卦，指代家族里的长男；如果一个阳爻在中间，就是坎卦，在家族里指代中男；如果一个阳爻在最上面，就是艮卦，它在家族里是指代少男，也就是小儿子；同样的，如果阴爻是奇数，在家族里就是指女性成员的，如果一个阴爻在最下面，就是巽卦，它指代的是家中的长女；如果一个阴爻在中间，就是离卦，它指代的是家中的中女；如果一个阴爻在最上面，就是兑封，它指代的是家中的少女。

好了，这就是象。当然，关于八卦所指代的这些象还有很多很多。如果大家感兴趣，可以阅读相关的材料，特别是《易传》中的《说卦传》。

什么是数？易经文化中的数主要指筮数，包括大衍之数、先天数、后天数等等，它与象的关系非常密切；在象数之中，象要先于数，更为根本。

什么是理？易经文化或易学文化中的理即义理。结合象数来说，义理以象数为基础，对象数作理性的阐释、超越和升华。没有义理，象数是死水一潭；没有象数，义理则无从发挥。因此，象数与义理互为表里，不可分割。

什么是占？易经文化中的占即占卜。“占”意为观察，“卜”是以火去烧龟壳，就其出现的裂纹形状，可以据此预测吉凶福祸。广义而论，占卜就是指用龟壳、铜钱、竹签、纸牌或星象等手段和征兆来推断未来的吉凶祸福的预测手法。

（五）阴阳、太极及其相互关系

伏羲八卦图告诉了我们一个有关宇宙最基本的秘密——阴阳是构成宇宙万事万物最基本的元素，天底下的变化，就是阴阳的变化。

白天是阳，夜晚是阴；天是阳，地是阴；山丘的南面为阳，北面为阴；雄性是阳，雌性是阴。我们的手掌，手背为阳，手心为阴；一元硬币，国徽为阳，有字的一面为阴。当然这是一种约定。但大致可以说，向阳的部分为阳，其背面处理为阴，这是先人们的一种约定。

什么叫太极？“太”是尊大之义，“极”是至当无以加之义。道理最大，无以复加。孔子认为，太极“其大无外，其小无内”，是宇宙万物万象共同的基因。朱熹认为：“极是道理之极至，总天地万物之理便是太极。”（《朱子太极图说解》）“太极者，理也。”（《周易本义·系辞上》）太极乃天地万事万物之理的总和，而在具体的事物中也有太极之理，所以，“人人有一太极，物物有一太极。”（《朱子语类》）王夫之认为：“道者，天地人物之通理，即所谓太极也。”（《张子正蒙注·太和》）也就是，阴阳变化之理，即太极。

也可以这样理解，阴阳是可见的在场的可以被感知、指称和形下学描述言说的形下学世界，而太极则是不能被感知，但是可以被直觉、证悟，被指称和形上学描述言说的在场的形上学世界。或者说，太极是在场的形而上者，可以通过在场的形而下者，即阴阳和合而成的万事万物直觉、证悟到太极，即“形而上者谓之道，形而下者谓之器”。在场的阴阳之间是“虽有分，而是不二”的关系；在场的阴阳与在场的太极，即器与道之间也是“虽有分，而实不二”的关系。阴阳与太极共同构成了可以被指称和描述言说的在场的对象性世界“有”。

（六）适时而动与“一阴一阳之谓道”

邵雍认为，天变而人效之，故“元亨利贞”。《易经》最重视的就是时的变动，所以说，“时也，命也”，时一变，人的命运也就跟着改变。时已到，要当机立断、顺势而为；时未到，守时待命、静观其变才是最为合理的因应。

《易传》第一次以阴阳系统地解《易经》,将“阴阳”提升为说明宇宙万物变化运动和自然界普遍联系的基本范畴,正如庄子所言:“《易》以道阴阳”。庄子认为,“一阴一阳之谓道”,道贯穿于宇宙万事万物,天有阴有阳,地有阴有阳,人也有阴有阳,天、地、人皆有阴阳,万事万物皆有阴阳。

64 卦,386 爻,皆所以顺性命之理,尽变化之道也。散之在理,则有万殊;统之在道,则无二致,即“理一分殊”也。所以,“易有太极,是生两仪”。“太极”者,道也,“两仪”者,阴阳也。阴阳一道也,即太极也。万物之生,“负阴而抱阳”,莫不有太极,莫不有两仪,太极与两仪“虽有分,而实不二”,阴与阳“虽有分,而实不二”。

总之,《易》者,阴阳之道也;卦者,阴阳之体也;爻者,阴阳之用也。

(七)“穷则变,变则通,通则久”

孔子在《系辞》里有这样一个经典表述,即“易穷则变,变则通,通则久。是以自天佑之,吉无不利。”(《周易·系辞下》)。什么意思呢?就是在先人看来,事物一旦到了极限就要改变它,改变就能通达,通达就能保持得长久。如此做可以吉无不利,如此做可以得到天的保佑。任何事物都有一个发生、发展、衰落的过程,大到国家社会、小到个人都是这样。在事物发展到衰落阶段时,就要寻求变化以谋出路。只有顺应环境变化而变化,才能立于不败之地。

(八)义理与象数之争

按照成中英的说法:象,即易的经验的形象化与象征化,大致发生在新石器至玉器时代(象形思维阶段);数,即易的形象和象征符号的关系化、在时空位置上的排列化以及应用化与实用化,大致发生在夏时代;义,即易象在数的关系中呈现意义及凝为概念,即意义化和概念化阶段,大致发生在商时代;理,即易的意义和概念发挥为命题及判断,并形成系统,完成易象、易数、易义的整体化与思辨化,大致发生在西周至春秋时代。

汉代以后,《易经》大致分成了两个流派:一派是讲义理,着重于发挥卦象所讲的道理,而不着重于卦象之间的关系。魏代王弼认为,卦象是表达某种意思的,明白了它的意思,就应该忘掉卦象,这就是“得意忘象”。另一派是讲象数,着重于通过卦象及其相互关系,以及有关数字来解释《易经》。

历代研究《易经》的学者,主要分为象数派与义理派。两派各有根据,各有执念,也各有贡献,但是很遗憾,却始终无法获得共识,以致每一卦、每一爻都有不同的诠释,足以让人望洋兴叹。

《易经》的卦辞与爻辞出现许多占验之辞,显示卜筮的操作痕迹,而这一部分更是专门的学问,难以深究。这里不作详细介绍,但我想简要地分析讲解学者们提出的“算命悖论”。什么叫“算命悖论”?即占卜的结果若为吉,你还是要脚踏实地活在每一个当下,如果占卜的结果是凶,你若尽自己所能想尽办法避开之后,说明什么?说明占卜失灵了。既然如此,我当然赞成如下观点:意识人类应当着重学习《易经》的义理,以增强自己的实践判断、理性思维能力,丰富自己的适时而动、顺势而为的形下学智慧。

五、成中英对《易经》的评价

成中英认为,《易经》是中华民族精神的原始。中华民族是受《易经》孕育与滋养的民族,其整个文化构成及文化创造过程充满了易的精神,即敬天、厚地、爱人、成己,即穷理、尽性、致命。也就是“参天地之化育”而“立人极”。

《易经》是一种具有高度创造性和统一性的宇宙哲学和生活哲学,它追求的既是整体又是开放,既是变化又是守恒的思想体系,以此达到既平衡和谐又发展创造的人生道路。

《易经》乃至整个易学体系是东亚文化的构成基础,是未来世界文化和世界哲学的精神原型之一,也是整合东西方文化的架构和枢纽之一。

《易经》属于整个世界。《易经》是“东方四学”(禅宗、大乘佛学、印度哲学、密宗)之外在西方广为流行的最具有民间应用价值和生活实用性的书。

《易经》道分阴阳、阴阳合道的整体原理能为解决源于西方文明经验和文化传统的各种对立、矛盾、吊诡问题提供有效的解决方案。

第二节 《易经》解读

《易经》对中国文化的影响,犹如《圣经》对西方文化的影响,可能超乎我们的想象。但是,对这部重要人文经典的解读至今没有统一的文本,或许永远也不会有大家都共同认可的解读策略。包括周文王、周公演绎的狭义的《易经》和传说包括由孔子撰写的《十翼》在内的广义的《易经》,形成于中国历史上极其特殊的先秦时期,自这部经典问世以来,就不断有解读文本出现,几乎所有的解读者都自觉不自觉地站在自己所处的特定时代,作出自己的分析解说,后继者们似乎没有太充分的理由评论其是非对错。根据西方诠释学的基本观点,关于任何一部人文经典的解读,可能都会是历史视界和现代视界的融合。所谓人文经典的原始意义即使存在,也不在我们的视界之内，进入视界之中的经典只可能是经解读之后的文本。

这一节以"《易经》之变通与圆融"为题，尝试从广义超元论和现代人的视角，给予《易经》这部人文经典以新的解读或诠释。我们将这一新的解读或诠释概括为所谓的"一张图，三句话"，即"一张阴阳—太极—无极图"和"善为易者不占""易者，易也"以及"无极而太极"三句话。

一、一张图：阴阳—太极—无极图

如何理解太极图？为什么将太极图重新界定为阴阳—太极—无极图？目前流行的阴阳太极图源于伏羲依据二进位制绘制而成的先天八卦图，学界没有多少异议，但是具体由谁绘制？在什么时间绘制而成？目前尚无定论。

关于目前流行的太极图，我们认为，依据广义超元论可以读出以下四层意思。

其一，太极图可以划分为以下三个层面：第一个层面是可以被感官感知到的阴阳图，属于在场的对象性世界中的形下学世界；第二个层面是感官无法感知，但可以推论出的太极图，属于在场的对象性世界中的形上学世界，类似于基督教的上帝、伊斯兰教的安拉、老子的"道"、柏拉图的"理念"、黑格尔的"绝对理念"、朱熹的"理"等；第三个层面是意识活动使不上劲、用不上力，既感知不到也推断不出的无极图，属于永远不在场的非对象性世界，即超形上学世界，类似于庄子的"言默不足以载"的"无无"、释迦牟尼的无指称"空"、马克思的"被固定为与人分离的""无"、海德格尔的非对象性存在"无"。为了完整表达目前流行的太极图蕴含的所有思想，特别是所蕴含的在场的阴阳、太极和不在场的无极一体两面的思想，我们特别将其重新定义为"阴阳—太极—无极图"。

其二，在场的形下学层面的阴阳图有两层含义：一是在场的静态的阴阳不二易象，即所呈现出来的阴中有阳、阳中有阴、阴阳共存一体的易象，旨在表达阴阳一体两面、彼此不可割裂之意，也就是阴阳"虽有分，而实不二"。二是在场的动态的阴阳不二易象，即阴阳两种势力相互推动、此消彼长的易象，随着阴的势力不断衰退，阳的势力则不断地增长，反之亦然。但是，阴阳这两种势力不会以阴或阳的势力完全胜利为终止，而是阴极而阳、阳极而阴的永恒循环。形下学意义上的在场的阴阳图是帮助我们从象思维角度去理解《易经》之"变易"思想以及理解基于不二论思维模式的易经辩证法思想的重要根据。

其三，在场的形下学层面的阴阳图是形上学层面的太极图的外在表现，在场的形上学意义上的太极图则是形下学意义上的阴阳图的本体论根据，它们彼此不可割裂，实为表里不二关系，也就是类似于佛教所比喻的海浪和海水的关系，即海水是海浪的本体论根据，而海浪则是可以感知的现象，海水借助海浪完整地呈现给了我们。也就是老子在《老子》中所说的:“视之不见名曰夷;听之不闻名曰希;搏之不得名曰微。此三者不可致诘,故混而为一”,“一”者,“道”也;“道之出口,淡乎其无味,视之不足见,听之不足闻,用之不足既”。

其四,在场的形下学层面的阴阳图与在场的形上学层面的太极图,两者共同构成了可以被意识人类感知或直觉、可以被指称和思虑言说的在场的对象性存在“有”,而不在场的超形上学意义上的无极图,超出了人类可以思虑言说体验的范围,是不可能被感知、直觉和正面思虑言说的无指称的非对象性存在“无”或无指称“空”。但是,无极图不是不存在,而是如中观派的代表人物龙树所说的“非有,非无,非亦有亦无,非非有非无”的“实相无相”之不在场的超形上学存在或黄心川所说的无指称之“最高实在”。不在场的非对象性无极图与在场的对象性阴阳图和太极图也是“虽有分,而实不二”的。

也就是说,在场的阴阳图、太极图与不在场的无极图其实就是一个图。在场的阴阳—太极图是我们的祖先如此这般显现、设定、建构或生成的,被赋予了意义的有指称的对象性存在“有”,意识人类可以给予指称和建构性描述言说,即对于意识人类有现实意义,而不在场的无极图则是意识人类在充分意识到自己认识能力的局限性的基础之上,人为设定或生成的超越了人类意识,或人类意识无法企及、无法赋予其意义的,无法给予指称和建构性描述言说,即对于意识人类没有任何现实意义或对象性意义的非对象性存在“无”。不在场的无极图所表达的思想与空宗禅宗所表达的“空亦复空”“非有非无”“实相无相”的不在场的无指称“空”、马克思所坚持的“与人分离的”不在场的“无”、海德格尔所言及的“为什么有‘有’,而没有‘无’”的非对象性存在“无”,本质上都是一个意思。

二、解读《易经》的三句话

基于上文对阴阳—太极—无极图的分析,我们坚持认为,可以用以下三句话揭示《易经》所蕴含的多层面的深刻且圆融的中华易学思想。

(一)“善为易者不占”

“善为易者不占”强调,真正理解了《易经》形下学道理的人是不会执著于占卜的。《易经》的形下学价值是,以转动的阴阳图为分析工具和解释框架,可以立足于不二论,合乎逻辑地解释每一卦象中由初爻到上爻的层层递进关系。乾卦的“初九,潜龙勿用”到“上九,亢龙有悔”即是一个典型的逻辑递进关系,一个转动的太极图。与此同时,还可以解释文王卦之间的排列顺序,比如“泰”与“否”以及“既济”与“未济”等。除此之外,“善为易者不占”,转动的太极图,还能给予“居安思危”“适时而动”“惧以始终”“穷则思变”等《易传·系辞》中丰富的形下学思想或基于不二论的辩证法思想以一以贯之的说明。

（二）“易者，易也”

“易者，易也”这句话强调，一部《易经》就是研究一个字——“易”的学问。《易经》之“易”有三个基本含义，即“变易”“不易”“简易”。“变易”，揭示了《易经》所蕴含的丰富而深刻的在场的形下学思想，即上文“善为易者不占”所揭示出来的道理。所谓“不易”，即太极，即本体，即道，即一，是强调“一切即一”“万变不离其宗”等在场的形上学智慧。“简易”，既有《易经》的道理是顺乎自然之道、自然之理，因而“易懂”“易从”“易行”这个意思，也有“变易”与“不易”一体两面、不可割裂，即“虽有分，而实不二”之义。我们认为，后者是“简易”更为重要的含义，因为，我们可以很好地理解《易经·系辞》所说的，“易有太极，是生两仪，两仪生四象，四象生八卦，八卦定吉凶，吉凶生大业”的生成论思想。

（三）“无极而太极”

“无极而太极”则是我们透彻理解《易经》不可或缺的一句话。这句话强调不可执著于《易经》所揭示出来的“易有太极，是生两仪，两仪生八卦，八卦定吉凶，吉凶生大业”等道理，不可执著于在场的阴阳—太极图。这些可以具体言说的道理，以及试图表达这些道理的在场的转动的阴阳—太极图，都只是特定时代的智慧祖先如此这般显现、设定、建构或生成的在场的对象性思想，至多表达了特定时代的意识人类所达到的实践—认识水平，绝不可能是亘古不变之理。

意识人类所固有的实践—认识能力决定了自己只能有意义地生活、学习、工作在由自己所显现、设定、建构、生产和创造的在场的对象性世界“有”之中，意识人类将不可避免地永远面对自己的实践—认识能力不可及的恒定不在场的非对象性世界“无”，即所谓的“动念即乖”“开口便错”“拟议皆非”的“无一物”或“无无”或无指称的“空”，即超形上学意义上的所谓“无极”。由此，我们就可以透彻地理解周敦颐所说的“五行，一阴阳也；阴阳，一太极也；太极，本无极也”的超元论易学思想，就可以透彻地理解傅伟勋有关周敦颐的“无极而太极”和庄子的“泰初有无无，有无名”的超形上学解读了。

接下来，尝试结合《易经》《易传》以及易学的相关内容，分别就上述三句话作更为具体的分析讲解。

三、“善为《易》者不占”（《易经》的形下学智慧）

在解读《易经》卦爻象时，建议解读者务必将转动的阴阳太极图刻在自己的脑海里，否则难以真正理解“善为《易》者不占”这句话。

知识卡片：《论持久战》

《论持久战》是毛泽东1938年5月26日至6月3日在延安抗日战争研究会上所做的讲演稿，原载1938年7月1日《解放》第四十三、第四十四期合刊。1952年收入人民出版社出版的《毛泽东选集》第二卷。2011年收入中央文献出版社出版的《建党以来重要文献选编》第十五册。讲演共分二十一部分一百二十段：问题的提起；问题的根据；驳亡国论；“妥协还是抗战？腐败还是进步？”；“亡国论是不对的，速胜论也是不对的”；“为什么是持久战？”；持久战的三个阶段；犬牙交错的战争；为永久和平而战；能动性在战争中；战争和政治；抗日的政治动员；战争的目的；防御中的进攻，持久中的速决，内线中的外线；主动性，灵活性，计划性；运动战，游击战，阵地战；消耗战，歼灭战；乘敌之隙的可能性；抗日战争中的决战问题；兵民是胜利之本；结论。该讲演全面分析了中日战争所处的时代和中日双方的基本特点，并从全国的战略全局出发，深刻地论述了抗日战争是持久战，必须经过战略防御、战略相持、战略反攻三个阶段，从而揭示了抗日战争发展的过程和规律，批驳了“亡国论”和“速胜论”。深刻地阐述了人民战争的思想，指出全国人民参加抗战，坚持抗战，是取得抗战胜利的根本条件和基本保证，批判了脱离群众的片面抗战路线。提出了实行持久战的具体战略方针，即在抗日战争的第一、第二阶段中，实行战略防御中的战役和战斗的进攻战，战略持久中的战役和战斗的速决战，战略内线中的战役和战斗的外线作战。在第三阶段中，应该是战略的反攻战。提出抗日战争三个阶段在全体上的主要作战形式是运动战，其次是游击战；八路军的战略方针是“基本的是游击战，但不放松有利条件下的运动战”和其他一系列作战原则。批评了单纯防御的错误方针和轻视游击战争的错误观点。讲演指出战争的伟力之最深厚的根源，存在于民众之中，要坚持抗日民族统一战线的总方针。讲演最后坚定指出，抗日战争是持久战，最后胜利是中国的。《论持久战》是中国共产党领导抗日战争取得胜利的纲领性文献，抗日战争的实践，充分证明《论持久战》中的预见是完全正确的，是符合实际情况的。（中国中共党史学会编.《中国共产党历史系列辞典》，北京：中共党史出版社、党建读物出版社，2019）

据说孔子研习《易经》曾“韦编三绝”，在学习完《易经》之后，感叹道：“不占而已矣”。荀子也曾说过：“善《易》者不卜。”可见，历史上许多研习《易经》的人，并不主张用它占卜算卦，至少不会迷信占卜。如何理解呢？阴阳太极图中的S形曲线，把一个圆形分为两条鱼形,生动地表现了两种因素的运动变化。正是在“阳”的一方发展到最壮大之际,开始了“阴”的生成,又正是在“阴”的一方发展到最壮大之际,开始了“阳”的复生,阴阳此消彼长,转换无穷。以转动的阴阳太极图为标志的易象思想警示我们:强弱盛衰都是会发生变化的,所以,意识人类应当居安思危,相信绝处逢生;易象思想告诫我们:强者要谦虚谨慎,韬光养晦;弱者要奋发进取,自强不息;易象思想告诉我们:处于强势的人更应有忧患意识,严于律己,切不可骄奢淫逸,任性妄为。

接下来尝试结合几个典型卦象进一步阐释“善为《易》者不占”这句话的形下学道理。

(一)乾卦

乾卦的卦辞是“元、亨、利、贞”四个字,爻辞则是每一个爻的表达,据说是周公写的。下面尝试借助转动的阴阳太极图分析讲解乾卦的爻辞。

我们依据相关文本的解读依次解读如后,“初九:潜龙,勿用”。就是你还在地下面,还没有位,或者说还没有踏入社会,没有你展示的舞台。“九二:见(xiàn)龙在田,利见大人。”通常,大人是指有位者,君子则是无位者。踏入社会,初涉江湖,最应该做什么?当然是争取有地位的高人来指导自己,如果没有高人指点,你应当积极寻找,主动拜访,请求高人指点。“九三:君子终日乾乾,夕惕若,厉,无咎。”这是指自己要成长,仅有高人的指点是不够的,自己还必须非常勤奋,而且傍晚都要很警惕。只有这样,你才可能不被边缘化,才可能生存下来。“九四:或跃在渊,无咎。”这就是说,经过自己的努力打拼,你的能力得到了充分体现,你的业绩摆在那儿了,领导认可你,同事也接受你了,你相对比较自由了。这就是所谓的“或跃在渊”。不过要提醒大家注意的是,按照古人的解读,这一爻充满忧惧,因为它临近九五,稍不小心,就有可能出大问题。所以,凡是占到这一爻的人,都会战战兢兢,这是九四。我们再来看看九五。“九五:飞龙在天,利见(xiàn)大人。”当然,也可以把它读成“利见(jiàn)大人”都可以。它是指你经过自己的努力最终达到了最高的位置,位高权重,有位当有为,全力去实现自己的抱负。当然,也可以作另外一个解释,就是你到了这个位置,仍然需要优秀的人追随你、协助你、帮助你,这就是九五。乾卦最后一个爻是上九,上九的爻辞是:“亢龙有悔”。《天龙八部》里面有一个降龙十八掌,降龙十八掌的最后一掌就叫“亢龙有悔”。“亢龙有悔”放在乾卦里给我们什么启示呢?就是经过自己的努力,最后终于自我实现,完成了自己想做的事情。但是我们年龄大了,不得不离开自己的岗位,没有位了,这就是上九。所以我们应该低调,而不应该再以在位的方式思考和行为了,这就是“上九:亢龙有悔”。

在64卦里,周公对乾和坤两卦情有独钟,所以在乾和坤两卦里分别加了两个爻,一个是用九,一个是用六。这里先来看用九。用九的爻辞:“见群龙无首,吉。”很简单几个字。其实这句话很深刻,由于时间关系,重点强调它其中的两个含义。第一,它强调上文所讲的六条龙——潜龙、见龙、惕龙、跃龙、飞龙和亢龙,其实是一个周而复始的过程,无所谓高低贵贱。这也可以借助转动的阴阳太极图予以解读说明。第二,我认为是很重要的,我们曾经邀请了海外的一位知名的华裔管理学家来学校谈《易经》的管理智慧。这位管理学家说:“见群龙无首,吉”,表达了一个非常前卫的管理理念,就是强调要充分了解、尊重单位的所有人,并给予他们以充分展示自己才能的机会。比如,一位员工或许在专业技能方面不是很优秀,但是他特别喜欢下围棋,你可以搞一场围棋比赛,甚至可以成立围棋协会。任命他一个会长、副会长或秘书长职务,让他在围棋方面的才能能够得到充分体现,这就是“见群龙无首,吉”。也就是说,单位应该给每个员工充分施展自己的才能以机会,他能够充分展示自己围棋方面的天分,能够自我实现,他定会因此回报单位,尽心竭力,努力工作。

(二)坤卦

研习《易经》的很多学者都在讲,在单位做副手的人,在家里做妻子、母亲的人,或者在单位里做秘书的人,一定要认真地研读坤卦。所以,古人也有相应的说法:坤卦是为臣之卦,为妻之卦,为母之卦。

我们尝试借助转动的阴阳太极图来分析讲解坤卦的爻辞。“初六:履霜,坚冰至。”什么意思呢?踩着霜,应马上想到坚冰将至,也就是人们常说的见微知著、一叶知秋。这是所有做副手、秘书的人应该具备的基本素质。“六二:直方大,不习无不利。”什么意思呢?直接翻译过来就是正直、方正、盛大,或者说真诚、方正、宽容。大家可能觉得一头雾水。其实直方大要表达的意思就是光明磊落或光明正大,就是做副手的人一定要很清醒,因为你这个岗位是你的领导曾经经历过的,他对这个岗位是很熟悉的。原则上来讲,做副手的人不应该和上级玩心机,因为他对你目前所从事的工作是非常熟悉的。所以直方大就是要光明磊落,只要你光明磊落,你不付出太多,也可以无不利。否则,即使付出很多,也可能要出问题。这是六二。我们再来看六三爻的爻辞。“六三,含章,可贞。或从王事,无成有终。”章,指才华,“含章”其实就是隐藏自己的才华;“可贞”,就是坚守正道。“或从王事”,这个王事你可以理解为公家的事,从事大家都关心的事情。隐藏才华,坚守正道,克己奉公,你可能无所成就,但是,至少可以善终。六四这个爻,更进了一步,要讲的是做副手的人要注意谨言慎行。其爻辞是“六四:括囊,无咎无誉”。什么叫“括囊”?直接翻译就是把袋子扎紧，隐喻是要守口如瓶，要谨言慎行，只要“括囊”，可能没有荣誉，但你至少可以无咎。孔子对这个爻辞有一个发挥，他是这么讲的：“君不密，则失臣，臣不密，则失身。”大家记住一句话：“祸从口出，病从口入。”所以，“括囊”是非常重要的，这是六四。六五这个爻的爻辞就四个字：“黄裳，元吉。”“元吉”是《易经》中最好的一个称谓。直译过来就是大吉大利。“黄裳”是什么呢？为什么“黄裳”会大吉大利呢？这个“裳”，即衣裳之“裳”，衣裳，即上衣下裳，古代指遮蔽下体的衣裙。黄可以理解为黄色，在那个时代，黄色是很朴素的颜色。“黄裳”，如果把它作一个现代化的表达，就是指着装朴素。其隐含的意思就是做副手的一定要低调，一定不要显山露水，要把聚光灯都聚到领导那儿，切不可聚到自己身上，只要这样做，就可以大吉大利。当然还可以做其他解释，由于时间关系，我们就简单对六五这个爻的爻辞作这样的说明。“上六：龙战于野，其血玄黄。”根据上文的解释逻辑，我们做这样一个解释，不管你做副手怎样的小心谨慎，在由副转正的过程中，总是会面对严峻的挑战的，你必须做足心理准备、思想准备，才能勇敢面对、坦然应对。周公对这个坤卦也加了一个爻，叫用六。它的爻辞是：“用六：利永贞。”直接翻译过来就是做副手的人要永远持守正道。我的观点是：周公菩萨心肠，良苦用心，他给予了坤卦一个非常好的说明，就是做副手、秘书的，永远要坚守正道。

这就是关于乾卦和坤卦这两卦的解读，其实这背后就是一个转动的阴阳太极图，所讲的道理就是所谓的适时而动、顺势而为，所谓的“时也，命也”。

（三）泰卦和否卦

我们再尝试借助转动的阴阳太极图解读《易经》中彼此相邻的两卦——泰卦和否卦。大家知道，在《易经》中，泰卦在前，否卦在后。这就是所谓的“否极泰来”或“泰极否来”成语的来源。

大家先看《泰卦》，这个卦象很有意思。你们看，泰卦是乾（天）下坤（地）上，乾指天，坤指地。或者说，泰卦上卦为坤，为地，地属阴气；下卦为乾，为天，天为阳气。阴气凝重而下沉，阳气清明而上升，象征阴阳交感，万物纷纭，所以卦名曰泰，泰，通泰也。《否卦》的卦象为坤（地）下乾（天）上，为天在地上之表象。天在极高之处，地在极低之处，天地阴阳之间因为不能互相交合，所以时世闭塞不通。一般人占卜到否卦会很难受，会认为自己很倒霉，其实不能这样看。我们应该将转动的阴阳太极图贯彻到底。《象传》里孔子关于否卦有个说明很有见地，即“否终则倾，何可长也”。闭塞到了极点必然发生倾覆，物极必反，否极泰来。所谓“上九：倾否，先否后喜”（“否极泰来”）也。大家看看，这是不是个转动的阴阳太极图？是的，这又是个转动的阴阳太极图。

现在有些学者用泰卦解读中国共产党的初心使命,强调所有的党员同志都要牢记为人民谋幸福、为民族谋复兴的初心使命,在我看来是十分中肯的。

(四)既济卦与未济卦

再看周文王、周公所演绎的64卦中的最后两卦。很有意思,最后一卦不是代表完成的既济卦,而是预示开始的未济卦。将既济卦与未济卦简单解释一下。我们来看看周文王、周公到底想表达什么意思。既济卦的卦象是离(火)下坎(水)上,离代表火,坎代表水,这一卦的卦象是水在火上这样一个卦象,相当于用火煮食物,食物已熟,象征事情已经完成。因此,既济卦实际是完成之卦。提醒大家注意,既济卦是所有64卦中,阴阳二爻完全各归其位的唯一的一卦。但非常有意思,代表着完成的既济卦并不是最后一卦,反而是代表着开始的未济卦——阴阳二爻完全不当位的唯一的一卦,才是最后一卦。我想,周公在此是想表达这样的道理,当一件事情完成时,也就预示着又有了新的开始,依然是没有完成。这也就是《易经》或转动的阴阳太极图所要表达的深刻道理。

既济卦是"初吉,终乱"。既,已经;济,成也。既济就是事情已经完成,但终将发生变故。既济卦就是提醒所有占卜到这一卦的人,意识到开始时是吉祥的,但如有不谨慎,最终会导致混乱。未济卦象征未完成,试图提醒君子此时要明辨各种事物,看到事物的本质,努力使事物的变化趋向好的方面,这样做则万事可成。总之,我们的先人把既济卦放在倒数第二,而把未济卦放在最后,想表达的其实也是一个转动的阴阳太极图所具备的基于不二论的辩证思想。

所以《易经》的形下学智慧或基于不二论的辩证思想,可以通过转动的阴阳太极图来表达。这个转动的阴阳太极图,如果表达为文字的话,就是尝试解读的"善为《易》者不占"这句话。总之,我们认为,"善为《易》者不占"这句话的基本意思是坚持"适时而动、顺势而为"的形下学智慧。

四、"易者,易也"(《易经》的形上学智慧)

接下来分析讲解关于《易经》的第二句话——"易者,易也"。我们认为,这句话是想表达《易经》所蕴含的重要的形上学智慧。

(一)变易、不易、简易

"易者,易也"之"易者",《易经》也;"易者,易也"之"易也",《易经》的主要研究对象——"易"也。马一浮认为,《易经》之"易"有三个含义:一曰变易,二曰不易,三曰简易。"变易"(气),功用、现象也,即所谓在场的形下学之易;"不易"

（理），道、理、本体也，即在场的形上学之易；"简易"（即气即理），变易不易不二、体用不二也，即所谓的"从体起用，摄用归体"，在场的形下学易与在场的形上学易"虽有分，而实不二"也。

孔子在《系辞》里说过："易有太极，是生两仪，两仪生四象，四象生八卦，八卦定吉凶，吉凶生大业。"这里想表达的意思就是一即一切，一切即一，或者说，太极生万物，万物归太极。万物，变易也，一切也；太极，不易也，一也；万物太极不二，一切即一，一即一切，简易也。

（二）先天八卦图与二进位制

先人根据二进位制的数理思想绘制了先天八卦图。它先是坤卦，坤卦是什么，坤卦代表地；接着是艮卦，艮卦代表山；艮卦之后就是坎卦，坎卦代表水；坎卦之后是什么卦呢？是巽卦，巽卦是代表风；再往右走就是震卦，震卦代表雷；再就是离卦，离卦代表火；再往右走是兑卦，代表泽，最后一个就是乾卦。接下来就是先天八卦，绘制者实际是以二进位制作为数理基础展开的。什么叫二进位制？可能没有学过二进位制数学的人不清楚，学过的人都很清楚。什么是十进位制呢，就是逢十进位。比如说，1+8=9 不进位，但是 1+9 就要进位了，就是 10；4+6 也是 10，它的进位就是 10。这就叫十进位制。那么什么叫二进位制呢，就是逢二进位，比如说，按照二进位制，1+0=10，对不对？不对；1+0=1，这是成立的；但是 1+1 等于多少？按照二进位制，就是等于 10，即 1+1=10；那么 10+1 等于多少？等于 11；11+1，两个逢二进位，所以 11+1=100。如图所示，我们将阴爻处理为 0，阳爻处理为 1。

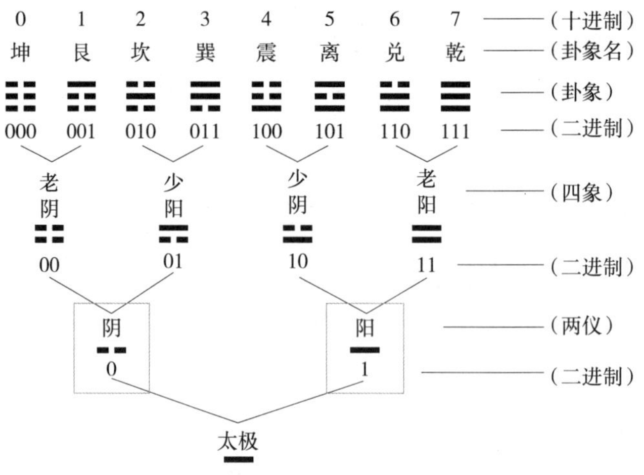

（图片来源于网络）

左上角第一个卦是000 坤卦;000+1=001,即001 艮卦;001+1=010,即010 坎卦;010+1=011,即011 巽卦;011+1=100,即100 震卦;100+1=101,即101 离卦;101+1=110,即110 兑卦;110+1=111,即111 乾卦。这就是先天八卦排序的二进位制数理根据。

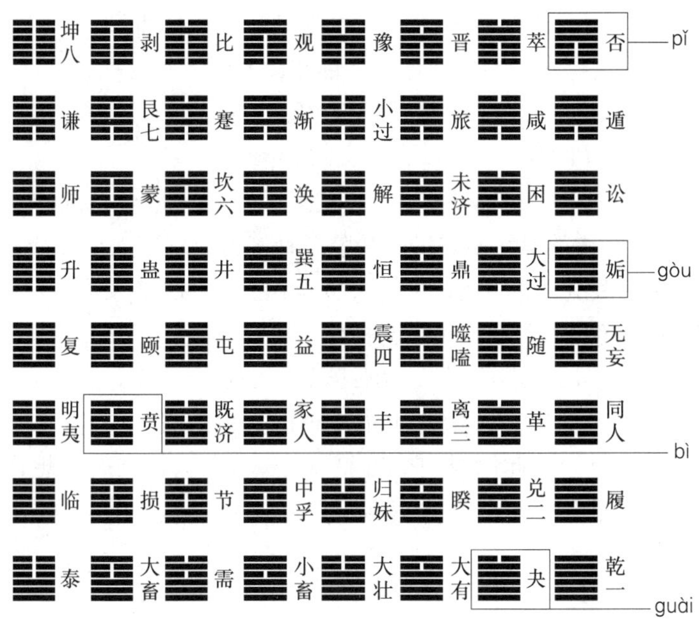

(图片来源于网络)

有一次,我在深圳给一个博士班授课,该班班长在课间休息时问我:何教授,您能不能给我展示一下64 卦。我说:你给我一张纸、一支笔,然后我当着班长的面把64 卦画了出来。班长说:"何老师您记忆怎么这么好?"我跟他说:这不需要记忆力,因为伏羲和神农在演绎64 卦时,他们所依据的排列原则其实就是人们今天所熟悉的二进位制。因为时间关系,我们只把中间的方形图拿出来讲解。你们看,左上角那个坤卦是不是六个阴爻。我们前面说过,把阴爻处理为0,就是坤卦000000;然后,由左往右,一个阳爻出现在最上面,是不是就是1,就是剥卦000001;1 再加1 等于多少? 10,所以你看是不是比卦000010;再往右走,10+1=11,就是观卦000011;以此类推,一直到乾卦111111。整个排列过程其实就是根据二进位制的数理思想排列而成的。

(三)"《易》与天地准"

我们尝试借助《易经·系辞》对"易者,易也"这句话作进一步的阐释。

《系辞》肯定了"《易》与天地准"。《系辞》解释了卦爻辞的意义及卦象爻位,所用的方法有取义法、取象说、爻位法；又论述了相关的一些起卦的过程，用数学方法解释了《易经》筮法和卦画的产生和形成。

《系辞》认为《易经》是一部讲圣人之道的典籍，它宣示了四种圣人之道：一是察言，二是观变，三是制器，四才是卜占。《易经》是忧患之书，是道德教训之书，读《易经》要于忧患中提高道德境界，并以此作为化凶为吉的手段。

对《易经》的基本原理，《系辞》进行了创造性的阐述和发挥，它认为“一阴一阳之谓道”，奇偶二数、阴阳二爻、乾坤两卦、8 经卦、64 别卦，都由一阴一阳构成，没有阴阳之“虽有分，而实不二”，就没有广义的《易经》。

《系辞》把中国古代早已有之的阴阳观念，发展成为一个系统的世界观、哲学观，用阴阳、乾坤、刚柔的单元不二辩证智慧解释宇宙万物和人类社会的一切变化。它特别强调了宇宙变化生生不息的性质，坚持认为“天地之大德曰生”“生生之谓易”。它又提出了“穷则变，变则通，通则久”的思想观点，充分发挥了“物极必反”的思想，突出强调了“居安思危”“安而不忘危”的忧患意识。《易传》之《系辞》认为“汤武革命，顺乎天而应乎人”，肯定了变革的重要意义，主张自强不息，通过变革以完成伟大的功业。与此同时，它又以“保合太和”为最高的理想目标，继承了中国传统的重视和谐的思想。总之，《易传》之《系辞》充分肯定了“《易》与天地准”。

（四）《系辞》解读

《系辞》上传

第一章

天尊地卑，乾坤定矣。卑高以陈（从低到高陈列出来），贵贱位矣。动静有常，刚柔断矣。方以类聚，物以群分，吉凶生矣（同样类别的东西会聚在一起，不同群组的事物会分途发展，这样就产生了吉与凶）。在天成象（天体的形象），在地成形（万物的形体），变化见（现）矣。是故刚柔相摩，八卦相荡，鼓之以雷霆，润之以风雨，日月运行，一寒一暑。

乾道成男，坤道成女。乾知大（太）始，坤作成物。乾以易知，坤以简能。易则易知，简则易从。易知则有亲，易从则有功（乾卦主导了万物的创始，坤卦运作形成了万物。乾卦以容易的方式来主导，坤卦以简单的方式来运作。容易就易于让人了解，简单就易于让人跟随，易于了解就会有人来亲近，易于跟随才可能成就功业）。有亲则可久，有功则可大。可久则贤人之德，可大则贤人之业。易简而天下之理得矣，天下之理得，而成位乎其中矣（在其中成就自己地位）。

第一章主要是说明《易经》无非发明乾坤之理，要人为圣贤，以与天地参。

第二章

圣人设卦观象,系辞焉而明吉凶,刚柔相推而生变化。是故,吉凶者,失得之象也。悔吝(懊悔困难)者,忧虞(烦恼松懈)之象也。变化者,进退之象也。刚柔者,昼夜之象也。六爻之动,三极(天地人也)之道也。

是故,君子所居而安者,《易》之序也(显示的位序)。所乐而玩者,爻之辞也。是故,君子居则观其象而玩其辞,动则观其变而玩其占(君子之"居"与"动",都不离《易》,视之为智慧辞典,然后言行自然合宜,进退也有分寸),是以自天佑之,吉无不利。

君子居,要看卦辞,动,要看爻辞。这样就可以知道居和动该怎么作为,如果这样做了,天都要保佑你,吉无不利。

第二章主要是说明圣人作《易经》,君子学《易经》之事。

第三章

彖者,言乎象也;爻者,言乎变者也;吉凶者,言乎其失得也;悔吝者,言乎其小疵(小的缺失)也;无咎者,善补过也(善于补救过错也)。是故,列贵贱者存乎位。齐小大者存乎卦,辩吉凶者存乎辞,忧悔吝者存乎介("介"通"芥",细小、细节),震(行动)无咎者存乎悔。是故,卦有小大,辞有险易。辞也者,各指其所之(卦爻辞指示了变化发展的趋向)。

第三章,主要是说明卦爻辞中的一些常用语的基本含义。

第四章

《易》与天地准,故能弥纶天地之道。仰以观于天文,俯以察于地理,是故知幽明之故。原始反终(推源于开始,追究到结束),故知死生之说。精气为物,游魂为变,是故知鬼神之情状。与天地相似,故不违(《易经》的卦象与天地的活动相似,所以不会违背天地的法则)。知周乎万物而道济天下,故不过。旁行(触类旁通、广泛推行)而不流(超出界限),乐天知命,故不忧。安土敦乎仁,故能爱。范围天地之化而不过,曲成万物而不遗,通乎昼夜之道而知,故神无方而易无体(方、体者,皆系形器者也,神则"阴阳不测",易则"惟变所适",不可以一方一体明)。

第四章,主要是说明《易》道与天道不二,源于"《易》与天地准"。

第五章

一阴一阳之谓道。继之者善也,成之者(本)性也。仁者见之谓之仁,知者(智者)见之谓之知,百姓日用不知,故君子之道鲜矣!显诸仁,藏诸用,鼓万物而不与圣人同忧（阴阳之道是无思无为的，是自然而然地去鼓动、推动万物的生成，而圣人是有思有为的。前者是自然之道，后者是君子之道。后者效法前者），盛德大业至矣哉！富有之谓大业，日新之谓盛德。生生之谓易，成象之谓乾，效法之谓坤，极数（推究数理）知来之谓占，通变之谓事，阴阳不测之谓神。

第五章主要是说明隐之谓在场的形上学道，显之谓在场的形下学阴阳，形上学之道与形下学之阴阳不二，道器不二也。

第九章

"鸣鹤在阴，其子和之；我有好爵，吾与尔靡之。"子曰："君子居其室，出其言善，则千里之外应之，况其迩者乎？居其室，出其言不善，千里之外违之，况其迩（距离近）乎？言出乎身，加乎民；行发乎迩，见乎远；言行，君子之枢机。枢机之发，荣辱之主也。言行，君子之所以动天地也，可不慎乎？"

"同人，先号啕而后笑。"子曰："君子之道，或出或处，或默或语，二人同心，其利断金；同心之言，其臭如兰"（犹如兰花一样芳香）。

"初六，藉用白茅，无咎。（用白色的茅草垫着来放祭品，没有灾难）"子曰："苟错诸地而可矣；藉之用茅，何咎之有？慎之至也。夫茅之为物薄，而用可重也。慎斯术也以往，其无所失矣"。

"劳谦君子，有终，吉。"子曰："劳而不伐（劳苦或有功劳而不夸耀），有功而不德（自满），厚之至也。语以其功，下人者也（到处夸耀自己的功劳，是下人或奴仆的表现）。德言盛，礼言恭。谦也者，致恭以存其位者也"。

"亢龙有悔。"子曰："贵而无位，高而无民，贤人在下位而无辅，是以动而有悔也"。

"不出户庭，无咎。"子曰："乱之所生也，则言语以为阶。君不密，则失臣；臣不密，则失身；几事不密，则害成；是以君子慎密而不出也"（智者说："一切混乱的产生，就是由于言语不谨慎而一步步发展而来的。君王言语不慎重而周密，就会失去臣子；臣子言语不慎重而周密，就会失去生命；机密大事不能慎重而周密的考虑，就会形成灾害；因此，君子必须慎重而周密，不能随便把话说出来、把事情做出来"）。

第九章主要是选取了64卦中的一些经典爻辞予以深入解析之。

第十三章

《易》曰："自天佑之，吉无不利。"子曰："佑者，助也。天之所助者，顺也；人之所助者，信也。履信思乎顺，又以尚贤也。是以自天佑之，吉无不利也。"（只要你顺乎天道，那么天都会保佑你，只要你讲诚信，人都会帮助你）子曰："书不尽言，言不尽意;然则圣人之意,其不可见乎?"子曰:"圣人立象以尽意,设卦以尽情伪(真实与虚伪),系辞焉以尽其言,变而通之以尽利,鼓之舞之以尽神。"乾坤,其《易》之缊邪?乾坤成列,而《易》立乎其中矣。乾坤毁,则无以见《易》;《易》不可见,则乾坤或几乎息矣。是故,形而上者谓之道,形而下者谓之器(道与器,本不相离,散而在天地万物之中也),化(变化)而裁(剪裁)之谓之变(应用),推而行之谓之通(通达),举而错(通"措")之天下之民(天下百姓)谓之事业。是故,夫象,圣人有以见(现)天下之赜,而拟诸其形容,象其物宜,是故谓之象。圣人有以见天下之动,而观其会通,以行其典礼,系辞焉以断其吉凶,是故谓之爻。极天下之赜者存乎卦;鼓天下之动者存乎辞;化而裁之存乎变;推而行之存乎通;神而明之存乎其人;默而成之,不言而信,存乎德行(有得于易简之理)。

第十三章是《系辞》上传十二章的通论。主要是说明"书不尽言,言不尽意",故伏羲"立象以尽意",文王"系辞焉以尽其言"的道理。

《系辞》下传

第一章

八卦成列,象在其中矣。因而重之,爻在其中矣。刚柔相推,变在其中矣。系辞焉而命之,动在其中矣。

吉凶悔吝者,生乎动者也。刚柔者,立本者也。变通者,趣时者也。吉凶者,贞胜者也。天地之道,贞观者也。日月之道,贞明者也。天下之动,贞夫一者也。

夫乾,确然示人易矣;夫坤,隤然(柔顺随和貌)示人简矣。爻也者,效此者也;象也者,像此者也。爻象动乎内,吉凶见乎外,功业见乎变,圣人之情见乎辞(仁民爱物的真情可见之于辞)。

天地之大德曰生,圣人之大宝曰位。何以守位?曰仁。何以聚人?曰财。理财正辞,禁民为非,曰义(圣人最宝贵的东西是统治地位。用什么来守护其统治地位?用人才。用什么来聚集人才?用财富。治理财富,端正言辞,禁止民众为非作歹,就叫做合宜)。

第一章主要是说明卦爻之吉凶,何以启示人间之功业。

关于这一章,我把其中一段文字拿出来再和大家讨论一下,文字是这样讲的:"天地之大德曰生,圣人之大宝曰位。何以守位?曰仁。何以聚人?曰财。理财正辞,禁民为非,曰义。"这段文字表达什么意思呢?我们尝试做以下分析讲解:天地之大德曰生,前面说过,生生之谓易,所以,天地之大德曰生。圣人之大宝是什么呢?曰位,就是圣人最重要的东西就是要有位,有位才有为,所以圣人之大宝曰位。

那么，何以守位？曰仁。这个“仁”可以做两个解释，一个是需要有人，另一个是仁者爱人。我们这儿直接翻译为需要有人，需要有人辅佐，需要有人参与。好了，接下来，何以聚人？曰财。你要发展经济，你得有财富，不仅要发展经济，积聚财富，而且你还得讲规矩，这就是所谓的“理财正辞，禁民为非”。也就是说，我们还要倡导道德法规，端正言辞，禁止民众为非作歹。今天，我们特别想“聚天下英才而用之”，何以“聚天下英才”？财也！

第二章

古者包牺氏之王天下也，仰则观象于天，俯则观法于地，观鸟兽之文与地之宜，近取诸身，远取诸物，于是始作八卦，以通神明之德，以类万物之情（分类比拟万物之情状）。作结绳而为罔罟（gǔ），以佃以渔（用以打猎捕鱼），盖取诸离（取法离卦）。包牺氏没，神农氏作。斲（zhuó）木为耜（sì，犁），揉木为耒（lěi，犁柄），耒耨（nòu）之利以教天下，盖取诸益（取法于益卦，上巽下震，中间三爻喻土）。

日中为市，致天下之民，聚天下之货，交易而退，各得其所，盖取诸噬嗑（上离下震）（离为日中，震为动出，当日中而动出，市集之象也）。

神农氏没，黄帝、尧、舜氏作。通其变，使民不倦；神而化之，使民宜之。《易》，穷则变，变则通，通则久，是以自天佑之，吉无不利。黄帝、尧、舜垂衣裳而天下治，盖取诸乾、坤（乾坤变化而无为）。刳（kū）木为舟，剡（yǎn）木为楫，舟楫之利以济不通，致远以利天下，盖取诸涣（巽上坎下，巽为木）。服牛乘马，引重致远以利天下，盖取诸随（上兑下震）。重门击柝（tuò，梆子），以待暴客，盖取诸豫（上震下坤）。断木为杵，掘地为臼，臼杵（jiù chǔ）之利，万民以济，盖取诸小过（上震下艮）。

这一章主要是说明古人通过“观象于天”“观法于地”“观鸟兽之文与地之宜”“近取诸身”“远取诸物”这些方式写出了《易经》这部重要著作，后人受到相关卦象的启示，制作了渔网、舟楫等生产生活器具。

这一章有一段很重要的文字是这样表达的：“穷则变，变则通，通则久，是以自天佑之，吉无不利。”强调我们应该坚持变革的思想，只有变革，才能扫清各种障碍，只有扫清各种障碍，我们才能够保持久远，才能得到上天的保佑。其实有点类似于“痛则不通，通则不痛”的道理。

第五章

《易》曰：“憧憧往来，朋从尔思。”（心神不定的走来走去，只有少数朋友顺从你所想的）子曰：“天下何思何虑？天下同归而殊涂，一致而百虑，天下何思何虑？

（言理本无二，而殊途百虑，莫非自然，何以思虑为哉）日往则月来，月往则日来，日月相推而明生焉。寒往则暑来，暑往则寒来，寒暑相推而岁成焉。往者屈也，来者信（通“伸”）也，屈信相感而利生焉。”

“尺蠖（huò）之屈，以求信（shēn，伸张）也；龙蛇之蛰（zhé），以存身也；精义入神，以致用也；利用安身，以崇德也。过此以往，未之或知也。穷神知化，德之盛也。”

《易》曰：“困于石，据于蒺藜（jí lí，一年生草本植物）；入于其宫，不见其妻，凶。”子曰：“非所困而困焉，名必辱；非所据（倚靠也）而据焉，身必危。既辱且危，死期将至，妻其可得见耶？”

《易》曰：“公用射隼于高墉之上，获之，无不利。”子曰：“隼者，禽也；弓矢者，器也；射之者，人也。君子藏器于身，待时而动，何不利之有？动而不括（阻滞、结也。君子待时而动，则无结阂之患也），是以出而有获，语成器而动者也（先备好现成的器械然后再行动）。”

子曰：“小人不耻不仁，不畏不义，不见利不劝（进取），不威不惩。小惩而大诫，此小人之福也。”《易》曰：“屦校（jù xiào）灭趾，无咎。此之谓也。”（带上脚镣，砍掉脚趾，不受责备）

“善不积不足以成名，恶不积不足以灭身（董仲舒：积善在身，犹长日加益而人不知也，积恶在身，犹火之销膏而人不见也）。小人以小善为无益而弗为也，以小恶为无伤而弗去也。故恶积而不可掩（掩饰），罪大而不可解（消解）。”《易》曰：“何校（xiào）灭耳，凶。”（肩上带枷，把耳朵都灭掉了，凶）

子曰：“危者，安其位者也；亡者，保其存者也；乱者，有其治者也。是故君子安而不忘危，存而不忘亡，治而不忘乱。是以身安而国家可保也。”《易》曰：“其亡其亡，系于苞桑。”（将亡，将亡，好像拴在桑树的重物快要掉下来，喻安而不忘亡）

子曰：“德薄而位尊，知小而谋大，力小而任重，鲜不及矣（为君不明于所择，为臣不明于自择，以至忘身危主，误国乱天下，皆由不胜任之故，可不戒哉）。”《易》曰：“鼎折足，覆公餗（sù），其形渥，凶（鼎脚折断，弄洒了王公的美食，湿漉漉粘乎乎的一片，凶）。”言不胜其任也。

“天地絪缊，万物化醇；男女构精，万物化生。”《易》曰：“三人行，则损一人；一人行，则得其友。言致一也（说的就是阴阳要合二为一）”。

子曰：“君子安其身而后动，易其心而后语（先平心静气，然后才有所谈论），定其交而后求，君子修此三者故全也。危以动，则民不与（随从）也；惧以语，则民不应也；无交而求，则民不与（支持）也；莫之与（得不到支持），则伤之者至矣”《易》曰：“莫益之，或击之，立心勿恒，凶（没人增益他，却有人抨击他，所立定的心思无法长期坚守，凶）”。

第五章主要是借助《易》之爻辞说明吉凶之缘由，皆因违背阴阳和合之理。

第八章

《易》之为书也不可远，为道也屡迁。变动不居，周流六虚（阴阳在卦的六位中运行），上下无常，刚柔相易，不可为典要（常定不变的纲要），唯变所适（易者，变易也，不易也，简易也）。其出入以度，外内使知惧。又明于忧患与故，无有师保，如临父母（即使没有老师和保护者，也好像有父母在指导一样）。初率其辞而揆其方，既有典常。苟非其人，道不虚行（首先要寻求卦爻辞的意义，然后揆度它所指示的方向，就可以把握事物变化的常规。假如没有真正懂得《周易》的人，那么《周易》之道又怎能凭空推行呢）。

第八章主要是说明《易》之核心要义是“不可为典要”“唯变所适”。

第九章

《易》之为书也，原始要终，以为质也（推究初始，归纳终局，以此作为它的实质）。六爻相杂，唯其时物也。其初（爻）难知，其上（爻）易知，本末也。初辞拟之，卒成之终。若夫杂物撰德，辩是与非，则非其中爻不备。噫！亦要存亡吉凶，则居可知矣。知者观其彖辞，则思过半矣。二与四，同功而异位，其善不同。二多誉，四多惧，近也。柔之为道，不利远者，其要无咎，其用柔中也。三与五，同功而异位，三多凶，五多功，贵贱之等也。其柔危，其刚胜邪？

第九章主要是说明六爻之功能异同。

第十章

《易》之为书也，广大悉备。有天道焉，有人道焉，有地道焉，兼三才而两之，故六。六者，非它也，三才之道也。道有变动，故曰爻。爻有等（初二三四五上），故曰物（初三五与二四上，阴阳相间也）。物相杂，故曰文（纹理）。文不当（九居阴位，六居阳位也），故吉凶生焉（文的错杂不当，所以产生吉凶）。（原则上当位是吉，不当位是凶。更为准确的说法是：以时义之得为当，时义之失为不当，不以位论。也就是说，可能当位也是凶）。

第十章主要是说明三才六爻之归位，原则上当位吉，否则凶，但也不尽然。

第十一章

《易》之兴也，其当殷之末世，周之盛德邪？当文王与纣之事邪？是故其辞危。危者使平，易者使倾。其道甚大，百物不废，惧以终始，其要无咎。此之谓《易》之道也。(《周易》的兴起,大概是在殷朝末年,周国(族)德业隆盛的时候吧?大概是在周文王受到殷纣王迫害的时候吧?所以卦爻辞多有忧危之义。警惕自危可以使人平安,掉以轻心可能导致倾覆败亡;这个道理十分弘大,任何事物都不例外。始终保持警惧,其要旨在善于补过,这就是《周易》的道理)。

第十一章主要是说明危惧故得平安、慢易则必倾覆的易之道也。一部《易经》原始要终,只是敬惧无咎而已,故曰"惧以始终"。

五、"无极而太极"(《易经》的超形上学智慧)

最后分析讲解关于《易经》解读的最后一句话——"无极而太极"。我们认为,周敦颐的这句话其实主要表达的是《易经》的一种超形上学智慧,或者说这句话主要是想表明我们的祖先尝试着去突破阴阳和太极所构成的在场的对象性世界思维,希望不要执著于在场的五行、阴阳和太极。

"无极而太极。太极动而生阳,动极而静,静而生阴,阴极复动。一动一静,互为其根。分阴分阳,两仪生焉。阳变阴合,而生水、火、木、金、土。五气顺布,四时行焉。五行(八卦本质上就是五行:坎水,离火,巽阴木、震阳木,兑阴金、乾阳金,坤阴土、艮阳土),一阴阳也;阴阳,一太极也;太极,本无极也。"(周敦颐《太极图·易说》)

周敦颐的宇宙模式论虽然糅杂了物化论("万物生生而变化无穷")、阴阳五行学说("二五之精")的思想资料,但仍然归其本于太极(有)或无极(无),贯彻的是老子"天下万物生于有,有生于无"的哲学路线。不过,他深受空宗禅宗思想的影响,把不在场的无指称空("当体即空"之"空")和在场的有指称无(王弼之"无")融通,在肯定形上学意义上的在场的对象性存在"无极(无)"的基础上,开拓出了超形上学意义上的不在场的非对象性存在"无极(空)"的含义,显示了宋明道学开创者的理论思维水平。一方面,"无极而太极",说的是"无极"有"无指称空"之不在场的超形上学意义,但其中还有"有指称无",即"太极"之在场的形上学或本原意义。因此,周敦颐之"无极"不只是无指称空的意思;另一方面,"太极本无极",说的是太极虽可名之为形上学意义上的在场的"太极",但还有本于"无指称空",即不在场的非对象性存在"无极(空)"的含义。也就是说,"无极"侧重于表达超形上学意义的"无指称空"或不在场的非对象性存在"无极(空)"的含义,而"太极"则重在表达形上学意义的"有指称无"或在场的对象性存在"有"的含义,但是,两者"虽有分,而实不二",即"无极而太极""太极本无极也"。

再发挥一下这段文字的意义:在周敦颐看来,五行其背后就是个阴阳,而阴阳背后就是太极，阴阳五行是现象世界，是在场的形下学世界，而太极是本体世界，是在场的形上学世界。后面这段话——“太极本无极也”，强调太极阴阳五行实际上都是在场的对象性世界“有”，无极（空）则是不在场的非对象性世界“无”，无论是在场的对象性世界“有”（太极阴阳五行），还是不在场的非对象性世界“无”（无极），本质上都是因人而有的，都是意识人类如此这般显现、设定、建构、创造或生成的，也就是说，原本既没有所谓在场的对象性存在之太极阴阳五行，原本也没有所谓不在场的非对象性存在之无极。不仅不应该执著于在场的太极、阴阳、五行及其所构成的万事万物，也不应该执著于不在场的无极。相对于太极阴阳五行，无极实际上才是至高的智慧，就是所谓的般若。其实般若直接翻译过来就是放下，就是不要执著于在场的形下学意义上的阴阳五行，也不要执著于在场的形上学意义上的太极（有）或无极（无），当然，也不应该执著于不在场的超形上学意义上的无指称“空”或无极（空），这就是“无极而太极”所要表达的不在场的超形上学智慧。

关于《易经》的诠释——“一张图和三句话”，我们总结一下：“一张图”就是所谓的阴阳太极无极图，分别代表在场的形下学阴阳图、在场的形上学太极图和不在场的超形上学无极图。“三句话”之“善为《易》者不占”，主要想表达“适时而动、顺势而为”的所谓在场的形下学智慧；“三句话”之“易者，易也”，这其中最重要的就是关于简易的诠释，它强调阴阳和太极不二，强调“极高明而道中庸”，强调“一切即一，一即一切”，也就是重点强调在场的形上学智慧；“三句话”之“无极而太极”，它着重表达的思想就是不要执著于在场的阴阳变化，不要执著于在场的太极，因为原本无极，当然，也不应该执著于不在场的“无极”，也就是重点强调不在场的超形上学智慧。

为什么说《易经》圆融？圆融就表现在“无极而太极”，因为这句话终于将《易经》文化从在场的形下学、形上学到不在场的超形上学完全打通了。所以，主张用“一张图”——阴阳太极无极图、“三句话”——“善为易者不占”“易者，易也”“无极而太极”诠释或解读《易经》及其易经或易学文化。

第四章　老子的智慧与庄子的逍遥

课程视频

老子所著的《老子》以及庄子所著的《庄子》是中国道家学派最重要的经典著作，也是在国内外产生了广泛且重要影响的中华文化经典作品。

这一章拟分成两个部分分析讲解老子和《老子》以及庄子和《庄子》：一是“老子的智慧”；二是“庄子的逍遥”。

这一章的分析讲解主要参照了王弼的《老子注》（中华书局，2011），傅伟勋的《从西方哲学到禅佛教》（三联书店，1989），刘笑敢的《老子古今（套装上下册）》（中国社会科学出版社，2016），陈鼓应的《老子注译及评价》（中华书局出版社，1984），曹础基的《庄子浅注》（中华书局，1982），傅佩荣的《傅佩荣译解老子》（东方出版社，2012），傅佩荣的《傅佩荣解读老子》（线装书局，2006），詹剑峰的《老子其人其书及其道论》（湖北人民出版社，1982），邓潭洲等的《古典名著今译读本》（岳麓出版社，1990），徐小跃的《禅与老庄》（浙江人民出版社，1992），等等。尚有许多基于自己的原因不能注明准确出处的相关著作、相关论文，也对下面的分析讲解产生了重要影响，敬请原谅。

第一节　老子的智慧

一、老子及其影响

这部分拟介绍以下内容：老子生平；老子的社会评价；《老子》的海内外影响；老子的历史地位与局限；王弼对《老子》之“道”的诠释。

（一）老子生平

老子又名老聃，相传他一生下来就是白眉毛、白胡子，所以被称为老子；另一种说法是，古时“老”和“李”同音，有老姓，而无李姓，称学识渊博者为“子”，因此，人们皆称老聃为“老子”。老子(前571年—前471年)大约活了100岁,姓李名耳,字伯阳,春秋时期楚国苦县(今河南省周口市鹿邑县)厉乡曲仁里人。老子是我国古代伟大的哲学家、思想家,道家学派的创始人。

传说老子曾对前来请教的孔子说过下面一段话:“当今之世,聪明而深察者,其所以遇难而几至于死,在于好讥人之非也;善辩而通达者,其所以招祸而屡至于身,在于好扬人之恶也。为人之子,勿以己为高;为人之臣,勿以己为上。望汝切记。”回到鲁国,众弟子问道:“先生拜访老子,可得见乎?”孔子道:“见之!”弟子问:“老子何样?”孔子道:“鸟,吾知它能飞;鱼,吾知它能游;兽,吾知它能走。走者可用网缚之,游者可用钩钓之,飞者可用箭取之,至于龙,吾不知其何以?龙乘风云而上九天也!吾所见老子也,其犹龙乎?学识渊深而莫测,志趣高邈而难知;如蛇之随时屈伸,如龙之应时变化。老聃,真吾师也!”

(二)老子的社会评价

《史记·老子列传》记载,孔子曾说:“吾今日见老子,其犹龙耶!”唐玄宗在《御制道德真经疏》中指出:《道德经》“其要在乎理身、理国。理国则绝矜尚华薄,以无为不言为教。理身则少私寡欲,以虚心实腹为务”。魏源《老子本义》中也指出:“老子之书,上之可以明道,中之可以治身,推之可以治人。”张岱年在《论老子在哲学史上的地位》中指出:中国古典哲学的最高范畴是“道”,而“道”的观念是老子首先提出来的。也因为这样,所以哲学家们把老子尊称为中国哲学史上的第一位哲学家。胡适也曾说:“老子是中国哲学的鼻祖,是中国哲学史上第一位真正的哲学家。”老子所显现、设定、建构或生成的“道”,毫无疑问具有十分突出的在场的形上学意义和丰富多彩的形下学意义。

黑格尔将老子称为东方古代世界的代表。德国前总理施罗德曾说过这样的话:“每个德国家庭买一本中国的《道德经》,以帮助解决人们思想上的困惑。”托尔斯泰曾说:“做人应该像老子所说的如水一般,没有障碍,它向前流去;遇到堤坝,停下来;堤坝出了缺口,再向前流去。容器是方的,它成方形;容器是圆的,它成圆形。”诺贝尔奖得主卡普曾说:“在伟大的诸传统中,据我看,道家提供了最深刻并且最完美的生态智能,它强调在自然的循环过程中,个人社会的一切现象和潜在两者的基本一致。”

(三)《老子》的海内外影响

在唐朝,玄奘就将《老子》译成梵文,并传到印度等国。从16世纪开始,《老子》就被翻译成了拉丁文、法文、德文、英文、日文等。19世纪初欧洲人就开始深入地研究《老子》，20 世纪 40—50 年代，欧洲出现了 60 多种《老子》译文，德国哲学家黑格尔、尼采，俄罗斯作家托尔斯泰等对《老子》都有深刻的理解和高度的评价。尼采曾说："《老子》像一个永不枯竭的井泉，满载宝藏，放下汲桶，唾手可得。"李约瑟是国际上知名的汉学家，他的最大贡献是发现了道家思想的现代意义，从而为 20 世纪后半叶世界性"老子热"的形成做出了历史性的贡献。德、法、英、美、日等发达国家都相继兴起了"老子热"，《老子》一书在这些国家被一版再版，流传非常广泛。

据联合国教科文组织统计，在世界文化名著中，译成外国文字出版发行量最大的是《圣经》。这可以理解，因为它有宗教背景，而且西方文明处于强势。而排名第二的就是《老子》，确实有些匪夷所思。大家知道，老子在撰写《老子》时并没有宗教背景且近代以来中华文明并非处于强势。据不完全统计，《老子》现有 640 多种各种不同文字的版本，其中德文译本多达 82 种，研究老子思想的专著不会少于 700 多种。在中国，《老子》一直受到学术界的高度关注，有 700 多种不同的注释本。2000 多年以来，为《老子》作注者不计其数。凭借仅 5000 多字的《老子》，老子曾被美国《纽约时报》列为全世界十大古代作家之首。《老子》在海内外的巨大影响可见一斑。

（四）老子的历史地位与局限

1. 老子的历史地位

学术界比较一致的看法是，老子是中国历史上有文献依据的第一位哲学家。为什么呢？因为老子所提出的"道"（在场的对象性存在"无"，即王弼之"无"）具有完全的抽象意义，与希伯来人所创造的在场的抽象"上帝"、婆罗门教所建构的在场的终极实在"梵"、柏拉图所建构的在场的客观实在"理念"都处在同样的在场的形上学层阶。老子有关"道"的相关论述标志着中国文明跃上了一个全新的高度——在场的形上学层次，终于完成了中国历史上中国人的精神由在场的形下学"存在"跨越至在场的形上学"存在"的惊人一跳。

老子是在中国和世界影响最大最深远的中国思想家之一，他所创作的《老子》和希伯来先知们所创作的《圣经》并驾齐驱，交相辉映。老子不仅属于中国，也属于整个人类世界。老子生活在中国的春秋时期，2500 多个春秋过去，他的智慧依然启迪着每一个炎黄子孙，他的思想至今还在影响着人类的思维意识、情感和行为。老子在人类思想史上的至高地位不可动摇。

2. 老子的局限

老子思想存在局限的说法，有很多人不同意，在此只谈谈个人的一些意见。个人认为，老子的思想尚滞留在在场的形上学“道”层面，仍然执著于“无为”“自然”，执著于可以被指称和建构性描述言说的在场的对象性存在“道”“无”，尚未自觉到不可能被指称和建构性描述言说的不在场的非对象性存在“无”或无指称“空”。孔子、庄子等思想家都曾尝试突破在场的形上学存在，完成对对象性存在“道”“无”的超越，将中国人的思想境界提升至不在场的超形上学层面。但是很遗憾，他们没有完成这一伟大任务。以惠能为代表的一批唐宋时期的佛学思想家才最终超越了在场的对象性存在“道”“无”，实现了对不在场的非对象性存在“无”、无指称“空”的完全自觉，终于将中国传统哲学思想从在场的形上学层面提升到了不在场的超形上学高度，实现了中国传统哲学的彻底化或究竟解脱。

有不少学者认为，佛家的“缘起性空”与道家的“无为”是相通的，佛陀的“空”与老子的“无”的内涵实质是一样的，我们不赞成这一观点。我们认为，“缘起性空”是指宇宙中的一切事物，包括宇宙本身都是由各种因素组合而成的，没有任何事物可以不依赖其他条件而独立存在，这个叫缘起，也可以叫缘生，也就是依因缘而产生的意思。由于任何事物都是各种其他因缘组合而成的，因此这个事物就没有它独立的自性，或者说，任何事物的性质都是不确定的，会随着因缘的变化而变化，因为没有确定的自性，所以叫“自性空”，就是佛学文献中简称的“性空”。其实，“缘起”“性空”是同一道理的不同两个方面，前者是说明现象，后者是提示本质；前者是说明在场的对象性存在“有”，后者是提示不在场的非对象性存在“空”。因为它们本身是分不开的，说缘起时，就包含了性空的意思，说性空时也包含了缘起的含义。所以一般就合在一起说“缘起性空”或“性空缘起”。二三十年前，我曾经专程去重庆华岩寺，请教时任重庆佛学院教务长的柳契“什么叫空?”先生径直回答我，“缘起即空”。其实，就是这里讲的“缘起性空”或“性空缘起”，即万事万物自性空。

再来看老子提出的“无为而无不为”与“道法自然”。道家的“无为”是指世界上客观事物的变化运动总是遵循一定的客观规律，所以“无为而无不为”，所以要“道法自然”。在道家看来，客观规律或自然外在于意识人类，是意识人类效法或认识的对象，是在场的形上学“道体”或形下学“道相”。道修的至极境界是与“天地”“万物”合一，即老子所讲的“人法地，地法天，天法道，道法自然”，也就是庄子所坚持的“天地与我并生，万物与我合一”。

再尝试借助“两个世界与三种思维模式”这一分析工具和解释框架分析讲解佛家和道家的差异或不同。佛家坚持“一切有为法，如梦幻泡影”“应生无所住心”，是无所执著的，而道家坚信对象性存在“无”或道体意义上的“道”或“自然”的至上性，是有所执著的；佛家的“空”是无指称的，非思虑言说可及，已经超越了在场的对象性世界或形上学世界，是不在场的非现实世界或超形上学世界，而道家的“无”是有指称的，尚在可以思虑言说的对象性世界或形上学世界之中，是在场的现实世界。大家知道，魏晋时期的王弼曾将老子的形上学“道”或者对象性存在“无”，即道体意义之“道”，作为在场的先验存在或抽象存在，即马克思所批判的“抽象本体”，并尝试在在场的形上学“无”或“道”的基础之上，建立中国人自己的在场的形上学体系。因此，佛家的“空”是无指称的超形上学意义上的不在场的非对象性存在“无”，而道家的“无”是可以被指称的形上学意义上的在场的对象性存在“无”；佛家的“缘起性空”反对执著于所谓的形下学意义上的在场的“客观规律”，主张“不昧因果”，而道家的“无为而无不为”则坚持“人法地，地法天，天法道，道法自然”，坚持顺乎在场的“客观规律”而为之。因此，佛家立足于不在场的无指称“空”，坚持不执著，强调随缘，强调“应无所住而生其心”，而道家则建基于在场的“道”，主张不刻意，强调顺其自然，强调“无为而无不为”。

必须指出的是，无论是佛学的无指称“空”，即不在场的非对象性存在“无”（马克思、海德格尔之“无”），还是道家的可指称的“道”，即在场的对象性存在“无”（老子、王弼之“无”），原本都不存在。它们都是也只可能是完成了自觉或涌现出智慧之后的意识人类如此这般显现、设定、建构、创造的，是生成的而非既成的，是人定的而非神定的，是仅对于意识人类有意义的“人类世界”或“人定世界”或“存在”或“世界”。它们之间的差别只是在于：佛学之“空”“无”是不可以被意识人类指称和建构性描述言说的不在场的非现实存在，即对于意识人类不具有现实意义的“不在场的人定世界”，而道家之“道”“无”是可以被意识人类指称和形上学描述言说的在场的现实存在，即对于意识人类具有现实意义的“在场的人定世界”。

（五）王弼对《老子》之“道”的诠释

王弼（226—249），魏晋玄学理论的奠基人。王弼“幼而察慧，年十余，好老氏，通辩能言”。王弼“贵无”，以无为本。“无”是其哲学思想的基本范畴，是其哲学思想体系的基石。

王弼“以无为本”的哲学思想主要来源于“老庄”。王弼奉《老子》《庄子》《周易》为“三玄”，又综合儒道两家思想，用辨名析理的方法和许多抽象议题论辩，反复论证“无”和“有”的关系，论证自然和名教皆“以无为本”的道理，从而创建了他的玄学理论体系。王弼“以无为本”思想的基本意义有两个方面。一是宇宙观意义，即在场的形上学意义上的“无”是宇宙万物赖以化生和形成的根本；二是社会政治意义，即“无”是社会政治生活的支配力量和决定因素，人类社会的一切事功业绩皆靠“无”得以完成，一切个人皆以“无”得以安身立命。

王弼以老子"有生于无",即在场的形上学"道"是宇宙根本的思想作为自己思辨的起点,积极致力于改造《老子》。他认为"无"就是老子的"道","道者,无之称也,无不通也,无不由也,况之曰道"(《论语释疑·述而》邢昺疏引)。但又认为,"道"是"无"的名称,还不是宇宙的本根,宇宙的本根是"无"。王弼认为宇宙的本根是无形的,没法定名,老子名之曰道,"强为之名曰大"是勉强的,不准确的("责其字定所由,则系于'大'。'大'有系则必有分,有分则失其极矣。故曰:'强为之名曰大'")。王弼认为"道"和"大"不是宇宙的本根,只是宇宙本根的一个特性——万物遵循的规律,他把宇宙的本根从老子的"道",改造成了"无"。"无"处于王弼哲学的最高范畴,"道""玄"等则是对"无"从不同角度所取的称谓。王弼的"无",并不是没有任何内容的"空无",相反是本质的"全有"。他对"无"所取的多种称谓,反映了这个"混成无形"的"无"的丰富内涵。如"本"指事物的本质;"道"指规律,无物而不由;"玄"指事物产生变化的根源,"求之乎无妙而不出"(《老子指略》)。但这些称谓概念都是抽象的事物的共相,虽无形却是存在的。"欲言无邪,而物由以成;欲言有邪,而不见其形。故曰:无状之状,无物之象也"(《老子》十四章注)。王弼基本完成了对于《老子》之"无"的创造性诠释,他认为"无"才是宇宙的本根和本原。在他看来,"天下之物皆以'有'为生。'有'之所始,以无为本。"即天下万物表现为"有","有"的开始是"无","无"为万物之本。"无"一方面生出了天地万物,另一方面又存在于天地万物之中,"无"是天地万物赖以存在的在场的终极根据,"无"与天地万物"虽有分,而实不二"。换句话说,王弼认为,天地万物以无为本,"无"是生物之本、天地万物之母。虽然天下万物皆由有形物所生,但有形物又有其原始,其最初是诞生于"无",以无形物为母体的。即"无"为"有"之本,"有"始生于"无"。"无"是天地万物之体、之本,而天地万物是天地万物之"用"、之"末"。万物虽然贵重,但却离不开"无"这个根本而产生作用。离开了"无",万物便没有自身独立的实体。有了"无"这个客观事物的本质,万物才产生作用。王弼哲学思想核心是"以无为本",与老子"道生一,一生二,二生三,三生万物"的宇宙生成论不同,带有思辨玄学色彩。他把老子的宇宙生成论发展为有无何以为本的本体论玄学。他认为"万物万形,其归一也。何由致一?由于无也"。这样,中国式形而上之学在王弼手中已具雏形。王弼的贵无论对后世宋明理学影响很大,他的玄学对佛教中国化、本土化也起了重要作用。王弼的"玄学",是借《老子注》《周易注》与《论语释疑》建立起来的,是魏晋南北朝玄学哲学的代表。

他的"以无为本"哲学将"无"作为哲学的最高范畴,取代了老子哲学的"道",使我国古代哲学的发展,名副其实地进入了理性发展的历史阶段。王弼的哲学乃是古代的认识论和方法论,标志着我国古代哲学发展走上了成熟的历史阶段。在王弼之前的所有哲学家，虽然各自都有自己的认识论与方法论，但都处在模糊的自发状态中，往往把宇宙生成论、本体论、经验论和自然科学实证论互相混淆不清，都未能自觉地对认识论与方法论加以研究，更谈不上建立独立的理论体系。只有王弼才开始自觉地认真地研究并建立起民族本体论哲学的世界观和认识论、方法论，这无疑是我国哲学史上继《周易》、老子之“道学”和孔子之“儒学”之后的又一伟大的里程碑。王弼是中国历史上第一个将在场的形上学“无”作为万物本体，并予以专门论述的哲学家。

宋明理学的建构，因认识论与方法论的缺陷，不得不借助于佛学的认识论和方法论，从而形成了宋明理学大杂烩的特点。中华民族古代哲学体系因此始终未能走向完善，我们也因此更加感到王弼所建立的民族本体论哲学世界观和认识论、方法论的伟大意义了。王弼时代的悲剧历史，造成了自己历史的大哲学家，也造成了自己历史的悲剧。在魏晋玄学时期，中国自己的形上学体系始终没有建立起来，到了宋明时期，在佛学本体论的深刻影响下，中国式的形上学体系——宋明道学（陆王心学和程朱理学）才得以最终建立。

王弼的伟大可能在于在完成了对在场的对象性“心性”自觉的基础之上显现、设定、建构、创造或生成了中国式的在场的对象性本体“无”，将庄子尚未完全清晰的在场的形上学思想予以了清晰的确定，从而奠定了宋明道学的中国式形上学基础。与此同时，王弼建构的以在场的“无”为本的玄学，为中华民族完成对印度佛学，特别是佛学本体论思想的吸收、消解、转换发挥了十分重要的作用。从王弼之在场的对象性存在“无”到惠能之不在场的非对象性存在“真如佛性”或无指称“空”，或者说，从王弼之可指称和形上学描述言说的在场的对象性存在“无”到惠能之不可指称和描述言说的“本来无一物”，即不在场的非对象性存在“空”“无”，可以说是中华民族在人类历史上所完成的又一次伟大的思想飞跃。

二、老子的智慧

在结合《老子》分析讲解老子的智慧之前，先来分析讲解傅伟勋有关老子之“道”的相关研究成果。傅伟勋曾先后在台湾大学、伊利诺伊大学、俄亥俄大学哲学系任教，精于西方哲学的分析思维，著有《西洋哲学史》《从西方哲学到禅佛教》《批判的继承与创造的发展》《从创造的诠释学到大学佛学》等。傅伟勋运用自己建构的“创造的诠释学”尝试对老子之“道”做出了如下的创造性诠释：一是在场的形上学之“道体”（Tao as Reality），即“最高存在”或“终极实在”，类似于基督教的“上帝”、伊斯兰教的“安拉”、婆罗门教的“上梵”、柏拉图的“理念”、叔本华的“意志”、王弼的“无”、朱熹的“天理”、王阳明的“心”或“良知”，即马克思所批判的先验的抽象本体；二是在场的形下学之“道相”，即所谓“道”的表现、显示，类似于柏拉图的“现实世界”，印度教的“下梵”“个我”，中国传统哲学的“功用”“器物”、叔本华的“表象”等，即马克思主义所肯定的现实世界或社会存在。傅伟勋把“道相”又进一步划分为以下几个部分：“道原”，即始源或造物者；“道理”，即自然真理；“道用”，即自然真理的功能化表现；“道德”，即美德；“道术”，即统治或治世之术。

这一章尝试运用广义超元论以及傅伟勋有关老子之“道”的创造性诠释，从形上学和形下学两个层面分析讲解“老子的智慧”。

（一）老子的形上学智慧

老子的“道体”意义之“道”类似基督教之“上帝”，可以被指称和形上学描述言说，但是不能被感知和形下学描述言说。什么意思呢？就是你不能说上帝是高的、是男的、是胖的、是瘦的，为什么呢？因为“上帝”是一个形上学存在。同样地，我们不能说“道体”之“道”是圆的、是方的、是胖的，因为它是一个抽象性存在、形上学存在。在这个意义上，观点很明确，《老子》“道体”意义上的“道”，其实就是一种形上学意义上的在场的对象性存在“有”，是可以给予指称和形上学描述言说，即对意识人类具有现实意义的本体世界或形上学世界。

第1章　道可道，非常道；名可名，非常名。无名，天地之始；有名，万物之母。故常无，欲以观其妙，常有，欲以观其徼（常从“无”中去观察领悟“道”的奥妙；常从“有”中去观察体会“道”的广大）。此两者同出而异名。同谓之玄，玄之又玄，众妙之门。

这里的“常道”“常名”也就是“道体”之“道”，也就是在场的形上学存在或本体世界，是老子如此这般显现、设定、建构的对象性存在“无”。

第4章　道（实存意义的道，即道体），冲而用之或不盈。渊兮似万物之宗。锉其兑（ruì，古同“锐”，锐利、锋利），解其纷，和其光，同其尘。湛兮似或存（似乎存在）。吾不知谁之子，象帝之先。

“道”空虚无形，但它的作用又是无穷无尽。“道”深远似万物的祖宗。消磨其锋锐，消除其纷扰，调和其光辉，混同于尘垢，似存非存。我不知道它是如何产生的，似乎就是天帝的祖先。

第6章　谷神不死（道体永恒存在），是谓玄牝（隐喻道）。玄牝之门，是谓天地根。绵绵若存，用之不勤。

第 14 章　视之不见，名曰夷；听之不闻，名曰希（无声）；搏（捕捉，摸）之不得，名曰微（无形）。此三者不可致诘（无法穷就底细），故混而为一。

“道体”之“道”是不可见不可闻不可触摸的，是意识人类可以给予指称和形上学描述言说的在场的形上学存在。

第 35 章　（“道体”之“道”）视之不足见，听之不足闻，用之不足既。

看不见“道”，听不见“道”，但“道”的作用却是无穷无尽、无所限制的。

第 25 章　有物混成，先天地生。寂兮寥兮，独立不改，周行而不殆，可以为天下母。吾不知其名，强字之曰道，强为之名曰大（绝无边表之大，非大小之大）。大曰逝（大就“运行不息”），逝曰远（达于遥远），远曰反（返）。故道大、天大、地大、人亦大。域中有大，而人居其一焉。人法地，地法天，天法道，道法自然。

第 20 章　绝学无忧。唯（被动顺从，卑）之与阿（主动指使，尊），相去几何？善之与恶，相去若何？人之所畏，不可不畏。荒兮（广漠、遥远），其未央（未尽）哉！众人熙熙（熙熙攘攘、兴高采烈），如享太牢（盛大的宴席），如春登台。我独泊兮，其未兆（没有征兆，形容无动于衷，不炫耀自己），如婴儿之未孩；儡儡（lěi，羸弱）兮，若无所归。众人皆有余，而我独若遗（kuì）。我愚人之心也哉，沌沌兮！俗人昭昭，我独昏昏；俗人察察，我独闷闷（敦厚淳朴）。众人皆有以，而我独顽且鄙（众人都有所图谋，而我愚顽而拙讷）。我独异于人，而贵食母（体悟了“道体”）。（“食母”者或体悟了大道的人一般都淡泊宁静、敦厚淳朴、愚顽拙讷、天真自然）

第 21 章　孔德之容，惟道是从（大德的形态，是由道所决定的）。道之为物，惟恍惟惚。惚兮恍兮，其中有象。恍兮惚兮，其中有物。窈兮冥兮，其中有精（深远暗昧，却有精质）。其精甚真，其中有信（这精质很真实，其中有可以信验的东西）。自古及今，其名不去（不生不灭，永恒存在）。以阅众甫（“阅”是观看。“甫”是起始。依据它，才能观察万物的初始）。吾何以知众甫之状哉（怎么能知道万事万物开始的情况呢）？以此（根据就在这里）。

第 39 章　（“道即一”，所谓“一切即一，一即一切”，即“一切即道，道即一切”。）昔之得一（道）者：天得一以清，地得一以宁，神得一以灵，谷得一以盈，万物得一以生，侯王得一以为天下贞。其致之也（推而言之），天无以清将恐裂，地无以宁将恐废，神无以灵将恐歇（消失），谷无以盈将恐竭，万物无以生将恐灭，侯王无以贞将恐蹶（挫折）。故贵以贱为本，高以下为基。是以侯王自称孤、寡、不谷（不善)。此非以贱为本邪？非乎？至誉无誉。不欲琭琭如玉，珞珞如石(忘贵贱之分)。

第41章　上士闻道，勤而行之；中士闻道，若存若亡；下士闻道大笑之，不笑不足以为道。故建言有之：明道若昧；进道若退；夷道若纇(lèi，崎岖不平)；上德若谷；大白若辱；广德若不足；建德若偷；质真若渝。大方无隅(角落，方角，棱角)，大器晚成，大音希声，大象无形。道隐无名。夫唯道，善贷(施与、给予)且成(只有“道”，才能使万物善始善终)。

根性好的人听了道的理论，努力去实行；根性一般的人听了道的理论，将信将疑；根性差的人听了道的理论，哈哈大笑，不被他们嘲笑，那就不足以称为“道”。因此，古时立言的人说过这样的话：光明的道好似暗昧；前进的道好似后退；平坦的道好似崎岖；崇高的德好似峡谷；最洁白的东西反而含有污垢；广大的德好像不足；刚健的德好似怠惰；质朴而纯真好像混浊未开；最方正的东西，反而没有棱角；最大的器物最后完成；最大的声响反而听来无声无息；最大的形象反而没有形状。道幽隐而没有名称，无名无声。只有“道”，才能使万物善始善终。

关于老子“道体”之“道”或老子的形上学智慧，还有以下三点说明：其一，古希腊哲学家阿那克西曼的“无限者”与老子的“道”一样，或许都有形上学和形下学的双层含义，即在场的“道体”和在场的“道相”双重含义；其二，在场的“道体”与在场的“道相”之间的关系类似于海水与海浪的关系，即彼此“虽有分，而实不二”；其三，与西方唯物论和唯心论比较，老子“道体”之“道”非心非物、亦心亦物，是中国式的在场的形上学存在“无”或对象性本体。也就是说，既不能将其理解为黑格尔式的在场的“绝对精神”或“绝对理念”，也不能将其理解为自然唯物主义的在场的“物质”以及马克思意义上的“先于人类历史而存在的那个自然界”(即不在场的超形上学存在“无”)。

(二)老子的形下学智慧

关于《老子》的形下学智慧，尝试从以下五个方面予以分析讲解。

1. 道原之道

在傅伟勋看来，《老子》之道有着丰富的含义，其中就有万物之始源的含义。在这一意义上的“道”，即所谓的“道原之道”。

第40章　反者(循环往复)道之动，弱者道之用。天下万物生于有(“有”，即有形有名，即在场的“道原”之“道”)，有生于无(“无”，即无形无名，即在场的“道体”之“道”,即王弼之在场的形上学存在“无”。有无不二)。

第42章　道生一,一生二,二生三,三生万物。万物负阴而抱阳,冲气以为和。

这里的“道生一”,大致可以理解为“道即一”,这里的“一”或“道”兼有形上学“道体”“无”和形下学“道原”“有”两层含义;“一生二”就是所谓的道生阴阳或阴阳源于道,这时的“一”或“道”已经不是在场的形上学意义上的“道体”之“道”“无”,而是在场的形下学意义上的“道原”之“道”“有”;“二生三”就是阴阳和合生成具体事物,而阴阳和合生成的具体事物是无限多的,所以说,“三生万物”。这即是老子关于在场的“道原”之“道”的阐释。

这一章后面的语句也是很值得品味的,讲的是“万物负阴而抱阳,冲气以为和”,表达了道家很重要的一个思想,即阴阳和合或阴阳和谐的思想。大家知道,无论是中医还是堪舆学说,都是很强调阴阳和合或阴阳和谐的。

关于“道原”意义上的道,再强调以下三个观点:其一,《老子》的“道生一,一生二,二生三,三生万物”与《易经》“易有太极,是生两仪,两仪生四象,四象生八卦,八卦定吉凶,吉凶生大业”有大致相似的含义,都是中国式的自然生成论的思想;其二,与西方宇宙大爆炸理论比较,老子的“天下万物生于有(有形有名之形下学“道原”)”,类似于宇宙大爆炸理论所说的大爆炸,老子的“有生于无(无形无名之道体)”,有学者认为类似于宇宙大爆炸之前的状态,我则认为是误读,因为这样理解是将老子之在场的形上学存在“无”或“道体”意义上的“无”误读为在场的形下学存在“无”或“道相”意义上的“无”了;其三,佛家的缘起论关于世界生成之解读与道家所坚持的自然生成论思想略有不同,前者是从“缘起”视角论述宇宙生成的,没有一个先在的所谓先验存在假设,宇宙自性为空,而后者是从起源意义论述宇宙生成的,有一个先在的或在场的“道体”之“道”假设,宇宙是其显现,犹如海浪是海水之显现。

关于老子“道原”意义上的“道”,在广义超元论看来实际上有两层含义:一是科学意义上或道家意义上的自然生成论,就是大爆炸宇宙学所说的,宇宙起源于一次大爆炸,即老子所坚持的“万物生于有”;二是佛学意义上的生存论,这个“生存”也有两层含义:一是“缘起性空”意义上的“生成”,这一意义上的“生成”与科学意义上或道家意义上的“生成”虽略有不同,前者强调“缘起”,后者强调“大爆炸”或“万物生于有”,但在本质上是相同相似的观点,都坚持宇宙是自然生成的自然生成论观点;二是“心为法本”意义上的“生成”,这一意义上的“生成”,既与科学意义上的“生成”本质上完全不同,也与道家意义上的“生成”有根本上的差别。佛学俗谛坚持认为“唯识无境”“心为法本”,原本没有可以被如此这般指称和描述言说的在场的“有为法”“宇宙”，即“心生种种法生，心灭种种法灭”；科学俗谛坚持认为“唯境无识”“法为心本”，即坚持认为宇宙是独立于“心”的客观实在，即独立于主体的客体，是主体所反映的外在于主体的客观存在，宇宙是原本就存在的，与“心”“识”无关，与主体是否存在无关；而道家则坚持认为“道生一，一生二，二生三，三生万物”，虽然原本没有宇宙，但是原本有在场的“道体”之“道”或形上学意义上的“道”，“道体”之“道”先于宇宙万物存在（“先天地生”），“道”是宇宙万物之本原，“道”与宇宙万物不二。我们要理解马克思“实践观点的思维方式”（高清海）或“实践生成论”（韩庆祥），即从现实的“人的感性活动”“实践”“主体”的视角去看待宇宙、世界的伟大思想，就必须先理解佛学之“三界唯心，万法唯识”“心为法本”的宇宙生存论思想。依据佛学“心为法本”的宇宙生成论，原本没有“宇宙”，“宇宙”是“有为法”，“若无世人，一切万法本自不有”“万法，本自人兴”（惠能）；马克思“实践观点的思维方式”在此基础之上，进一步强调对意识人类有现实意义，即可以被意识人类如此这般指称和形下学描述言说的在场的“宇宙”（科学意义上的宇宙），一定是特定时代的研究宇宙星空的科学家们依据特定时代的科学实践工具，如此这般显现、设定、建构、创造或生成的“人化的自然界”，是“人的本质力量的对象化”产物，是意识人类如此这般生成的对象性宇宙，是可以被意识人类如此这般指称和建构性描述言说的在场的现实宇宙，或所谓的科学意义上的宇宙，即“科学图景”意义上的“宇宙”。原本没有在场的所谓的“有为法”，原本没有在场的所谓的“人化的自然界”，原本没有在场的所谓的科学意义上的“宇宙”，原本没有在场的宇宙存在与演化的“科学图景”，原本没有在场的对象性存在或人类的世界或人定的世界，原本没有“在场的人定世界”，原本没有一切，原本什么都没有。正所谓“原本无一法，万法唯人造，人觉而法显，人圆则法寂。”正所谓“执著成就苦难，苦难不能解脱；无为可达逍遥，逍遥不能自在；创造铸就辉煌，辉煌不能持久；放下方能成佛，成佛不能自觉。”

2. 道理与道用之道

按照傅伟勋的关于《老子》之道的解释，他认为“道”可以划分为“道体”意义上的“道”和“道相”意义上的“道”，而“道相”之“道”又可以进一步划分为“道原”“道理”“道用”“道德”“道术”意义上的“道”。前面我们已经分析讲解了在场的“道体”和“道原”之“道”，现在进一步分析讲解在场的“道理”与“道用”意义上的老子之“道”。

第2章　圣人处无为之事，行不言之教。万物作焉而不辞，生而不有，为而不恃，功成而弗居。夫唯弗居，是以不去（任由万物成长而不加以干涉，生养万物而不据为己有,养育万物而不仗恃己力,成就万物而不自居有功。正由于不居功,就无所谓失去)。

老子在这一章强调圣人应处“无为”(“道法自然”)之事,行不言之教。

第5章 天地不仁,以万物为刍狗(草扎成的狗)。圣人不仁,以百姓为刍狗。天地之间,其犹橐籥(tuó yuè,古代冶炼时为炉火鼓风用的助燃器具)乎?虚而不屈(jié,竭尽,穷尽),动而愈出。多言数穷,不如守中。

天地是无所谓仁慈的,它没有仁爱,对待万事万物就像对待刍狗一样淡然,任凭万物自生自灭;圣人也是没有仁爱的,也同样像刍狗那样对待百姓,任凭人们自作自息。天地之间,岂不像风箱一样吗?它空虚而不枯竭,越鼓动风就越多,生生不息。政令繁多反而更加使人困惑,不如保持虚静。

第7章 天长地久。天地所以能长且久者,以其不自生,故能长生。是以圣人后其身而身先,外其身而身存(有道的圣人遇事谦退无争,反而能在众人之中领先;置身度外,反而能保全自身生存)。非以其无私邪?故能成其私。

这一章和现代管理学界所大力倡导的“领导即服务”“管理即服务”理念,即领导者权力意志理念是非常相合的。大家知道西方有一个很重要的观点,就是说权力意志强的人有一个很重要的表现,就是对他人的需要十分敏感,在可能的情况下尽可能地去关心和帮助他人,服务于他人,因为这一特性,人们愿意推举并接受这样的人当领导。管理学家们据此提出了“领导即服务”“管理即服务”的管理思想。这一现代管理理念与老子在这一章里所讲的“非以其无私邪?故能成其私”何其相似。我们认为,老子这一思想是很深刻、很前卫的。

第8章 上善若水。水善利万物而不争,处众人之所恶,故几于道(道,德也)。居,善地;心,善渊;与,善仁;言,善信;正(政也),善治;事,善能;动,善时。夫唯不争,故无尤(通“忧”,忧愁)。

老子认为,上善的人好像水一样。水善于滋润万物而不和万物相争,停留在大家所厌恶的地方,所以最近于道。居处善于选择地方,心胸善于保持沉静,待人善于真诚相爱,说话善于遵守信用,为政善于精简处理,处事善于发挥所长,行动善于掌握时机。因有不争的美德,所以没有怨咎、忧愁。老子在这一章里把水的智慧——“善利万物而不争”分析讲解得淋漓尽致,把善地、善渊、善仁、善信、善治、善能、善时的道理也分析讲解得准确深刻,恰到好处。

第11章　三十幅共一毂（gū，是车轮中心的木制圆圈），当其无，有车之用。埏埴（shān zhí，埏，以土和泥，揉和。埴，黏土）以为器，当其无，有器之用。凿户牖以为室，当其无，有室之用。故有之以为利，无之以为用。

开凿门窗建造房屋，有了门窗四壁内的空虚部分，才有房屋的作用。所以，"有"给人便利，"无"发挥了它的作用。老子在这一章里强调，管理者要善用无用之人，无用之用有大用。大家都说无用之用有大用，其实在建筑和城市规划里面也有这个智慧，一般的学者专家均认为，建筑设计或者城市设计，某种程度上就是显现、设计、建构、创造在场的对象性空间或对象性无的艺术，可以被指称和描述言说的在场的形下学意义上的对象性存在"空""无"才是建筑之灵魂、城市之灵魂，才是现实建筑、现实城市之根本。这一观点尚未触及到建筑、城市之本来面目，尚停留在在场的对象性建筑城市认识水平。广义超元论认为，建筑城市之灵魂、之根本，或者说，建筑城市之最高境界或艺术境界，是借助在场的现实的形下学建筑城市（在场的形下学建筑城市及其形下学意义上的对象性存在"空""无"）唤醒人们对于在场的现实的形上学建筑城市（在场的建筑师、城市规划师以及建设者们的活泼泼的创造性实践活动）的自觉与尊重，并在此基础之上进一步唤醒人们对于不在场的非现实的超形上学建筑城市（永远不在场的非对象性存在"空""无"），即在场的现实的建筑城市之本来面目的自觉与欣然接受。也说是说：建筑设计或城市设计之"无"。有三层含义：其一，形下学无，即建筑空间、城市空间；其二，形上学无，即创新创造活动；其三，超形上学无，即建筑城市的本来面目。唯有如此，人们才有可能真正地理解、融入、拥抱这座建筑、这座城市，并自觉主动积极地参与建筑城市的规划、设计、建造、治理以及永不停息的更新改造。（《广义超元论与自组织城市》，重庆大学出版社 2020 年版，197-241）

第13章　宠辱若惊，贵大患若身。何谓宠辱若惊？宠为上，辱为下，得之若惊，失之若惊，是谓宠辱若惊。何谓贵大患若身？吾所以有大患者，为吾有身（常想到自己），及吾无身，吾有何患？故贵以身为天下，若可寄天下；爱以身为天下，若可托天下。

世人重视外来的宠辱，没有本心的修养，所以得宠受辱，都免不了因而心惊，又因不能把生死置之度外，畏惧大的祸患也因而心惊。为什么得宠和受辱都要心惊呢？因为在世人的心目中，一般都是宠上辱下，宠尊辱卑。因此，得之也惊，失之也惊。人之祸患来自自念。为什么会有祸患呢？因为我们常想到自己；如果我们忘了自己，还会有什么祸患呢？所以，把天下（"天下即人民，人民即天下"）看得比自己生命还宝贵的人,才可以把天下的重担交于他;热爱天下超过热爱自己生命的人,才可以把天下的责任托付于他。这就是所谓的“我将无我,不负人民”(习近平),这就是所谓的“江山即人民,人民就江山”(习仲勋)!

第 17 章　太上,(下)不知有之;其次,亲而誉之;其次,畏之;其次,侮之。信不足焉,有不信焉。悠兮,其贵言。功成事遂,百姓皆谓:“我自然”。

最好的统治者,人民不知道他的存在;其次的统治者,人民亲近他并且称赞他;再次的统治者,人民畏惧他;更次的统治者,人民轻蔑他。统治者的诚信不足,人民才不相信他。最好的统治者很悠闲,他很少发号施令。事情办成功了,老百姓说“我们本来就是这样的”。这一章还可以联想到什么呢?就是被誉为科学管理之父的泰勒,他曾经提出一个很重要的科学管理原则——“例外原则”。什么叫“例外原则”?即高层领导不应该把自己的精力过多用在事务性工作上,而应该用在一些“例外”的工作上。比如说处理重大突发事件、制订组织发展战略、任免组织重要干部等。就像今天的公司董事长和总经理,董事长主要负责公司人才、文化、战略、外部关系等方面的运筹,处理一些突然发生的重大事件,而总经理则是负责公司的具体运作,处理日常事务。

第 18 章　大道(指“自然无为”之“道”)废,有仁义(失去了或离开了江湖,才有相濡以沫);智慧(能言善辩)出,有大伪;六亲(父子兄弟夫妇)不和,有孝慈;国家昏乱,有忠臣。

大道废弛,仁义才会显现;家庭不和,孝慈才会彰显;国政昏乱,忠臣才会辈出。也就是说,我们应该“依道”治国,倡导“相忘于江湖”而非依“仁义礼智信”治国,过誉“相呴以湿,相濡以沫”。

第 19 章　绝圣弃智,民利百倍;绝仁弃义,民复孝慈;绝巧弃利,盗贼无有;此三者以为文,不足(圣智、仁义、巧利,这三个方面是用来文饰的,不足以治理天下)。故令有所属,见(现)素抱朴,少私寡欲,绝学无忧。

要让人民的心有所归属,保持纯洁朴实的本性,减少私欲杂念,抛弃圣智礼法的浮文,才能免于忧患。过多地倡导圣智、仁义、巧利的结果,可能会遮蔽或压抑了每个人都生而具有的“良知”。老子认为,唤醒百姓心中的良知,即“令有所属”“相忘于江湖”,要比倡导所谓的“仁义礼智信”,所谓的“相呴以湿,相濡以沫”更为重要。老子这一思想高瞻远瞩,为我们今天治理功利浮躁的当下社会提供了重要的指导性原则——唤醒良知,“令有所属”!

第22章　曲则全,枉则直,洼则盈,敝则新,少则得,多则惑。是以圣人抱一为天下式。不自见(xiàn)故明;不自是故彰;不自伐故有功;不自矜故长;夫唯不争,故天下莫能与之争(不自我表扬,反能有口皆碑;不自以为是,反能是非彰明;不自己夸耀,反能保有功劳;不自鸣得意,反能得以长久;正因为不与人争,天下无人能与之相争)。古之所谓"曲则全"者,岂虚言哉!

第36章　将欲歙(收敛、吸进)之,必固张之;将欲弱之,必固强之;将欲废之,必固兴之;将欲取之,必固与之。是谓微明。柔弱胜刚强。鱼不可脱于渊,国之利器不可以示人。

老子在上述两章里将东方式的辩证智慧发挥得淋漓尽致。我们认为,老子的辩证智慧不是基于二元论的,而是基于不二论的,是不二论智慧;西方的辩证智慧是基于二元论的,是二元论智慧;佛学的辩证智慧和马克思主义的辩证智慧是基于超元论的,佛学是真如般若,马克思主义则是实践智慧。

第44章　名与身孰亲(亲切)?身与货孰多(贵重)?得与亡孰病(得到名利和丧失生命哪一样更为有害)?是故甚爱必大费,多藏必厚亡。知足不辱,知止不殆,可以长久(懂得自我满足,可避免屈辱;懂得适可而止,可避免危险;这样才可以保持住长久的平安)。

第46章　天下有道,却走马以粪(马匹被送回农村耕田);天下无道,戎马(战马)生于郊(治理天下不合乎"道",连怀胎的母马也要送上战场,在战场的郊外生下马驹子)。祸莫大于不知足,咎莫大于欲得。故知足之足(知道满足的满足),常足矣(常足者,知足之足也)。

第48章　为学日益。为道日损,损之又损,以至于无为。无为而不为。取天下常以无事,及其有事,不足以取天下。

关于《老子》的48章大致有以下两种解释。一种解释是:为学是为了认识在场的现象世界,为道则是为了把握在场的本体世界,而在场的本体世界是在场的现象世界的本原。把握在场的本体世界不是感觉经验、理性思维可以企及的,只能借助涤除玄览的内心直观或直觉顿悟方法才可实现。另一种解释是:求学的人,其情欲文饰一天比一天增加;求道的人,其情欲文饰则一天比一天减少。减少又减少,到最后以至于"无为"的境地。如果能够做到无为,即顺乎在场的自然规律不妄为,任何事情都可以有所作为。治理国家的人,要经常以不骚扰人民为治国之本,如果经常以繁苛之政扰害民众,那就不配治理国家了。

关于“为学日益”，有的学者把它解读为开卷有益、读书有益。其实联系到后面的内容，这里“为学日益”还有另外的含义，什么含义呢？就是为学有可能导致其情欲文饰一天比一天增加。大家知道生活中有句流行语——“一年土，二年洋，三年不认爹和娘。”其实一个很重要原因就是学习惹的祸。那么怎么克服这样一个因为学习所获的技能知识对自己心性良知的蒙蔽或遮蔽呢？在老子看来这都需要“为道”。“为道”是什么？“为道日损”，其实就是要把知识和技能可能对自己心性良知的蒙蔽或遮蔽去掉，去掉到什么程度？去掉到知识和技能只是为我所用，而不妨碍心性良知的呈现。这时我们就可以做到“无为而无不为”了。

第50章　出生入死。生之徒，十有三；死之徒，十有三；人之生，动之于死地，亦十有三。夫何故？以其生生之厚。盖闻善摄生（养身）者，陆行不遇兕（sì，犀牛）虎，入军不被（pī）甲兵，兕无所投其角，虎无所用其爪，兵无所容其刃。夫何故？以其无死地。

人始出于世而生，最终入于地而死。属于长寿的人十中有三；属于短命的人十中有三；人的生命由于自己的不慎而误入死地而亡的人，也大约是十中有三。为什么会这样呢？因为奉养太过度了。据说，善于养护自己生命的人，在陆地上行走，不会遇到凶恶的犀牛和猛虎，在战争中也不会受到武器的伤害。犀牛于其身无处投角，老虎于其身无处伸爪，武器于其身无处刺击锋刃。为什么会这样呢？因为他没有将自己置于死亡的领域。老子的这一思想与葛洪引述《仙经》“养生以不伤为本”这一至理名言十分契合。葛洪指出：“才所不逮而困思之，伤也（你的能力达不到那样一个水平，却要冥思苦想，就会伤害自己的脑子）；力所不胜而强举之，伤也；悲哀憔悴，伤也；喜乐过差（失度，过分），伤也；汲汲所欲，伤也（想很快达到目的，拼命地追求，也有害无益）；久谈言笑，伤也；寝失其时（子午时是睡眠养生时间而不寝），伤也；欢笑哭泣，伤也；阴阳不交，伤也。”

第64章　为之于未有（圣人谋未来），治之于未乱（上医治未病）。合抱之木生于毫末。九层之台起于累土。千里之行始于足下。为者（违背自然者）败之，执者（执著某物者）失之。是以圣人无为故无败，无执故无失。民之从事常于几成而败之。慎终如始，则无败事。

老子在这一章里强调一个很核心的观点，什么观点呢？就是违背自然的事情是做不成的。过于执著于某个东西的人，最终是会失去这个东西的。老子说，“民之从事常于几成而败之”，也就是快要成功的时候失败了。为什么呢？因为很多人都难以做到谨慎做事自始至终。所以，老子强调“慎终如始，则无败事”。

第68章　善为（“为”，治理、管理也）士者不武，善战者不怒，善胜敌者不与（不直接交战），善用人者为之下（善于用人的人，对人表示谦下）。是谓不争之德，是谓用人之力，是谓配天古之极（这叫不与人争的品德，这叫运用别人的能力，这叫符合自然的道理）。

善做将帅的，不逞勇武；善于作战的，不轻易发怒；善于战胜敌人的，不用对斗；善于用人的，对人谦下。这就是所谓的争无益，这就是所谓的善于用人，这就是所谓的合于在场的天道或规律，这就是自古以来处世为人的最高准则。

第70章　吾言甚易知，甚易行。天下莫能知，莫能行。言有宗，事有君。夫唯无知，是以不我知（不了解我）。知我者希，则（效法）我者贵。是以圣人被（pī，通“披”）褐（粗布衣服）怀玉。

老子说，我的话很容易理解和实行。但是天下竟没有谁能理解，没有谁能实行。言论有主旨，行事有根据。正是因为人们不理解这个道理，所以才不理解我。能理解我的人很少，能取法于我的人就更难得了。因此，有道的圣人总是穿着粗布衣服，怀里揣着美玉。老子提倡虚静、柔和、慈俭、不争，这些都是本于人性自然的道理，在日常生活上最易实行，最见功效。然而，世人只慕恋虚华的外表。因此，老子才感叹道：“知我者希，则我者贵”！

第71章　知不知，尚（通“上”）矣；不知知，病也。圣人不病，以其病病。夫唯病病，是以不病。

老子认为，知道自己还有所不知，这是很高明的；不知道却自以为知道，这是很愚蠢的。有道的圣人之所以没有缺点，是因为他把缺点当作缺点。正因为他把缺点当作缺点，所以他没有缺点。

第77章　天之道，其犹张弓与？高者抑之，下者举之。有余者损之，不足者补之。天之道，损有余而补不足。人之道，则不然，损不足以奉有余。（自然的规律，是减少有余的补给不足的。可是社会的法则却是减少不足的，来奉献给有余的人）。孰（谁）能有余以奉天下？唯有道者（得道者，即领悟“利而不害”“为而不争”者）。是以圣人为而不恃，功成而不处，其不欲见（现）贤（圣人有所作为而不占有，有所成就而不居功，他是不愿意显示自己的贤能）。

《老子》77章非常精彩，与《圣经》新约全书“马太福音”里所说的“让多者更多，少者更少”的“马太效应”正相反。马克斯·韦伯写了本书叫《新教伦理与资本主义精神》，在某种程度上也是对《圣经》“马太效应”的一个解读。老子在中国的轴心时代就提出的“损有余而补不足”思想是非常深刻的。老子讲，“天之道”，即自然之道，是“损有余而补不足”，所以，自然可以长存，而“人之道”，即社会之道，是反其道而行之，是“损不足以奉有余”，所以，导致社会长时期的动荡不安。老子接着问：“孰能有余以奉天下呢?”“唯有道者”。也就是说，只有体悟大道或天之道的人，才能够理解“损有余而补不足”的极端重要性。习近平曾经引用过“不忘初心，方得始终”这句源于佛教经典的话，来说明中国共产党的初心——“为人民谋幸福，为民族谋复兴”，是不能改、不能动摇的。我们只有始终不渝地坚持初心，坚持“损有余而补不足”，坚定地走共同富裕这条道路，才能够赢得人民的衷心拥护。

知识卡片：“马太效应”

“马太效应”来源于圣经《新约・马太福音》25 章中的一则寓言：“天国又好比一个人要出外旅行，就叫来自己的奴仆们，把他所拥有的交托给他们。他按照每个人自己的能力，一个给了五千两银子，一个给了两千两，一个给了一千两，然后就出外旅行。领了五千两的立刻用这些钱做生意，另外赚了五千两。领了两千两的，也照样另赚了两千两。可是那领了一千两的，却出去挖地，把他主人的银子藏起来。过了很久，那些奴仆的主人回来，与他们清算账目。那领了五千两银子的，带着另外的五千两上前来，说：‘主啊，你交托给我五千两银子，请看，我另外赚了五千两。’主人对他说：‘做得好，忠心的好奴仆！你在少许的事上忠心，我要委任你统管很多的事。进来分享你主人的快乐吧！’那领了两千两银子的也上前来，说：‘主啊，你交托给我两千两银子，请看，我另外赚了两千两。’主人对他说：‘做得好，忠心的好奴仆！你在少许的事上忠心，我要委任你统管很多的事。进来分享你主人的快乐吧！’接着，那领了一千两银子的也上前来，说：‘主啊，我知道你是个严厉的人，不是你播种的地方，你收获；不是你投放的地方，你收集。我惧怕，就去把你的银子藏在地里。请看，你的银子在这里。’主人回答他，说：‘你这又恶又懒的奴仆！你既然知道：不是我播种的地方，我收获；不是我投放的地方，我收集，你就应该把我的银子存到钱庄里，这样我回来的时候，可以连本带利得回来。所以，你们把那一千两银子从他那里拿走，给那个有一万两的；因为凡是有的，还要赐给他，使他丰足有余；那没有的，连他有的也将从他那里被拿走。把这个无用的奴仆丢到外面的黑暗里去！在那里将有哀哭和切齿。’”

第78章 天下莫柔弱于水，而攻坚强者莫之能胜，以其无以易之（无法被替代）。弱之胜强，柔之胜刚。天下莫不知，莫能行（弱胜过强，柔胜过刚，天下人没有不知道，但是没有人能实行）。是以圣人云："受国之垢，是谓社稷主；受国不祥，是为天下王。"

老子认为，能够承担一国的屈辱，才能够成为国家的领袖，承担一国的祸灾，才有资格成为天下的君王。这一章使我想起毛泽东讲的"人民万岁""全心全意为人民服务"，使我想到习近平在意大利出访时，回答意大利议长问题时所说的"我将无我，不负人民"。能做天下之王者，多是那些忍辱负重且胸怀天下、敢于担待且善于担待的非凡之人也。

第81章 信言不美，美言不信。善者不辩，辩者不善。知者不博，博者不知。圣人不积，既以为人己愈有，既以与人己愈多。天之道，利而不害，圣人之道，为而不争。

真实的话不一定优美，优美的话不一定真实。善良者一般不诡辩，诡辩者一般不善良。体悟了在场的"天道"的人并非必是博闻多见者，博闻多见者未见得就能够体悟在场的"天道"。圣人不存占有之心，尽力关照别人，自己因此更为充足；尽力施予别人，自己反而更为富足。自然的规律是养育万物，不恣害众生；圣人的行为则是只施德行，不争夺功名。

关于老子"道理"和"道用"意义上的"道"，我们就分析讲解这几章。

最后，我想讲讲老子的辩证法和西方的辩证法的区别和联系。只是个人观点，仅供参考。其实老子的辩证法是立足于在场的"道"，立足于意象思维，就是太极图之阴中阳、阳中阴的易象思维，立足于不二论，是强调状态的辩证法。而西方的辩证法是立于器，就是器物，立足于二元论，是强调过程的辩证法。也就是说，老子的辩证法是立足于在场的形上学之"道"的，建基于意象思维，建基于不二论的状态的辩证法、整体有机的辩证法；而西方的辩证法是则立足于在场的形下学之"器"的，建基于形式逻辑，建基于二元论的过程的辩证法、分析还原的辩证法。

3. 道德之道

"道德"意义上的老子之"道"，是《老子》一书中最重要的内容之一。我们尝试在《老子》文中提炼出一些箴言警句，并结合相关篇章予以分析讲解。

其一，人贵有自知之明，死而不亡者寿。

老子认为：能了解、认识别人叫作智慧，能认识、了解自己才算清明；能战胜别人是有力的，能克制自己的弱点才算刚强；知道满足的人才是富有的人；坚持力行、努力不懈的就是有志；不离失本分的人就能长久不衰，身虽死而道德名声尚存的人，才算真正的长寿者。

第 33 章　知人者智，自知者明。胜人者有力，自胜者强。知足者富，强行者有志。不失其所者久，死而不亡者寿。

其二，“道德”实为“得道”，敦厚乃为美德之根本。

什么叫“道德”？“道德”其实就是“得道”，第 38 章老子说“上德不德，是以有德”，上德人，顺乎在场的自然之道，不以为自己有德，所以有德，而“下德不失德”，下德人，未曾体悟在场的形上学之“道”，只是知道在场的形下学之“理”，成天讲道德，是以无德。“上德无为而无以为”，老子的意思是没有目的顺服在场的自然之道就可以了，而“下德无为而有以为”，下德人是有目的的。“上仁为之而无以为，上义为之而有以为”。老子接着讲，“上礼为之而莫之以应，则攘臂而扔之”，就是说扬着一个胳膊要强引别人。老子下面的论述更精彩，他说，“失道而后德，失德而后仁，失仁而后义，失义而后礼”。老子讲“夫礼者，忠信之薄，而乱之首”，所以老子讲“前识者”，就是有先见的这些制礼的人，“道之华”就是浮华，而愚之始。老子强调“大丈夫处其厚，不居其薄；处其实，不居其华”，也就是所谓的“敦厚乃为美德之根本”。

第 38 章　上德不德，是以有德；下德不失德，是以无德。上德无为而无以为（没有目的）；下德无为而有以为（有目的）；上仁为之而无以为；上义为之而有以为；上礼为之而莫之以应，则攘臂而扔之（扬着胳膊强引别人）。故失道而后德，失德而后仁，失仁而后义，失义而后礼。夫礼者，忠信之薄，而乱之首。前识者（所谓具有先见的制礼的人），道之华（浮华），而愚之始。是以大丈夫处其厚，不居其薄；处其实，不居其华。故去彼取此。

其三，善者吾善之，不善者吾亦善之；信者吾信之，不信者吾亦信之。

如何引导人民回归敦厚淳朴？老子试图借助“道”来引导人们回归敦厚淳朴，那么怎么做才能引导人们回归敦厚淳朴呢？老子在第 49 章这么讲：“善者吾善之，不善者吾亦善之，德善。信者吾信之，不信者吾亦信之，德信”。意思是，待我善良的人我善良以对，待我不善良的人我也善良以对，为什么？因为这样可以引导他人得善；对我诚信的人，我诚信以对，待我不诚信的人我也诚信以对，为什么？因为这样可以引导人们诚信。当然这是一种站在很高的层面上来讲的，对上士、中士而言是合适的，对下士而言，其实未见得一定是很好的一个策略。对于下士而言，或许老子所说的“圣人在天下，歙歙焉，为天下浑其心，百姓皆注其耳目，圣人皆孩之”

是更为适宜的做法。

第 49 章　圣人无常心，以百姓心为心。善者吾善之，不善者吾亦善之，德善。信者吾信之，不信者吾亦信之，德信。圣人在天下，歙歙焉，为天下浑其心，百姓皆注其耳目，圣人皆孩之（有道的圣人在其位，收敛自己的欲意，使天下人的心思归于浑朴，百姓都专注于视听圣人，圣人使他们都回到婴孩般纯朴的状态。圣人之所以能够做到这样的程度，源于其想百姓之所欲，行百姓之所愿）。

其四，生而不有，为而不恃，长而不宰，是谓玄德。何谓“玄德”，也就是所谓的“上德”或“上上之德”。

第 51 章　道生之，德畜之，物形之，器成之。是以万物莫不尊道而贵德。道之尊，德之贵，夫莫之命而常自然。故道生之，德畜之，长之育之，亭之毒之（成之熟之），养之覆之（维护之）。生而不有，为而不恃，长而不宰。是谓玄德（上上之德）。

其五，行大路，走正道。

《老子》第 53 章讲了一个很重要的道理，就是建议人们要行大道，不要一门心思地去寻找捷径。我们在教育学生、子女过程中，应该教育学生、子女行大路、走正道，而不要太好走邪径或捷径。《老子》原文是这么讲的：“使我介然有知，行于大道，唯施是畏。大道甚夷，而人好径”。他在强调什么呢？就是说，我唯一担心的就是害怕走了邪道。老子讲大路很平坦，但是那些人君啊，总喜欢走邪径或所谓的捷径，这是有违在场的“天道”或“大道”的。

第 53 章　使我介然有知，行于大道，唯施（“迤” yǐ，邪行也）是畏。大道甚夷，而人好径。朝甚除（除，借为污），田甚芜，仓甚虚，服文彩，带利剑，厌饮食，财货有余，是谓盗夸。非道也哉（多么的无道呀）。

其六，德行天下，子孙兴旺。

老子认为，善于建树的不可拔除，善于抱持的不会脱落，如果子孙能遵行这个道理则世世代代的祭祀不会断绝。拿这个道理贯彻到个人，其德会是真实的；贯彻到一家，其德可以有余；贯彻到一乡，其德得到扩散；贯彻到一国，其德渐趋丰满；贯彻到天下，其德广谱人间。所以要从自己观照他人，从我家观照他家，从我乡观照他乡，从我国观照他国，从我们的天下观照人类的天下。我怎么知道天下的情况呢？就是用这种道理。

第 54 章　善建者不拔，善抱者不脱，子孙以祭祀不辍（善于建树的不可能拔除，善于抱持的不可以脱掉，如果子孙能够遵循、守持这个道理，那么祖祖孙孙就不会断绝）。修之于身，其德乃真；修之于家，其德乃余；修之于乡，其德乃长；修之于邦，其德乃丰；修之于天下，其德乃普。故以身观身，以家观家，以乡观乡，以邦观邦，以天下观天下。吾何以知天下然哉？以此。

关于老子的"道德"之"道"，我们再次强调"道德"即"得道"这一观点。在古时候，这个"德"就是"道德"的"德"，和得到东西的"得"是通的。前面讲过，老子之书，最初取名《老子》，之后取名《德道经》，后面才取名《道德经》。这里再次给各位分享这个观点，就是"道德"，一定是"得道"的意思，它属于基于形上学存在的在场的实践理性。道德源于个体对自己在场的现实的形上学心性良知的自觉，借助符合"道体"之"道"或"大道"的形下学行为不断地充实完善自我，最后具备或呈现出老子的"无为而无不为"、庄子的"相忘于江湖"、子思的"极高明而道中庸"、王阳明的"致良知"之"得道"之道德。所以，老子"道德"意义上的"道"是以"得道"，即体悟"道体"之"道"为前提的。老子要求人们舍弃浅薄虚华，守住敦厚淳朴，也就是庄子讲的，"相呴以湿，相濡以沫，不如相忘于江湖"。而且，老子本人还给予了引导人们回归敦厚淳朴的一些很好的建议，这就是"善者吾善之，不善吾亦善之，德善。信者吾信之，不信者吾亦信之，德信"。

与此同时，必须指出的是，"得道"意义上的"道德"或"实践理性"是"道法自然"，是"极高明而道中庸"，是"致良知"，是自觉了在场的形上学心性良知并涌现了觉醒型形上学智慧的中士、上士才可能具备或呈现出来的形上学意义上的道德，而对尚未自觉在场的心性良知、尚未涌现出觉醒型形上学智慧的下士而言，他们所具备或呈现出来的道德是不违背在场的形下学道德规范，即不违背所谓的在场的社会公德、职业道德、家庭伦理道德规范，以及自己认可的在场的个人道德规范的形下学意义上的"得理"之道德。相对而言，以老庄为代表的道家更强调在场的形上学意义上的"得道"之道德，而以孔孟为代表的儒家则既重视基于心性良知自觉基础上的在场的形上学意义上的"得道"之道德，也十分重视以不违背在场的人伦社会道德规范的形下学意义上的"得理"之道德。

4. 道术之道

接下来分析讲解老子的"道术"之"道"。老子有关在场的"道术"之"道"系列论述思想深刻、见解独到、涵义丰富、影响深远，为历代统治者所重视，也得到了各级各类领导者、管理者的大力推崇。

其一，其政闷闷，其民淳淳；其政察察，其民缺缺。

老子认为，政治宽厚清明，人民就淳朴忠诚；政治苛酷黑暗，人民就狡黠、抱怨。

灾祸常伴幸福，幸福藏伏灾祸。谁知道它们的究竟？它们并没有一个定准。正忽而转变为邪，善忽而转变为恶。人民的迷惑已经有长久的时日了。因而有道的人方正而不割人，锐利而不伤人，直率而不放肆，光亮而不刺目。

第58章　其政闷闷，其民淳淳；其政察察，其民缺缺。祸兮，福之所倚；福兮，祸之所伏。孰知其极？其无正（dìng，谁能知道究竟是灾祸，还是幸福？它们并没有确定的标准）。正复为奇，善复为妖。人之迷，其日固久（已为时很久了）。是以圣人方而不割，廉（刚直）而不刿（guì，刺伤、划伤），直而不肆，光而不耀。

其二，早服谓之重积德，重积德则无不克。

老子认为，治理国家，事奉上天，没有比省约更好的方法。正因为省约，所以能够做到早做准备；早做准备，就是不断地积“德”；不断地积“德”，就没有什么不能攻克的；没有什么不能攻克，那就无法估量他的力量；具备了这种无法估量的力量，就可以担负治理国家的重任。有了治理国家的原则和道理，国家就可以长久维持，国运长久，这就是根深蒂固，符合长久维持之道。

第59章　治人事天，莫若啬（爱惜）。夫唯啬，是谓早服（早做准备）；早服谓之重积德；重积德则无不克；无不克则莫知其极；莫知其极，可以有国，有国之母，可以长久。是谓深根固柢，长生久视之道（道理、道术也）

其三，治大国，若烹小鲜。

道术，即统治之术、治理之术、管理之术也。老子倡导的“治大国，若烹小鲜”启示我们，无论是治理一个国家，还是管理一个组织，都不应该经常更换制度、体制、机制，经常更换管理者和核心员工。20世纪著名管理学家法约尔提出的现代管理之“稳定原则”非常契合老子这一伟大的思想，是十分深刻的，是各级各类的领导者、管理者都应该认真学习领会的。老子进一步认为，之所以强调“治大国，若烹小鲜”，是因为坚持“以道莅天下”者，“不伤人”也，即不干扰人也，神与圣人皆如此。

第60章　治大国，若烹小鲜。以道莅天下，其鬼不神（不灵光）；非其鬼不神，其神不伤（干扰）人；非其神不伤人，圣人亦不伤人。夫两不相伤（干扰），故德交归焉（这样，神与圣人都不干扰人，所以，就可以让人民享受到德的恩泽）。

其四，协和万邦，“大国者下流”。

《老子》第61章将如何处理好国与国之间的关系说得很到位、很透彻。中国古代的政治家们倡导“亲仁善邻”“协和万邦”与老子在这一章里所倡导的观点很相似。老子主张“大国者下流，天下之牝，天下之交也”。什么意思呢？就是说“大国以下小国”，就是大国要尊重小国，这样的话，“则取小国”。当然，老子也主张“小国以下大国”，小国怎么来驾驭大国呢？小国也应该对大国采取低姿态。也就是说，在老子看来，大国不应该居高临下，对小国持霸凌的态度，小国也不应该过于委曲求全，过度依附于大国。

第61章　大国者下流，天下之牝（雌），天下之交也（大国居于江河下游，处在天下雌柔的位置，为天下所归附）。牝常以静胜牡（雄），以静为下。故大国以下小国，则取小国。小国以下大国，则取大国。故或下以取，或下而取（或者大国对小国谦让而取得小国的信任，或者小国对大国谦让而见容于大国）。大国不过欲兼畜人，小国不过欲入事人，夫两者各得所欲，大者宜为下（大国不要过分想统治小国，小国不要过分想顺从大国，两方面各得所欲求的，相对而言，大国则更应当对小国谦下忍让）。

第五，天下难事，必作于易；天下大事，必作于细。

老子认为，以无为的态度去作为，以不搅扰的方式去做事，以恬淡无味为味。大生于小，多起于少。解决困难的事要从容易的入手，实现远大的目标要从细微的目标切入；天下的难事，必定从容易的做起；天下的大事，必定从细微的小事做起。所以有道的人始终不自以为大，因此能成就大的事情。轻易允诺的人一定会失信，把事情看得太容易的人一定会遭遇更多的困难。所以，圣人总是把事情看得艰难，因而终究没有困难。在谈到“提高执行力”的时候，我们非常强调一个很重要的观点，这就是重视细节，即所谓的“细节决定成败”。其实，老子在这一章里面也非常明确地强调了这个思想，即“天下大事，必作于细”。

第63章　为无为，事无事，味无味。大小多少，报怨以德（大小多少不必计较，以德行来响应怨恨）。图难于其易，为大于其细。天下难事，必作于易；天下大事，必作于细。是以圣人终不为大，故能成其大。夫轻诺必寡信，多易必多难。是以圣人犹难之，故终无难矣（圣人总是把事情看得困难，以致最后没有困难）。

第六，以其不争，故天下莫能与之争。

老子认为，江海所以能成为许多河流所汇往的地方，因为它善于处在低下的地位，所以能为许多河流所汇往。圣人应该效仿江海，谦卑地对待人民，做人民的表率，把自己的利益放在人民的后面。要想成为人民的领袖，必须全心全意为人民服务；要想成为人民的表率，必须把人民的利益放在第一位。这样做，领导居于上位，人民才不会感到身心疲惫；居于前面，人民才不会感到受到伤害。所以天下人民乐于推戴而不厌弃。因为他不跟人争，所以天下没有人能和他争。

第 66 章　江海之所以能为百谷王者，以其善下之，故能为百谷王。是以圣人欲上民，必以言下之。欲先民，必以身后之。是以圣人处上而民不重，处前而民不害。是以天下乐推而不厌。以其不争，故天下莫能与之争。

第七，民不畏威，则大威至。

老子认为，人民不畏惧统治者的威压时，可怕的祸乱就要到来了。统治者不要威胁人民的生存，不要阻塞人民的生活。只有这样人民才不会厌弃他。因此，有道的圣人有自知之明且不自我表现，有自爱之心但不自显高贵。所以要舍弃自见、自贵，而保持自知、自爱。

第 72 章　民不畏威，则大威至。无狎（xiá，逼迫）其所居，无厌（yā，压迫、阻塞）其所生。夫唯不厌（压迫、阻塞），是以不厌（yàn）。是以圣人自知不自见（xiàn），自爱不自贵。故去彼取此。

第八，勇于敢则杀，勇于不敢则活。

《老子》第 73 章告诫人们要“勇于不敢”，要知敬畏，要敬畏良知，敬畏道理，敬畏规矩。《老子》原文是这么讲的：“勇于敢则杀，勇于不敢则活。”我们有些人认为自己很有本事，认为自己很有智慧，可以不遵循法律法规、道德规矩、因果理则。这不行，这是不知敬畏，是不应该的，“勇于敢则杀”。所以老子告诫大家，要有敬畏感，要勇于不敢。当然，老子也说，“此两者或利或害”，要视具体情况而定，也就是说，也不能够说老子就不提倡“勇于敢”。老子认为，关键在于我们要效法在场的“天之道”，方能“不争而善胜，不言而善应，不召而自来，繟然而善谋。”

第 73 章　勇于敢则杀，勇于不敢则活。此两者或利或害。天之所恶，孰知其故？天之道，不争而善胜，不言而善应，不召而自来，繟然（安然、坦然）而善谋。天网恢恢，疏而不失。

第九，无为而治，勤俭治国。

老子倡导，放水养鱼，无为而治，勤俭治国，民富民为才能国强。《老子》第 75 章把一个道理讲的很清楚，就是讲放水养鱼，讲无为而治，强调的是勤俭治国，强调民富、民为，才能够国强。第 75 章的原文是这样讲的：“民之饥”，民为什么饥饿呢，“以其上食税之多”，统治者的收税太多。“民之难治”，为什么人民难治呢？“以其上之有为”，就是统治者喜欢有所作为，是以难治。为什么“民之轻死”呢？“以其上求生之厚”，“是以轻死”。就是说人民之所以轻死，是因为什么？因为统治者使人民无法生存,因此不怕犯死罪。所以说统治者应该恬淡无为,不要强取豪夺。在老子看来,这是更为高明的统治术。

第75章 民之饥,以其上食税之多,是以饥。民之难治,以其上之有为(是由于统治者政令繁苛、喜欢有所作为),是以难治。民之轻死,以其上求生之厚,是以轻死(人民之所以轻死,是因为统治者使人民无法生存,因此不怕犯死罪。因此,统治者恬淡无为比强取豪夺要高明得多)。夫唯无以生为者(不把厚生奢侈作为追求目标的人),是贤于贵生(清静恬淡的人胜于奉养奢厚的人)。

关于"道术"之"道",我们最后再强调一个观点:老子的"道术"意义上的"道",对于我们应该是有很多启示的,无论是在国家层面的有效治理,还是组织层面的有效管理,我们都应该学习借鉴老子的在场的"道术"之"道"的形下学智慧。

第二节 庄子的逍遥

一、庄子其人

庄子(约公元前369年—286年),名周,字子休。庄周出生于宋国蒙,是宋国的公室后代,先祖可以追溯到宋国的第十一代国君宋戴公。蒙的现代地理位置大约在河南商丘(还有其他说法)。庄子生平只做过宋国漆园吏。庄子是中国历史上著名的思想家、哲学家和文学家,有人把庄子称为中国的散文之父。你们去读读《庄子》便知这个说法绝对不为过,可以说是名副其实、实至名归。

庄子也是道家学派的主要代表人物,是老子思想的继承者和发展者。后世将他与老子并称为"老庄",说明庄子忠实地继承了老子的思想。他们的哲学思想体系,被思想学术界尊为"老庄哲学"。老庄哲学是中国传统哲学中唯一能与儒家学说和后来的佛家学说分庭抗礼的最伟大的学说体系。道家在中国思想发展史上占有的地位绝不低于儒家和佛家,道、儒、释三家交相辉映,共同演绎了中国传统哲学发展变化的辉煌篇章,深刻且持久地影响了中华民族的精神气质以及中国人的日常生活行为习惯。

庄子的学问渊博,游历过很多国家,对当时的各家各派都有所研究,进行过分析批判。楚威王听说他的才学很高,派使者带着厚礼,请他去做相国。庄子笑着对楚国的使者说:"千金,重利;卿相,尊位也。可你就没有看见祭祀用的牛吗?喂养它好几年,然后给它披上有花纹的锦绣,牵到祭祀祖先的太庙去充当祭品。到了这个时候,它就想当个小猪,免受宰割,也办不到了。你赶快给我走开,不要侮辱我。我宁愿像乌龟一样在泥塘自寻快乐,也不受一国君的约束,我一辈子不做官,让我永远自由快乐”。

《庄子》这本书大约成书于先秦时期。《汉书·艺文志》著录五十二篇,今天的版本三十三篇。其中内篇七,外篇十五,杂篇十一。全书以“寓言”“重言”“卮言”(zhī yán)为主要表现形式,继承老子学说而倡导相对主义,蔑视礼法权贵而倡言逍遥自由,内篇的《齐物论》《逍遥游》和《大宗师》集中反映了此种哲学思想。其实我们要重点分析讲解的就是《庄子》这部分的相关思想。

二、庄子的逍遥

关于“庄子的逍遥”这部分内容所蕴含的伟大而深刻的思想,我想通过五个故事,或者说五则寓言予以分析讲解之。

(一)庄周梦蝶〈齐物论〉

“庄周梦蝶”这则寓言非常浪漫,我每每读到这部分,都会浮想联翩。他的大意是:一天,庄周做梦,梦见自己变成翩翩起舞的蝴蝶。醒来之后他就想,到底是蝴蝶在我庄周梦中呢,还是我庄周在蝴蝶的梦中?庄周、蝴蝶皆为大道所化,时而化为庄周,时而化为蝴蝶,也就是说,庄周与蝴蝶“虽有分,而实不二”。这则寓言是非常深刻的,学界一般将其解读为庄子的相对主义思想。我的理解有些不同,我个人认为,庄周梦蝶这个故事里面,反映出庄子在继承发展老子在场的“道法自然”形上学思想的基础上,已经在尝试突破形上学,已经在尝试从不在场的超形上学视域看世界。在庄子看来,既然我们可以设想究竟是庄周在蝴蝶梦里,还是蝴蝶在庄周梦中,那么,我们当然可以怀疑任何一种说法,不执念于其中任何一种说法,任何说法皆有可能都只是一种方便说法而已,其中并无任何究竟。可以这么讲,如果没有庄子在这方面的努力,我们很难设想,为什么中国会有一批又一批的人到印度学佛学。我们也很难设想,印度佛学传入中国之后,居然能够在中国的土地上生根、开花、结果,并获得巨大的发展。可以这么讲,庄子开启了中华民族突破形上学并开创超形上学的历史。

原文:昔者庄周梦为蝴蝶,栩栩(xǔ)然蝴蝶也。自喻适志与!不知周也。俄然觉,则蘧蘧(qú)然周也。不知周之梦为蝴蝶与?蝴蝶之梦为周与?周与蝴蝶则必有分矣。此之谓物化。

（二）庖丁解牛〈养生主〉

接下来分析讲解《庄子》的第二则寓言——“庖丁解牛”。这个寓言很经典，可以说是对老子“道法自然”思想的完美诠释。这个寓言的大意是：有一个名叫丁的厨师替梁惠王宰牛，手所接触的地方，肩所靠着的地方，脚所踩着的地方，膝所顶着的地方，都发出皮骨相离声，刀子刺进去时响声更大，这些声音没有不合乎音律的。它竟然同《桑林》《经首》两首乐曲伴奏的舞蹈节奏合拍。梁惠王说：“你的技术怎么会高明到这种程度呢?”丁厨子于是放下手中的刀，回答说：“我感兴趣的是道，比技巧高一层。从前我学宰牛，眼前只见整头的牛。三年学满后，心头有底了，那整头的牛在我看来只是许多块牛肉的组合罢了。干到现在，我已熟视无睹、全凭心灵洞察，非但不用视觉，五官知觉全不用了。掌椎、肩靠、脚踩、膝顶、横划、直刺，都是直觉支配，顺着肌理下刀，拉开肉块之间的大缝隙，穿过骨节之间的空间。总之，要照顾到整体的自然结构，刀向阻力最小处走。碰上结缔组织、连骨肉、连骨筋，我便绕道，决不硬闯，更不用说去砍大骨头了。高级厨子遇筋便割，年年换刀。普通厨子遇骨头便去砍，月月换刀。瞧我这把刀吧，用了十九年仍然锋利如初，宰牛无数。为什么会这样呢? 因为我既不用这把刀去割筋，也不用这把刀去砍骨头，所以我这把刀至今仍然锋利如初。”这个故事其实就是讲的顺乎自然规律而为之，就是老子说的“道法自然”“无为而无不为”。

原文：庖丁为文惠君解牛，手之所触，肩之所倚（yǐ），足之所履，膝之所踦（yǐ），砉（huā）然响然，奏刀騞（huō）然，莫不中音。合于《桑林》之舞，乃中《经首》之会（音节）。文惠君曰：“譆，善哉！技盖至此乎?”庖丁释刀对曰：“臣之所好者道也，进（超过）乎技矣。始臣之解牛之时，所见无非牛者。三年之后，未尝见全牛也。方今之时，臣以神遇而不以目视，官知止而神欲行。依乎天理，批大郤（批：劈开。郤：xì，同隙），道（导）大窾（kuǎn，骨节空穴处），因（依）其固然（牛体本来的结构）。技经（经络）肯（紧附在骨上的肉）綮（qìng，筋肉聚结处）之未尝；綮而况大軱乎（gū，股部的大骨）！良庖岁更刀，割也；族庖月更刀，折也。今臣之刀十九年矣，所解数千牛矣，而刀刃若新发于硎（xíng，磨刀石）。彼节者有间，而刀刃者无厚；以无厚入有间，恢恢乎其于游刃必有余地矣，是以十九年而刀刃若新发于硎。”

（三）相忘于江湖〈大宗师〉

接下来分享庄子在《庄子 · 大宗师》里非常经典的一则寓言，这就是“相忘于江湖”。大致意思是：鱼离开了江河湖海，彼此相呴以湿、相濡以沫，好不感人，庄子则认为,不如彼此相忘,逍遥于江湖。庄子在这儿并没有否定相呴以湿、相濡以沫的合理性,但是在庄子看来,这个境界当然不如相忘于江湖。无论是老子,还是庄子,他们都倡导"道法自然",都主张"相忘于江湖"。在他们看来,这个境界比相呴以湿、相濡以沫更高,其实也就是前面讲的老庄的形上学智慧。老子和庄子始终是把形上学智慧置于形下学智慧之上的,始终坚持了"无为而无不为""极高明而道中庸"的思想。

原文:泉涸,鱼相与处于陆,相呴以湿,相濡以沫,不如相忘于江湖。与其誉尧而非桀也,不如两忘而化其道。夫大块(大地)载我以形,劳我以生,佚(通作"逸",闲逸)我以老,息我以死。故善吾生者,乃所以善死也。

(四)浑沌之死〈应帝王〉

我们来分析讲解《庄子》另一则影响深远的寓言,名曰"浑沌之死"。南海之帝为儵(shū),北海之帝为忽,中央之帝为浑沌。儵与忽时相下遇于浑沌之地,浑沌待之甚善。儵与忽谋报浑沌之德,怎么报答呢?他们忽然看见浑沌没有七窍,就是没有眼睛、耳朵、鼻子、嘴巴。他们就想帮助浑沌开窍。然后他们商量每天替浑沌开一窍。第一天,把嘴巴开出来,到第七天,终于把最后一窍开出来了。大家想一想,最后一天,七窍开出来之后发生了什么?浑沌死了。

这则寓言要表达什么思想呢?在庄子看来,浑沌是非常高的境界,庄子的浑沌放在今天,就是20世纪后半叶西方科学界所创立的混沌理论,两者的思想惊人的一致。现在的混沌理论强调什么观点呢?它说事物进化的最高阶段是非平衡态混沌,而不是有序。这个混沌是什么意思呢?就是确定论系统中的内在随机性,就是将有序和无序糅合在一起的状态。或者说,按照科学的说法,将确定系统和随机系统合二为一的体系,进一步说,就是第一章中已经介绍过的不二论的思想,就是将有序和无序视为"虽有分,而实不二"的关系。这个是西方现代科学意义上的混沌概念,而这个现代科学概念和两千年前庄子的思想是高度契合的。

其实,和庄子"中央之帝"思想契合的还有一个表达,就是郑板桥的"聪明难,糊涂尤难,由聪明而转入糊涂更难"。这个"难得糊涂"和中央之帝的"浑沌"以及现代科学的"混沌",其思想在本质上是一致的。

原文:南海之帝为儵(shū),北海之帝为忽,中央之帝为浑沌("儵"和"忽"指急匆匆的样子,"浑沌"指聚合不分的样子,一指人为的,一指自然的,因此"儵""忽"寓指有为,而"浑沌"寓指无为)。儵与忽时相与遇于浑沌之地,浑沌待之甚善。儵与忽谋报浑沌之德，曰：“人皆有七窍（两眼、两耳、两鼻孔和嘴）以视听食息，此独无有，尝试凿之。”日凿一窍，七日而浑沌死。

（五）鼓盆而歌〈至乐〉

这则寓言广为传颂，影响深远。寓言的大致意思是：惠子（惠施）听说庄子的妻子死了，心里很难过。他和庄子也算是多年的朋友了，便急急忙忙地向庄家赶去，想对庄子表示自己的哀悼之情。可是当到达庄家时，眼前的情景却使他大为惊讶。只见庄子岔开两腿，像个簸箕似的坐在地上，手中拿着一根木棍，面前放着一只瓦盆。庄子就用那根木棍一边有节奏地敲着瓦盆，一边唱着歌。惠子先是发愣发呆，继而渐渐生出不满，最后愤愤不平了。他怒气冲冲地走到庄子面前，庄子略略抬头看了他一眼，依旧敲盆、唱歌。惠子忍不住说道：“庄子！尊夫人跟你一起生活了这么多年，为你养育子女，操持家务。现在她不幸去世，你不难过、不伤心、不流泪倒也就罢了，竟然还要敲着瓦盆唱歌！你不觉得这样做太过分吗！”庄子听了，这才缓缓地站起身。惠子朝他脸上一看，方才觉得自己刚才的话有点过分。怎么能说庄子一点也不伤悲呢？他的脸上，现出一层淡淡的悲切，眼圈也红着。惠子不觉暗暗叹了口气：“这个庄周，对什么都是淡淡的，以致总让人捉摸不透。”庄子说：“惠兄，感谢您老远地跑来吊唁。其实，当妻子刚刚去世时，我何尝不难过得流泪！只是细细想来，妻子最初是没有生命的；不仅没有生命，而且也没有形体；不仅没有形体，也没有气息。在若有若无恍恍惚惚之间，那最原始的东西经过变化而产生气息，又经过变化而产生形体，又经过变化而产生生命。如今又变化为死，即没有生命。这种变化，就像春夏秋冬四季那样运行不止。现在她静静地安息在天地之间，而我却还要哭哭啼啼，这不是太不通达了吗？所以止住了哭泣。”

庄子认为，人的生命是由于气之聚，人的死亡是由于气之散。他的这番道理，姑且不论其真实程度，但就其对待生死的态度来说，便远在常人之上。他摆脱了鬼神对于人类生死命运的摆布，只把生死视为一种自然的现象，认为生死的过程不过是像在场的四时的运行一样自然。

原文：庄子妻死，惠子吊之，庄子则方箕踞（一种不拘礼节的坐姿，状如簸箕）鼓盆而歌。惠子曰：“与人居，长子老身（为你生儿育女直至老死），死不哭亦足矣，又鼓盆而歌，不亦甚乎！”庄子曰：“不然。是其始死也，我独何能无概然！察其始而本无生，非徒无生也而本无形，非徒无形也而本无气。杂乎芒芴（máng wù，同“恍惚”，形容不可辨认，不可捉摸）之间，变而有气，气变而有形，形变而有生，今又变而之死，是相与为春秋冬夏四时行也。人且偃然寝于巨室，而我嗷嗷（jiào）然随而哭之,自以为不通乎命,故止也。”

老子的伟大主要在于将中国思想从在场的形下学提升到了在场的形上学,他大力倡导“无为而无不为”“道法自然”,倡导效法自然之道,“为而不争”“勇于不敢”“损有余以补不足”,这是老子对中国文化的最大贡献。庄子的逍遥主要表述为自由自在、不受拘束、悠然自得。表现为“朝三暮四”“庄周梦蝶”“中央之帝”“鼓盆而歌”“相忘于江湖”“至人无己,神人无功,圣人无名”等寓言、观点,已经在尝试超越老子,尝试否定或超越在场的形下学和形上学境界了。

总之,在中国历史上,老子将中国思想从形下学层面提升到了形上学高度,而庄子在忠实地继承了老子相关思想的基础上,已经在尝试着突破在场的形上学的局限,为中华民族的思维实践开疆拓土、攻城略地,无意识之中为数百年之后魏晋玄学的兴盛,特别是消解印度佛学,将中国人的思想境界从在场的形下学和形上学层次提升至不在场的超形上学境界,并成功创建中华禅宗、中华佛学的伟大实践奠定了重要的本土思想文化基础。

第五章 《坛经》之究竟与自由

课程视频

《坛经》是中国文化史上最具有影响力的佛学著作，在中国传统文化既有的在场的形下学和形上学思想的基础之上，成功地开拓出中国式的不在场的超形上学思想，奠定了中国化佛学的思想基础，是深刻地影响并改变了中华民族精神气质和中国人思维行为方式的重要著作之一，以《坛经》为主要经典的中华禅宗是中华优秀传统文化的最重要组成部分之一，也是人类文明的重要组成部分之一。关于第五章——"《坛经》之究竟与自由"，我们先讲几个重要引言，分析讲解佛学的一些基本知识，为分析讲解《坛经》这部重要的中国佛学经典铺垫好必要的佛学文化知识基础，引言讲完后，再来集中分析讲解两个问题：第一，关于禅宗；第二，《坛经》解读。

关于《坛经》的分析讲解，主要参照了丁福保的《六祖坛经笺注》（中华书局，2011），傅伟勋的《从西方哲学到禅佛教》（三联书店，1989），丁福保笺注、陈兵导读、哈磊整理的《坛经》（上海古籍出版社，2011），丁福保的《佛学大辞典》（文物出版社，2015），梁漱溟的《东西方哲学及其文化》（上海人民出版社，2015），洪修平、吴永和的《禅学与玄学》（江苏人民出版社，1992），洪修平的《中国佛教文化历程》（浙江教育出版社，2005），姚卫群的《印度哲学与中印佛教》（宗教文化出版社，2021），高令印的《中国禅学通史》（宗教文化出版社，2006），余日昌的《实相本体与涅槃境界》（巴蜀书社，2003），贾题韬的《坛经讲座》（《广东佛教》编辑部，1992），铃木大拙的《禅是什么》（海南出版社，2016）、《禅学入门》（海南出版社，2012）、《禅与心理分析》（海南出版社，2012）、《禅与生活》（黄山书社出版，2010）、《通向禅学之路》（上海古籍出版社，1989），郭齐勇主编的《中国哲学通史》（隋唐卷）（江苏出版社，2022），赖永海主编的《中国佛教通史》（1—17 卷）（江苏人民出版社，2010），以及许多曾经认真研读过却未能清晰记住相关出版期刊信息的佛学著作和学术论文。真诚感谢给予我解读《坛经》这部中国佛学文化经典以指导和启示的所有学者专家。

引言一　梁漱溟论西中印文化——文化三路向说

学界对梁漱溟在20世纪30年代就提出的如下有关西方文化、中国文化与印度文化及其相互关系的观点并未形成统一意见。

梁漱溟认为,文化的不同缘于意欲之所向不同,生活的根本在于如何满足自己的意欲或欲望。他认为,在生活中碰到某一问题或困难时,解决的方式大致有以下三种:其一,以意欲向前要求为其根本精神,关注外在自然,向往未来。其二,以意欲自为、调和、持中为其根本精神,关注现实社会,重视现实。其三,以意欲反身向后要求为其根本精神,关注内在自己,自我救赎。梁漱溟认为,西方文化是"未来的路向",即西方人秉持积极进取奋斗前进的态度,走的路向是遇到困难就克服困难,即所谓"遇水架桥,逢山开路"。中国文化是"关注现实",即中国人走的是上述的第二条路向。遇到困难,不思解决困难,而是在自己的念头上求得满足。如生活遇到困难,不去改善生活,而是满足于当前的贫困状态,乐在其中。印度文化是"意欲反身向后要求",即印度人走的上述第三条道路,即他们遇到难题干脆取消问题,视而不见,认为外在的一切都是虚幻不实、不必执念的。在梁漱溟看来,各个文化系统发展的应然方式是从第一路向出发,接着走第二路向,最后都走向第三路向。也就是说,各个民族文化所走的途径应该是直线式前进的。当然他本人却不能提供充分的理由分析论证为什么文化的发展路向必须是直线的,而不能是齐头并进的。思想史和哲学史的历史告诉我们,第一路向、第二路向和第三路向并不是单线式连续渐进的关系,而应该是齐头并进的,相互之间有错综复杂的的关系。

每个人要想有效地生存下去,必须同时解决三个问题:第一个问题是人与自然的关系;第二个问题是人与他人、人与社会的关系,即人与人的关系;第三个问题是人与自己内在生命的关系,即人与心的关系。这三种关系应该是相互关联的。人走的路并不是单线前进的,而是多元的、多向度的。梁漱溟的文化三路向说指出西中印文化是各走自己的路,其间无短长优劣可论。他的文化理论改变了当时那种以优劣讨论西中印文化的模式,也摆脱了认为东方文化优于西方文化的偏狭的复古论调,客观上有利于提高民族文化的自尊。在梁漱溟看来,西方文化自然有其合理之处,有其适应历史需要的当前性。他认为,在人类的初级阶段,法律、理性是主导,资本主义社会的制度设置还是合理的,维护社会底线的坚守,不管是政治、经济、文化层面都发挥了巨大作用。到了人类稍微高级阶段时,只有底线和制度合理远远不够,还必须在如何有效处理人与人之间的社会伦理关系及人与自己心性佛性之间的关系、意识人类如何有效实施基于心性良知自觉的“得道”式的道德思想行为(王阳明之“致良知”),以及意识人类如何超越现实人生、实现人类心灵的究竟解脱等方面发挥人的主体性,发挥人的个性和主观能动性。为此,就必须有超出法律层面的更高精神自省和追求。这时,相对而言更为重视在场的形上学思想和不在场的超形上学思想的中国传统儒道释文化,尤其是发源于印度的佛学文化、植根于中华大地的中华禅宗智慧、十分深刻的印度吠檀多哲学思想等东方哲学、东方智慧、东方文化,就可能得以复兴和弘扬。

引言二 缘起性空与十二因缘说

一、缘起性空

“缘起性空”是佛学用语。所谓“缘起”,就是说,世间上没有独存性的事物,也没有常住不变的东西,一切都是因缘和合所生起。所谓“性空”,是说因缘和合所生起的对象性存在“有”,其自性为空;如果自性不空,则不能有,这就是所谓的“真空生妙有”。由缘起性空也可以推出“空不空、有非有,空有不二”或“色不异空,空不异色,色即是空,空即是色”的结论,只是尚存在着内在矛盾,不够彻底而已。后期的唯识宗曾尝试以“唯识无境”“心为法本”“三界唯心,万法唯识”“唯识性空”等心本体论或识本体论思想予以化解。

缘起论是佛学的根本,要明白佛教义理,须从缘起论开始或从缘起论切入。“缘起”并非既成的而是生成的,并非神定的而是人定的,具体地说是以释迦牟尼为代表的佛学家们如此这般显现、设定、建构、创造出来的,原本没有所谓的“缘起”或“缘起论”。当初释迦牟尼在菩提树下,因为证悟缘起、自觉佛性而成佛。释迦牟尼认为,缘起是佛教的根本教理,是宇宙人生本来的、必然的、普遍的存在,所谓“若佛出世,若未出世,此法常住,法住法界”。但必须指出的是:缘起论并不究竟,只是一种在场的方便说法,不可对此心生执念,视其为绝对真理。

缘起论认为世间上的事事物物,既非凭空而有,也不能单独存在,必须依靠种种因缘条件和合才能成立,一旦组成的因缘散失,事物本身也就归于乌有。下面,我们尝试从以下几个方面对缘起论予以分析讲解。

1. 缘起论的因、缘、果及其相互关系

缘起论包括因和缘两个部分。因即因素,缘即条件,其中因是主要的,缘是辅助的。依照大家非常熟悉的说法是,因是在场的内部因素,缘是在场的外部条件。在场的因缘聚则生,在场的因缘散则灭。一切法的生灭皆由在场的因缘所定,因此,一切法存在或坏灭也就有因可循、有理可据。凡果必有因,什么的因,便产生怎样的果,因果必相应。世间一切有为法皆无独立性、恒常性,必须依靠“因”“缘”,因缘和合才有“果”。“缘起”法所阐述的就是因、缘、果的关系,三者是相依相待而存在,没有绝对的独立性。

2. 缘起论是佛法的根本

佛学认为,释迦牟尼所说的空有、无常、因果、中道、三法印、四圣谛、十二因缘等教,都是为了诠显缘起思想的根本教理的方便说法,正如《楞严经疏》所说:“圣教自浅至深,说一切法,不出因缘二字。”佛教的各种理论和教派,均以缘起论作为理论基础阐释自己的宗教观和宗教实践。尽管各宗各派的经典根据、论述说法不同,对于“缘起说”所阐述的,无非是宇宙万法生灭变异的关系,以及人生苦乐的来源。缘起是佛教异于其他宗教、哲学思想的最大特色,也是解释宇宙万法起灭,乃至生命起源的一种相对究竟的说法。有一种说法——“见缘起则见法,见法则见佛”,由此可见缘起论之重要。若能从缘起法中通达一切法的空性,即知缘起而有的一切法虚幻不实,即能从缘起法中见到诸法的空性。因此,《金刚经》说:“若见诸相非相,即见如来。”这也就是空宗所坚持的所谓“实相无相”之不在场的非现实存在之无指称“空”,禅宗所坚持的所谓“见性成佛”之不在场的非对象性存在之“无念真如佛性”。

3. 缘起的意义

缘起的意义归纳起来有以下三点:其一,缘起论显示世间上任何事情的结果,都是因缘所生起,因此,必须高度重视因缘、敬畏因缘、善待因缘、创造因缘,为此方能过活自在、随缘、平常、平等、平安的人生。其二,缘起论启示世间万法是“无常”的,祸福相依、好坏相兼、难易相成,即使一时遭遇灾祸、挫折、困难,不用灰心丧气,只要能坚持,就有可能发生改变、逆转,从积极方面看,“无常”为人生带来了无穷希望。其三,一切法既是因缘所生,自然空无自性,无自性便无法自我主宰,所以说“无我”或“法无我”;所有人皆五蕴(色、受、想、行、识)和合而有,自性为空,所以说“无我”或“人无我”。若能正观缘起的诸行无常、诸法无我,就能远离贪欲、憎恨、愚痴三毒烦恼。因此,佛学认为,认识缘起,知道人生祸福、好坏、难易皆是自己所造,非有他力可以主宰,唯有把握自己的现在,才能改变自己的将来,只有这样才能帮助我们把握人生的方向,认识人生的意义,充实人生的内容,建立感恩的美德,培养随缘的习惯,了悟真实的世界,过活自在的人生,拥有希望的未来。

4. 基于"缘起性空"的九条理则

缘起、缘起性空是佛学的根本观点,从小乘佛学到大乘佛学,从空宗到有宗或从般若宗到唯识宗,经过无数佛学家的共同努力,这一创始于释迦牟尼的佛学基本教理不断地发展、丰富,逐渐细化成以下九条理则,充实丰富了佛学内容,进一步深化了意识人类关于"缘起""缘起性空"的认识。

第一,果从因生(先因后果,因缘和合)。缘起的先决条件是"因",有"因"再加上"缘",条件具足,才能生"果"。"因"是生起万事万物主要的、内在的条件,是生果的决定性因素;"缘"是外在的条件,能助因生果,是生果的辅助性因素。所以,佛学认为,在场的万有诸法之所以存在,必定有其生成的因缘,这就是"果从因生"的理则,这有助于我们理解"菩萨畏因,众生畏果,因上努力,果上随缘,但行好事,莫问前程"的佛学道理。

第二,相由缘现("盲人摸雪",南橘北枳)。佛学认为,世间一切现象都是因缘和合而产生的在场的假相,本身并无自性或自性为空,所以说"缘起性空";由于无自性或自性为空,因此一切在场的现象都是随着缘生而现、缘灭而散的,这就是"相由缘现"。以"电子双缝实验"为例,电子被一个接一个地发射出去,当观测者借助观测仪器在某一缝口处去"看",即观测在场的电子运动轨迹时,观测显示,电子是从这一缝口通过的,即刻缝口前面的显示屏上的干涉条纹消失,即该电子以粒子的面目呈现给观测者;当观测者不在缝口处设置仪器观测,即"不看"时,缝口前面的显示屏即可恢复为干涉条纹,证明在场的电子同时从两个缝口通过,即以叠加态或波的面目呈现给在场的观测者。也就是说,在场的人的"看"或"不看"(缘),即意识人类在缝口处是否设置观测仪器予以观测会对"电子双缝实验"的结果(相)产生影响,即相由缘现。

第三,事待理成(因果不虚,敬畏因果)。佛学认为,宇宙万法的生起,肯定是有因缘的,但是在因缘果报的生起上,还有着普遍的理则,也就是大家非常熟悉的所谓"种瓜得瓜,种豆得豆;种瓜不能得豆,种豆不能得瓜"。违背了这个"理"则,便不能成其"事",所以说"事待理成"或"事因理成"。佛学思想家们也据此推出了所谓的"业力因果"或"因果不昧"或"因果不空"学说。

第四,多从一有(一切即一,万法归一)。在一般人的观念里,"一"就是只有一个,"多"就是有很多个;但是在佛学看来,一就是多,多就是一,甚至是"多从一有"。"多从一有"有在场的形下学和形上学两重含义:其在场的形下学含义是,"一文施舍万文收""一粒落土百粒收";其在场的形上学含义是,"心生种种法生,心灭种种法灭”“三界唯心，万法唯识”“唯识无境”“心为法本”“万法尽在自心”等，其中“心”“识”为一，“法”“境”为多。

第五，心为法本（“三界唯心，万法唯识”）。基于“缘起性空”，即“缘起空”基本上可以直接推出前面的四条理则。在第四条理则——“多从一有”的第二种含义，即在场的形上学意义上的“三界唯心，万法唯识”是大乘佛学发展出来的佛学本体论思想，对于我们化解缘起论的内在矛盾（——在场的万事万物或一切法或一切相因因缘和合而有，那么，“因缘和合”是不是法？“因缘和合”又从何而有的？进一步追问“万事万物或一切法或一切相”又是“谁”赋予其特定的名称及其意义的？）无疑是有助力的，佛学家们由此可以说，在场的所谓因缘和合及其所生起的一切法、所有相皆因意识人类的形上学意义上的“心”或“识”，或本体论意义上的在场的“自性”或“佛性”使然，即所谓的“唯识无境”或“三界唯心，万法唯识”或“心生种种法生，心灭种种法灭”。佛学发展到唯识宗标志着佛学本体论的完成，标志着佛学终于完成了对在场的形上学意义上的对象性存在之“心”或“识”的自觉，终于显现、设定、建构或生成了“心为法本”这一基于大成佛学有宗的重要“理则”。

第六，唯识性空（放下便是，当体即空）。在大乘佛学自觉了“心为法本”这一佛学本体论原则或理则之后，接下来又有一个问题，即在场的形上学意义上的“心”或“识”又从何而来？如果说在场的形上学“心”或“识”原本就存在，原本就有，那么就会与释迦牟尼创立佛学的初衷——否定婆罗门教所坚持的在场的所谓最高实在“梵”或“上梵”相违背，显然是佛学家们不能接受的；如果说在场的形上学“心”或“识”原本不存在，原本没有，那么就只能再次回归缘起论，只能得出原本没有形上学意义上的在场的“心”或“识”，在场的形上学“心”或“识”是“生成的”，是因缘和合而成的，即“唯识性空”。由此，我们才能在“缘起空”的基础之上进一步推出“当下空”或“放下便是”或“当体即空”，真正地理解“本来无一物”“万事万物本来空”，由此，我们就必须再次回到大乘空宗或般若宗或中华禅宗同样是基于缘起论所显现、设定、建构或生成的“般若性空”这一超元论原则或理则上来。

第七，般若性空（去来自由，心体无滞）。大乘空宗的代表性人物龙树在《中论》所说的“不生亦不灭，不常亦不断，不一亦不异，不来亦不出”，即所谓的“八不偈”是尝试用所谓的“遮诠法”来确定不能被意识人类指称和建构性描述言说的不在场的非对象性存在“无”或无指称空，并尝试将其与释迦牟尼显现、设定、建构或生成的“缘起性空”或“缘起论”建立起联系来，正如他在《中论》中所说的，“众因缘说法，我说即是空，亦为是假名，亦是中道义，未曾有一法，不从因缘生，是故一切法,无不是空者”。也就是说,龙树并不关注“一切法”的在场的形上学根据,并没有讨论佛学本体论问题,而是径直论说“凡有言句,皆为虚妄”或“一落言荃,便成荒谬”的所谓“一切法”之“本来面目”——不在场的无指称空或非对象性存在“无”,直接宣示同样是基于缘起论的佛学的超元论原则或理则——“般若性空”或“性空般若”。

第八,有依空立(有空不二,真空妙有)。古时候人们常说:“万法归一”,一个禅僧问:“一归何处”?这里表达了一个很重要的思想,即“当下空”或无指称“空”,由此确立了不能被意识人类指称和描述言说的不在场的非对象性存在之“真如佛性”或“无生法身”。接下来的问题是,不在场的无指称“空”或非对象性存在“空”与在场的对象性存在“有”又是什么关系的?佛学认为是不二论关系,即所谓的“佛法是不二之法”,正如《般若心经》所指出的:“色不异空,空不异色,色即是空,空即是色。”龙树在《中论·观四谛品》中也指出:“以有空义故,一切法得成;若无空义故,一切则不成。”空即真如实相,实相无相;空即无生法身,法身不空。法身报身化身,三身一体,法身报身化身,三身不二。法身,即永恒不在场的非对象性存在“空”,报身、化身,即在场的对象性存在“有”。空宗(般若宗)坚守不在场的非对象性存在“空”,即无指称“真如”“法身”,并未否定在场的对象性存在“有”,即有指称“报身”“化身”;有宗(唯识宗)则坚持在场的对象性存在“心”“识”的本体性,坚持“三界唯心,万法唯识”“唯识无境”,坚持在场的世间万法无我,同时,也坚持“唯识性空”,即不可执念于在场的本体“心”“识”,本体“心”“识”也依空而立,也是生成的而非既成的。也就是说,空宗(般若宗)与有宗(唯识宗)均坚持所谓的“有依空立,空因有现”或“有空不离,空有不二”的理则。

第九,佛是人成(人生难得,人圆佛成)。释迦牟尼悟道之初,曾经布道说,众生皆有佛性,人人皆可成佛,但因烦恼无明覆盖,因此不能证得;只要我们能够断除无明,拂尘去垢,自觉不在场的真如佛性,放下对被赋予了意义的在场的“物性”“心性”“佛性”的执念,那么人人都可能证悟成佛,因此有所谓“佛是已觉悟的众生,众生是未觉悟的佛”。《大乘理趣六波罗密多经》指出:“一切有情入佛智,以性清净无别故;佛与众生性不异,凡夫见异圣无差。”这就是所谓的“佛是人成。”形而下者谓之器,形而上者谓之道,超形而上者谓之空。凡夫,即自觉了在场的对象性存在形下学“器”“物性”且执念于“器”“物性”者;圣人,即自觉了在场的对象性存在形上学“道”“心性”且执念于“道”“心性”者;佛,即自觉了不在场的非对象性存在超形上学“空”“佛性”且不执念于“空”“佛性”、不执念于“器”“物性”“道”“心性”者。或者说,人因自觉了在场的“器”或“物性”而成就凡夫或“破茧成蝶”为马克思意义上的“类存在”或所谓的形下学存在;人因自觉了在场的“道”或“心性”

"良知"而成就圣人或"脱胎换骨"为王阳明意义上的"致良知"者或所谓的形上学存在;人因自觉了不在场的"空"或"佛性""法性"且不执念于"佛性""法性"而成就佛或"究竟解脱"为"实践"者、"般若"者、无住者或所谓的超形上学存在。因此,佛终是人成,人圆佛即成。包括人在内所有在场的生命体和非生命体皆有"物性""心性""佛性",唯有人有"觉性",所谓"人生难得",觉性使然也;唯有人可以自觉"物性""心性""佛性",显现、设定、建构、创造或生成"有为法""无为法",即"原本无一法,万法唯人造",也唯有人可以自觉"有为法"(形下学"器"和形上学"道",即在场的对象性存在"有")以及"无为法"(超形上学"空",即不在场的非对象性存在"无"),且能够不执念于在场的对象性存在"器""道"和不在场的非对象性存在"空",实现觉性圆满,即"人觉而法显,人圆则法寂",即所谓"人圆佛成"、人圆法寂也。诚如太虚所说的,"仰止唯佛陀,完成在人格。人圆佛即成,是名真现实"。

二、十二因缘说

十二因缘说,亦称业感缘起说,是佛教的基本教义之一,也是原始佛教业报轮回说的理论基础。什么是"十二缘起说"?就是用"缘起"解释人生的本质及其流转过程的佛学理论。这一学说认为,世界上各种现象的存在都依赖于一定的条件,离开了条件,就无所谓在场的对象性存在。

1.十二因缘的十二个环节

佛教认为,十二因缘即从无明到死彼此成为条件(因果)的十二个环节:一是"无明",即前世人生所生的执念,无知、痴;二是"行",即因无明而产生的善与不善等行为(意志);三是"识",识是佛教的一个特殊概念,相当于前世人生托胎时的心识,类似于哲学家们所讲的灵魂;四是"名色",相当于胎中的精神和物质和合而成的那个兼具物质精神属性的今世人生的胚胎;五是"六入",即今世人生的六根——眼、耳、鼻、舌、身、意;六是"触",相当于出胎后开始接触外界事物,"触"类似于心理学所定义的感觉;七是"受",即对苦乐等感受,类似于心理学所定义的意向;八是"爱",即生起贪爱等欲望,类似于心理学意义上的需要;九是"取",指追求色、香、味、触等,类似于心理学所定义的动机;十是"有",指种种业行、行动,即思想行动,或者简称为心理学中的行为;十一是"生",即来世再生,在你的心识和来世父母交合之外缘所形成的胚胎的基础上开始来世的人生;十二是"老死",是来世人生的终结。

按照佛教"十二因缘学说"的说法,十二个环节中的一二环节是过去因,感现在果;三到七环节是现在果;八到十环节是现在因,感未来果;十一、十二环节是未来果。十二个环节前后之间互成因果，互为生灭条件，是涉历过去、现在和未来三世的总的因果循环链条。

2. 十二因缘彼此间的关系

(1)无明是六道轮回之根本。佛教认为，痴或无明是所有问题或人们永远陷入六道轮回不能自拔的最终原因，也就是说，是因为无明，才会有所谓的六道轮回。十二因缘按照这个逻辑展开，即无明缘行，行缘识，识缘名色，名色缘六入，六入缘触，触缘受，受缘爱，爱缘取，取缘有，有缘生，生缘死。这样就周而复始地形成了六道轮回。十二因缘学说认为，跳出轮回的关键是斩断无明，即破除执念(痴)，转识成智(慧)。

(2)"无明是行缘。""行"是指人的能导致一定果报的业行或所谓的思想和行为。那么，导致人的种种"业行"的原因是什么呢？佛教认为是"无明"，即愚昧无知，人之所以致力于种种善或不善的"业行"，都是由于无知的结果，所以说"无明是行缘"或"痴是行缘"，也就是"业力因果"说的"业力"或"造业"。

(3)"行是识缘。""识"是指人的投生一刹那间的精神本体的活动。那么，导致这种精神本体如此投生的原因是什么呢？佛教认为是前世"行"。这里的"行"，一是指人的一切思想行为，二是指推动这些思想行为获得一定果报的过程和力量。"识"是由于"业行"引发的，因此说"行是识缘"，即因行而识。

(4)"识是名色缘。""名"即心，"色"即身体，"名色"是指胎中已经具有了心身的生命体。那么，导致产生这一生命体的原因是什么呢？佛教认为是"识"。"识"是指人在投生一刹那间的精神本体的神秘活动。佛教认为，人体生命是托"识"而成，所以说"识是名色缘"。

(5)"名色是六入缘。""六入"，是眼、耳、鼻、舌、身、意六种感觉器官和认识机能。那么，导致"六入"的原因是什么呢？佛教认为是"名色"。"名色"则是指兼具身心的生命体。因为有了它才会产生"六入"，所以说"名色是六入缘"，即先有"名色"，之后才有"六入"。

(6)"六入是触缘。""触"是人的肉体或精神与外界直接接触。那么，导致"触"的原因是什么呢？佛教认为是"六入"。如果没有"六入"(眼、耳、鼻、色、身、意)这些器官及其功能，人们就不能触受外界事物，所以说"六入是触缘"。

(7)"触是受缘。""受"是人的种种苦乐感受。那么，导致种种苦乐感受的原因是什么呢？佛教认为是"触"。"触"指人的肉体、精神与外界直接接触，因为有接触才有感受，所以说"触是受缘"，即因触而受，受因触生。

(8)"受是爱缘。""爱"是各种贪爱。那么，"爱"的原因是什么？佛教认为，"爱"的原因是"受"。"受"指各种苦乐感受，导致了人们产生各种贪爱，所以说"受是爱缘”，即因受而爱，爱因受有。

(9)“爱是取缘。”“取”是人们对人生和物欲的追求。那么，“取”的原因是什么？佛教认为是“爱”。“爱”包括性爱、食欲等感情和物质的各种贪爱。人是因为有各种贪爱才去追求种种人生物欲的，所以说“爱是取缘”，即动机(取)源于需要(爱)，有需要才有可能生起动机。

(10)“取是有缘。”“有”的本质是每个人今生的思想与行为，即“业力”的总和。那么，“有”的原因是什么呢？佛教认为是“取”。“取”是指人们对人生和物欲的各种追求，由此形成各种不同的思想行为，即各种不同的“业力”，进而得到不同的回取，所以说“取是有缘”，即行为(有)源于动机(取)，有动机才能够在满足需要的目标出现的情况下，引发或导致指向目标的现实行为。

(11)“有是生缘。”“生”是来世人生的开端。而“生”的原因是什么呢？佛教认为那是因为“有”。“有”是指某个人今生思想行为的总和，佛教又称为“业力”。也就是说，是由今生“业力”之因，导致来世得以生为某类众生之果，所以说“有是生缘”，即所谓的“业力因果”。

(12)“生是老死缘。”佛教认为，人为什么会有“死”的烦恼呢？那是因为有“生”，有“生”才有“死”，所以说“生是老死缘”，即人的死之烦恼源于人的生之执著，除却生之执念，方可化解死之烦恼。这就是所谓的“生死事大”。

3.“十二因缘说”的基本结论

佛教认为，要得到解脱，就必须把这条因果链斩断。死从生，要想不死，就必须断生；断生必须断有；断有必须断取；依此类推，直到把无明断了，才能超出六道轮回，了脱生死，即释迦牟尼所说的“此无故彼无，此灭故必灭”，这样，就可以解脱于生死了。总而言之，在佛教看来，生死轮回最重要的一环是无明、是痴、是无知，修行的最终目标是断除无明或痴或无知。按照佛教的说法，即使修成神仙，无明未断，清福享尽后仍然会掉下来。所以，必须断除无明，直入不在场的涅槃，才是了脱生死的唯一出路。其实，这也就是“十二因缘说”“业力因果”说的最终结论，也就是解决佛学“生死事大”问题的终极方案——放下执念，了脱生死。

最后，再特别说明两点：第一，“十二因缘说”只是佛教的一种说法而已，记住，任何说法皆为方便说法，皆不究竟；第二，如果大家对佛学有很深入的研究，你会得到下面这个结论——“十二因缘说”只是俗谛，它是教人断无明、了脱生死的一种方便说法而已，而不构成佛学最根本的智慧。

引言三 不落因果与不昧因果

有关“不落因果”和“不昧因果”的禅宗公案，我个人认为很重要。我曾经长时期纠缠于这一公案，致力于领悟其背后的禅宗思想。

这一公案的基本内容是：百丈禅师每次上堂，有一老人随众听法；一日众退，唯老人不去。师问：“汝是何人？”老人曰：“某非人也。于过去迦叶佛时，曾住此山，因学人问：‘大修行人还落因果也无？’某对曰：‘不落因果。’遂五百世堕野狐身。今请和尚代一转语，贵脱野狐身。”师曰：“汝问。”老人曰：“大修行人还落因果也无？”师曰：“不昧因果。”老人于言下大悟，作礼曰：“某已脱狐身，住在山后，敢请依亡僧律送。”

这是一个故事，我们尝试通过佛教以下两个维度分析讲解这一公案。

1. 俗谛的解读

依照佛教的说法，所谓“俗谛”，就是说给根性一般的人听的道理或理论。俗谛认为，不落因果与不昧因果各自的道理不同。“不落因果”是说，大修行人所做的一切因果，将后不受报。这种论调当然是错误的，因此这位老人才有堕落野狐身五百世的果报。“不昧因果”就是不可断丧因果，不可冒昧因果，应依因果，大修行人所作所为，其因果是不可断丧的，不会因证得果位就没有因果了，因果不是任何人可抹煞的。“不昧因果”是指对因果报应清清楚楚、明明白白。

注意，这里是依俗谛讲解的，有因必有果，所有人无例外。

2. 真谛的解读

依照佛教的说法，所谓“真谛”，就是讲给根性锐利的人听的道理或理论。经云：“一念觉即彼岸，一念迷即此岸。”历代祖师说，起心即是妄，妄即是因果。故人们起心动念处，无不是因果。有念是无念的因，呼是吸的因，在世是出世的因，出世又是入世的因，这种因果是不能断的。因此说，在形式上人们永远不能断了因果。人们唯有觉悟自心，自心不被因果转，不被因果迷，也就是要断无明，“不昧因果”，才能真正地跳出因果，跳出轮回。学佛修道者若认为自己在世间唯有把一切的因果业都了了，才能够成佛成道，这是迷人，永难获得自在和解脱。因为因果本不自有，因果唯心造，所以，心了一切皆了。什么叫心了？就是前面讲的断无明，你心不了，你不能断无明，你一切都了不了。永嘉证道歌中所说的：“了即业障本来空，未了应须还夙债”，即是此意。经云：“言语道断，心行处灭。”又曰：“起心即是妄。”因为道一落入语言文字，就成了辩证和相对的存在，就是虚妄，就是因果。因此说，人们不能破除心相、法相、因果相、佛相、众生相等种种的相,就不能断了循环,因为人们被虚妄转了,被幻相转了,被因果转了。其实也就是前面所讲的“放下便是,当体即空”。因此可知,佛学要我们领悟的不是可以思虑言说的在场的对象性存在“有”,而是任何思议言说皆使不上劲、用不上力的不在场的非对象性存在“无”或无指称“空”。“这里”没有是非对错,没有生死轮回,没有来没有去,没有因没有果,也就是“动念即乖”“开口便错”“拟议皆非”“一落言筌,便成谬误”“本来无一物”“说似一物即不中”。

引言四　三法印与四圣谛

一、三法印

什么叫“法印”?佛学所说的所谓“法印”,是特指用来印证某种道理、说法是否符合佛法的方法。什么是佛教的“三法印”?佛学所说的“三法印”,即“诸行无常”“诸法无我”“涅槃寂静”,是“印”证佛法真伪的标准,如同世间的公文,凭借印监可以确认公文的真假,故称为“三法印”。“三法印”是识别真佛法与假佛法的标准:一切法若与“三法印”相违的,即使是释迦牟尼亲口所说,也是不了义;若与“三法印”相契合的,纵然不是释迦牟尼亲口所说,也可视同了义。“三法印”是佛法的根本大纲,不仅能够说明在场的宇宙人生生灭变化的现象,也能够诠释不在场的诸佛寂灭无为的解脱境界,是涵括在场的世间法或有为法(十善业道、因果报应)与不在场的出世间法或无为法(实相无相、涅槃寂静)的三条基本定律。在一定意义上也可以说,“三法印”即所谓的“出世间法”,除此之外皆为“世间法”。从更为根本处说:原本没有所谓的“世间法”和“出世间法”,在场的世间法或有为法、不在场的出世间法或无为法皆非佛法,所有说法,本质上都是在场的法,皆不究竟,皆为方便说法。

1. 诸行无常

诸行,即因缘造作之法,即所界定的在场的对象性世界,或佛学所定义的缘生缘灭法界——一切因缘和合而生的在场的物质现象和精神现象。世间的一切有为法都是因缘和合而生起,因缘所生的诸法,空无自性,随著缘聚而生,缘散而灭,是三世迁流不住的,所以说“无常”。“无常”有“念念无常”(一切有为之法,刹那刹那生灭而不停住,是曰“念念无常”)与“一期无常”(世间万物,虽寿命长短不等,皆名一期。任何事物皆生住异灭四相迁流,终归灭尽,是名“一期无常”)两种。佛法中的无常,并非“断灭”,而是“变灭”,这种“变灭”是前灭后生,相续不断的,即“前念不生,后念不灭”。

由“诸行无常”可以合乎逻辑地推出“诸法无我”。

2. 诸法无我

佛学所说的法,泛指一切事物和现象或万事万物,它们以一定的相貌保持一段时期,让我们能够感受其存在。佛学所说的我,泛指固有不变的本性,有主宰或实体的意思(洪修平)。一切有为法(诸行无常)、无为法(非常非无常)并无独立的、不变的“我”的实体,一切法都是依因缘而生,彼此相互依存,并无“我”的恒常不变的实体与自我主宰的功能,所以说“无我”。“无我”有“人无我”(也称人空、我空,即五蕴非有)、“法无我”(也称法空,即万物皆缘生缘灭,没有所谓的主宰者)两种表现形式。因为一切法“无我”,所以“无自性”。无自性,即“缘起性空”“性空缘起”。总之,“诸法无我”与“诸行无常”都是佛教的根本教义之一,都是佛学所坚持的最为基本的理念之一。

由“诸行无常”“诸法无我”可以合乎逻辑地推出“涅槃寂静”。

3. 涅槃寂静

佛学所说的“涅槃寂静”,即放下、无所得,即言语道断、心行处灭,特指灭除贪、嗔、痴三毒烦恼,达到身心俱寂的一种解脱境界。“涅槃”即四圣谛中的“灭谛”。“寂静”是远离烦恼,断绝苦患,也是涅槃的代名词。涅槃佛性是人人本自具足的,释迦牟尼曾说:“大地众生皆有如来智慧德相,但因妄想执著,不能证得;若离妄想,一切智、自然智即得显现。”众生从无始以来,因为“我执”之故,起“惑”造“业”,因“业”受“报”,业报因果不断,生死流转不息;“我执”若除,则惑、业不起,当下即能证得涅槃实相、真如佛性。释迦牟尼宣说“三法印”,就是为了破除众生的无明、我执,以引导众生出离生死之苦,而得涅槃之乐。

“三法印”是原始佛教的基本教义,一切小乘经典都是以“三法印”来印证是否为佛说;大乘经典则以“一实相印”来印证佛法的究竟与否。“一实相印”其实就是“三法印”中的“涅槃寂静”。佛学之所以有不同的说法,是因为众生根性有别,利钝不同,释迦牟尼说法才有广略的方便,而究竟之理只有一个,即“涅槃寂静”。在原始佛教的教理中,“三法印”是“缘起论”的思想基础,“缘起论”是释迦牟尼教法的代表,两者意义相通,同为最初的根本佛法。若能理解“三法印”,也就能理解“缘起论”,也就能把握释迦牟尼的根本思想了。

二、四圣谛

“四圣谛”是佛教的基本教理,一切大小乘经典都是由其开阐出来的。无论原始佛教与后期佛教,均坚持“四圣谛”。释迦牟尼所宣示的“四圣谛”是指佛教所坚持的四种的真理的学说:一是苦圣谛;二是集圣谛;三是灭圣谛;四是道圣谛。释迦牟尼阐释“四圣谛”的目的,是要告诉我们世间的因果以及出世间的因果。苦是指世间的苦果;集是产生苦的原因,即世间因;灭是苦熄灭的果,即出世间的果;道是灭苦的方法,通往涅槃的道路,即出世间的因。

1. 苦圣谛

佛学的“苦圣谛”是关于世间是苦果的说法、学说、理论。佛教的苦圣谛认为,苦即是逼恼的意思,苦有如病,我们要知道所有的病才能医治它。众生经常被无常所逼恼,所以说是苦。这一个在场的现实的世界,充满着多种苦。苦相可分为“三苦”以及“八苦”。所谓“三苦”是指苦苦、坏苦、行苦。遭受到苦事,而感觉痛苦,名“苦苦”;遇到乐事变迁,如身体健壮的人忽然病倒而感受到的痛苦,名“坏苦”;对于一切事物的迁流无常,如美景难住、辉煌难再等所引起的痛苦,名“行苦”。所谓“八苦”是指在生活中我们都会经历八大苦,即生、老、病、死、求不得、怨憎会、爱离别、五阴炽盛苦。初出母胎,烦恼业力,众苦交集,称为“生苦”。岁月流逝,行动不便,思维迟钝,称为“老苦”。身体患病,精神欠佳,身心疲惫,称为“病苦”。神识相离,茫然自失,业境现前,称为“死苦”。终身荣誉,快乐永远,求之不得,称为“求不得苦”。相爱彼此终将别,权利享乐终会失,称为“爱别离苦”。怨家仇人相遇,憎恶之事汇聚,称为“怨憎会苦”。由色、受、想、行、识五蕴等无常的变易炽盛所生之苦,称为“五阴炽盛苦”。总之,“苦谛”是指人们的身心所感受的痛苦。佛学之苦圣谛认为,世间有情悉皆是苦,即“有漏皆苦”。“生死事大”,苦之根本也。苦圣谛,佛教“四圣谛”之根本也。为什么会有苦呢?自然会引出佛教的“集圣谛”。

2. 集圣谛

佛学的“集圣谛”是说明业与烦恼是苦的根源的说法、学说、理论。佛学之集圣谛认为,我们要知道病苦的原因,才能将其断除。集谛就追究苦的生因,它能集生死苦,集就是招感集取。招感就是业力被烦恼所引发出来;集取就是烦恼在造业,即是自己内心所起的无名、贪、嗔、痴等驱使,去妄造一切恶业,依业受报而招集得来的。所以,集圣谛要讲的就是烦恼以及烦恼所造的诸业行。集圣谛是说世界的一切皆由因果关系而生灭起伏着的,无论怎样细微的事象,也不能存在于因果关系之外。由于我们没有觉悟不在场的非对象性存在“真如”或无指称空,陷入“无明”“我执”,而生起对在场的对象性存在“有”的种种执著、欲望,由身、口、意三方面造出业,而业力积集为业因,招集相应其业的苦报,产生的苦果,即“业力因果”。换句话说,苦果的远因是无明等惑,近因是业,就是一切种种恶业,皆由无明生起“我执”,而执著“我想”为根本,所以苦的根本原因其实就是“我想”。现在社会变化发展很快,新兴事物令人眼花缭乱,目不暇接,加之生存压力很大,许多现代人的“我想”“我执”太重,或主动或被动把“我”放在第一位,由此生出无穷的烦恼。现在的苦果是过去的惑业所生,未来的苦果是现在惑业所生的。所以,惑业与苦果常互为因果,业报轮回相续不断,沉沦于“生死苦海”。因为无明、烦恼等能招集生死等,故称为“集谛”。佛学之“集谛”者,探究诸苦之原因的学说也;诸苦之根本原因者,“无明”“痴”“我执”也。佛教的所有修行都是为了除去烦恼、超越生死、究竟解脱,自然就会引出佛教的“灭谛”。

3. 灭圣谛

佛学的“灭圣谛”是关于解脱与证果的说法、学说、理论。佛学之灭圣谛认为,众生无时无刻不在病苦中,我们要知道没病苦的快乐是怎样的？要认识怎样的人是没有病苦的？要证知怎样才是没有病？这是指出世间的果,就是解脱、清净的境界——涅槃。佛学之灭圣谛认为,众生可以从生死相续不断的苦报中得到解脱。灭是指灭除惑、业、苦,灭除贪、嗔、痴等无明烦恼,不再有造作之心,究竟不生。不生所以不灭,即是涅槃。佛学之灭圣谛认为,灭是去我法二执,断除贪嗔痴,生死解脱,众苦消除,得寂灭境,安住涅槃。由于生起苦果的近因是“业”,亦即行为,而业是由烦恼所生,烦恼是由无明及因无明所生的“我想”,以及由“我想”而生的执著及欲望等所生的,所以要断此苦果,须不造业,为着不造业,犹先断其原因之“我想”,断了我想见,才能超绝六道轮回,脱出生死苦海,这就是苦灭的涅槃、究竟的解脱,所以说它为“灭圣谛”。“灭圣谛”是指灭除烦恼和生死之累,进而抵达“有余涅槃”和“无余涅槃”的境界。“有余涅槃”,是特指灭去贪嗔痴等烦恼和善恶诸业,就可以不再受三界中的生死,但还有现在残存的在场的色身、名,即气息犹存,尚在人间;“无余涅槃”,是特指灰身泯智,连现前的果报色身也抛弃了的涅槃,即进入了再无生死流转的不在场的究竟解脱之超形上学境界。有助于意识人类进入涅槃的途径有哪些呢？自然就会引出佛学的“道圣谛”。

4. 道圣谛

佛学的“道圣谛”是关于离苦的道路的说法、学说、理论。佛学之道圣谛认为,我们要知道出世间的因,知道修道离苦的方法。生死事大,诸漏皆苦,我们应该学习、掌握一些修道的方法,努力不懈地修行,最后就可解脱生死,究竟涅槃。道是出世间的因,解脱苦的方法,通往涅槃之路称为道。广义的说有三十七道品,狭义的说有八正道。所谓的“八正道”是指:正见,正确的见解,即对于佛法有正确的了解,远离唯神、唯我等荒谬妄见;正思,纯正的思想,或称正思维,即远离邪妄贪欲,作真理智慧的思索;正语,净善的语言,即远离妄语、两舌、恶口、绮语等言语;正业,正当的工作,即遵守国家法律,坚守道德规范,犯法之事勿作,从事高尚的工作,维持善良的生活;正命,正当合法的生活,即常存着道德、伦理观念,以谋求正当职业,维持健康生命;正念,正确的信念,即正心诚意,远离妄想颠倒;正精进,积极的精神,即勤修戒、定、慧三学,向正理方向努力前进;正定,修习佛教的禅定,即身心注于一境,消除一切杂乱,以养成完满的人格。佛教认为,八正道大致可以划分为以正见为主,正思、正念、正定为辅的精神生活修行,以及以正命为主、正业为辅的物质生活修行的两种类型。八正道中的正语、正精进则依附于这两种类型,影响意识人类的修行。在佛教看来,坚守以上八种正道,才能解脱无明所集聚的烦恼众苦,体悟不在场的清净寂灭、涅槃寂静的非现实境界。佛学的“道圣谛”者,正确的解脱生死、究竟涅槃之道也。

引言五　铃木大拙论禅

我是比较系统地研读过铃木大拙分析讲解中华禅宗的系列著作,并很受启发,这里将他的《禅学入门》所涉及禅宗的一些论述简单梳理如下。

铃木大拙认为,“大部分有宗教信仰的人认为有福报或神圣的敬拜行为,在禅的眼里都只是人为的造作而已”。

铃木大拙认为,“禅不会要我们去沉思狗是不是神,或者三斤麻有无神性。如果禅这么做,那么就落入某个哲学体系,也就再也不是禅了”。

铃木大拙认为,“在禅宗看来一切经教(含缘起论、三法印、四圣谛、十二因缘说等——引者注)都只是方便假设,其中并无任何究竟”。

铃木大拙认为,“数百年前有一位日本禅师,弟子问他如何摆脱生死缠缚,他回答说:‘此处无生死’。”什么意思?就是真谛不谈缘起,直接说放下便是。我再次强调,前面讲的缘起论和十二因缘说其实都是俗谛,是一种方便说法,真谛是不谈缘起的,它直接说:放下便是,当体即空。

铃木大拙认为,“禅要接触的是生命的实相,它不是无生命的石头或是虚空。禅修的目的正是那生意盎然的实相,不,更好地说是在行住坐卧当中把握它,禅是活泼的,不是死的”。

铃木大拙认为,“为了禅悟,即使是‘无一物’的念头也要抛弃”。

铃木大拙认为,“我们之所以无法洞彻真理,正是由于不合理地执著于‘逻辑’的诠释。禅认为我们总是受制于言说和逻辑”。请大家注意,在铃木大拙看来,只要我们一直受到在场的逻辑的束缚,包括前面说的缘起性空、十二因缘等佛教学说的束缚,我们的烦恼便不可断除。

铃木大拙认为,“只要有一点人为造作的味道,一个人就被命定了,他就再也不是自由的存在者了”。

铃木大拙认为,“除非我们能突破‘是’与‘非’的对立,善与恶的对立,否则就不可能体会真正自由的生命”。

铃木大拙认为,“禅带领我们到一个没有任何对立的绝对领域”。

铃木大拙认为,“禅的真理和力量就在于它的单纯、直接和平凡。比如我们见到一个朋友,问候‘早安,你好吗?’对方说‘谢谢,我很好。’禅就在这里头。包括在过去,人们去请教禅师,禅师总是说‘喝茶去’,其实‘喝茶去’这里面就充满了禅意”。

铃木大拙认为,“放荡不羁者没有意志自由,他们被外境系缚,载浮载沉,身不由己。相反,禅享有完全的自由,也就是说,它是自己的主人”。我们以空宗喜欢用的一句话来讲,就是禅“无所住”,或者说贪嗔痴者没有意志自由,意志自由者一定是放下了贪嗔痴。“禅要绝对的自由,甚至要摆脱上帝的羁绊。”“无所住”是这个意思,用形象的话说,就是不执著。禅宗里有一个很经典的说法,就是“说一个佛字,三日漱口”,什么意思?就是你要说一个佛字,你要三天漱口,为什么?就是不要执著任何说法,任何说法都要放下。

铃木大拙认为,“佛教认为,占有欲是凡夫容易执著的贪念当中最不好的。世界里的太多的烦恼都是因为贪求无厌”。

铃木大拙认为,“在禅宗看来,守贫和简朴是他们的规定”。

铃木大拙认为,“在禅中,行善以后绝对不会有任何骄慢或自夸的踪迹,更不会去想什么偿报,即使是上帝也一样”。

前文介绍的有关铃木大拙对禅的一些相关论述。这些思想将在下面的相关部分作更为具体的介绍。

以上将禅宗的几个引言介绍完了,接下来介绍《坛经》的核心内容,以下分两个部分来讲。第一部分就是“关于禅宗”,简要地介绍禅宗以及禅宗的核心思想;第二部分围绕《坛经》这部中华禅学经典重点分析讲解惠能的禅学思想,题目就是“《坛经》解读”。

第一节 关于禅宗

一、禅宗简介

(一)禅宗及其由来

1.禅宗

所谓禅宗,又称宗门(区别于教门,不重经教文字),汉传佛教宗派之一,始于菩提达摩,盛于六祖惠能,中晚唐之后成为汉传佛教的主流,也是汉传佛教最主要的象征之一。中国十三宗之一(毗昙宗或俱舍宗、成实宗、三论宗、涅槃宗、律宗、地论宗、净土宗、禅宗、摄论宗、天台宗、华严宗、法相宗、密宗)。

汉传佛教宗派多来自印度,但唯独天台宗、华严宗与禅宗,主要是由中国独立发展出的三个本土佛教宗派,其中又以禅宗最具独特的性格。

禅宗又名佛心宗、达摩宗、无门宗,指以菩提达摩为初祖,探究心性本源,以期"见性成佛"的大乘宗派。中国自古以专意坐禅者的系统,都可以称为禅宗,兼含天台宗、"三论"("三论"又称大乘空宗、般若宗、性宗、破相宗,依凭《中论》《十二门论》《百论》立宗而得名,因而名之"三论"),而不限于达摩宗;唐中叶以后,达摩宗兴盛,禅宗才专指达摩宗。

2.禅宗的由来

根据佛教的相关传说,释迦牟尼在灵山会上对着百万人天,默然不说一句话,只是轻轻地手拈一枝金波罗花,向大众环示一圈,大家都不了解他的寓意,只有大弟子摩诃迦叶,会心地展颜一笑,于是释迦牟尼便当众宣布:"吾有正法眼藏(指佛之正教,亦即佛之正道真理;眼藏,法眼也。禅宗用来称其教外别传的心印),涅槃妙心,实相无相,微妙法门,不立文字,教外别传,付嘱摩诃迦叶。"这就是禅宗的开始,这也被称为禅宗历史上的第一个公案。后来由迦叶尊者为印度禅宗的第一代祖师,阿难为第二代祖师,历代相传,到了第二十八代菩提达摩,正当中国南北朝时代印度佛教衰微,印度佛教界认为,东土震旦(中国)有大乘气象,所以一批又一批的印度佛教徒来到中国传播佛学。

菩提达摩大约于六朝齐、梁间从印度渡海东来,因其禅法不为当时佛教界所重视，乃入少林寺旁的一个山洞中安心壁观，面壁九年。以“二入四行(理入、行入也，行入即四行，分别是报怨行、随缘行、无所求行、法行)”禅法教导弟子慧可、道育等，开启了将印度禅学转化为中华禅学的伟大历史。

在这里，补充一个有趣的知识：摩诃迦叶是佛陀十大弟子之一。他成道后第三年为佛弟子，八日后即证入阿罗汉境地，为佛陀弟子中最无执念者。传说他为人正直、人格清廉，深受佛陀信赖；在所有佛弟子中曾受佛陀分予半座。佛陀圆寂之后，他成为教团的统帅者，在王舍城召集第一次经典结集。直至阿难为法的继承者，始入鸡足山入定。禅宗以摩诃迦叶为佛弟子中修无执著行的第一人，特尊为头陀第一。又因为“拈花微笑”的故事，至今传诵不绝。

佛教历史上还有一个名为迦叶的古佛，这位古佛传说与重庆市的缙云山存在关联。这里再补充一个坐落在重庆市北碚区缙云山狮子峰下的缙云寺之“迦叶道场”的故事。据相关史料记载，重庆北碚缙云寺由慈应禅师于公元 423 年开山创建，至今已有 1600 年历史，受到历代帝王恩宠，香火一直绵延不绝。许多人都知道我国有普陀山、峨眉山、九华山等菩萨道场，但是知道我国有古佛道场的人却很少，而缙云寺就是迦叶古佛在中国全境唯一的道场。迦叶古佛为过去七佛中之第六佛，相传也是释迦牟尼佛的因地本师。因为传说迦叶古佛曾在缙云山跏趺(指佛教中修禅者的坐法，即两足交叉置于左右股上，称“全跏坐”，又称“吉祥坐”)修行过，所以明代神宗皇帝敕赐座落于重庆市缙云山上的缙云寺为“迦叶道场”。

达摩祖师，原名菩提多罗，后改名菩提达摩，他自称是佛传禅宗第二十八祖，为中国禅宗的始祖，故中国的禅宗又称达摩宗，主要宣扬“二入四行”禅法。达摩祖师的佛学思想对中华文化，特别是中华禅学产生了很大的影响。他生于南天竺(印度)，刹帝利种姓，传说他是南天竺国香至王的第三子，出家后倾心大乘佛法，出家后从般若多罗大师。他南朝梁时期来到中国，自印度航海来到广州，从这里北行至北魏，到处以禅法教人。

达摩的第一个弟子是慧可(487—593)，慧可跟随达摩 6 年，达摩授以《楞伽经》，后隐居于舒州皖公山(今安徽潜山东北)，慧可传法于僧璨。即慧可是禅宗二祖，僧璨是禅宗三祖。僧璨(510—606)受法后又隐于舒州司空山(今安徽太湖北)，萧然静坐，不出文记，秘不传法。僧璨将衣钵传给了道信。道信是禅宗四祖，后在破额山(今湖北黄梅)讲经传法。道信(580—651)主张“坐禅守一”，并传法于弘忍。以《楞伽经》和《般若经》为依据。道信还有一个弟子叫法融。法融在金陵牛头山传牛头禅。道信将衣钵传给了弘忍(601—675)，因而弘忍为禅宗五祖。弘忍得法后就到了双峰山东冯茂山(一作冯墓山，今湖北黄梅)，另建道场，名东山寺，时称其禅学为“东山法门”。其“萧然静坐，不出文记，口说玄理，默授与人”的作风，开中国佛教特有的禅风，对后来禅宗发展影响甚大。在弘忍下面有很多著名弟子，如神秀、惠能、惠安、智诜等。关于弘忍传法，有个很经典的故事，这儿先不讲，但结果是这样的：弘忍经过认真考虑，并没有将达摩从印度传来的衣法传给他的大弟子神秀，而是传给了来到寺庙不久且尚未落发的惠能。关于这段公案有很多说法，但学术界还是基本认可的。所以，我们今天一般是这么说的：弘忍之后是惠能，换句话讲，惠能为禅宗六祖。

惠能（638—713）得法以后南归，应请在韶州大梵寺说摩诃般若波罗蜜法，并传授无相戒。嗣法弟子有很多，著名的有行思、怀让、神会、玄觉、慧忠、法海等。法海将惠能的言行汇集成为《坛经》。需要指出的是，在所有佛教经典中，被称为经的佛教经典，只有一本不是记载释迦牟尼思想的，这一本就是法海汇集惠能言行而成的《坛经》。所以，这本经典在中国禅宗史上的地位、在中国佛教史上的地位是非常高的。

之后因为惠能弟子们的努力，南宗成为禅宗正统，惠能宗风独尊天下，而神秀所传的禅法，经过几代以后就烟消云散了。以惠能为代表的南宗常居山野却传承至今，其影响早已遍布全中国、全世界，其中缘由值得深入分析研究。

神秀（606—706）这个人非常聪明，据史书记载，他活了 100 多岁。神秀于弘忍圆寂之后到了荆州当阳山玉泉寺弘扬禅法，20 余年中门人云集，是为北宗。武则天把他尊崇为国师。但很遗憾，神秀的北宗虽然受到帝王的尊崇，但是几代之后门庭冷落，传不数代就衰亡了。

禅宗所依经典先是《楞伽经》，后才改为《金刚经》。惠能之后，《坛经》成为禅宗最具代表性的经典。这也是我们要重点分析讲解《坛经》的原因。

（二）禅宗的演变

禅宗的历史虽然可以上溯至人类的轴心时代，但是中华禅宗的历史应该从菩提达摩来到中国传授禅法算起。南朝梁·普通年中（520—526，一说南朝宋末），菩提达摩自印度航海来到广州，然后再到少林寺传法于慧可，开始了中华禅宗的历史。中华禅宗在中国大地上的发展大致经历了以下五个历史时期。

第一，禅宗的形成期。由菩提达摩将禅宗从印度带到中国开始，经慧可、僧璨、道信、弘忍，至六祖惠能大宏禅宗为止，此为禅宗的形成期，可称为早期禅宗。代表性著作就是《坛经》。禅宗源自印度，形成于中国。中华禅宗的开启者非菩提达摩莫属，中华禅宗的真正创始人非惠能莫属。

第二，禅宗的发展期。这一时期的禅宗宗派有惠能门下神会创立的荷泽宗，怀让、马祖道一创立的洪州宗和青原行思、石头希迁创立的石头宗，以及主要由洪州宗和石头宗发展而成的五宗七派（沩仰宗、临济宗、曹洞宗、云门宗、法眼宗、黄龙派、杨岐派）。这个阶段为禅宗的发展期，时间大约是晚唐至南宋初期。

第三，禅宗的成熟期。自南宋初年临济宗大慧宗杲起而倡“看话禅”（借助看话头的方式达到明心见性），曹洞宗宏智正觉倡导“默照禅”（默而常照，照而常默；默中有照，照中有默），一直发展到明朝中晚期，此为禅宗的成熟期，又可称为中期禅宗。中期禅宗的禅师们对中华禅宗的贡献可说是功照千秋。

第四，禅宗的衰落期。明朝中叶净土宗兴起，此时佛教的特色为禅净合一，与儒、道、释三教合一，禅净合一源于禅理在世间已经广泛传播，禅理在世间已经不新奇，受禅净合一的影响，只能以念佛坐禅为务，禅宗逐渐不被社会需要。禅宗的衰落期，又称为晚期禅宗，始于晚明至清朝灭亡为止，禅宗光芒被遮蔽。

第五，近现代禅宗。清末民初之际，有鉴于佛教的过于衰微，虚云起而中兴禅宗，人们把虚云尊称为近现代禅宗中兴之祖。虚云出生于 1840 年，于 1959 年圆寂。大家算一算，120 岁！他在近代传承临济，兼弘曹洞，又遥承了早已断流的法眼、沩仰、云门三宗，以一身兼嗣五宗法脉，承前启后，融汇了五宗禅修法门，为禅宗的复兴打下了坚实的基础。在近现代佛学和禅宗重新兴起过程中，除虚云外，还有另一位重要人物，就是太虚。太虚（1890—1947）俗姓张，原籍浙江崇德（今浙江桐乡），生于浙江海宁长安镇，是近代著名高僧。1904 年，太虚 16 岁去苏州小九华寺礼士达上人为师，师为他取法名唯心。同年 9、10 月，士达上人带着他前往镇海拜见奘年和尚，奘年和尚为其取法号太虚。太虚是中国近代佛教改革运动中的一位理论家和实践家。之所以要介绍太虚，是因为太虚在重庆北碚缙云寺创立了汉藏教理院，在这里，他提出了自己一生中最重要的两个佛学思想——“人生佛教”“菩萨学处”，开启了人生佛教的历史。据惟贤介绍，太虚圆寂前将其“人生佛教”思想传给了赵朴初居士。

（三）禅及其坐禅

禅是禅那（梵文 dhyāna）的简称，汉译为静虑或思维修，是静中思虑的意思，一般叫作禅定。在我 20 多岁时，我的老师王舜钦经常跟我讲“思维修”，反复强调悟后修行的极端重要性，其实当时我并未完全理解“思维修”，后来看了文献才知道，“思维修”就是禅定，禅定就是“思维修”。禅宗注重实修与实证，其中坐禅为禅宗主要实践方式。坐禅时，必须调节饮食、睡眠、身、息、心，强调戒、定、慧，并以定即禅定为中心。惠能把“禅定”或“思维修”界定为“外离相为禅，内不乱为定”，即“外禅内定，是为禅定(《坛经》)。

禅宗认为，佛典浩如烟海，其中境界为超越世出世间法。惠能认为，世出世间法都是要超越的，禅宗让我们领悟的是什么？是非言语可及、非推理可得，只有通过禅定或思维修才可证知的无指称“空”或不在场的非对象性存在“无”。

禅定不是坐禅，禅定是无心之修行，坐禅是有心之作为。其实历代禅师都反对形式化坐禅，反对有心作为。唐朝荷泽神会禅师即极力反对坐禅，他认为坐禅沉空滞寂，不见自性。《坛经》也记载了惠能反对坐禅的相关论述，即“生来坐不卧，死去卧不坐。一具臭骨头，何为立功课”。

禅宗认为，禅定或思维修是不能停止的。惠能认为，悟是无限的，修行也是无限的，悟与修行的循环也是无限的，正所谓“凡夫与佛不二”，即“前念迷即凡夫，后念悟即佛”，理想的人生是凡夫与佛的无限循环。王舜钦老师也经常告诫我，悟后应该不停地实践，不断地思维修，生命不息，修行不止。

（四）“南能北秀”

1.“北秀”（神秀）

神秀是弘忍最重要的弟子之一，他坚持“即心即佛”，即“身是菩提树，心如明镜台，时时勤拂拭，勿使惹尘埃”。这首偈表示神秀仍然落在了在场的对象性世界中。他设想有一个在场的形上学的对象性清静“本心”或“佛性”存在，这个“心”或“佛性”和老子的“道”、庄子的“本根”、孟子的心性、王弼的“无”、婆罗门教的“上梵”、基督教的上帝、康德的“物自体”、黑格尔的“绝对精神”等，其实是一个层面的东西，即形上学意义的在场的对象性存在。

2.“南能”（惠能）

惠能也是弘忍最重要的弟子之一，他强调“非心非佛”，即“菩提本无树，明镜亦非台，本来无一物，何处惹尘埃”。这首偈表明惠能已经觉悟了无指称“空”或不在场的非对象性存在“无”，已经透彻地理解了“实相无相”或“空亦复空”或“当体即空”或“当下空”以及“人无我”“法无我”等大乘佛学思想，彻底地超越了形上学，将中国传统文化提升到了不可能被超越的超形上学高度。

顿悟不是禅宗训练的结束而是开始。禅宗认为，发心修行与证后修行乃是修证的一体两面，直至生命的终结。惠能非常强调顿悟，他所顿悟的就是前面所界定的不在场的“实相无相”之无指称“空”，不在场的非对象性存在“无”或超形上学存在，就是任何思议言说活动都使不上劲用不上力的不在场的真如佛性，就是“动念不得”“开口便错”“拟议皆非”的不在场的“非人类的世界”或“非人定的世界”，就是马克思、海德格尔意义上的“无”或“不在场的人定世界”，就是对意识人类不具有现实意义的非现实世界。

二、禅宗的核心思想

(一)放下思虑言语

禅宗的核心思想不在思虑言说之中。根据《传灯录》记载,菩提达摩欲回印度,召集门人聚集在他周围,发问道:你们跟着我学习多年,我即将离开,每个人能否说说自己的收获?时有门人道副说:如我所见,不执文字,不离文字,而为道用。达摩说:你只得我的皮。比丘尼总持说:我今所解,如庆喜(阿难)见阿閦佛国,一见更不再见。达摩说:你得我的肉。道育说:四大本空,五蕴非有,而我见处无一法可得。达摩说:你得我的骨。前面几种回答都是试图用文字回答,皆为俗谛。最后慧可走上前来,礼拜达摩,然后回到原处。达摩说:你得我的髓。换句话讲,达摩认为,他从印度传来的禅宗思想,只是被慧可完整地理解了。

其实也就是人们经常讲的,达摩所传来的东西不在思虑言说、文字语句中。所以,我们说要放下思虑言说,“狂心顿歇,歇即菩提”“万缘放下,一念不生”。正所谓“一念不生全体现,六根才动被云遮”。

(二)“禅宗心法”

禅宗的核心思想也体现在百丈禅师所言及的“禅宗心法”之中。

百丈这样表达自己对达摩从印度传来的佛学思想,特别是惠能所开创的中华禅宗思想的理解:“灵光独耀(空不空,有非有,一念不生,灵光独耀),迥脱根尘(远离眼耳鼻舌身意六根、色声香味触法六尘,自然就没有了眼耳鼻舌身意六识)。体露真常(不在场的非对象性真如全体显露,‘一念不生全体现’),不拘文字。心性无染(自心自性并不受任何东西的染污,本来无一物,万事万物本来空;此‘心性’实为不在场的非对象性空性、佛性,即所谓的‘真如非心’),本自圆成(不在场的自性不生不灭,不来不去,无善无恶,无是无非;本自清净,本自具足,本不动摇)。但离妄缘(过去心不可得,现在心不可得,未来心不可得;理不可得,事不可得,理事不可得,事事不可得。六根不动无云遮),即如如佛。”

百丈很好地诠释了惠能“兀兀不修善,腾腾不造恶,寂寂断见闻,荡荡心无著”的中华禅学的般若思想,也深刻地影响了后期禅宗历代思想家的思想行为。无论是后来的大慧宗杲的“看话禅”,还是宏智正觉的“默照禅”,他们所要捍卫或坚守的禅宗思想,其实都没有超越也不可能超越百丈禅师禅宗心法的高度。

(三)禅宗的“四句箴言”

禅宗的四句箴言——“教外别传,不立文字,直指人心,见性成佛。”也很好地表达了禅宗的核心思想。

第一,教外别传。释迦牟尼圆寂后,众口流传导致流传下来的信息越来越少,教外别传有它的无奈之处。也就是说,教外别传其实有这样一层意思,即无法只凭背诵将佛祖的经典思想传承下去,而必须对传承方式进行改革。于是,后世主张不要执著于经典而更多的讲究精神传承,这就是“教外别传”。教外别传的最主要含义,实际上是“以心传心”。大乘佛学认为,所有说法,皆为方便说法,皆不究竟,如果执著于经教,执著于文本,就不可能真正理解佛学、禅宗的精神实质。禅宗所传之“法”不在任何既有的所有说法中,也不在未来的任何说法中。正所谓“法本法无法,无法法亦法,今付无法时,法法何曾法”。

第二,不立文字。不立文字,其实就是教外别传思想的延续。前文已经提到以心传心是不借外物,不需文字的。思想是没有声音的语言,而文字则是语言的符号,过多的文字和思虑,反而会损害了人的真心。不立文字只是个手段,不立文字的目的在于破除外相。不立文字,就是要恢复文字的本来面目——一种认识的工具,而不执著于它。正所谓“分别一切相,不起分别心”,分别文字等一切外相,但心中不起分别之心,不执著于文字。文字非目的,实乃渡河之舟。

第三,直指人心。在不立文字、破除外相之后,人自然便会将驰求的思虑、无止的索取收回来,反观自己的心,去除其中的虚妄、幻想,回归真心。一旦剥去伪装,这颗真心也就暴露无遗。所以,《金刚经》中说“应无所住而生其心”,待到不住于外物,不执著于外物,直指自己的本来面目,当然那颗真心也就显现了。总之,直指人心是在破相之后,反观自己内心,剥除心中的杂染、束缚,使真心、平常心显现。这就是“平常心即道”,这就是“真空妙有”,这就是活泼泼的融“真如非心”“真如本心”和“无执习心”于一体的所谓“真如佛性”,所谓的“真面目”。

第四,见性成佛。禅宗所说的“性”,兼具不在场的非对象性“非心非佛”和在场的对象性“即心即佛”双重含义,既是在场的对象性心性(“真如本心”“无执习心”),又是不在场的非对象性佛性(“真如非心”),人人皆具有(牛头宗认为,万物皆具有心性佛性)。有人问禅师“如何是真如佛性?”禅师便回答:“何谁无?”即人人皆有佛性,人人皆可成佛。既然人人皆有佛性,那么每个人只要都能息念忘虑,直指自心,那么这心性、佛性也就无所屏蔽,禅宗常说顿悟,“顿”的意思就是本来是佛,只要“见”不在场的本心、心性,悟不在场的空性、佛性,当下即成佛,即得道者、觉悟者。与此同时,这本心、心性本自具足,能生万法,即“三界唯心,万法唯识”,即“心为法本”。也就是说,悟空性、佛性和见本心、心性,是既悟到了“实相无相”“空亦复空”之无指称“空”“真如非心”,“非心非佛”“涅槃寂静”之不在场的非对象性真如佛性,即“无为法”;又“见到”了“心为法本”“三界唯心”之“真如本心”,“即心即佛”“唯识无境”之在场的形上学意义上的对象性心性藏识,即“有为法”。“见性成佛”的关键的问题是必须清楚地意识到,原本既没有在场的对象性真如佛性或“真如本心”,原本也没有不在场的非对象性真如佛性或“真如非心”,或者说,原本既没有“有为法”“世间法”,原本也没有“无为法”“出世间法”。正所谓“原本无一法,万法唯人造;人觉而法显,人圆则法寂”;正所谓“执著成就苦难,苦难不能解脱;无为可达逍遥,逍遥不能自在;创造铸就辉煌,辉煌不能持久;放下方能成佛,成佛不能自觉”。

(四)“无念”“无相”“无住”

惠能提出了“无念”“无相”“无住”的禅学思想。他说:“我此法门,从上以来,先立无念为宗,无相为体,无住为本。无相者,于相而离相;无念者,于念而无念;无住者,人之本性。”这些思想其实也从修行方法的视角很好地诠释了禅宗的核心思想——“应无所住而生其心”或“应生无所住心”。

其一,无念为宗。何为无念?“解脱之谓也。”无念并非要消除人的一切意识、心念,而是要对各种意识、心念不加执著,对各种各样的外在事物,不起是非之念,非分妄想之心,即“于念而无念”,即“常离诸境,不于境上生心”。

其二,无相为体。何为无相?“法身之谓也。”无相不是要消灭一切外相,而是要认识外相的虚幻,对外相不加执著。所谓的“外离一切相,名为无相”,即“于相而离相”,即“凡所有相,皆为虚妄,若见诸相非相,即见如来”。

其三,无住为本。何为无住?“般若之谓也。”无住就是对无相和无念的概括,无住是人的本性。心灵如果执著于在场的外相和外在事物,执著于在场的意识、心念,就会套上枷锁,一旦放弃执著,心灵就会得到解放,人的自性佛性就会显现或呈现,即“般若”——“内外不住,去来自由,能除执心,通达无碍”,即所谓的“人之本性”,即所谓的“澄明之境”,即所谓的“一念不生全体现”。

(五)“应无所住而生其心”

禅宗的核心思想也可以用《金刚经》中非常重要且关键的一句话——“应无所住而生其心”或“应生无所住心”予以直接表达。请大家注意,这句话曾被西方学者誉为“东方精神的精髓”。对这句话,我想从三个方面予以分析解读。

其一,缘起空。释迦牟尼说,“此有故彼有,此生故彼生,此无故彼无,此灭故彼灭”。什么意思呢?他是想说,所有的现实存在都是因为各种条件聚合或因缘和合而有的,其自性为空,我们不应该执著于在场的现实存在。我们前面介绍了缘起学说,介绍了十二因缘学说,我们把佛学的缘起思想应该是说清楚了的。在佛学看来，所有的事物都是因为条件聚合而有的，因此，它自性为空，即万事万物自性空。关于“缘起空”，我相信大家通过相关理论是可以理解的，是佛学之俗谛。但是，佛学的智慧可能不止于“缘起空”，佛教另外一个很重要的思想是“当下空”。

其二，当下空。我们不应该只是通过“缘起论”这个理论逻辑的推演去把握佛学的本质，还应该通过“狂心顿歇，歇即菩提”“心行处灭，言语道断”，即放下思虑言说，截断我思我想，直接顿悟不在场的非对象性存在“无”或无指称“空”或“真如非心”。这就是所谓的“当下空”，即万事万物本来空，即“放下便是”“当体即空”。“当下空”是为根性锐利者所说的佛学之真谛。

其三，空有不二。《心经》中有一段很重要的语句——“色不异空，空不异色，色即是空，空即是色，受想行识，亦复如是”。该如何理解呢？简单地说，就是色空不二，受空不二，想空不二，行空不二，识空不二。如果将“色”理解为物质性存在，将“受想行识”理解为精神性存在，将“色受想行识”统称为在场的对象性存在“有”，将“空”设定为不在场的非对象性存在“无”，就可以将《心经》的这句话理解为物质与空不二，精神与空不二，有与空不二，即“空有不二”，即万事万物即空，空即万事万物。我们认为，既可以在佛学俗谛之“缘起空”的基础上推出“空有不二”，也可以以佛学真谛之“当下空”为基础去理解“空有不二”。前者尚未触及佛学的核心，后者才触及了佛学之根本——基于无指称空的“真空妙有”“平常心即道”之般若性空思想。

“应无所住而生其心”，这句经语是《金刚经》中最紧要的关节。《金刚经》是实相般若，全部《金刚经》都是破相显体。“应无所住而生其心”可以分解为“应无所住”和“而生其心”两句经语，体用并显。何为体用？“应无所住”是体，“而生其心”是用，用不离体，体不离用。“应无所住”既不著有，“而生其心”亦不落空，方是金刚本旨。惠能偈语之“菩提本无树，明镜亦非台，本来无一物，何处惹尘埃?”弘忍通过这首偈语，知惠能已悟无住本性之体，而尚未明生心起用之妙，已悟不在场的非对象性存在“空”“无”（不在场的超形上学之佛性或“真如非心”），而尚未明在场的对象性存在“有”（在场的形下学之物性、在场的形上学之心性或“真如本心”），所以弘忍将惠能传到禅房里，传经至“应无所住而生其心”时，惠能终于以五个“何期自性”表明自己完全理解了不在场的“真如非心”与在场的“真如本心”“无执习心”通为一体，完全理解了“体用不二”“空有不二”“真空妙有”之理。可见这句经语非常重要，希望大家特别予以注意。

何谓“应无所住”，“应无所住”就是一切不住。若能一切不住，即是实相境界。既悟实相无相，一无所得，空亦复空，还有什么我执、烦恼、生死、无明可住？若执著无住，又落于偏空。何以故？当知真空不空。为何不空？空寂灵知，起用自见。用为何起？依般若智而生其心，即是起用。何谓“生其心”？“生其心”就是生凡夫众生本具之妙明真心，就是生悲愿无尽之菩萨心、菩提心、慈悲心、平等心、利他无我心。如是等心，皆是无所住而生之心。既知应无所住，即是实相菩提，亦即法身佛之境界，却不要去觅此实相，觅此法身佛，觅即不是。何以故？实相无相，不可觅故。放下便是，动念皆非。一起觅心，便成妄想。当知此实相境界，非诸佛独有，凡夫众生亦本自具足。为什么？因为在惠能看来，“佛与众生，本来无二”“前念迷即凡夫，后念悟即佛”。只要大家此刻瞑目寂照，一念不生，则如如不动，万物同体，即是实相之无住真心。如一念微动，即是有所住。有所住，即非实相。所以才有“一念不生全体现，六根才动被云遮”的说法。

禅宗认为：佛与众生之分，只在觉与不觉，慈悲与不慈悲。觉则即相离相，一切不住，故名曰佛；不觉则见境生心，一切皆住，故名众生。慈悲则平等为怀，万物一体，即名曰佛；不慈悲则贪嗔痴慢，烦恼丛生，即名众生。然觉与不觉，乃体上之分；慈悲与不慈悲，乃用上之别。体用不二，皆是一心。若能转恶心为善心，即是佛心。故惠能说：“一念平直，众生是佛。”

广义超元论认为，若能转镜式反映的真如心、般若智（惠能）为能动反映的现实心、实践智（马克思），即全身心投入利他平等的显现、设定、建构、生产、创造或生成在场的对象性世界和不在场的非对象性世界，以及指称和描述言在场的对象性世界（形下学世界、形上学世界）的现实活动，即马克思实践观意义上的“应有所住而生其心”之现实心、实践智，亦是慈悲心、菩提心，亦是佛心。因此，广义超元论主张：“无住为本，究竟般若；生心为要，本然实践；择善而从，方便说法；创新创造，人定世界”“原本无一法，世界本来空；万法唯心造，理事自性无；人觉而法显，空道器亦然；人圆则法寂，清净至无余”“执著成就苦难，苦难不能解脱；无为可达逍遥，逍遥不能自在；创造铸就辉煌，辉煌不能持久；放下方能成佛，成佛不能自觉”。广义超元论认为，原本既没有在场的所谓对象性存在“有”（“道”“器”“真如本心”“无执习心”），原本也没有不在场的所谓非对象性存在“空”（“无”“真如非心”），它们都是意识人类如此这般显现、设定、建构、生产、创造出来的“人定世界”，即是生成的而非既成的，是人定的而非神定的，是意识人类实践活动的对象化结果。

关于“应无所住”“而生其心”之间的体用关系、空有关系，基本讲清楚了。总之，要先明体后再谈用，要先明空后再谈有。与此同时，必须清楚体即用，用即体，空即有，有即空，即即体即用，空有不二。

下面结合几个案例，帮助大家进一步理解“应无所住而生其心”。

案例一：参禅三重境界。宋代禅宗大师青原行思提出的参禅三重境界：第一重境界：参禅之初，看山是山，看水是水（本觉，肯定）；第二重境界：禅有悟时，看山不是山，看水不是水（本寂，否定）；第三重境界：禅中彻悟，看山仍然是山，看水仍然是水（本觉，否定之否定）。这其实是《金刚经》“凡夫者，如来说即非凡夫，是名凡夫”的另外一种表达方式而已，其本质仍然是“应无所住而生其心”。

案例二：“枯木倚寒岩，三冬无暖意。”《五灯会元》第五卷记载了这样一个故事：一位老婆婆供养一位出家人修行20多年。老婆婆经常让一个女孩子给出家人送饭。为了看看那位出家人的道行到底怎样，有一天她让送饭的女孩子在送饭时把出家人抱住，问问他感觉如何。女孩子就照办了，出家人回答说，此时他的心就像枯死的木头倚靠冰冷的岩石上一样，一点感觉没有。老婆婆一听，气不打一处来，立即赶过去一把火把茅屋烧了，随即将那位出家人赶走，自言自语道，没想到我20年供养的竟然是一个俗汉！为什么老婆婆会如此说？我们的理解是：这位出家人的道行还不够深厚，他仅体证到万事万物本来空的一面，还没有体会到真空里的妙有，空即是万事万物，即不明“空有不二”之理，以及“生其心”的极端重要性。此时此刻，我们想起了马祖道一的三个经典语句：其一，“即心即佛”，见在场的对象性心性或“真如本心”；其二，“非心非佛”，明不在场的非对象性佛性或“真如非心”；其三，“平常心即道”，悟在场的对象性心性与不在场的非对象性佛性不二，即“真如本心”与“真如非心”不二，即“无执习心”与“真如本心”与“真如非心”不二。

第二节 《坛经》解读

一、《坛经》导读

在解读《坛经》文本之前，我想先参照相关研究文本简要导读下《坛经》。

《坛经》最要之宗旨，在于示明一切万法，皆从自性生，即“心为法本”“万法唯心造”，也就是惠能所坚持的——“一切修多罗（佛教经典）及诸文字，大小二乘、十二部经，皆因人置。因智慧性，方能建立。若无世人，一切万法，本自不有。故知万法，本自人兴。一切经书，因人说有”。自性即是自心，自心即是真佛。故不必舍自佛而求他佛，但觅自心佛可也。佛学强调的所修所行者，先去杀生、偷盗、邪淫、妄语、两舌、恶口、绮语、贪欲、嗔恚、痴愚等十恶，再去邪见、邪思、邪语、邪业、邪命、邪方便、邪念、邪定等八邪。去十恶八邪，即是除自性中不善心、嫉妒心、谄曲心、吾我心、诳妄心、轻人心、慢他心、贡高心，及一切时中不善之行。也就是禅宗常讲的：常自见己过，不见他人非。《金刚经》中“众生者，如来说即非众生，是名众生”或“所言善法者,如来说即非善法,是名善法”等表达是强调谈般若者,必须随说随扫,以破人之执著之相。后世之谈禅者,其法皆出于般若部。所以问者曰是,则答曰非。问者曰非,则答曰是。问者曰有,则答曰无。问者曰无,则答曰有。且即毁即赞,即赞即毁。即立即破,即破即立。即体即用,即用即体。即言语即非言语,即非言语即言语。一时权宜相当,也就是说,你的一些教法也许与甲相宜,但与乙不相宜,反之亦然。所以惠能讲,跟人说法时,一定要随机说法,没有适用于所有人的所谓普世模式。任何说法皆为方便说法,皆不究竟,跟人说法的目的主要是引导他从束缚中、执著中解脱出来,只要能助人解脱即可。借用费耶阿本德的一句话说,就是“只要能解决问题,怎么都行”。因此,《坛经》在介绍相关思想时,往往是对立起来讲的。我们举两个例子:其一,神秀偈云:“身是菩提树,心如明镜台,时时勤拂拭,莫使惹尘埃。”惠能则说:“菩提本无树,明镜亦非台,本来无一物,何处惹尘埃。”其二,卧轮偈云:“卧轮有伎俩,能断百思想,对境心不起,菩提日日长。”惠能则说:“惠能没伎俩,不断百思想,对镜心数起,菩提作么长。”上述二偈都是翻一层法。以意推之,似乎相反,然而救病则相同。如果你吃得过饱,我给你开消食的方子;如果你吃了有毒的食物,我给你开解毒的方子。针对不同的人,特别是针对不同根性、不同认知水平的人,务必采取不同的应对方法。换句话讲,《坛经》试图教导人们掌握的助人开悟的方法是:针对不同根性、不同认知水平的人的不同执念,采用破除他执念的特有方法,只要能够破除他的执念,就达到了助他开悟、助他超越生死、助他究竟解脱的目的了。

在分析讲解《坛经》文本之前,再就佛学的“心性”问题做些分析说明。“心性”二字,空宗与性宗的解说各不相同(圭峰宗密禅师认为:空宗一向目诸法本源为性,性宗多目诸法本源为心;空宗以诸法无性为性,性宗以灵明常住不空之体为性;空宗所说世出世间一切诸法不出真俗二谛,性宗则摄一切性相及自体总为三谛,以缘起色等诸法为俗谛,缘无自性诸法即空为真谛,中道为圆谛;空宗认为诸经每说有者,即约遍计依他,每说空者,即是圆成实性,三法皆无性也,性宗即三法皆具空有之义,谓遍计情有理无,依他相有性无,圆成情无理有,相无性有;空宗说佛以空为德,无有少法是名菩提,色见声求皆行邪道,性宗则一切诸佛自体,皆有常乐我净,十身十智真实功德,性自本有不待机缘;等等),大体上可以说,空宗认为性非心,性为非对象性存在“空”“真如”,即“真如非心”,性宗认为心非性,心为在场的形上学意义上的对象性存在“有”“真如”,即“真如本心”。唯禅宗则毫无区别,大体上可以说,禅宗认为非心非性、即心即性,心性不二,即心性既具有不在场的非对象性存在“空”的意蕴和非对象性、非现实性、非主体性或非本体性(法无我、人无我),又具有在场的对象性存在“有”的含义和对象性、现实性、主体性或本体性(心为法本）。所以黄檗说："心性不异，即性即心。心不异性，名之为祖。"又说："诸佛菩萨与一切蠢动含灵，同此大涅槃性。性即是心，心即是佛。"慧忠说："未审心之与性，为别不别"，"迷则别，悟则不别。"有弟子提问："经云：佛性是常，心是无常。今云不别何也？"师曰："汝但依语而不依义。譬如寒月，水结为冰，及至暖时，冰释为水。众生迷时，结性成心。众生悟时，释心成性。"

总之，中华禅宗历代思想家们都强调心性非异，即心即性，心性不二。不明此理，《坛经》难读难解；明白此理，《坛经》可读可解也。

二、《坛经》解读

《坛经》是中华禅学最重要的经典。这部经典由十个篇章构成：第一章即行由品第一；第二章即般若品第二；第三章即疑问品第三；第四章即定慧品第四；第五章即坐禅品第五；第六章即忏悔品第六；第七章即机缘品第七；第八章即顿渐品第八；第九章即护法品第九；第十章即付嘱品第十。我们依次予以分析讲解。

（一）行由品第一

解读《坛经》第一章，即"行由品第一"。这一章实际上讲的是惠能怎么得到衣钵的过程。按照这一章的前后顺序，尽量用白话文给予分析讲解。这一章主要是讲述六祖惠能之行状由来，故曰行由。行由，就是经历；品，就是章。也就是说，这一章主要讲六祖惠能的开悟得法成佛的经历。按照中华禅宗的观点，学道人如何成佛？"学道人若欲得成佛，一切佛法总不用学，唯学无求无着。无求即心不生，无着即心不灭。"为什么？因为"真心无相，不去不来。生时性亦不来，死时性亦不去。湛然圆寂，心境一如"。何曾有法？原本无一法，即"法本法无法，无法法亦法。今付无法时，法法何曾法"。禅宗认为，开悟成佛是超逻辑的事，概念活动无法触及不在场的非对象性真如佛性或无指称空。这就是"言语道断，心行处灭""狂心顿歇，歇即菩提"。

时大师至宝林（六祖自广州法性寺至宝林寺，即曹溪南华寺），韶州（府名）韦刺史与官僚入山（宝林寺所在的南华山），请师出，于城中大梵寺（现广州光孝寺）讲堂，为众开缘说法。师升座次，刺史官僚三十余人，儒宗学士三十余人，僧尼俗一千余人，同时作礼，愿闻法要。大师告众曰：善知识，菩提自性，本来清净，但用此心，直了成佛（此心即是佛，更无别佛，亦无别心。此心明净，犹如虚空，无一点相貌。起心动念，即乖法体，即为著相）。善知识，且听惠能行由得法事意。

韶州的一些官员，请惠能给他们讲佛法，惠能开篇就讲："菩提自性，本来清净，但用此心,直了成佛。"请注意,这句话很重要,这几乎可以说是整部《坛经》文本的核心思想。

惠能严父,本贯范阳,左降(即左迁,谓降职也)流于岭南,作新州百姓。此身不幸,父又早亡。老母孤遗,移来南海。艰辛贫乏,于市卖柴。时有一客买柴,使令送至客店。客收去,惠能得钱,却(退)出门外。见一客诵经,惠能一闻经语,心即开悟。遂(于是,就)问客:"诵何经?"客曰:"《金刚经》。"复问:"从何所来,持此经典?"客云:"我从蕲州黄梅县东禅寺来。其寺是五祖忍大师在彼主化,门人一千有余。我到彼中礼拜,听受此经。大师常劝僧俗,但持《金刚经》,即自见性,直了成佛。"惠能闻说,宿昔有缘(前世与佛有缘),乃蒙一客取银十两与惠能,令充老母衣粮,教便往黄梅参礼五祖。惠能安置母毕,即便辞违。不经三十余日,便至黄梅,礼拜五祖。祖问曰:"汝何方人?欲求何物?"惠能对曰:"弟子是岭南新州百姓。远来礼师,惟求作佛,不求余物。"祖言:"汝是岭南人,又是獦獠(古代对南方少数民族的称呼。亦以泛指南方人),若为堪作佛?"惠能曰:"人虽有南北,佛性本无南北。獦獠身与和尚不同,佛性有何差别?"五祖更欲与语,且见徒众,总在左右,乃令随众作务。惠能曰:"惠能启和尚:弟子自心常生智慧,不离自性,即是福田。未审(不知)和尚教作何务?"祖云:"这獦獠根性大利!汝更勿言,著(著,命令词)槽厂(马房、马棚,养马的地方。文中的槽厂,即后院之堆房也)去。"惠能退至后院。有一行者(修行人),差惠能破柴踏碓。经八月余,祖一日忽见惠能,曰:"吾思汝之见可用。恐有恶人害汝,遂不与汝言,汝知之否?"惠能曰:"弟子亦知师意,不敢行至堂前,令人不觉。"

惠能讲的是这样一个故事,他说,我的父亲出于某些原因,降职来到岭南做官,但很不幸,在自己三岁时,父亲就去世了,然后他和母亲一起生活,砍柴卖柴维持生活。有一天他给客人送柴时,听到一个客人吟诵"应无所住而生其心",他一听便自开悟了。随即就问这个客人,你诵的是何经啊?那客人回答说,我诵的是《金刚经》,然后惠能又问:"从何所来,持此经典?"那客人又讲,我是从蕲州黄梅县东禅寺来的,这个寺院就是五祖弘忍所主持的一个寺庙。惠能听了之后,感觉自己好像前世与佛有缘,然后回去跟母亲讲,就说我想求佛法,母亲欣然答应了。惠能安顿好母亲之后,便徒步前往黄梅那儿去参拜弘忍。到了这个寺院里面,他礼拜弘忍五祖,弘忍就问他,你是何方人呀?你来这做什么?求何物?惠能说,弟子是岭南的新州百姓,远来礼师,来求作佛的,不求其他。然后弘忍讲,你是岭南人,又是獦獠。什么叫獦獠?就是那时对南方少数民族的一个称呼,多少带有些贬义。你既是岭南人,又是獦獠,你怎么能够作佛呢?你看惠能怎么回答的,惠能说:"人虽有南北,佛性并无南北。獦獠身与和尚不同，佛性有何差别？”这句话的境界是很高的。五祖弘忍很想跟他再进一步交流，但是看见周围很多人，然后便对惠能讲，你到寺院的后院去做事，到时候我们再聊。然后惠能就退至后院，做一些寺里的杂活。八个月之后，弘忍有一天突然来见惠能，并对惠能说，我看你的见解可用，我是怕有人会害你，所以当时我不跟你言，你知不知道？惠能讲，弟子知道师意，所以不敢行至堂前，就是让别人不觉察我。

祖一日唤诸门人总来：“吾向汝说，世人生死事大（功名盖世，无非大梦一场。富贵惊人，难免无常二字。争人争我，到底成空），汝等终日只求福田，不求出离生死苦海（学佛法的根本，禅宗的命脉不是求来生的福报，而是要出离生死苦海）。自性若迷，福何可救？汝等各去，自看智慧，取自本心般若之性，各作一偈（颂），来呈吾看。若悟大意，付汝衣法，为第六代祖。火急速去，不得迟滞，思量即不中用。见性之人，言下须见。若如此者，轮刀上阵，亦得见之。”众得处分（众人听了吩咐后），退而递相谓曰：“我等众人，不须澄心用意作偈，将呈和尚。有何所益？神秀上座现为教授师，必是他得。我辈谩（宽泛也）作偈颂，枉用心力。”诸人闻语，总皆息心。咸言：“我等已后，依止秀师（依赖止住于有力有德之处，而不离也），何烦作偈。”神秀思惟（思考推度）：“诸人不呈偈者，为我与他为教授师。我须作偈，将呈和尚。若不呈偈，和尚如何知我心中见解深浅。我呈偈意，求法即善，觅祖即恶，却同凡心夺其圣位奚别？若不呈偈，终不得法。大难！大难！”五祖堂前，有步廊三间，拟请供奉（供奉，官名）画《棱伽经》（棱与楞同，即《楞伽经》）变相及五祖血脉图，流传供养（犹云奉养也。后世称献佛及饭僧。亦曰供养）。神秀作偈成已，数度欲呈（数度，数次也），行至堂前，心中恍惚（恍惚，见不真切也），遍身汗流，拟呈不得。前后经四日，一十三度呈偈不得（五祖曾说，“东山之学，尽在秀矣”，同时也意识到，神秀可能没有真正开悟，故采取“呈偈”这一公开竞争方式）。秀乃思惟：“不如向廊下书著，从他和尚看见。忽若道好，即出礼拜，云是秀作。若道不堪（不堪、不胜也），枉向山中数年，受人礼拜，更修何道？”是夜三更（夜间 12 时），不使人知，自执灯，书偈于南廊壁间，呈心所见。偈曰：身是菩提树，心如明镜台，时时勤拂拭，勿使惹尘埃。（‘拂拭’便是断五欲，离六尘，尘尽明现，则朗然大觉，无所不照。神秀此偈，虽然句句著相坐实，心地未明，尘埃未尽，缘虑未了，未悟大意，但对中下根器渐修初学者来说，未尝不是很好的指导原则。）

又过了一段时间，弘忍就将他的门人全部召来，就说世人生死事大，人总是要死的，你们终日只求这个福田，不求出离生死苦海，不求追求超脱生死。若自性若迷的话，福何可救呢？你们回去，各自认真想一想，作个偈来。偈也叫偈颂。你们把自己的体会写在这首偈上，如果谁真的悟到了，我就把这个衣钵传给他，所以你们赶快回去写。大家在议论，说我们这些人就不去做这件事情了，师父肯定是要把衣钵传给神秀的，为什么呢？因为神秀是这座寺里的首座，他经常替弘忍给普通和尚讲佛法，所以大家都认为衣钵非神秀莫属。神秀本人想，大家都不去呈偈，显然是因为我，自己得呈偈才行。但是，又觉得还有些问题没想透，他反复多日一直很犹豫这件事情，最后决定将自己的想法通过偈呈现出来。但是他又不想直接呈偈给弘忍，就趁夜深人静时，去寺里的廊前将自己的想法写出来。这首偈大家是非常熟悉的，就是前面跟大家分析讲解过的那首偈："身是菩提树，心如明镜台，时时勤拂拭，勿使惹尘埃。"大家看过天龙八部，天龙八部中哪位人物是境界最高者？是不是扫地僧啊？对，就是扫地僧。其实扫地僧的形象我们可以通过神秀这首偈颂加以呈现。神秀讲的就是"时时勤拂拭，勿使惹尘埃"，就是要经常打扫，不要让尘埃遮蔽自己的本性，这个境界是很高的，类似于老子言及的"为学日益，为道日损，损之又损，以至于无为。无为而无不为"境界。但是很遗憾，这只是完成了对形上学意义上的在场的对象性"心性""佛性"（"真如本心"）的自觉，尚未觉悟到超形上学意义上的不在场的非对象性"心性""佛性"（"真如非心"）。

祖已知神秀入门未得，不见自性。天明，祖唤卢供奉来，向南廊壁间绘画图相。忽见其偈，报言："供奉却不用画，劳尔远来。经云：'凡所有相（事物之相状表现于外而能想象于心者曰相），皆是虚妄（相即非相）。'但留此偈，与人诵持。依此偈修，免堕恶道。依此偈修、有大利益。"令门人炷香（炷香、焚香也）礼敬（礼拜恭敬也）："尽诵此偈，即得见性（依此偈修，能享人天福报，此是实语。诵偈见性，此是五祖权辞）。"门人诵偈，皆叹善哉。祖三更唤秀入堂，问曰："偈是汝作否？"秀言："实是秀作。不敢妄求祖位，望和尚慈悲，看弟子有少智慧否？"祖曰："汝作此偈，未见本性（未见不生不灭之不在场的非对象性"心性""佛性"或"真如非心"，只见能生万法的形上学意义上的在场的对象性"心性""佛性"或"真如本心"）。只到门外，未入门内。如此见解，觅无上菩提（无上的觉悟），了不可得。无上菩提，须得言下识自本心，见自本性。不生不灭，于一切时中，念念自见，万法无滞。一真一切真，万境自如如。如如之心，即是真实。若如是见，即是无上菩提之自性也。汝且去一两日思惟，更作一偈，将来吾看汝偈，若入得门，付汝衣法。"神秀作礼而出。又经数日，作偈不成，心中恍惚，神思不安，犹如梦中，行坐不乐。

弘忍知道神秀未见不生不灭之不在场的真如佛性或非对象性自性或"真如非心"，尚存执念，执著于在场的真如佛性或对象性自性或"真如本心"，尚未开悟。第二天，弘忍看了这首偈颂，一看便知是神秀所写。晚上，弘忍把神秀召到自己的禅房问,这首偈是不是你作的?神秀回答道:"是我作的。"然后弘忍就对神秀讲,你呀,还没有真正的了悟,还在门外,门都没进。你回去继续思考,看是否有新的想法,有了之后你再呈偈给我。神秀回去之后,没办法再呈现自己认为更好的偈颂。

复两日,有一童子于碓坊过,唱诵其偈。惠能一闻,便知此偈未见本性。虽未蒙教授,早识大意。遂问童子曰:"诵者何偈?"童子曰:"尔这獦獠不知!大师言:世人生死事大,欲得传付衣法,令门人作偈来看。若悟大意,即付衣法,为第六祖。神秀上座于南廊壁上书《无相偈》,大师令人皆诵,依此偈修,免堕恶道。依此偈修,有大利益。"惠能曰:"我亦要诵此,结来生缘。上人(上德之人),我此踏碓八个余月,未曾行到堂前,望上人引至偈前礼拜。"童子引至偈前礼拜,惠能曰:"惠能不识字,请上人为读。"时有江州别驾,姓张名日用,便高声读。惠能闻已,遂言:"亦有一偈,望别驾为书。"别驾言:"汝亦作偈,其事希有!"惠能向别驾言:"欲学无上菩提,不得轻于初学。下下人有上上智,上上人有没意智(愚钝,没有智慧或智慧被埋没的意思)。若轻人,即有无量无边罪。"(闲庭信步,气定神闲,震凡骇俗,与神秀矛盾紧张状态形成鲜明对照)别驾言:"汝但诵偈,吾为汝书。汝若得法,先须度吾,勿忘此言。"惠能偈曰:"菩提本无树,明镜亦非台,本来无一物,何处惹尘埃。"("即心即佛""非心非佛"是禅宗常说的两句话。神秀强调道生所言在场的对象性意义上的"自性""佛性",即对象性存在"心性"或"真如本心",即"即心即佛";惠能则强调僧肇所言不在场的非对象性意义上的"自性""佛性",即非对象性存在"无"或"真如非心",即"非心非佛"。惠能坚持认为,本来清净的心性、佛性也是不能执著的,也是空无自性的。本来无一物,也就是一切法空。"何处惹尘埃",即对内不再认为有什么在场的对象性佛性,对外也不再认为有什么可指称和描述言说的在场的尘埃,内外俱无一物,一切法空,一切法无自性,没有所谓在场的实在的佛性,也没有所谓在场的实在的尘埃,万事万物本来空。诚如《金刚经》所说:"若以色见我,以音声求我,是人行邪道,不能见如来。")书此偈已,徒众总惊,无不嗟讶。各相谓言:"奇哉!不得以貌取人。何得多时使他肉身菩萨!"祖见众人惊怪,恐人损害,遂将鞋擦了偈,曰:"亦未见性。"众以为然。

两天后,有一个小和尚吟诵神秀这首偈,惠能听了之后,也说作这首偈的人没有开悟。这个小和尚就讲,你这獦獠,你不知道,大师讲世人生死事大,他想把衣钵传下来,神秀呈现这首偈颂之后,弘忍给予了它很高的评价,要我们依此偈修,这样就可以不堕入恶道,依此偈修,有大的利益。惠能就说,我想诵读这一偈颂,以结来世之缘,你能不能带我到堂前,去礼拜这首偈。这个小和尚就把惠能引到堂前,然后惠能讲,我不识字,能不能给我诵读一下。这时有一个居士张别驾便高声朗读了神秀这首偈。惠能认真听了，然后说：我也有一偈，希望别驾为我书写。张别驾讲，你能作偈吗？罕有之事。就是说你大字不识一个，你有符合佛法的见解吗？这时惠能怎么讲的，惠能说："欲学无上菩提，不得轻于初学。下下人有上上智，上上人有没意智。"大家记不记得毛泽东有句名言——"卑贱者最聪明，高贵者最愚蠢"，很有可能就来源于此。听到惠能如此说，张别驾马上就说，行，你口述，我代你书写。惠能随即将自己的偈颂口述出来，然后张别驾写下了它，这就是那首流传千古的著名偈颂——"菩提本无树，明镜亦非台，本来无一物，何处惹尘埃。"关于这首偈颂的具体介绍，在另外一部分再认真地给予分析讲解，此处不再赘述。我们继续看看它的反应。这首偈颂出来之后，大家都感到很惊讶。这么一个相貌一般、目不识丁的人，怎么会说出这样的偈颂，大家都觉得不可思议。弘忍看到大家都很奇怪，害怕有人害惠能，然后就用自己的鞋把这首偈擦掉了，说这首偈"也没见性"。然后僧人们看到师父这么讲，也就慢慢散去了。

次日，祖潜至碓坊，见能腰石舂米，语曰："求道之人，为法忘躯，当如是乎？"乃问曰："米熟也未？"惠能曰："米熟久矣，犹欠筛在。"祖以杖击碓三下而去，惠能即会祖意，三鼓入室。祖以袈裟遮围，不令人见，为说《金刚经》。至"应无所住，而生其心"，惠能言下大悟——一切万法不离自性。遂启祖言："何期自性本自清净！何期自性本不生灭！何期自性本自具足！何期自性本无动摇！何期自性能生万法！"祖知悟本性，谓惠能曰："不识本心，学法无益。若识自本心（即心即无心，即"真如本心"，即"真如非心"），见自本性，即名丈夫、天人师、佛。"

第二天，弘忍趁别人不注意时，来到了后院碓坊，他看到惠能带个腰石在那儿舂米，就问："求道之人，为法忘躯，当如是乎？"又继续问："米熟没有。"惠能讲米已经熟了，只欠筛了。然后弘忍用禅杖击碓三下就走了。惠能知道师父的意思，三鼓的时候就到了弘忍的禅房。弘忍用菩提达摩从印度带来的袈裟把窗子遮住，不让人看见。然后就为惠能讲《金刚经》，讲到"应无所住，而生其心"时，惠能大悟，脱口说出了五个"何期自性"——"何期（原来）自性本自清净！何期（原来）自性本不生灭！何期（原来）自性本自具足！何期（原来）自性本无动摇！何期（原来）自性能生万法！"终于悟到一切万法都不离自性，悟到"自性本不生灭"，悟到"自性能生万法"，终于完成了对"原本无法""心为法本"的自觉，完成了对兼具在场的对象性和不在场的非对象性双重意义的"心"或"心性"或"真如佛性"或"真如心性"的自觉。这个话语出来之后，弘忍知道，惠能完全明白了菩提达摩从印度传来的禅法或心法，深感欣慰。于是，弘忍便再次开示惠能："不识本心，学法无益。"若识自本心，也就是见自本性，也就是所谓的"丈夫、天人师、佛"。

三更受法，人尽不知。便传顿教及衣钵，云："汝为第六代祖，善自护念，广度有情(有情识者)。流布将来，无令断绝。听吾偈曰：'有情来下种，因地果还生。无情亦无种，无性亦无生'(自性有无一如，不做有解，不做无解，即无生无死，无入无出，无来无去，即所谓的涅槃清净)。"祖复曰："昔达摩大师初来此土，人未之信，故传此衣以为信体，代代相承。法则以心传心，皆令自悟自解。自古佛佛惟传本体，师师密付本心。衣为争端，止汝勿传。若传此衣，命如悬丝。汝须速去，恐人害汝。"惠能启曰："向甚处去？"祖云："逢怀(还集)则止，遇会(四会)则藏。"惠能三更领得衣钵，云："能本是南中人(即岭南人)，素不知此山路，如何出得江口？"五祖言："汝不须忧，吾自送汝。"五祖送至九江驿，祖令上船，五祖把橹自摇。惠能言："请和尚坐，弟子合(应该)摇橹。"祖云："合是吾渡汝。"惠能云："迷时师度，悟了自度。度名虽一，用处不同。惠能生在边方，语音不正，蒙师传法，今已得悟，只合自性自度。"祖云："如是，如是。以后佛法(此佛法指达摩所传的超言绝虑、不立文字之禅法)，由汝大行。汝去三年，吾方逝世(高僧是戒妄语的，可能有神通。但是禅宗对神通不重视，因为这无助于解脱生死，了生脱死的功夫也不在神通上。在禅宗看来，修行到一定程度，神通会自然出现)。汝今好去，努力向南。不宜速说，佛法难起。"惠能辞违祖已，发足南行。两月中间，至大庾岭。逐后(即追逐于后者)数百人来，欲夺衣钵。一僧俗姓陈，名惠明，先是四品将军(将军古无专官，唯为将兵者之通称)，性行粗糙，极意参寻(极意，尽意也，参，参究也，寻、追寻也)为众人先，趁及惠能(趁，音称，逐也，自后追及之也)。惠能掷下衣钵于石上，云："此衣表信，可力争耶？"能隐草莽中(草莽，犹言草茅也)。惠明至，提掇不动。乃唤云："行者！行者！我为法来，不为衣来。"惠能遂出，盘坐石上。惠明作礼，云："望行者为我说法。"惠能云："汝既为法而来，可屏息诸缘(万缘具绝者，即一切法性空是也。法性空者，即一切处无心是)，勿生一念(对诸境色，永无起动，是即无念)，吾为汝说。"明良久(良久，谓历时极久也)。惠能云："不思善，不思恶(绝善恶之思想也)，正与么时(犹言即此时也)，那个(不思善，不思恶)是明上座本来面目？"惠明言下大悟。复问云："上来(上来，从上代祖师以来也)密语密意外(密语，以密意而说之语也。密语者，凡夫二乘不能知。密意，于佛意有所隐藏而不显了真实说之也)，还更有密意否？"惠能云："与汝说者，即非密也。汝若返照(返照者，犹言鉴于前事，而穷明自性之本源也)，密在汝边。"

弘忍见惠能有如此见解，随即决定把达摩从印度传来的衣钵传给了他。惠能拿到衣钵以后，弘忍叫他赶快离开，否则可能有杀身之祸。然后，弘忍划船将惠能渡到对岸，这时惠能说，师父啊，我迷的时候你来渡我，我现在已经悟了，我自己来划船。惠能划船到了对岸，消失在夜色之中。在这个过程中，有一位名为慧明的将军追到了惠能,希望惠能为他说法,助他开悟。惠能便说:“汝既为法而来,可屏息诸缘,勿生一念,吾为汝说。”待慧明静下来之后,惠能接着便问:“不思善,不思恶,正与么时,那个是明上座本来面目?”慧明听后大悟。其实,这就是王阳明所讲的“无善无恶心之体”,惠能所讲的“本来无一物”,也就是万事万物之本来面目,也就是所谓永恒不在场的非对象性存在“无”或无指称“空”或“真如非心”或“不在场的人定世界”。之后,惠能混迹于江湖之中,一方面进一步去思考有关佛法的具体道理,另一方面也在等待弘法的合适机会。

惠能后至曹溪,又被恶人寻逐,乃于四会,避难猎人队中,凡经一十五载。时与猎人随宜说法,猎人常令守网,每见生命,尽放之。每至饭时,以菜寄煮肉锅。或问,则对曰:“但吃肉边菜。”一日思惟:时当弘法,不可终遁。遂出至广州法性寺(今光孝寺),值印宗法师讲《涅槃经》。时有风吹幡动(幡之有长帛下垂者曰幡,法物也)。一僧曰:“风动。”一僧曰:“幡动。”议论不已。惠能进曰:“不是风动,不是幡动,仁者心动(《五灯会元》一:十八祖伽耶舍多尊者,闻风吹铃声。十七祖问曰:铃鸣耶?风鸣耶?舍多曰:非风铃鸣,我心鸣耳)。”一众骇然(在场的人无不惊讶)。印宗延至上席,征诘奥义,见惠能言简理当,不由文字。宗云:“行者定非常人。久闻黄梅衣法南来,莫是行者否?”惠能曰:“不敢。”宗于是作礼,告请传来衣钵,出示大众。宗复问曰:“黄梅付嘱,如何指授?”惠能曰:“指授即无,惟论见性,不论禅定、解脱。”宗曰:“何不论禅定、解脱?”能曰:“为是二法,不是佛法。佛法是不二之法(凡言佛性有生灭、得失、来去、垢净者,都是二法或有为法。佛性是不生不灭、不来不去、不垢不净的不二存在,故为不二之法或无为法)。”宗又问:“如何是佛法不二之法?”惠能曰:“法师讲《涅槃经》,明佛性是佛法不二之法。如高贵德王菩萨白佛言:‘犯四重禁(四重禁又名四重罪。亦即四波罗夷罪也。一淫戒、二盗戒、三杀人戒、四大妄语戒),作五逆罪(谓杀父、杀母、害阿罗汉、斗乱众僧、起恶意于如来所),及一阐提(不信佛法者,名一阐提)等,当断善根佛性否?’佛言:‘善根有二,一者常,二者无常。佛性非常非无常,是故不断,名为不二。一者善,二者不善。佛性非善非不善,是名不二。’蕴之与界,凡夫见二,智者了达,其性无二。无二之性,即是佛性。”印宗闻说,欢喜合掌言:“某甲讲经,犹如瓦砾。仁者论义,犹如真金。”于是为惠能薙发(薙同剃,剃须发,著染衣,佛弟子出家之相也)愿事为师。惠能遂于菩提树下(广州光孝寺),开东山法门。惠能于东山得法,辛苦受尽,命似悬丝。“今日得与使君、官僚、僧尼、道俗同此一会,莫非累劫之缘。亦是过去生中供养诸佛,同种善根,方始得闻如上顿教,得法之因。教是先圣所传,不是惠能自智。愿闻先圣教者,各令净心者。闻了各自除疑,如先代圣人无别。”

十五年之后,他觉得时机成熟了,就来到今天广州的一个寺庙,今叫光孝寺。惠能进入光孝寺时,寺中的两个僧人正在讨论寺中的幡是风动还是自动。一个僧人讲是风动,另一个僧人讲是幡动,为此争论不休。惠能进去之后说:"不是风动,不是幡动,仁者心动。"印宗法师听到这样的评价很震惊,于是,他请教惠能一些佛学问题,结果惠能对答如流,而且不拘泥于文字。印宗说道,你肯定不是常人,你是不是就是获得弘忍所传衣法的那个人。于是,惠能就把弘忍给他的菩提达摩从印度带来的袈裟展示出来,印宗马上给惠能行礼,然后帮助惠能落发。惠能自此开始正式归入佛门,也从这时开始对外宣讲他所理解、领悟的佛法——"为是二法,不是佛法,佛法是不二之法"。

何谓"不二之法"? 我们来看看维摩大士的解答。病重的维摩大士问前来看望的众菩萨们:"什么是不二法门?"在场的三十二位菩萨对此作了回答,但维摩大士不满意,最后文殊菩萨回答说:说不二就已经二了。其实任何一种解释都是废话,请维摩大士说说,怎样才是真正的不二法门? 结果维摩大士一言不发。文殊菩萨果然智慧第一,他赞叹说:维摩大士已经把不二法门说了,因为说一必二,不说恰恰是不二法门的最高注解。(取自《维摩诘经》)

需要指出的是,这里所说的"不二之法"是专门论说不在场的非对象性"真如佛性"或无指称"空"的"出世间法"或"无为法",强调了真如佛性之"不生不灭,不常不断,不一不异,不来不出"以及"动念即乖""开口不得""拟议皆非"的永恒不在场性、非对象性。与东方传统的不二论思维模式或不二论智慧"虽有分,而实不二",两者之"分"或不同在于"不二之法",是指向不在场的非对象性存在"无"的出世间法、无为法、不在场的超形上学法,而"东方不二论"则是指向在场的对象性存在"有"的世间法、有为法、在场的形下学和形上学法;两者之"不二"或相同在于"不二之法"和"东方不二论"都是生成的而非既成的,都是人定的而非神定的,都是生成之法、人定之法,都是也只可能是"人定世界"之法,也就是说,原本不仅没有在场的"东方不二论",原本也没有在场的佛法之"不二之法",原本什么都没有,原本没有一切。也就是广义超元论反复强调的"原本无一法,万法唯人造;人觉(觉知、觉醒和觉悟)而法(在场的形下学法、在场的形上学法和不在场的超形上学法)显,人圆则法寂"。

(二)般若品第二

这一章是《坛经》最核心的一章,章名为"般若品第二"。"般若"是梵语,是根据梵语读音直接音译的,实质是智慧。诚如《金刚经略疏》所说:"般若梵语,此云智慧。其体即实相,虽流转六趣而不损;其用即关照,能照破一切而不留。"我个人理解，般若讲的就是"放下""不执著""应生无所住心"，所以这章也是分析讲解惠能有关"放下""不执著""应生无所住心"的智慧。

下面按照这一章的结构，依次予以分析讲解。

次日，韦使君请益。师升坐，告大众曰："总净心念：'摩诃般若波罗蜜多。'"复云："善知识，菩提般若之智，世人本自有之。只缘心迷，不能自悟。须假大善知识（智者、觉者），示导见性。当知愚人、智人，佛性本无差别。只缘迷、悟不同，所以有愚有智。吾今为说摩诃般若波罗蜜法，使汝等各得智慧。

"次日，韦使君请益。"什么叫请益呢？就是已经受过教育的人再问一些没有完全理解的问题。惠能升坐，告大众曰："总净心念：'摩诃般若波罗蜜多'。"也就是说这一章主要讨论"摩诃般若波罗蜜多"。惠能讲，"菩提般若之智，世人本自有之"，每个人都有般若智慧。"只缘心迷，不能自悟"，所以需要"大善知识"，即智者、觉者来"示导见性"。

善知识，世人终日口念般若，不识自性般若，犹如说食不饱。口但说空（因缘所生之法，究竟无体，故云空。口但说空者，口说而心不行也），万劫（万世）不得见性，终无有益。善知识！"摩诃般若波罗蜜"是梵语，此言：大智慧到彼岸，此须心行，不在口念。口念心不行，如幻如化、如露如电。口念心行，则心口相应，本性是佛，离性无别佛。何名"摩诃"？"摩诃"是大，心量广大，犹如虚空。无有边畔，亦无方圆大小，亦非青黄赤白，亦无上下长短，亦无嗔（怒，生气）无喜，无是无非，无善无恶，无有头尾。诸佛刹土，尽同虚空。世人妙性本空，无有一法可得。自性真空，亦复如是（"一念不生全体现，六根才动被云遮"）。善知识，莫闻吾说空，便即著空（著，执著也）。第一莫著空。若空心静坐，即著无记空。（记即游荡，无记空住在无记，即制心一处，心不游荡，心本来是活的，人为让它不动，停在那，始终在那停着，由于心不游荡，就不能转成智。空非断念，空无指称。不住无记，什么都知道，但不染，即"于相而离相，于念而无念"，也就是"生无所住心"，也就是"一念不生全体现"）善知识，世界虚空，能含万物色像。日月星宿，山河大地，泉源溪涧，草木丛林，恶人善人，恶法善法，天堂地狱，一切大海，须弥诸山，总在空中（色即是空）。世人性空，亦复如是。善知识，自性能含万法是大，万法在诸人性中。若见一切人恶之与善，尽皆不取不舍，亦不染著，心如虚空，名之为大，故曰摩诃。善知识，迷人口说，智者心行。又有迷人，空心静坐，百无所思，自称为大。此一辈人，不可与语，为邪见故。

惠能讲"摩诃般若波罗蜜是梵语"，翻译过来就是"大智慧到彼岸"。惠能讲：

“口念心不行,如幻如化、如露如电。口念心行,则心口相应。本性是佛,离性无别佛。”惠能接着分析讲解了“摩诃”“般若”“波罗蜜”。何名“摩诃”呢?他说:“自性能含万法是大,万法在诸人性中。若见一切人恶之与善,尽皆不取不舍,亦不染著,心如虚空,名之为大,故曰摩诃。”

善知识,心量广大,遍周法界。用即了了分明,应用便知一切。一切即一,一即一切。去来自由,心体无滞,即是般若。善知识,一切般若智,皆从自性而生,不从外入,莫错用意,名为真性自用,一真一切真。心量大事,不行小道。口莫终日说空,心中不修此行。恰似凡人自称国王,终不可得,非吾弟子。善知识,何名“般若”?般若者,唐言智慧也。一切处所,一切时中,念念不愚,常行智慧,即是般若行。一念愚即般若绝,一念智即般若生。世人愚迷,不见般若,口说般若,心中常愚。常自言:我修般若。念念说空,不识真空(《禅源诸诠》上:“龙树、提婆等菩萨,依破相教,广说空义,破执有,令洞然解于真空。真空者,是不违有之空也)”。般若无形相(《智度论》十八:已知般若体相是无相无得法),智慧心即是。若作如是解,即名般若智。

接着惠能分析讲解了“般若”,他指出,“般若者,唐言智慧也。”“心量广大,遍周法界。用即了了分明,应用便知一切。一切即一,一即一切。去来自由,心体无滞,即是般若”。惠能进一步指出,“一切处所,一切时中,念念不愚,常行智慧,即是般若行。一念愚即般若绝,一念智即般若生。”“般若无形相,智慧心即是。若作如是解,即名般若智。”

何名“波罗蜜”?此是西国语,唐言到彼岸。解义离生灭,著境生灭起。如水有波浪,即名为此岸。离境无生灭,如水常流通,即名为彼岸。故号“波罗蜜”。

惠能进一步问,何名“波罗蜜”呢?“波罗蜜”是梵语,如果翻译成中文就是“到彼岸”。所谓的“此岸”,即在场的对象性存在“有”,“彼岸”,即不在场的非对象存在“无”或无指称“空”,“波罗蜜”或“到彼岸”,即放下对在场的对象性存在“有”的执念,觉悟永恒不在场的非对象性存在“无”或无指称“空”。并进而觉悟不在场的非对象性存在“无”,以及由在场的对象性存在“有”与不在场的非对象性存在“无”共同构成的整体性的“人类世界”或“人定世界”或“世界”“存在”原本不存在,都是生成的而非既成的,是人定的而非神定的。

至此,关于“摩诃”,关于“般若”,关于“波罗蜜”,以及“摩诃般若波罗蜜”,惠能都如此这般地说清楚了。

善知识，凡夫即佛，烦恼即菩提。前念迷即凡夫，后念悟即佛。前念著境即烦恼，后念离境即菩提。善知识，摩诃般若波罗蜜，最尊、最上、最第一。无住无往亦无来，三世诸佛从中出。当用大智慧，打破五蕴烦恼尘劳。如此修行，定成佛道。变三毒为戒、定、慧。

凡夫和佛，怎么区分呢？迷就是凡夫，悟就是佛。其实也可以这么讲，能放下者就是佛，放不下者，即执著者就是凡夫。

关于这一章还有三个问题我想较为仔细地讲一讲，因为这三个问题可能是阅读理解《坛经》这一经典禅宗文本绕不过去的坎。一是“人有根性之别”；二是“心为法本”；三是“邪正俱不用”或“邪正尽打却”。

关于“人有根性之别”问题。惠能有这样一个说法，他说此法门是最上乘的法门，是为大智人讲的，就是为有智慧的通达一切事理之人讲的，为上根人说的。上根人，就是根性锐利的人。他说“小根小智的人心生不信”，就是说根性不够好、智慧不高的人听这些说法可能不一定相信，“何以故”？“譬如天龙下雨”，大雨下下来，一般的“城邑聚落，悉皆漂流，如漂草叶”。但是，大雨下在大海上基本上是不增不减。其实这是很有意思的比喻。他进一步讲：“若大乘人，若最上乘人。闻说《金刚经》，心开悟解，故知本性自有般若之智，自用智慧常观照故，不假文字”，就是不借助于文字，即可体悟真如，观照智慧。每个人都有这样的智慧，只是被遮蔽了。惠能进一步指出，“小根之人闻此顿教，犹如草木根性小者，若被大雨，悉皆自倒，不能增长。小根之人，亦复如是。元有般若之智，与大智人更无差别。因何闻法不自开悟？缘邪见障重，烦恼根生，犹如大云覆盖于日，不得风吹，日光不现。般若之智，亦无大小，为一切众生自心迷悟不同。迷心外见，修行觅佛，未悟自性，即是小根。若开悟顿教，不执外修，但于自心常起正见，烦恼尘劳，常不能染，即是见性”。即是说，“内外不住，去来自由，能除执心，通达无碍，能修此行，与《般若经》本无差别”。总之，在惠能看来，执念太重的人即小根之人。

关于“心为法本”问题。惠能的下面这段文字非常精彩。惠能说道：“善知识，一切修多罗”，就是我们说的各种佛教经典，“及诸文字，大小二乘、十二部经，皆因人置。因智慧性，方能建立。若无世人，一切万法，本自不有。故知万法，本自人兴。一切经书，因人说有”。惠能进一步指出，“缘其人中，有愚有智。愚为小人，智为大人。愚者问于智人，智者与愚人说法。愚人忽然悟解心开，即与智人无别。不悟，即佛是众生。一念悟时，众生是佛”。所以，惠能讲：“万法尽在自心，何不从心中顿见真如本性！我本元自性清净，若识自心、见性，皆成佛道。”原本无法，法自人兴，万法尽在自心、自性，即“心为法本”。惠能在此借助“心为法本”的佛学本体论原则，将唯识宗有关在场的佛性本体论思想，即“三界唯心，万法唯识”之在场的形上学"心""识""自心""自性",将何以会有在场的"万法"彻底地说清楚了——"若无世人,一切万法,本自不有。故知万法,本自人兴",彻底地实现或完成了佛学意义上的"真如本心"或"本体心"的自觉。

关于"邪正俱不用"或"邪正尽打却"问题。这一章的结尾部分有个"无相颂","无相颂"中有几句话,有必要跟大家一起学习讨论。这对理解"般若品"这一章,乃至于理解整部《坛经》的禅宗思想,都是很有帮助的。惠能说,"吾有一无相颂,各须颂取。在家出家,但依此修"。这一无相颂说:"唯传见性法,出世破邪宗,邪来烦恼至,正来烦恼除。邪正俱不用,清净至无余。"怎么理解这些论述呢?就是邪来烦恼至,我们要去邪;正来烦恼除,我们也要去正。惠能在这首无相颂中还要求修行人要"常见己过,与道即相当",就是一个人经常见己过,就是人们常说的"常见自己过,莫见他人非"。惠能的这首无相颂还有一个观点,他说:"若真修道人,不见世间过。若见他人非,自非却是左。"心理学有个原理叫作"投射原理"。古代也有类似的说法,即"来说是非者,必是是非人"。心理学的"投射原理"认为,指责别人自私的人,往往是自己自私心理的投射。惠能在这里所说的就是这个意思。惠能如是说:如果讲他人有非,其实是自己之非。惠能这个思想实际上和现代心理学的"投射原理"是相当吻合的。继续将这个无相颂往下讲,惠能说:"佛法在世间,不离世间觉。离世觅菩提,恰如求兔角。正见名出世,邪见名世间。邪正尽打却,菩提性宛然。"惠能在此讲的是"邪正尽打却,菩提性宛然",即邪见不要留,正见也不要执著。其实就是讲的"放下",讲的"放下便是",讲的"应生无所住心"。其实也就是广义超元论所坚持的所谓"邪法""正法"或"世间法""出世间法"都是生成的而非既成的、都是人定的而非神定的"实践生成论"或"人定世界论"。广义超元论坚持认为,原本既无所谓的"邪法"或"世间法",原本也没有所谓的"正法"或"出世间法"。所以,惠能坚持主张"邪正俱不用,清净至无余",主张"邪正尽打却,菩提性宛然",主张"兀兀不修善,腾腾不造恶,寂寂断见闻,荡荡心无著"。

(三)疑问品第三

《坛经》的第三章,即"疑问品第三"是记载惠能针对弟子们的一些疑问所作出的回应解答。下面挑选几个较为典型的问答予以分析讲解。

第一个问题。有弟子请教惠能道:弟子听闻"达摩初化梁武帝",梁武帝问达摩,"朕一生造寺、度僧,布施、设斋,有何功德?"达摩却说,"实无功德"。弟子不明白为什么达摩祖师会这么说,请和尚解我疑惑。惠能怎么回应作答呢?惠能说:"实无功德,勿疑先圣之言。武帝心邪。"为什么说梁武帝心邪呢?因为他着相了。惠能接着讲:"造寺、度僧,布施、设斋,名为求福。不可将福便(变)为功德。功德在法身中(成就无上寂默法,故名大牟尼,亦名法身。不着一物即菩提),不在修福。”惠能进一步讲:“见性是功,平等是德(见清净自性即功,坚持平等心即德。无高下浅深之别名平等。宇宙本质,皆同一体。一切法、一切众生,本无差别,故曰平等)。念念无滞,常见本性真实妙用,名为功德。内心谦下(随顺众生)是功,外行于礼是德。自性建立万法是功,心体离念是德。不离自性是功,应用(运作)无染是德。若觅功德法身,但依此作,是真功德。”若修功德之人,心即不轻,就是说,修功德之人是不会轻视人的。因为人人皆为佛,应常行普敬。心常轻人,就是轻视人,吾我不断,即自无功。自性虚妄不实,即自无德。为吾我自大,常轻一切故。所以,惠能讲:“善知识,念念无间是功,心行平直是德。自修性是功,自修身是德。功德须自性自见,不是布施、供养之所求也。”而梁武帝没有把功德与求福这两个问题搞清楚,尚执念于或着相于“造寺、度僧,布施、设斋”,所以说,达摩祖师说的话是对的——“武帝心邪”,也就是说,在达摩看来,梁武帝执念太重。

第二个问题。有一个刺史(官员)问惠能:“弟子常见僧俗念阿弥陀佛,愿生西方,请和尚说,得生彼否?愿为破疑。”什么意思呢?就是这位官员说,我常听说只要坚持念阿弥陀佛就可以往生西方极乐世界,是不是这样的呢?请和尚解我疑惑,真的能这样吗?念阿弥陀佛死后就可以往生西方极乐世界吗?惠能回答得很有意思,“使君善听”,注意听啊,“惠能与说。世尊在舍卫城中,说西方引化经文,分明去此不远。若论相说里数,有十万八千,即身中十恶八邪,便是说远。说远为其下根,说近为其上智。人有两种,法无两般。迷悟有殊,见有迟疾。迷人念佛求生于彼,悟人自净其心。所以佛言:‘随其心净,即佛土净。’使君东方人,但心净即无罪。虽西方人,心不净亦有愆(罪过)。东方人造罪,念佛求生西方。西方人造罪,念佛求生何国?凡愚不了自性,不识身中净土,愿东愿西,悟人在处一般。所以佛言:‘随所住处恒安乐’。”

前些年重庆市江津区四面山上下大雪,我们驱车上山至林间山屋赏雪,夫人给我拍了张漫步雪中林间山屋的照片,不久将其发送在我的微信朋友圈。这张照片点击的人很多,但是我附上的一句话——“随所住处恒安乐”,反倒不被人们所关注、重视。其实我要表达的是,人在任何地方都要放下,不要执念于周边景色,不要太陶醉于美丽风光,这样才可以做到“理得心安”“恒安乐”。

惠能继续回应这位官员说:“使君心地但无不善,西方去此不遥”,就是说,心善,则去此不远。“若怀不善之心,念佛往生难到。”所以,惠能说,“劝善知识,先除十恶”,就可以行十万里,“后除八邪”,就可以再行八千里。十万八千里其实就是人人心中的十恶八邪。有哪“十恶”呢?就是佛教徒们经常念叨的“杀生、偷盗、邪淫、妄语、绮语、恶口、两舌、贪欲、嗔恚、愚痴”。要先除去这“十恶”。后再除去八邪,哪“八邪”呢?一邪见,就是不信因果、功德、父母、圣人等之见解;二邪志,就是邪思惟;三邪语,就是妄语、两舌、恶口、绮语等;四邪业,就是杀生、邪淫等;五邪命,就是不如法之生活;六邪方便,就是邪精进;七邪念,就是不如法之观念;八邪定,就是非正定之定。除去了“十恶”“八邪”,也就是越过了十万八千里,所以,惠能说“西方去此不遥”。

惠能继续讲:“使君但行十善。”何谓“十善”?惠能是这么讲的:第一善,“不杀生而行放生、救生、护生”。第二善,“不偷盗而行施舍”。第三善,“不邪淫而修梵行”,不邪淫主要讲的是不在夫妻关系之外发生性关系。第四善,“不妄言而说老实话”,就是不乱说话,不说虚妄不实的话。第五善,“不绮语而说质直语”,什么叫绮语?就是花言巧语。第六善,“不两舌而说调解语”,就是不要搬弄是非,挑拨离间。第七善,“不恶口而说柔软语”,我们祖先有句话——“良言一句三冬暖,恶语伤人六月寒”,就是说,尽量不要用恶毒的语言说人。第八善,“不贪而修不净观”,这个“贪”很有意思,人们的贪欲是一个很难破除的东西。人们“贪”的究竟是什么呢?不仅是人们常说的贪财、贪色、贪名,还有贪睡、贪吃。佛教有个说法:“比丘患病,减食为宜”,什么意思呢?少吃对身体是有利的。佛教还有“过午不食”的说法。第九善,“不嗔而修慈悲观”,就是不要动不动就发怒,而应该修慈悲观。最后一个善,其实是最重要的,前面部分已经讲过,就是“不痴而修因缘观”,不痴就是不痴迷,就是觉悟了所有东西皆自性为空,不应该执著于一切法、所有相。也就是“缘起性空”“性空缘起”“唯识无境”“唯识性空”“空有不二”“真空妙有”。

惠能继续讲,如果我们能够行十善,“何须更愿往生”?“不断十恶之心,何佛即来迎请”?“若悟无生顿法,见西方只在刹那。不悟念佛求生,路遥如何得达?”惠能的这个思想是很有意思的,就是说,顿悟自性,西方就在当下,对不对?所以惠能讲:“世人自色身是城,眼耳鼻舌是门,外有五门,内有意门。心(人之身心也,在场的对象性心性、佛性、真如也)是地,性(人之本来面目也,不在场的非对象性心性、佛性、真如也)是王。王居心地上。性在王在,性去王无。性在身心存,性去身心坏。佛向性中作,莫向身外求。自性迷(迷在场的对象性自性)即是众生,自性觉(觉不在场的非对象性自性)即是佛。慈悲即是观音(菩萨),喜舍(喜施财宝也)名为势至(菩萨)。能净即释迦(牟尼),平直(平即平等,直即心直)即弥陀(阿弥陀佛)。人我是须弥(须弥山之略。人身常有一主宰为实体,即形上学意义上的对象性心性、佛性、真如也,即“心为法本”之“心”也,“唯识无境”之“识”也,自此实体或本体性“心”“识”生出人我之相、人我之见。自此执见,复生出种种之过失),邪心是海水。烦恼是波浪,毒害是恶龙。虚妄是鬼神,尘劳是鱼鳖。贪嗔是地狱,愚痴是畜生。善知识,常行十善,天堂便至。除人我,须弥倒。去邪心,海水竭。烦恼无,波浪灭。毒害除,鱼龙绝。自心地上觉性如来(觉性,离一切迷妄之觉悟自性也,即觉悟了不在场的非对象性心佛、如来、自性),放大光明,外照六门清净(眼耳鼻舌身为外五门,意为内一门,合为六门。“六根清净”也),能破六欲诸天。自性内照,三毒(贪嗔痴也)即除。地狱等罪,一时消灭。内外明彻,不异西方。不作此修,如何到彼。”不修顿悟之法,不明心见性,即“不悟念佛求生,路遥如何得达?”

第三个问题。韦公还问了一个问题,他说:“在家如何修行?愿为教授”,请指导我。惠能开示说:“吾与大众说《无相颂》”,各位善知识,“但依此修,常与吾同处无别。”各位善知识,若能经常诵无相颂,就跟我在一起一样。无相颂是怎么讲的呢,惠能说,“心平何劳持戒”,心若平等,何劳具戒如比丘呢?“行直何用修禅?恩则亲养父母,义则上下相怜。让则尊卑和睦,忍则众恶无喧。若能钻木出火,淤泥定生红莲。苦口的是良药,逆耳必是忠言。改过必生智慧,护短心内非贤。日用常行饶益(予人富裕、丰足),成道非由施钱。菩提只向心觅,何劳向外求玄?听说依此修行,西方只在目前”。这个很有意思,惠能说,“依偈修行,见取自性(在场的对象性自性与不在场的非对象性自性不二),直成佛道”。

(四)定慧品第四

《镡经文集·坛经赞》关于“定慧”“一行三昧”“无念”“无住”和“无相”有如下论述:“定慧为始,道之基也。一行三昧,道之端也。无念之宗,解脱之谓也。无住之本,般若之谓。无相之体,法身之谓也。”即定慧为开悟之基,一行三昧为开悟之端,无念谓之解脱,无住谓之般若,无相谓之不在场的非对象性法身。

关于“定慧品第四”,重点分析讲解以下几个重要的禅学观点。

第一个观点,何谓“定慧”?

何谓“定慧”?按照禅宗的说法,“定”即禅定,“慧”即智慧,定慧之间的关系是禅定,体也,寂而常照;智慧,用也,照而常寂。体用不二,谓之定慧。《禅源诸诠集序》上说:“禅是天竺之语,具云禅那,中华翻译为思维修,亦名静虑,皆定慧之通称也。”《佛祖通载》卷十六:“唐宣宗问荐福辩禅师:‘何名戒、定、慧?’对曰:‘防非止恶,名戒。六根涉境,心不随缘,名定。心境俱空,照见无惑,为慧’。”

接下来结合《坛经》“定慧品第四”的原文,看看惠能是如何论述“定慧”的。惠能说:“我此法门,以定慧为本,大众勿迷!言定慧别。定慧一体,不是二。定是慧体”,定是慧的本体,而“慧是定用”。也就是说,“即慧之时定在慧,即定之时慧在定”,就是“定慧不二”。惠能继续说:“诸学道人(修学道行之人也),莫言先定发慧,先慧发定,各别。学道人,作此见者,法有二相。口说善语,心中不善。空有定慧,定慧不等。若心口俱善,内外一如,定慧即等。自悟修行,不在于诤。若诤先后，即同迷人，不断胜负，却增我法，不离四相（我相、人相、众生相、寿者相）。善知识，定慧犹如何等？犹如灯光。有灯即光，无灯即暗。灯是光之体，光是灯之用。名虽有二，体本同一。此定慧法，亦复如是。”总之，惠能认为，定不离慧，慧不离定，名虽有二，体本同一，即定慧不二。惠能在讲“定慧”这个问题的时候，很是用心。

第二个观点，何谓“一行三昧”？

关于“一行三昧”，惠能是这样论述的，“善知识，一行三昧者，于一切处行住坐卧（行住坐卧即四威仪），常行一直心是也。《净名经云》：‘直心是道场’，‘直心是净土’。莫心行谄曲，口但说直，口说一行三昧，不行直心。但行直心，于一切法勿有执著。迷人著法相，执一行三昧，直言常坐不动，妄不起心，即是一行三昧。作此解者，即同无情，却是障道因缘。善知识，道须通流，何以却滞！心不住法，道即通流。心若住法，名为自缚。”在惠能看来，“一行”，即惟专一行，修习正定也；“三昧”，即正定也，也就是将善心住于一处而不妄动。“一行三昧者，于一切处行住坐卧，常行一直心是也”。“直心者”，质直无谄，诚实心也，即发心之始始于诚实，此心乃是万行之本；“三昧”者，亦即所言、所行、所作都能表现到最恰当、最相应、最究竟的程度，即凡事进入甚深境地者，为人处事有最完美的表达者，处世待人最圆融者，乃至生活中有禅的洒脱、幽默、看破者，即“心不住法”“法随心转”者，而非“常坐不动”“妄不起心”“心随法转”者。这就是惠能所说的“一行三昧”。

第三个观点，何谓“无念”“无相”“无住”？

惠能说：“善知识！我此法门，从上以来，先立无念为宗（无念者，真念、正念也），无相为体（一切法无相。无相中不分别是佛、是畜生），无住为本（无住，即实相异名，实相，即性空异名）。”那么什么叫“无相”“无念”“无住”呢？惠能继续说道：“无相者，于相而离相。无念者，于念而无念。无住者，人之本性”，“若前念今念后念，念念相续不断，名为系缚，于诸法上，念念不住，即无缚也。此是以无住为本。外离一切相，名为无相。能离于相，则法体清净。此是以无相为体。于诸境上，心不染，曰无念。于自念上，常离诸境，不于境上生心。若只百物不思，念尽除却，一念绝即死，别处受生，是为大错。学道者思之”。注意这句话是什么意思？就是不能断念，断念就死了。所以，惠能说“于念而无念”“于相而离相”。“自性本无一法可得，若有所得，妄说祸福，即是尘劳邪见，故此法门立无念为宗。善知识！无者，无何事？念者，念何物？无者，无二相，无诸尘劳之心。念者，念真如本性。真如即是念之体，念即是真如之用。真如自性起念，非眼耳鼻舌能念。真如有性，所以起念。真如若无，眼耳色声，当时即坏。善知识！真如自性起念，六根虽有见闻觉知，不染万境，而真性常自在”。所以，佛经讲：“能善分别诸法相，于第一义而不动”。所谓“第一义者”，圣智自觉所得，非言说妄想之境界；“第一义者”，是圣乐处,因言象而入,非即是言象;"第一义者",亦名涅槃寂静,即不在场的非对象性存在"无"或无指称"空",即所谓的"实相无相"之不在场的"真如佛性"或"真如自性"或"真如非心"。所谓"真如自性起念"之真如自性,则是指"心为法本"之本体心,"万法唯识"之本体识,是指"能生万法"的在场的形上学意义上的"真如佛性"或"真如自性"或"真如本心"。

(五)坐禅品第五

第五章即"坐禅品第五",这一章主要谈"禅定""坐禅"。分析讲解《坛经》的禅学思想,必须清楚禅宗有关"禅定""坐禅"的相关论述。

《悟性论》指出:"不忆一切法,乃名为禅定。若了此言者,行住坐卧,皆是禅定。"《海水一滴》说:"坐禅虽标三业不动,然一切处心不动,则语默动静无往不禅。若谓坐是禅,而其他非禅,则是非祖师门中正禅。"也就是说,在禅宗看来,坐禅之法,门径甚多,只要一切处心不动,不生执念,不执著在场的"有",不执著不在场的"空",语默动静无往不禅,若空心静坐,离佛法悬远。

在这一章里,惠能较为系统地论述有关"禅定""坐禅"的重要思想。惠能给大众讲:"此门坐禅,元不看心,亦不看净,亦不是不动。若言看心,心元是妄。知心如幻,故无所看也。若言看净,人性本净,由妄念故,盖覆真如。但无妄想,性自清净。起心看净,却生净妄。妄无处所,看者是妄。净无形相,却立净相,言是工夫。作此见者,障自本性,却被净缚。"所以惠能讲:"善知识,若修不动者,但见一切人时,不见人之是非、善恶、过患,即是自性不动。善知识,迷人身虽不动,开口便说他人是非、长短、好恶,与道违背。若看心、看净,即障道也。"原本无心,所看者何?人性本净,何来观净?自性不动,动碍几何?

下面这段文字很精彩,惠能是这么讲的:"什么叫坐禅呢?""此法门中,无障无碍。外于一切善恶境界,心念不起,这就是坐。内见自性不动,也就是于第一义而不动,名为禅。"那么"何名禅定?"惠能说:"外离相为禅,内不乱为定。"我再强调一下,外离相,就是不被外相所迷惑("凡所有相,皆为虚妄"),不执著于外相就是禅,内不乱,就是内心不为外相所惑乱,内心不起波澜就是定,"外若著相,内心即乱。外若离相,心即不乱。本性自净自定,只为见境、思境即乱。若见诸境心不乱者(并非"枯木倚寒岩,三冬无暖意"之枯木,而是"默而常照,照而常默;默中有照,照中有默"之默照禅境界),是真定也"。所以说,"外离相即禅,内不乱即定",外禅内定,就是惠能所讲的禅定。禅定不是百无一思、空心静坐,不是默照分离,而是默而常照、照而常默,默中有照、照中有默,默照一体,禅定不二。

惠能说,《菩萨戒经》云:"我本性元自清净。善知识。于念念中,自见本性清净，自修自行，自成佛道。”正如《高子遗书》所说：“吾性本来清净无物，不可自生缠扰。吾性本来完全具足，不可自疑亏欠。吾性本来荡平正直，不可自作迂曲。吾性本来广大无垠，不可自为局促。吾性本来光明照朗，不可自为迷昧。吾性本来易简直截，不可自增造作。”《海水一滴》也说：“非是脱尘垢而得净相，佛及众生，本然性空，谓之清净。深达此理，则念念禅定，事事空行。”

（六）忏悔品第六

第六章，即“忏悔品第六”。“梵云忏摩，此云悔过，梵汉兼举，故名忏悔。”这一章讲了五个问题：一曰自性五分法身香；二曰无相忏悔；三曰自心四弘誓愿；四曰无相三归依戒；五曰自性一体三身佛。

第一个问题，何谓“自性五分法身香?”

第六章开篇便说：“时大师见广、韶洎（jì，及也）四方士庶骈集山中听法，于是升座告众曰：‘来！诸善知识。此事须从自性中起，于一切时，念念自净其心，自修其行，见自己法身，见自心佛，自度自戒，始得不假到此。既从远来，一会于此，皆共有缘。今可各各胡跪（胡跪，右膝著地，竖左膝危坐，或云互跪也），先为传自性五分法身香，次授无相忏悔。’众胡跪。师曰：‘一戒香（《破相论》：佛在世日，令诸弟子以智慧火烧如是无价宝香，供养十方诸佛。今时众生不解如来真实之义，唯将外火，烧于世间沉、檀、熏陆质碍之香，希望福报。云何可得乎?’），即自心中无非无恶，无嫉妒，无贪嗔，无劫害（白取者曰劫，乖慈名害），名戒香。二定香（达摩：‘深信大乘、心无退转’），即睹诸善恶境相，自心不乱（自心本不散乱），名定香。三慧香，自心无碍，常以智慧观照自性，不造诸恶。虽修众善，心不执著。敬上念下，矜恤孤贫，名慧香。四解脱香（达摩：‘能断一切无明结缚。’又曰：‘自觉觉他，觉智明了，则名解脱’），即自心无所攀缘，不思善，不思恶，自在无碍，名解脱香。五解脱知见香（由解生定，由定生慧，由慧得解脱，由解脱得解脱知见），自心既无所攀缘善恶。不可沈（chén，通沉）空寂，即须广学多闻，识自本心，达诸佛理，和光接物（老子：‘和其光，同其尘’），无我无人，直至菩提，真性不易，名解脱知见香。善知识，此香各自内薰，莫向外觅。”

第二个问题，何谓“无相忏悔”?

何谓“无相忏悔”？惠能说：“今与汝等授无相忏悔，灭三世罪（过去未来现在），令得三业清净（身业、口业、意业也）。善知识，各随我语，一时道：‘弟子等，从前念、今念及后念，念念不被愚迷染，从前所有恶业、愚迷等罪，悉皆忏悔，愿一时销灭，永不复起。弟子等，从前念、今念及后念，念念不被骄狂染（《唯识论》：‘骄狂者，心怀异谋，多现不实，邪命事故，此即贪痴一分为体’），从前所有恶业、骄狂等罪,悉皆忏悔,愿一时消灭,永不复起。弟子等,从前念、今念及后念,念念不被嫉妒染(《唯识论》:‘嫉妒者,闻见他荣,深怀忧戚,不安稳故。嗔恚一分为体’)从前所有恶业、嫉妒等罪,悉皆忏悔,愿一时消灭,永不复起。’善知识,已上是为无相忏悔。”

何谓“忏”?何谓“悔”?惠能是这样说的:“云何名忏?”“忏者,忏其前愆,从前所有恶业、愚迷、骄狂、嫉妒等罪,悉皆尽忏,永不复起,是名为忏。”“云何名悔?”“悔者,悔其后过,从今以后,所有恶业、愚迷、骄狂、嫉妒等罪,今已觉悟,悉皆永断,更不复作,是名为悔。”

请大家注意后面的文字,惠能讲:“凡夫愚迷,只知忏其前愆,不知悔其后过。以不悔故,前愆不灭,后过又生。前愆既不灭,后过复又生,何名忏悔!”“凡夫愚迷,只知忏其前愆”,说自己前面这不对,那不对,“不知悔其后过”,因为不悔后过,所以“前愆不灭,后过又生。前愆既不灭,后过复又生,何来忏悔呢?”惠能在讲忏悔时,特别强调什么?“悔其后过”。就是你得行动,对不对?要行动,而不是停留在口头上面。所以惠能有个总结,他说,“真正忏悔者”应该“发四弘誓愿”:“自心众生无边誓愿度!自心烦恼无边誓愿断!自性法门无尽誓愿学!自性无上佛道誓愿成!”不“发四弘誓愿”者,不是真正忏悔者。

第三个问题,何谓“自心四弘誓愿”?

何谓“自心四弘誓愿”?惠能如此说:“善知识!大家岂不道:众生无边誓愿度!恁(nèn,这么、如斯)么道,且不是惠能度。善知识,心中众生,所谓邪迷心、诳妄心、不善心、嫉妒心、恶毒心。如是等心,尽是众生,各须自性自度,是名真度。何名自性自度?即自心中邪见、烦恼、愚痴众生,将正见度。既有正见,使般若智打破愚痴、迷妄,众生各各自度。邪来正度,迷来悟度,愚来智度,恶来善度。如是度者,名为真度。又烦恼无边誓愿断,将自性般若智,除却虚妄思想心是也。又法门无尽誓愿学,须自见性,常行正法,是名真学。又无上佛道誓愿成,既常能下心,行于真正,离迷离觉(迷、觉皆不究竟),常生般若。除真除妄(真、妄皆非至极),即见佛性,即言下佛道成。”

第四个问题,何谓“自性三宝”“无相三归依戒”?

何谓“无相三归依戒”?何谓“自性三宝”或“一体三宝”?惠能如此说道:“无相三归依戒。善知识,归依觉,两足尊(福慧两足也)。归依正,离欲尊(离邪曰正,即正法,离欲垢尘染也)。归依净,众中尊(无污染曰净,净于众物中最尊也)。从今日起,称觉为师,更不归依邪魔外道。以自性三宝,常自证明,劝善知识,归依自性三宝(自性本具佛宝、法宝、僧宝也)。自心归依觉,邪迷不生。佛者,觉也(佛者,具满自觉觉他之二行也)。法者,正也(法者,一切皆有法,即道也,故以讲道为说法)。僧者,净也(僧者,僧伽之略,三宝之一。译作众,凡三人以上之比丘和合一处而修道者曰僧)。少欲知足,能离财色,名两足尊。自心归依正,念念无邪见,以无邪见故,即无人我、贡高(骄傲自大也)、贪爱、执著,名离欲尊。自心归依净,一切尘劳爱欲境界,自性皆不染著,名众中尊。若修此行,是自归依。凡夫不会,从日至夜受三归戒。若言归依佛,佛在何处?若不见佛,凭何所归?言却成妄。善知识,各自观察,莫错用心。经分明言自归依佛,不言归依他佛。自佛不归,无所依处。今既自悟,各须归依自心三宝(“自心三宝”即“一体三宝”。《顿悟入道要门论》:“心是佛,不用将佛求佛。心是法,不用将法求法。佛法无二,和合为僧,即是一体三宝。经云:‘心、佛与众生,是三无差别。’身、口、意清净,名为佛出世。三业不清净,名为佛灭度”)。内调心性,外敬他人,是自归依也。”。

第五个问题,何谓“一体三身自性佛”?

何谓“一体三身自性佛?”“三身”,法身、报身、化身也;一体三身,三身一体,皆源自自性、佛性、觉性,故“一体三身自性佛”。

何谓“一体三身自性佛?”惠能如此说道:“吾与说一体三身自性佛,令汝等见三身,了然自悟自性。总随我道:于自色身(父母所生之身为色身),归依清净法身佛!于自色身,归依圆满报身佛!于自色身,归依千百亿化身佛!善知识,色身是舍宅(言色身如旅行之馆舍也),不可言归。向者三身佛,在自性中,世人总有。为自心迷,不见内性,外觅三身如来,不见自身中有三身佛。汝等听说,令汝等于自身中,见自性有三身佛。此三身佛,从自性生,不从外得。”

何谓“清净法身佛?”惠能如此说道:“何名清净法身佛?世人性本清净,万法从自性生(《传心法要》:“心生则种种法生,心灭则种种法灭。故知一切诸法,皆由心造。乃至人天地狱六道修罗,尽由心造”)。思量一切恶事,即生恶行。思量一切善事,即生善行。如是诸法在自性中,如天常清,日月常明。为浮云盖覆,上明下暗。忽遇风吹云散,上下俱明,万象皆现。世人性常浮游,如彼天云。善知识,智如日,慧如月,智慧常明。于外著境,被妄念浮云盖覆,自性不得明朗。若遇善知识,闻真正法,自除迷妄,内外明彻,于自性中万法皆现。见性之人,亦复如是。此名清净法身佛(无执的觉悟之身)。”“善知识!自心归依自性,是归依真佛。自归依者,除却自性中不善心、嫉妒心、谄曲(曲意逢迎)心、吾我心、诳妄心、轻人心、慢他心、邪见心、贡高(傲慢自大,自以为高人一等)心,及一切时中不善之行。常自见己过(罪己则无尤),不说他人好恶(终日不见己过,便绝圣贤之路。终日喜谈人过,便伤天地之和。《汤子遗书》:“不见己过,是心不存。一检点来,喜怒哀乐,多不中节。视听言动,多不合礼。自己克治不暇,何敢责备他人”),是自归依。常须下心(谦下其心也),普行恭敬,即是见性通达,更无滞碍,是自归依。”

何谓"圆满报身佛?"惠能如此说道:"何名圆满报身?譬如一灯能除千年暗,一智能灭万年愚。莫思向前,已过不可得。常思于后,念念圆明,自见本性。善恶虽殊,本性无二(毕竟空)。无二之性,名为实性(实性即真如也,实性即诸法实性,诸法实性即诸法性也。《仁王经》:"诸法实性,清净平等,非有非无")。于实性中不染善恶,此名圆满报身佛。自性起一念恶,灭万劫善因。自性起一念善,得恒沙(恒沙,恒河中之沙数也,以喻数量之多恶尽)恶尽,直至无上菩提。念念自见,不失本念(即无念),名为报身(无执的觉醒之身)。"

何谓"自性化身佛?"惠能如此说道:"何名千百亿化身?若不思万法,性本如空。一念思量,名为变化(《易》曰:四时变化,而能久成)。思量恶事,化为地狱。思量善事,化为天堂。毒害化为龙蛇(心之可畏,甚于毒蛇),慈悲化为菩萨。智慧化为上界(诸天),愚痴化为下方(即三恶道)。自性变化甚多,迷人不能省觉。念念起恶,常行恶道。回一念善,智慧即生。此名自性化身佛(无执的觉知之身)。"

惠能总结道:"善知识,法身本具(即不在场的非对象性存在"无"、无指称"空",即超形上学"空",不生不灭、无善无恶之真如佛性或"真如非心"也,觉悟的法身佛也),念念自性自见,即是报身佛(即在场的形上学意义上的对象性存在"道""心性""良知",即形上学之"阿赖耶识","三界唯心,万法唯识""唯识无境""心为法本"之本体心识或"真如本心"也,觉醒的报身佛也)。从报身思量,即是化身佛(即在场的形下学意义上的对象性存在"器",即形下学之"万事万物",即芸芸众生、山河大地、日月星辰也,即"三界""万法"或"无执习心"也,觉知的化身佛也)。自悟、自修自性功德,是真归依。皮肉是色身,色身是宅舍,不言归依也。但悟自性三身,即识自性佛(识,认识也)。""三身一体""一体三身",终归"自性";觉悟的"法身佛"、觉醒的"报身佛"、觉知的"化身佛",皆为"自性佛";故"一体三身自性佛",即法身佛、报身佛与化身佛"虽有分,而实不二"也,即"真如非心""真如本心"与"无执习心"不二也。

(七)机缘品第七

《坛经》第七章,即"机缘品第七"。

机缘、机缘,机就是根机,缘就是胜缘。"机谓根机,缘谓胜缘。机有利钝,缘有胜劣。机缘相感,自性开发,故以'机缘'名篇"。机缘篇很有意思。我们先讲个"卢行者独得衣钵"的故事,来看看机缘有多么重要。有人问南泉和尚:"黄梅门下有五百人,为甚么卢行者独得衣钵?"为什么呢?南泉讲啊,"因为四百九九人皆解佛法,只有卢行者一人,不解佛法,只会其道,所以得衣钵"。这个故事是讲,惠能和达摩从印度传来的佛法有缘。

下面结合这一章中的几个故事，渐次分析讲解“机缘品第七”。

第一个故事——“诸佛妙理，非关文字”。

“时有儒士刘志略，礼遇甚厚。志略有姑为尼，名无尽藏，常诵《大涅槃经》。师暂听，即知妙义，遂为解说。尼乃执卷问字，师曰：‘字即不识，义即请问。’尼曰：‘字尚不识，焉能会义？’师曰：‘诸佛妙理，非关文字。’”就是说，那时候有一个儒士叫刘志略，礼遇甚厚，他有一个姑，是名无尽藏的尼姑，她经常念《大涅槃经》。这个尼姑拿这部经书去请教惠能。惠能就说：“字即不识，义即请问。”就是说，我不识字，有什么你不懂的，你可以直接问我。尼姑听后很震惊，脱口便说：“字尚不识，焉能会义？”你字都不识，怎么能够会义呢？惠能怎么讲呢？他说“诸佛妙理，非关文字”，即诸佛妙理都和文字无关。我们前面解读过“教外别传，不立文字，直指人心，见性成佛”，就是达摩从印度传来的佛法，是与文字无关的，文字只是个工具而已，只是那个渡河用的舟楫而已。所以说，“诸佛妙理，非关文字”。这个尼姑听到之后很惊叹，便“遍告里中耆德”（德高望重者）说：“此是有道之士，宜请供养。”这是第一个故事。

这个故事很好地回应了据称禅宗第一公案的“拈花微笑”。自释迦牟尼以来的禅宗历代思想家代代相传的不是语言文字可以予以指称和建构性描述言说的对象性存在“有”或在场的“真如佛性”或“真如本心”“无执习心”，而是“动念即乖”“开口便错”“拟议皆非”“说似一物即不中”的永远不在场的非对象性存在“无”或无指称“空”，即“究竟涅槃”“出障法身”，即“实相无相”之永恒不在场的“真如佛性”或“真如非心”。唯有如此，才能真正理解被称为东方精神精髓的“般若”或“真空妙有”或“平常心即道”或“应无所住而生其心”。

第二个故事——“即心即佛”。

这是法海悟道的故事。大家都知道《坛经》最后的编撰是由法海完成的。法海初次去见惠能时，就问惠能：何谓“即心即佛”？希望祖师给予我指导。惠能说：“前念不生即心，后念不灭即佛。成一切相即心，离一切相即佛。”前念已过去，不可沾恋而再使之生，后念若灭，已如槁木死灰之无情，不可自觉作佛。“成一切相即心”，故知一切相、所有法皆由在场的对象性本体“心”“识”——“真如本心”造；“离一切相即佛”，即自觉永恒不在场的非对象性存在“空”——“本来清净佛”或“真如非心”，在场的对象性本体“心”“识”与不在场的非对象性存在“无”“空”“虽有分，而实不二”，这就是“即心即佛，即佛即心”，这就是“前念不生，后念不灭，成一切相，离一切相，无二无别”。惠能继续说道：“即心名慧，即佛乃定；定慧等持，意中清净。悟此法门，由汝习性；用本无生（定体起用名为慧，慧，寂而常照，定，照而常寂。寂，故无生无灭也，无生无灭之所起用，用亦无生无灭。故能照而常寂，是乃本来一体正法也），双修（定慧）是正”。法海言下大悟，以偈赞曰：“即心元是佛（心佛不二），不悟而自屈（自己屈辱自佛），我知定慧因，双修离诸物。”

第三个故事——“心迷《法华》转，心悟转《法华》”。

这是法达悟道的故事。僧法达，七岁出家，常诵《法华经》，来礼惠能，头不至地。惠能斥责道：“礼不投地，何如不礼！汝心中必有一物，蕴习何事耶?”法达回答道：“念《法华经》已及三千部。”惠能便说：“汝若念至万部，得其经意，不以为胜（不以为可胜人，则无慢心矣），则与吾偕行。汝今负（仗势）此事业，都不知过。听吾偈曰：礼本折慢幢（慢心之高举，譬如幢之高耸，故曰慢幢），头奚不至地。有我（我慢为有我的表现）罪即生，亡功福无比。”惠能继续问：“汝名什么?”法达回答：“法达。”惠能便说：“汝名法达，何曾达法?”你徒劳于文句，未达真妙法，名不副实也。惠能继续说道：“法达，法即甚达，汝心不达。经本无疑，汝心自疑。汝念此经，以何为宗?”法达回答道：“学人根性暗钝，从来但依文诵念，岂知宗趣?”惠能说这怎么行的，继续说道：“汝若但劳劳执念（劳，疲也，勤也。劳劳，言劳之至也），以为功课者（每日限定时间作事，谓之功课），何异牦牛爱尾（深著于五欲，如牦牛爱尾。以贪爱自蔽，盲瞑无所见）。”法达若有所悟，问道：“若然者，但得解义，不劳诵《经》耶?”惠能紧接着告诉法达：“《经》有何过，岂障汝念？只为迷悟在人，损益由己。口诵心行，即是转经（转，转诵也，即诵满一遍又一遍，次第遍遍诵下之意）。口诵心不行，即是被经转（为经所转也）。听吾偈曰：心迷《法华》转（但执诵文字语句者，则为法华所转），心悟转《法华》（《楞严经》：若能转物，即同如来），诵《经》久不明（法达诵《法华经》三千部，不明此经之宗旨），与义作仇家（此言与《法华经》义相违。仇家，冤家也）。无念念即正，有念念成邪。有无俱不计（不计，不涉计较也），长御白牛车（清净自性，无漏智慧）”。法达闻偈，不觉悲泣，言下大悟，回应道：“法达从昔已来，实未曾转《法华》，乃被《法华》转。”这就是法达悟道，“心迷《法华》转，心悟转《法华》”的故事。

这则故事告诉我们，所有在场的佛法，包括在场的“有为法”或“世间法”和在场的“无为法”或“出世间法”，皆为方便说法，皆不究竟，皆不可对此心生执念，被其所缚。如此才能“心悟转《法华》”，否则便是“心迷《法华》转”。

第四个故事——“三身”“四智”。

再来讲一个机缘，惠能弟子智通看《楞伽经》看了千余遍，但是他不会三身、四智。“三身”就是前面说的法身、报身、化身，“四智”，就是大圆镜智、平等性智、妙观察智、成所作智也。他请教惠能，惠能怎么讲呢？惠能讲：“三身者——清净法身，汝之性也（我们认为，可以将其理解为不在场的非对象性存在“无”或无指称“空”，即“非心非佛”之非对象性“自性”或“真如佛性”或“真如非心”也，觉悟之身也)；圆满报身(我们认为,可以将其理解为在场的对象性存在"心识",即"即心即佛"之形上学意义上的对象性"心性"或"真如佛性"或"真如本心"也,觉醒之身也),汝之智也；千百亿化身(我们认为,可以将其理解为在场的对象性存在器物,即"万事万物"之形下学意义上的"万法"或"无执习心"也,觉知之身也),汝之行也(大圆镜智独成法身,觉悟之身也；平等性智独成报身,觉醒之身也；妙观察智与成所作智共成化身,觉知之身也。此三身亦假立名字分别,只令未解者看。若了此理,亦无三身应用。何以故,为体性无相,从无住本而立,亦无无作本)。若离本性,别说三身,即名有身无智(四智不离本性,若离本性而说三身,故曰有身无智)。若悟三身,无有自性,即名四智菩提(三身从一自性而生,非三身中各有一自性也。转八识成四智,束四智成三身。故既悟三身之无有自性,即明三身由四智而成也)"。惠能继续说道:"自性具三身,发明成四智(《顿悟入道要门论》上:"问:'转八识成四智,束四智成三身。几个识共成一智？几个识独成一智？'答:'眼、耳、鼻、舌、身,此五识共成成所作智。第六是意,独成妙观察智。第七心识,独成平等性智。第八含藏识,独成大圆镜智)。不离见闻缘(六根),超然登佛地。"

"通顿悟性智,遂呈偈曰:'三身元我体,四智本心明(四智本于自心。心悟则转八识已成四智)。身智融无碍(三身为体,四智为用,体用合一,故曰无碍),应物任随形。起修皆妄动(本具身智,何劳修治。若有修治,皆是妄动),守住匪真精(执守三身四智,亦是不是。上文言无住者人之本性。今若守住,非本性矣。故云匪真精也)。妙旨因师晓,终亡染污名(假名也。马祖云:'道不用修,但莫污染。何为污染？但有生死心、造作、趣向,皆是污染'))'。"

第五个故事——"一无所得,名最上乘"。

这是一个有关"四乘法"的故事,也是智常悟道的故事。僧智常,年幼出家,志求见性。为解"见性成佛"之意,前来拜见惠能,请示道:"学人近往洪州白峰山礼大通和尚。蒙示见性成佛之义,未决狐疑(多疑者而曰狐疑)。远来投礼(五体投地而行礼也),伏望和尚慈悲指示。"惠能回答道:"彼有何言句,汝试举看。"智常便道:"智常到彼,凡经三月,未蒙示诲。为法切故,一夕独入丈室(丈室又云方丈,禅林主持之正寝也)。请问:'如何是某甲(某以代姓,甲以代名,指人指己,于文字上皆可用之)本心本性?'大通乃曰:'汝见虚空否?'对曰:'见。'彼曰:'汝见虚空有相貌否?'对曰:'虚空无形,有何相貌?'彼曰:'汝之本性(禅家心与性名别实同,说性即说心,故独言本性),犹如虚空,了无一物可见,是名正见。无一物可知,是名真知。无有青黄长短,但见本源清净,觉体圆明,即名见性成佛,亦名如来知见。'学人虽闻此说,犹未决了,乞和尚开示"。惠能教导智常道:"彼师所说,犹存见知(视虚空为对象),故令汝未了。吾今示汝一偈:不见一法存无见(不见一法,承上文了无一物可见而言。然不可有在场的“无见”二字存于胸中。存在场的“无见”者，住在“无见”，故能障蔽自己），大似浮云遮日面（浮云，喻胸中所存之在场的“无见”二字也）。不知一法守空知（无一物可知。然不可执守空知，守空知者，如木石而取守空寂，即为空知所障），还如太虚生闪电（头上安头）。此之知见瞥然兴（瞥，音劈。瞥然，暂见也），错认（守空知，存无见）何曾解方便（方者秘也，便者妙也。不解善巧方便）。汝当一念自知非（自知非者，自知见之与知，俱不是也），自己灵光常显现（灵光者，人人固有之佛性，灵灵照照而放光明者。宋朝柴陵郁《悟道诗》：‘我有明珠一颗，久被尘劳关锁；今朝尘尽光生，照破山河万朵’）”。智常闻偈已，心意豁然。乃述偈曰：“无端起知见，著相求菩提（存无见，守空知，皆著相也）。情存一念悟，宁越昔时迷（言私意存一念之悟，与昔时之迷初无少异。求悟之心与离迷之念，皆为有所求、有所得之心，不悟本来，故曰二无异。趋向圣道也是邪）。自性觉源体，随照枉迁流（随照，随见知照也。枉，劳而无功。迁流者，念念迁谢，如水之流注）。不入祖师室，茫然趣两头（两头者，存无见，守空知也。两头，即两边、边见之意，生死、断常、有无、生灭、一异、是非等，皆为两头见，皆非中道之见”）。请大家注意：“两边之见不可执，中道之见亦非见！”正所谓“断除妄想重增病，趋向真如亦是邪”（张拙）。请看下文的分析讲解。

一日，智常面见惠能，请教一个问题：“佛说三乘法（三乘指声闻乘为羊车，缘觉乘为鹿车，菩萨乘为牛车言也），又言最上乘（最上乘指大白牛车，譬得佛乘者）。弟子未解，愿为教授（教法授道也）。”惠能回答道：“汝观自本心，莫著外法相。法无四乘，人心自有等差。见闻转诵是小乘（仅据目之所见，耳之所闻，而诵读经典者，是知其然而不知其所以然也），悟法解义是中乘（仅能悟佛法，解经典中之意义，虽知其所以然，尚未能躬行实践者），依法修行是大乘（既悟六度万行之理，能依法实践者）。万法尽通，万法具备，一切不染，离诸法相（法性一而相各异。其各异之相自外可见者，名法相。一切世谛，有为无为，通名法相），一无所得，名最上乘（大乘者，是菩萨乘。最上乘者，是佛乘。修菩萨乘者，即是大乘。证菩萨乘，更不起观，至无修处，湛然常寂，不增不灭，名最上乘，即是佛乘也）。乘是行义（乘者就喻彰名，运载为义。如世舟车，可以运重致远。乘以运载为义，故云行义，能行即是乘。但口说而不行，便非乘也），不在口争。汝须自修，莫问吾也。一切时中，自性自如。”

第六个故事——“说似一物即不中”。

这是一个很有意思的故事，是怀让悟道的故事。怀让禅师礼拜惠能，惠能便问，你从什么地方来呀？怀让说我从嵩山来，然后惠能就问，“什么物？恁么来？”这句话很有意思，你看那个怀让啊，这个时候终于明白了，怀让回答惠能道：“说似一物即不中。”就是说,此不在场的非对象性存在“真如佛性”或“真如非心”,无物可比,不可言说。你看这个怀让悟性多高,对不对。就是惠能在点拨怀让,意思是悟的东西,不是可以用什么物或什么东西来表达的。所以怀让才说:“说似一物即不中。”这句话是很有名的,我经常用这句话论说不在场的非对象性世界,论说不在场的非人类的世界或非人定的世界或“不在场的人定世界”。前面讲“行由品第一”时,说的是“菩提本无树,明镜亦非台,本来无一物,何处惹尘埃”。原本什么都没有吗?不仅“人无我”,而且“法无我”;而神秀讲的是“身是菩提树,心如明镜台,时时勤拂拭,勿使惹尘埃”,神秀尚存“法”的执念,未彻悟“法无我”。

惠能继续问怀让:“还可修证(修行证理也。一切众生本是佛,今亦修证还成佛)否?”怀让随即回答道:“修证即(则也)不无,污染即不得。”惠能接着说道:“只此不污染,诸佛之所护念。汝既如是,吾亦如是。”

第七个故事——“我不会佛法”。

一名僧人问惠能:“黄梅意旨,甚么人得?”惠能说道:“会佛法人得。”僧人随即再次追问:“和尚还得否?”僧人问惠能,大师啊,你是否得佛法?惠能回答“我不会佛法”。这个故事很经典,我建议大家仔细体会,这段对话是很有意思的。觉悟之前被告知,所有说法皆为佛法;觉悟之后已方知,所有佛法都不是法。统统放下,放下便是。

第八个故事——“惠能没伎俩”。

再给各位讲一个故事,有个僧人叫卧轮,写了首偈颂——“卧轮有伎俩,能断百思想(断思想,如槁木死灰也,犹如‘枯木倚寒岩,三冬无暖意’),对境心不起,菩提日日长”。惠能听后说道:“此偈未明心地,若依而行之,是加系缚。”惠能说,我也有首偈颂——“惠能没伎俩,不断百思想,对境心数起,菩提作么长”。意思是说,本来无思想,故不用断也,惠能之不断百思想,犹如明镜之不断万像也,惠能之对境心数起,空谷之遇呼而声起也。菩提是妙明真心,不增不减、不生不灭、无善无恶、无是无非,即使修成果地佛,也没增加一分,怎么会有所增长呢?两相对照可见,卧轮尚被可以被指称和描述言说的在场的对象性“心性”或“真如佛性”或“无执习心”所困,而惠能已经完全领悟了不能被指称和描述言说的不在场的非对象性“心性”或“真如佛性”或“真如非心”。

(八)顿渐品第八

接下来解读《坛经》第八章——“顿渐品第八”。

顿者,使人顿时开悟。渐者,使人依次修行。南宗之顿、北宗之渐,约人分见,则论其二。依法入理,则归于一。皆是善巧方便之所致。也就是说,无论顿渐,最终皆应悟“不住一切处,即住无住处”之理。《顿悟入门论》记载了这样的一段问与答。“问:‘心住何处即住?’答:‘住无住处即住。’问:‘云何是无住处?’答:‘不住一切处,即住无住处。’‘云何是不住一切处?’答:‘不住一切处,不住善恶、有无、内外、中间;不住空,亦不住不空;不住定,亦不住不定;即是不住一切处。只个不住一切处,即是住处也。得如是者,即名无住心也。无住心者,是佛心。’”有住之住,非无住处;无住之住,无住处也。

“顿渐品第八”记载:“时祖师居曹溪宝林,神秀大师在荆南玉泉寺。于时两宗盛化,人皆称‘南能北秀’,故有南北二宗顿渐之分,而学者莫知宗趣。”惠能就此说道:“法本一宗,人有南北,法即一种,见有迟疾。何名顿渐?法无顿渐,人有利钝,故名顿渐。”人们都说“南能北秀”,南北二宗顿渐之分,惠能怎么讲呢?他说,实际上法本一宗,法无顿渐,人有利钝,有些人根性好,有些人根性钝,所以才有顿渐之分。“定慧品第四”也有惠能有关顿渐的相关论述。惠能如此说:“本来正教,无有顿渐,人性自有利钝。迷人渐修,悟人顿契。自识本心,自见本性,即无差别,所以立顿渐之假名。”也就是说,禅宗之法没有顿渐之分,即“法无顿渐”,只有信众人性的利钝之别,即“人有利钝”。

这一章还有三个问题需要跟大家分析解读。

第一个问题,为什么“住心观净,是病非禅?”

神秀的徒众,往往讥惠能:“不识一字,有何所长?”神秀说:“他得无师之智,深悟上乘,吾不如也。且吾师五祖,亲传衣法,岂徒然哉!吾恨不能远去亲近,虚受国恩。汝等诸人,毋滞于此,可往曹溪参决。”一日,神秀对门人志诚说道:“汝聪明多智,可为吾到曹溪听法。若有所闻,尽心记取,还为吾说。”志诚便前往曹溪参拜惠能。惠能询问志诚:“汝师若为(如何)示众?”志诚回答道:“常指诲大众:‘住心观净,长坐不卧’。”惠能随即开示志诚:“住心观净,是病非禅。长坐拘身,于理何益?”听吾偈曰:“生来坐不卧,死去卧不坐。一具臭骨头,何为立功课(人的这个身体是一具臭骨头,四大假合而成的,怎么能在臭皮囊上用功夫呢?应该在人的自性,即不在场的超形上学意义上的非对象性真如佛性或“真如非心”上用功夫。而神秀所教的住心观净,这就是著色相,即执著于在场的形上学意义上的对象性真如佛性或“真如本心”,甚至是执著于在场的形下学意义上的对象性习心色身了,和《金刚经》所述的宗旨相违背,所以,惠能要破除之)。”

第二个问题,“如何是不立义?”

志诚再拜启师曰:“如何是不立义?”师曰:“自性无非、无痴、无乱,念念般若观照,常离法相,自由自在,纵横尽得,有何可立?自性自悟,顿悟顿修,亦无渐次,所以不立一切法。诸法寂灭,有何次第?”即是说,自己的自性要由自己悟,自己即刻悟就可即刻修，而不必一步步渐次修学，所以一切法不立，一切法皆为方便说法，皆不究竟，一切法自性空，原本无一切法，又有何第一、第二可说呢？要看破，要放下，方能纵横自在，了生脱死，究竟解脱。

第三个问题，为什么惠能强调“常见自心过愆，不见他人是非、好恶？”

神会问惠能：“如何是亦见，亦不见？”惠能回答道：“吾之所见，常见自心过愆，不见他人是非、好恶，是以亦见，亦不见。”什么叫见呢？我常见自己心里的妄想，当妄想升起时，就立即将其停止。什么叫不见呢？我不见他人的是非、好恶。为什么中华禅宗反复强调“常见自己过，莫见他人非”呢？一曰“若见他人非，自非却是左；他非我不非，我非自有过”；二曰“责已者可以成己之德，责人者则是长己之恶”；三曰“日省己过之不暇，何暇责人之过”。这是惠能提出的一个重要问题，原本无我，何来是非？凡说是非者，必是是非人。

（九）护法品第九

《坛经》的第九章，即“护法品第九”。

护法者，守护佛法、佛学之正法也；常护者，护法日常化、自觉护法也。何谓佛学之正法？不二之法，即佛学之正法也，非法非非法，即佛学之正法也；非心性佛非非心性佛，非常非非常，非正法非邪法，非边道非中道，非善非不善，非生非死，非在场的对象性世界非不在场的非对象性世界，非“无执习心”非“真如本心”非“真如非心”，非无所住心非有所住心，“非有，非无，非亦有亦无，非非有非无”，即佛学之正法也。王舜钦先生曾认真严肃地告诉我，他一生学习研究中国哲学、佛学的心得可以归结为这样三句话——“平常心即道，平等心即教，平安心即效。”我揣摩推敲了很多年，也与自己的研究生们多次讨论过，目前，关于先生的这三句话，我是这样理解的：“平常心即道”，即应生无所住心，应无所住而生其心，佛之究竟也；“平等心即教”，即所有说法皆不究竟，皆为方便注法，法之根本也；“平安心即效”，即心安、放下方可理得，理得才能心安、放下，僧之修行也。先生思想深邃，见解深刻，贯通佛法僧，将佛学之佛法僧三宝讲全了，彻底地讲清楚了。

下面看看“护法品第九”主要讲了那些重要内容。

其一，“上表辞疾，愿终林麓”。在武则天时期，当时神秀等向武则天慎重推荐说道：“南方有能禅师，密授忍大师衣法，传佛心印，可请彼问。”“能禅师”即惠能，“密授忍大师衣法”，就是弘忍把衣法给了惠能，传佛心印，他建议武则天可以去南方请惠能进京弘法。随后，武则天就派了一个内侍太监薛简，专门去请远在南方的惠能。但是惠能却“上表辞疾，愿终林麓”，就是说自己身体不好，愿意留在南方，终栖山林。这是一个故事、传说，或许真有其事。又或许正是因为惠能的这一决定，才有了他所创立的中华禅宗的绵延不绝、长盛不衰。

其二，“道由心悟，岂在坐也”。薛简来了之后，总是有些问题要问惠能，他在想，大师不去京城，我总得将大师的一些论说佛法的话带回去，否则不好向吾皇交代。为此，薛简请示惠能道：“京城禅德皆云，欲得会道，必须坐禅习定。若不因禅定而得解脱者，未之有也。”我想请教大师，是这样吗？惠能回答道：“道由心悟，岂在坐也？经云：‘若言如来若坐若卧，是行邪道。’何故？无所从来，亦无所去，无生无灭，是如来清净禅。诸法空寂，是如来清净坐，究竟无证，岂况坐耶。”也就是说，惠能告诫薛简，不要执著于坐禅习定，执著于禅定，坐禅习定是病非禅，禅宗所倡导的禅不在坐等形式，而在觉悟无生无灭、无来无去的不在场的非对象性真如佛性，即不在场的非对象性存在“无”或无指称空。

其三，“法无有比，无相待故”。薛简继续请示惠能道：“弟子回京，主上必问。愿师慈悲，指示心要。传奏两宫及京城学道者。譬如一灯，然百千灯。冥者皆明，明明无尽。”惠能回答道：“道无明暗，明暗是代谢之义。明明无尽，亦是有尽，相待立名。故《净名经》云：‘法无有比，无相待故’”，即见性之人不比较、不计较。薛简接着请示：“明喻智慧，暗喻烦恼。修道之人，倘不以智慧照破烦恼，无始生死，凭何出离？”惠能接着开示道：“烦恼即是菩提，无二无别。若以智慧照破烦恼者，此是二乘见解，羊、鹿等机。上智大根悉不如是。”就是说，烦恼即是菩提觉性，你不要将烦恼和菩提分为两个，它们是没有分别，它们“虽有分，而实不二”。假使你要用智慧照破烦恼，这是二乘声闻、缘觉的见解，而非大乘的唯一佛乘。声闻、缘觉就如羊车、鹿车此等的机缘，而最上智意和最大善根的众生，他们所修行的方法完全不是这样。薛简继续追问道：“如何是大乘见解？”惠能很耐心地开示道：“明与无明，凡夫见二。智者了达，其性无二。无二之性，即是实性(无二之性，即当下之自性)。实性者，处凡愚而不减，在贤圣而不增。住烦恼而不乱，居禅定而不寂。不断不常，不来不去，不在中间及其内外。不生不灭，性相如如，常住不迁，名之曰道。”薛简再追问道：“师曰不生不灭，何异外道？”惠能曰：“外道所说不生不灭者，将灭止生，以生显灭，灭犹不灭，生说不生。我说不生不灭者，本自无生，今亦不灭，所以不同外道。汝若欲知心要，但一切善恶都莫思量，自然得入清净心体，湛然常寂，妙用恒沙。”薛简听闻惠能开示，豁然大悟。原本无事无理，庸人自扰者也。原本无理无事，故“理无碍，事无碍，理事无碍，事事无碍”。

(十)付嘱品第十

《坛经》最后一章——“付嘱品第十”，意思是说惠能即将离开人世，最后交代给弟子们的一些思想，这一章还是很值得期待的。

付嘱者，授以法，嘱其传持也。《金刚经》云："如来(无所从来，亦无所去，故名如来)善付嘱诸菩萨"，"若取法相，即著我、人。若取非法相，即著我、人。是故不应取法，不应取非法"，即是取真法、正法也。若了此理，即真解脱，即会不二法门，即明佛法乃不二之法。佛说常、无常，皆为破凡夫、二乘之执。犹之医病之药，皆权说也，此之谓方便。所有佛法皆为方便说法，目标皆是将人从文字相中、概念逻辑中解放出来，成为不受语言文字、概念逻辑束缚之"活汉"，或马克思意义上的根基于活泼泼实践的"自由自觉"之人。

限于篇幅，重点将这一章中几个重要禅学思想予以逐次地分析讲解。

1."道贯一切经法，出入即离两边"

感到自己将不久于人世，惠能把他的门人法海、志诚、法达、神会、智常、智通、志彻、志道、法珍、法如等等，召集在旁边说："汝等不同余人，吾灭度后，各为一方师，吾今教汝说法，不失本宗。"怎么说法，才能不失本宗呢？惠能开示众位弟子道："先须举三科，就是五阴，十二入，十八界"，先举三科法门，"动用三十六对，出没即离两边"，就是不二、中道，不是有不是无，不是常不是无常，不是善不是恶，就是两边都不是。"说一切法，莫离自性，忽有人问汝法，出语尽双，皆取对法。来去相因，究竟二法尽除，更无去处。"也就是说，在惠能看来，禅宗禅法是活的，不应该执著于任何一种说法。也就是《金刚经》所说的，"凡有言句，皆为虚妄""一切有为法，如梦幻泡影，如露亦如电，应作如是观"，也就是不要执著于所有可以说出来的东西，应该"生无所住心"。

什么叫三科、五阴、十二入呢？所谓三科法门，就是阴、入、界。阴就是五阴，就是色、受、想、行、识。入就是十二入，外六尘，色、声、香、味、触、法，内六门，眼、耳、鼻、舌、身、意。界是十八界，六尘、六门、六识，六识就是眼识、耳识、鼻识、舌识、身识、意识。

接下来说的是三十六对："对法外境，无情有五对：天与地对，日与月对，明与暗对，阴与阳对，水与火对，就是五对"；"法相语言十二对：语与法对，有与无对，有色与无色对，有相与无相对，有漏与无漏对，色与空对，动与静对，清与浊对，凡与圣对，僧与俗对，老与少对，大与小对"；"自性起用十九对：长与短对，邪与正对，痴与慧对，愚与智对，乱与定对，慈与毒对，戒与非对，直与曲对，实与虚对，险与平对，烦恼与菩提对，常与无常对，悲与害对，喜与嗔对，舍与悭对，进与退对，生与灭对，法身与色身对，化身与报身对"。惠能讲："此三十六对法，若解用，即道贯一切经法，出入即离两边。自性动用，共人言语，外于相离相，内于空离空。若全著相，即长邪见。若全执空，即长无明。"既不执著于外相，也不执著于空。凡所有相，皆为虚妄；实相无相，空亦复空。

2.“若见于真者,是见尽非真”

惠能在自己写的《真假动静偈》中这么讲道:“一切无有真,不以见于真。若见于真者,是见尽非真(真不可见)。若能自有真,离假即心真(见诸相非相,即见如来;实相无相,空无指称)。自心不离假,无真何处真(自心若不离假相,万法何处有真)?有情即解动(自此点破坐禅),无情即不动。若修不动行,同无情不动。若觅真不动,动上有不动(缘起性空,生灭法当体即空)。不动是不动,无情无佛种(觉性唯人有),能善分别相,第一义不动。”非对象性意义上的真如佛性或“真如非心”不可见,所见之真如佛性是在场的“能生万法”(惠能)的对象性真如佛性或形上学意义上的本体“心”“识”或“真如本心”,以及纵横自在的形下学意义上的“无执习心”,而非“无动无静,无生无灭,无去无来,无是无非,无住无往”(惠能)之永远不在场的“实相无相”之真如佛性或“真如非心”。

3.“外无一物而能建立,皆是本心生万种法”

法海请示惠能道:“和尚留何教法,令后代迷人,得见佛性?”惠能开示道:“汝等谛听:后代迷人,若识众生,即是佛性(当下即是佛)。若不识众生,万劫觅佛难逢。吾今教汝识自心众生,见自心佛性。欲求见佛,但识众生。只为众生迷佛,非是佛迷众生。自性若悟,众生是佛。自性若迷,佛是众生。自性平等,众生是佛。自性邪险,佛是众生。汝等心若险曲,即佛在众生中。一念平直,即是众生成佛。我心自有佛,自佛是真佛。自若无佛心,何处求真佛?汝等自心是佛,更莫狐疑。外无一物而能建立,皆是本心生万种法。故经云:‘心生,种种法生;心灭,种种法灭’。”贾题韬认为,在《坛经》中,不论六祖千说万说,实际上只说了一句话,即“但用此心,直了成佛”。“此心”即能思、能想、能作、能为之心,圆满报身佛也。善恶是非是此心所生,亿万化身佛也。能善能恶、能是能非之作用,即是佛性、此心,圆满报身佛也。所谓“心为法本”之心,就是此心。此心凡夫同样俱具,故凡夫即佛。迷善恶是非,佛即凡夫;悟善恶是非本来无,凡夫即佛。为防止人们执著于此心、佛性,执著于任何法、任何相,故说“没有此心没有法”“不是凡夫不是佛”,清净法身佛也。

惠能进一步开示众弟子道:“汝等好住,吾灭度后,莫作世情悲泣雨泪,受人吊问,身著孝服。非吾弟子,亦非正法。但识自本心,见自本性,无动无静,无生无灭,无去无来,无是无非,无住无往。恐汝等心迷,不会吾意,今再嘱汝,令汝见性。吾灭度后,依此修行,如吾在日。若违吾教,纵吾在世,亦无有益。”复说偈曰:“兀兀不修善(以平常心看待修善),腾腾(自在无所为)不造恶,寂寂(安静无执念)断见闻,荡荡心无著(坦坦荡荡,心无所住)。”请大家注意,这是惠能给他的弟子们讲的最后一首偈。我再次提醒大家,认真地去读一读,想一想它反映了惠能什么样的禅学思想？这个思想很好地回应了前面讲的惠能开悟的三个环节：第一个环节是惠能悟到了“人人皆有佛性”，即“人虽有南北，佛性无南北”；第二个环节是惠能悟到了“人无我”“法无我”，即“菩提本无树，明镜亦非台，本来无一物，何处惹尘埃”；但是弘忍认为，惠能还没有完全开悟，所以将其招到禅房，继续给惠能讲解《金刚经》，当讲解到“应无所住，而生其心”时，惠能以五个“何期自性”应对——“何期自性本自清净！何期自性本不生灭！何期自性本自具足！何期自性本无动摇！何期自性能生万法！”表明惠能终于悟到了佛学思想的精髓——“心为法本”“应生无所住心”，终于完成了将基于“本寂”（涅槃寂静，舍染归净）的印度佛学转化为基于“本觉”（平常心即道，灵明不昧）的中华禅学的伟大使命。基于这五个“何期自性”，弘忍最后决定将达摩从印度带来的衣钵传给了惠能。《坛经》最后偈，即惠能最后偈，充分体现了禅学思想的精髓——“兀兀不修善，腾腾不造恶，寂寂断见闻，荡荡心无著”。

三、“世间皆道场，生死一场空”

最后，我想以“世间皆道场，生死一场空”为题总结本书稿的第五章——“《坛经》之究竟与自由”。我想强调以下两个基本观点：第一，“争（诤）无益”；第二，“平常心即道，平等心即教，平安心即效”。

（一）“争（诤）无益”

老子之“天之道，利而不害；圣人之道，为而不争”，实质想法是“道法自然”“相忘于江湖”“无为而无不为”，是有所执念的“为而不争”，是执著于在场的对象性存在“无”（王弼之“无”）或形上学“道”、执著于“无为”的“争（诤）无益”，而非真正意义上的“争（诤）无益”，是尚存执念的“争（诤）无益”。惠能之“此宗本无诤，诤即失道意”，才赋予了“争（诤）无益”实质意义，即般若正观以无分别为根本，以不在场的非对象性存在“无”（马克思之“无”）或超形上学“空”为根据，无诤是其根本精神，是彻底的“争（诤）无益”，究竟意义上的“争（诤）无益”，没有了执念的“争（诤）无益”。在佛学般若正观看来，无诤，即心净、放下、不执著，只要无诤，世间无处不净土，是非善恶终是无，生死去来一场空。

所以，惠能坚持认为，“此宗本无诤，诤即失道意”；佛学坚持认为，“不可说，不可说，一说即是错”，所以，佛学坚持认为，“争（诤）无益”。

（二）“平常心即道，平等心即教，平安心即效”

我高度认可王舜钦先生的“三心”之说，即“平常心即道，平等心即教，平安心即效”。先生的“三心”之说,彻底讲清楚了自性觉悟为佛、自性般若为法、和合无净为僧,彻底讲清楚了佛之究竟“平常心”、法之根本“平等心”、僧之修行“平安心”。我们认为,空有不二、真空妙有、心无所住谓之“平常心”,善巧方便、方便说法、择善而从谓之“平等心”,心安理得、理得心安、无嗔无喜谓之“平安心”。先生用其一生的修行讲清楚了佛、法、僧,讲清楚了真空妙有、方便说法、理得心安,讲清楚了空宗、禅宗的思想,讲清楚了佛学的、同时也是东方文化的最伟大的思想——“应无所住,而生其心”。

课程视频

第六章　二元对立心态与西方哲学思想演变

二元对立心态及其二元论思维模式贯穿西方哲学的整个历史，不仅深刻且持久地影响了西方哲学、科学以及西方文化的形成发展，而且深刻且持久地影响了西方人的思想行为方式，也构成了西方哲学最显著的特征。在绵延数千年的西方哲学史上，可能只有19世纪的马克思主义和20世纪的解构性后现代主义才真正超越了这一传统，为西方哲学留存了伟大的超形上学或后形上学思想。

这一章尝试依据西方二元论思维模式简要地梳理西方哲学从古希腊自然哲学到现代西方后现代主义的演化历史，计划分析讨论以下七个问题。一是古希腊-罗马的哲学思想；二是欧洲中世纪的唯实论与唯名论；三是西方近代的经验论与唯理论；四是德国古典哲学；五是现代西方科学主义与人本主义；六是解构性后现代主义与建设性后现代主义；七是中西方哲学的差异与会通。

第一节　古希腊—罗马的哲学思想

这里先分享施杜里希所著的《世界哲学史》（广西师范大学出版社，2017）中的两句话：一是“希腊人及其思想就像一条河流，它时而汹涌湍急，时而如涓涓细流，时而又几近干涸，但从来也没有完全断流，其精神传统一直保留到我们当今时代。希腊哲学的创始人同时也是我们自己的哲学鼻祖”。二是“会同希腊文化的其他因素，希腊哲学成为西方文明中除基督教文化之外的第二个精神支柱”。这两句话表达了一个基本事实，这就是我们要想理解西方文化，首先需要学习研究希伯来人创立的一神教信仰及其基督教文化，以及古希腊人所创立的学术理性及其自然哲学思想。西方学术界几乎一致认为，这两种思想构成了西方文明的精神基础或精神支柱。

一、米利都学派

米利都学派既是古希腊哲学史上的第一个学派，又被称为西方哲学史上的第一个哲学学派。这一学派有三个代表人物——泰勒斯、阿那克西曼德、阿那克西美尼，他们各自提出了不尽相同的本原观、自然观，奠定了西方哲学、西方科学的研究模式和研究传统，建构了影响至今的西方二元论思维模式，开启了西方自然哲学、西方哲学、西方科学的伟大历史。

泰勒斯，是古希腊时期的思想家、科学家、哲学家，出生于爱奥尼亚的米利都城，创建了古希腊最早的哲学学派，是希腊最早的哲学学派——米利都学派（也称爱奥尼亚学派）的创始人。他是古希腊七贤之一，西方思想史上第一个有记载、有名字留下来的思想家。泰勒斯是古希腊及西方的第一个自然科学家和哲学家，是第一个提出"什么是万物本原"这个哲学问题的西方人，被称为西方的哲学之祖、科学之祖。他坚持认为：世间万物的本原是在场的"水"，水的聚合生成万事万物，万事万物离散而复归于水，即"水生万物，万物复归于水"。同时，他认为整个宇宙都是有生命的，充斥宇宙的灵魂引起了万物的运动，使一切生机盎然。他还正确地解释了形成日全食、月全食的原因，并对天文气候现象有深入的研究。

阿那克西曼德是泰勒斯的学生，被称为人类抽象思维之父。黑格尔对阿那克西曼德给予了很高的评价，认为阿那克西曼德是哲学作为独立学科的真正的奠基人。为什么呢？因为阿那克西曼德认为世间万物的本原是在场的"不定形"或"无限者"，这个"不定形"或"无限者"是在场的抽象存在或形上学存在，不是在场的具象存在或形下学存在。正是因为这样，黑格尔才把他称为哲学作为独立学科的真正奠基者。阿那克西曼德还有一个观点很有意思，他可能是提出地球表面是弯曲的第一位哲学家，也可能是提出"地球是无支撑地漂浮在太空中的"这一观点的西方世界第一人。

阿那克西美尼也是泰勒斯的学生，他的观点与泰勒斯的观点大同小异，但肯定不同于阿那克西曼德。他认为世间万物的本原是在场的"气"，而这个"气"应该还是偏具象性的，不同于阿那克西曼德的无限者。这是一个较为被人们接受的万物本原学说，在轴心时代，持有与阿那克西美尼相似观点的哲学家不在少数。

二、爱菲斯的赫拉克利特

赫拉克利特是一位富有传奇色彩的哲学家，是爱菲斯学派的创始人。他出生在伊奥尼亚地区的爱菲斯城邦（在今土耳其伊兹密尔附近）的王族家庭里。他认为世间万物都处于不断变化之中，持对立统一观念，列宁称其为辩证法的奠基人。

他所坚持的辩证法思想和现代人所持有的辩证法思想高度契合。我从相关文本里摘录了一些他的话与大家一起分享:“太阳每天都是新的”;“战争是万物之父,战争是万物之母”;“承认‘一切即一’就是智慧的”,“博学并不能使人智慧”,但是“爱智慧的人必须熟悉很多很多的东西”。他还有一句广为传颂的经典语录——“我们踏进又踏不进同一条河,我们存在又不存在”。上述观点充满了辩证色彩,学界把他称为西方哲学辩证法的奠基者应该是实至名归。

那么,赫拉克利特认为世界的本原是什么呢?他认为世界的本原是在场的“火”。他认为,世界是一团永恒的活火,在一定的分寸上燃烧,在一定的分寸上熄灭。他将火看作一种在场的宏观物质形态,主张生机勃勃、往复燃烧熄灭的火是宇宙万物的本原,万物生自火,复归于火,火是万物变化生灭的活力之源;他“看到”了事物的运动变化是按照一定的规律进行的,第一个提出了在场的“逻各斯”的思想,开启了西方逻各斯中心主义;他“看到”事物的运动变化是和事物本身存在的矛盾对立分不开的;虽然他自己并没有明确提出“对立统一”这样的命题,但他注意到各种对立面统一的现象,并且提出了“斗争是产生万物的根源”的思想。他以火为本原,将世界的多样性统一于一种变动不居、能变生各种异质事物的具体物质,从而将米利都哲学推进到一个新境界,展示了一幅较为完整的朴素辩证法的世界图景。

三、毕达哥拉斯学派

毕达哥拉斯学派也称“南意大利学派”,是由公元前600—前500年古希腊哲学家毕达哥拉斯及其信徒组成的学派。他们多是自然科学家,把美学视为自然科学的一个组成部分。毕达哥拉斯学派在科学史上的贡献是相当大的。我们所熟悉的黄金分割率、勾股定理、无理数等都出自毕达哥拉斯学派。而且,毕达哥拉斯学派还有一个很重要的思想,就是关于数的唯美主义思想——一切数均可表述成整数或整数之比。可以说,数的唯美主义思想和后面要讲的原子论学派共同构成了西方近现代自然科学两个非常重要的基础。

限于篇幅,这里重点分析讲解毕达哥拉斯学派的哲学思想。毕达哥拉斯学派是第一个使用“PHILOSOPHY”的哲学学派,他们认为,在场的数是一种可以被感知的客观存在,就如同颜色一样,还认为数即万物,万物皆数,事物的性质是由某种数量关系决定的,万物按照一定的数量比例而构成和谐的秩序。由此,他们提出了“美是和谐”的观点,认为音乐的和谐是由高低长短轻重不同的音调,按照一定的数量比例关系组成,“音乐是对立因素的和谐的统一,把杂多导致统一,把不协调导致协调”。这是古希腊艺术辩证法思想的萌芽,也包含着艺术中“寓整齐于变化”

的普遍原则。毕达哥拉斯学派认为天体的运行秩序也是一种和谐,各个星球保持着和谐的距离,沿着各自的轨道,以严格固定的速度运行,产生各种和谐的音调和旋律,即所谓"诸天音乐"或"天体音乐"。毕达哥拉斯学派还认为,外在的艺术的和谐同人的灵魂的内在和谐相合,产生所谓"同声相应",认为音乐大致有刚柔两种风格,对人的性格和情感产生陶冶和改变,强调音乐的"净化"作用。毕达哥拉斯学派侧重于美的形式的研究,认为一切平面图形中最美的是圆形,一切立体图形中最美的是球形。

毕达哥拉斯学派把在场的数看作真实物质对象的终极组成部分,数不能离开感觉到的在场的对象而独立存在,他们认为世间万物的本原是数,数是世间万物的原型。他们认为,1 是点,2 是线,3 是面,4 是体,点生线,线生面,面生体,体生可感形体,产生出水、火、气、土 4 种要素,再由这 4 种要素组成在场的作为对象而存在的万事万物。

四、恩培多克勒

恩培多克勒曾经热衷于政治,是那个时代的著名医生,因其华美的修辞被称为西方修辞学的创始人。他有句名言——"人是由鱼变来的",因此,坚持进化论的学者们也把他称为进化论的先驱。同时,他的自然哲学观也超越了在他之前的古希腊哲学家。在他之前的哲学家们几乎都是从单一的角度讨论世界本原,而恩培多克勒认为世界的本原不是单一的,而是多元的。具体来讲,他提出一个很重要的学说——"四根说"。"四根说"认为,构成世间万物的本原是在场的水、土、气、火 4 种要素,这 4 种要素共同构成了在场的世间万物。与此同时,恩培多克勒还提出了关于这 4 种要素如何构成万事万物的动力学说,他用"爱"和"恨"两个原则解释万事万物的变化,认为"爱"和"恨"导致了万事万物的聚散离合。

五、阿那克萨戈拉

阿那克萨戈拉出生于伊奥尼亚的克拉佐美尼,深受伊奥尼亚学派唯物主义思想的影响,是原子唯物论的思想先驱,米利都学派的哲学家阿那克西美尼的学生。在雅典人战胜了波斯人之后,他被老师带到了雅典。这个人物对整个古希腊罗马的贡献很大,同时他也是第一个把哲学引入雅典的人,被誉为雅典圣地的缔造者。后来由于一些违反传统宗教和神话的相对激进的主张,他被人攻击为宣传异端邪说,以"不敬神"的罪名被驱逐出雅典。后来他回到伊奥尼亚,隐居于朗普萨柯。他有一个非常著名的学生,就是大家很熟悉的政治家伯里克利。伯里克利比阿那克萨戈拉年轻 5 岁,是雅典的军政领袖,并成功推进了雅典的民主制,建立了以雅典为核心的帝国，使雅典成为希腊世界的政治和文化中心。

阿那克萨戈拉不满足于用某一种在场的具体物质或元素作为万物本原的主张，因为这不能解决一和多的关系问题。他提出了自己的种子说，认为“种子”有各种不同的性质，数目无限多，体积无限小，是构成世间万物的最初元素；种子具有各种形式、颜色和气味，它们的结合构成了千差万别的在场的世间万物，他认为，头发是由头发的种子、血是由血的种子、金子是由金子的种子构成的。阿那克萨戈拉还有一个很有意思的观点，他认为，凡是比较高贵的事物，都是由比较纯的种子构成的，而比较低级的事物都是由各种不同的种子组合而成的。阿那克萨戈拉的种子说是后面产生的原子论学派的重要思想来源。

另外，阿那克萨戈拉在数学史上有非常重要的地位，因为他提出了一个近似于近代的无穷小无穷大的思想，所以人们称阿那克萨戈拉为近代数学无穷小无穷大思想的形而上学先驱。我们分享下表达这一思想的经典语句——“在小中不能有最小，因为永远有更小，同样也永远有比大更大的存在”。

阿那克萨戈拉和恩培多克勒一样，也曾试图探索在场的世间万物形成的原因。他提出世间万物形成的原因不是“爱”和“恨”，而是在场的“奴斯”，也就是“心灵”。他认为种子本身是不动的，推动种子的结合和分离的力量来自种子之外的一种东西——奴斯或心灵。他认为，宇宙原本是无数无穷小的种子的混合体，由于奴斯的作用，使原始的混合体发生旋涡运动。这个运动首先从一小点开始，然后逐步扩大，产生星辰、气体、月亮、太阳等等。这种旋涡运动的结果使稀与浓、热与冷、暗与明、干与湿分开，于是浓的、冷的、湿的和暗的结合为大地，而稀的、热的、干的和明的结合为高空，从而构成了有秩序的宇宙。他认为，奴斯和任何个别事物不同，它不和别的事物相混，是独立自在的；奴斯是事物中最稀最纯的，它能认知一切事物；奴斯是运动的源泉，宇宙各种天体都是由奴斯推动的，过去、现在和将来的一切东西都是由奴斯安排的。

六、原子论学派

古希腊的原子论学派经历了前后两个发展阶段，我们一般只注意到原子论的第一个发展阶段，其实还有十分重要的第二个发展阶段。第一个发展阶段的代表人物主要是留基波和德谟克利特（公元前460—前370），两人是师生关系。但是现在没有发现留基波留下来的任何原始文献，我们是通过德谟克利特了解留基波的。他们两人的思想可以集中表达为以下两个方面：第一，他们认为世间万物的本原是在场的“原子”和“虚空”（空间）。“原子”是没有内在结构的纯粹实粒，而“虚空”则是纯粹的空，是“空间”概念的原始。这个思想非常伟大，哲学史家和科学史家认为,他们第一次将“空间”概念引入了哲学、科学。同时,“原子+虚空”这样一个架构其实和今天自然科学的“实体+空间”架构是一致的。正因为这样,科学史家们才认为,原子论学派构建了近现代自然科学分析研究在场的自然界的认识论框架。与此同时,留基波和德谟克利特还有一个非常重要的观点,即他们认为“万物都根据必然性生成”。

原子论学派的第二个发展阶段,其代表人物是伊壁鸠鲁(公元前341年—前270年)。他被现代物理学家们誉为“夸克幽禁”的形而上学之父。“夸克幽禁”是盖尔曼20世纪提出的夸克学说的核心观点。盖尔曼认为,强子是由夸克构成的,而夸克又被束缚在强子之中,不能以独立的方式自由存在,这就是“夸克幽禁”。伊壁鸠鲁原子论的基本观点有:其一,原子不仅有体积、形状的不同,而且有量的差异。这个概念和近代道尔顿的原子量概念应该讲是有直接联系的。其二,原子在虚空中运动存在偏斜运动(偶然性)。这个观点和前面讲的留基波、德谟克利特的“万物都根据必然性生成”是不同的,所以,马克思给予了伊壁鸠鲁非常高的评价,认为他是将偶然性引入了哲学、科学的西方第一人。其三,原子有两种类型,一种是元素原子,没有内部结构空间的最小实粒;另一种是始原原子,有内部结构空间的最小实粒。正是根据“始原原子”思想,科学家们把伊壁鸠鲁称为“夸克幽禁”的形而上学之父。

七、苏格拉底和柏拉图

苏格拉底和柏拉图是对整个古希腊罗马哲学思想,甚至整个西方哲学思想产生过重大影响的两个重量级人物、两个伟大的哲学家。为什么要连着讲呢? 因为他们是师生关系,而且苏格拉底本人几乎不写东西,哲学史家们是通过柏拉图了解苏格拉底的。所以,到底是苏格拉底的思想,还是柏拉图的思想,也确实很难划分。苏格拉底和柏拉图有很多有趣的故事。苏格拉底出身卑微,而柏拉图出身高贵;苏格拉底相貌丑陋,而柏拉图是古希腊时代公认的美男子;苏格拉底一生几乎不写东西,而柏拉图则是古希腊历史上著作等身的思想家之一。从形式上讲,他们差异巨大,但是这两个人在很多问题,包括死亡问题的看法上高度相似,他们都很坦然地面对了生命与死亡。如果大家感兴趣的话,我建议大家读一读柏拉图写的《苏格拉底之死》。

苏格拉底一生过着艰苦的生活,无论严寒酷暑,他都穿着一件普通的单衣,经常不穿鞋,对吃饭也不讲究。但他似乎没有注意到这些,只是专心致志地做学问。生平事例、成就思想,均由其弟子记录。苏格拉底把自己看作神赐给雅典人的一个礼物、一个使者,任务就是整天到处找人谈话,讨论问题,探求对人最有用的真理和智慧。因此,他的一生大部分是在室外度过的,喜欢在市场、运动场、街头等公众场合与形形色色的人谈论各种各样的问题,例如,什么是虔诚?什么是民主?什么是美德?什么是勇气?什么是真理?等等。贯穿这些讨论的主题就是引导人们认识到自己的无知,认识到在这些对人至关重要的问题上,其实人是非常无知的。因此,苏格拉底认为,人们需要通过批判的研讨寻求什么是真正的正义和善,达到改造灵魂和拯救城邦的目的。苏格拉底说:"我的母亲是个助产婆,我要追随她的脚步,我是个精神上的助产士,帮助别人产生他们自己的思想。"他还把自己比作一只牛虻,其使命是刺激这个国家,因为雅典好像一匹骏马,但由于肥大懒惰变得迟钝昏睡了,所以很需要有一只牛虻紧紧地叮着它,随时随地责备它、劝说它,使它能从昏睡中惊醒而焕发出活泼的精神。苏格拉底把批评雅典看作神赐予他的神圣使命,这种使命感和由此而来的思考探索,便成为他生活与哲学实践的宗旨。他知道自己这样做会使许多人十分恼怒,要踩死这只牛虻,但神给自己的使命不可违,故冒死不辞。在此意义上,他自称是针砭时弊的神圣牛虻。在雅典恢复奴隶主民主制后,苏格拉底被控以藐视传统宗教、引进新神、腐化青年和反对民主等罪名,并被判处死刑。据《克里托篇》记载,他拒绝了朋友和学生要他乞求赦免和外出逃亡的建议,饮下毒酒而亡,终年 70 岁。

苏格拉底提倡人们认识做人的道理,过有道德的生活。他把哲学定义为"爱智慧",他的一个重要观点是:自己知道自己无知。许多有钱人家和穷人家的子弟常常聚集在他周围,向他请教,苏格拉底却常说:"我只知道自己一无所知。"他还说:"只有神才是智慧的,他的答复是要指明人的智慧是没有什么价值的或全无价值的,神并不是在说苏格拉底,他仅是用我的名字作为说明,像是在说,人们啊,唯有像苏格拉底那样知道自己的智慧实际上是毫无价值的人,才是最有智慧的人。"他以自己的无知而自豪,并认为人人都应承认自己的无知。苏格拉底确实主张了一个新神,他是道德善、智慧真的源泉:在场的宇宙理性的神。这个宇宙理性神是苏格拉底的哲学追求——真正的善——的终极根据,人能有知识,是因为人得到了神的特别关爱,被赋予了神性的一部分,因而有了灵魂、有了爱智的心灵和理智。但是人应当明白,你所具有的那点灵魂同神的智慧是无法比拟的。所以,这个新的理性神的观念和关于人当"自知无知"的教导,就成了激发和推动意识人类追求真知与批判不真不善、伪真伪善的强大力量。

苏格拉底无论是生前还是死后,都有一大批狂热的崇拜者和一大批激烈的反对者。他一生没留下任何著作,他的行为和学说,主要是通过他的学生柏拉图和色诺芬著作中的记载流传下来。关于苏格拉底的生平和学说,由于从古代以来就有各种不同的记载和说法,一直是学术界讨论最多的问题之一,但他的影响却是巨大的。在欧洲文化史上,他一直被看作为追求真理而死的圣人,几乎与孔子在中国历史上所居地位相同。哲学史家往往把他作为古希腊哲学发展史的分水岭,将他之前的哲学称为前苏格拉底哲学。他以一种对哲学的崭新理解开创了希腊哲学的新纪元,更以其灵魂转世与净化的基本思想,给柏拉图以极其深刻巨大的影响,并通过他们一直影响到希腊化罗马时代乃至后世的西方哲学。

苏格拉底认为,认识人比认识自然更重要。正是因为苏格拉底强调对人的认识,才改变了古希腊过去一直重视认识自然的传统,开始转向关注人。苏格拉底在西方哲学史上还有一个非常重要的贡献,就是将人们的注意力从关注在场的自然转移到关注在场的人、在场的意识人类。

苏格拉底有一个伟大的学生——柏拉图。柏拉图的思想极其丰富且很有意思。他的理念论认为,"理念世界是真实的,是正本,现实世界是不真实的,是副本"。他的理念世界实际上就是本体世界、形上学世界。他认为在场的理念世界是真实的,而在场的现实世界是不真实的,现实世界是对理念世界的模仿。在柏拉图的《理想国》中,有一个著名的洞穴比喻解释理念论:有一群囚犯在一个洞穴中,他们手脚都被捆绑着,也无法转身,只能背对着洞口。他们面前有一面白墙,身后燃烧着一堆火。在那面白墙上他们看到了自己以及身后到火堆之间事物的影子,由于他们看不到任何其他东西,这群囚犯会以为影子就是在场的真实的东西。最后,一个人挣脱了枷锁,并且摸索着出了洞口。他第一次看到了真实的事物。他返回洞穴并试图向其他人解释,那些在场的影子其实只是虚幻的事物,并向他们指明光明的道路。但是对那些囚犯来说,那个人似乎比他逃出去之前更加愚蠢,并向他宣称,除墙上的影子之外,世界上没有其他东西了。柏拉图尝试利用这个故事告诉我们,在场的"形式"或"理念"其实就是那阳光照耀下的在场的实物,是真实的存在,而我们的感官世界所能感受到的不过是那白墙上的在场的影子而已,是不真实的存在。大自然比起鲜明的理性世界来说,是黑暗而单调的。不懂哲学的人能看到的只是那些在场的影子,而哲学家则在真理的阳光下看到了在场的真实的外部事物。但是另一方面,柏拉图把太阳比作正义和真理,强调人们所看见的阳光只是太阳的形式,而不是实质;正如真正的哲学道理、正义一样,是只可见其外在表现,而其实质是不可言说的。洞穴比喻和他的理念论也是契合的,思想本质也是一致的。许多学者还认为,洞穴比喻也是在影射苏格拉底被赐死的这一事件。

柏拉图的《理想国》还描绘出了一个理想的乌托邦的画面,柏拉图认为,国家应由哲学家来统治。柏拉图认为:"除非哲学家成为这个世界的王,或者现在称之为王和统治者的真正成为哲学家,否则,国家的灾难,人类的灾难将没有尽头。"柏拉图将理想国中的公民划分为卫国者、士兵和普通人民三个阶级。卫国者是少部分管理国家的精英。他们可以被继承,但是其他阶级的优秀儿童也可以被培养成卫国者,而卫国者中的后代也有可能被降到普通人民的阶级。卫国者的任务是监督法典的制定和执行情况。

八、亚里士多德

亚里士多德,古希腊人,西方世界古代史上伟大的哲学家、科学家和教育家之一,堪称希腊哲学的集大成者。他是柏拉图的学生,亚历山大的老师。公元前335年,他在雅典办了一所叫吕克昂的学校,或许因为学校里有供师生们散步的林荫路,故被称为逍遥学派。历史学家们认为亚里士多德是古希腊哲学家中最博学的人物,恩格斯称他是"古代的黑格尔"。作为一位百科全书式的思想家,他几乎对每个学科都做出了贡献。他的写作涉及伦理学、形而上学、心理学、经济学、神学、政治学、修辞学、自然科学、教育学、诗歌、风俗,以及雅典法律。亚里士多德的著作构建了西方哲学的第一个广泛系统,包含道德、美学、逻辑、科学、政治和玄学。亚里士多德是希腊哲学的一个转折点,在他之前的许多哲学家,都力求提出一个完整的世界体系来解释在场的自然现象,而他是最后一个提出完整世界体系的人。在他之后,哲学家们都放弃了提出完整体系的意图,从而转入研究具体问题。亚里士多德是古希腊哲学的集大成者。人们认为,可能从古至今没有一个人可以超越亚里士多德,因为他的思想领域非常广泛,他所探讨的问题是之前所有古希腊哲学探讨的问题的一个集大成,而他之后,就开始了学科的分化,所以在一定意义上可言说,亚里士多德是空前绝后、不可超越的人类思想家。

从18岁到38岁,亚里士多德在雅典跟柏拉图学习哲学的20年,这一时期的学习和生活对他的一生产生了决定性影响。苏格拉底是柏拉图的老师,亚里士多德又受教于柏拉图。在雅典的柏拉图学园中,亚里士多德表现得很出色,柏拉图称他是"学园之灵"。但亚里士多德并非真是崇拜权威,在学术上唯唯诺诺而没有自己想法的人。他同大谈玄理的老师不同,他努力收集各种图书资料,勤奋钻研,甚至为自己建立了一个图书室。公元前347年,柏拉图去世,亚里士多德在雅典继续待了两年。由于学园的新首脑比较赞同柏拉图哲学中的数学倾向,令亚里士多德无法忍受,便离开了雅典。此后,他开始游历各地。

亚里士多德的哲学思想极其丰富多彩,这里选择他的几个重要哲学观点予以分析讲解。

其一,"四因说"与"两因说"。亚里士多德认为任何现实的、在场的存在可以归为四种因:质料因,形式因,动力因,目的因。质料因,即形成物体的主要物质;形式因,即主要物质被赋予的设计图案和形状;动力因,即为实现这类设计而提供的机构和作用;目的因,即设计物体所要达到的目的。我们以一座在场的建筑为例。建筑的质料因是建筑材料,它的形式因是建筑形式,它的动力因是什么呢?是设计师、工匠,设计师设计建筑,工匠建造建筑。这个建筑用于什么目的?比如用于上课、办公。这就是目的因。亚里士多德后期又把"四因说"进一步提炼,变为两个因,即质料因和形式因。以质料因和形式为例讨论,亚里士多德到底是唯心主义者还是唯物主义者?其实,亚里士多德是一个摇摆于唯心主义和唯物主义之间的哲学家。一方面,他说存在着没有形式的纯粹的质料,你可以把他理解为唯物主义者。另一方面,亚里士多德强调也存在着没有质料的纯粹的形式,你从这个角度说它是唯心主义者也未尝不可。但更多的情况下,亚里士多德坚持任何事物都是质料因和形式因的统一。

其二,"二元世界论"。这个思想对中世纪的教会哲学产生了很大的影响。亚里士多德认为,构成人们所面对的这个世界有两类元素,第一类是很完美的以太元素,第二类是不完美的水、土、气、火这 4 种元素。他说,由以太这种完美元素构成的世界是一个完美的世界,具体讲就是完美的月上世界,即天界;另外就是地球上的万事万物,包括在座的大家,都是由水、土、气、火这些不完美的要素构成的,所以,我们所居住的世界是不完美的月下世界,即地界。

其三,"蜡块说"。他将意识人类的心灵比作蜡块,把外界事物比作金戒指,他认为,正如金戒指的图像印在蜡块上一样,意识人类的感觉是其认识的基础,离开它,人便不能理解任何东西。进而,他又说这种感觉只能认识现象而非本质,只能认识个别而非一般,就像我们不能从蜡块上的印痕分辨出金戒指的质地一样。因此,对本质和一般的认识,还需要在感觉的基础上通过研究才能获得。

第二节　欧洲中世纪的唯名论与唯实论之争

欧洲中世纪,一般都被称为黑暗的中世纪。这句话往往使我们忽视了中世纪的一些很重要的思想。其实,在中世纪,有关唯名论与唯实论的讨论,在整个西方哲学史上的地位是相当高的,对后面西方哲学的发展应该是产生了重大影响的。中世纪经院哲学研究的主要问题是共相和殊相的关系,或者说一般与个别之间的关系问题。一些哲学家主张普遍的共相是真正的实在,殊相或个别的东西不过是现象,这就是"唯实论"(realism)的观点。另一些哲学家则认为个别的东西才是真实的存在,共相不过是概念、语词,并没有实际存在的意义,这就是"唯名论"(nominalism)的观点。中世纪后期发生的唯名论革命，不仅推动了近代科学革命的发生，引发了影响深远巨大的宗教改革运动，还催生了以个体价值、契约精神、认知理性等为标志的西方现代社会。

一、唯实论

唯实论认为：共相既是心灵中的一般概念，又是其所对应的外部实在。在唯实论中，根据其观点的强烈程度分为两个小的流派：一个是极端的唯实论，一个是温和的唯实论。极端的唯实论主张：一般概念所对应的外部实在是与个别事物相分离的、更高级的存在，犹如柏拉图的理念。温和的唯实论则主张：这些概念所对应的外部实在是存在于个别事物之中的一般本质。

极端的唯实论者的代表人物是被称为"教父哲学之父"的安瑟尔谟。他认为，事物之所以是真或善，就在于它们分有最高的真或善（上帝），因此，感官所认识的具体事物并不是真正的存在，只有精神所认识的共相才是真正的存在，共相是先于和离开个别事物而独立存在的实体。安瑟尔谟甚至认为有一种纯粹的共相存在，这种共相并不体现为任何单一的事物。安瑟尔谟所坚持的极端唯实论观点，实际上就是古希腊时期柏拉图的理念论。

二、唯名论

唯名论认为：存在的事物都是个别的，心灵之外没有一般的对象。唯名论又分为两个小流派。一个是极端的唯名论，一个是温和的唯名论。极端的唯名论主张：共相只是名词，如果它们是实在的话，这种实在也不过是"声音"而已。温和的唯名论则主张：共相是一般概念，是心灵对个别事物、个别性质加以概括或抽象而得到的，只存在于心灵之中。

极端的唯名论的代表性人物是欧洲中世纪著名哲学家奥卡姆。他认为，个体而且只有个体才是真实的存在，共相只是一种设想出来的东西，它仅存在于灵魂中。共相在物之后，是存在于理智中的一般概念，是符号，现实中没有与这种符号相应的实在的对象。奥卡姆提出的"如无必要，勿增实体"观点影响深远，这一重要思想被后人概括为"奥卡姆剃刀"而享誉世界。

三、唯名论革命与西方近现代科学

吴国盛等学者认为，古希腊的认知理性复兴是催生西方近现代科学诞生的重要因素，但是，单是古希腊认知理性的复兴并不足以催生西方近现代科学，彻底理性化了的亚里士多德自然哲学并不能为现代科学开辟道路。相反，这一哲学成为现代科学创立者们首先要克服的顽固对象。催生近现代科学诞生的另外一个重要的历史因素是发生在欧洲中世纪后期的唯名论革命。

唯名论革命的基本含义是：14 世纪之后，欧洲陆续发生了几次大的危机，教会的分裂、黑死病、百年战争使欧洲限于混乱和不安之中，人们开始怀疑无所不能的唯实论意义上的上帝，尝试给予上帝以唯名论式的解释。唯名论认为个别事物、个体才是实在的，不存在普遍本质，不存在规律，人无法通过对个别事物的理性研究通往上帝，甚至上帝本身也无法通过理性被理解，也就是说，上帝只能被信仰，而不能被理性地认识。唯名论认为，上帝享有完全的自由，不受自然法则的约束，因为这些都限制了上帝的全能。唯名论"揭示了一个反复无常的神，其能力令人恐惧，不可认识、不可预知、不受自然和理性的约束，对善恶漠不关心"，从而成功地将上帝悬置起来，不允许上帝干涉现实世界的事情。面对唯名论提出的这些革命性观点，生活在现实世界中的芸芸众生怎么办？以文艺复兴、宗教改革和科学革命为代表的现代性运动正是为了解决这一思想困难而提出的整体方案。既然上帝不可认识、不可预知，人只有"自救"，现代性运动就是人"自救"的方式。通过把人置于上帝的位置，让人拥有上帝的性质，解决唯名论革命所提出的人与上帝之间有着无限差距的困境。现代性至少有三个公认的原则：一是人类中心主义原则。人取代神成为万物的中心，现代社会因而是一个世俗社会。二是征服自然原则。通过运用理性和科学，以及基于现代科学的现代技术，征服和控制自然力，为人类谋利益。三是社会契约原则。人类的个体是自由且平等的，社会只能由个体主义的个人根据社会契约进行组建。唯名论革命这些重要思想为西方近代科学乃至现代社会的诞生奠定了重要的思想基础。

四、唯名论革命与西方近代宗教改革

宗教改革运动从 14、15 世纪开始，在西欧与中欧国家兴起，运动的目的是改革教会，建立起符合资产阶级利益的教义，也反映了劳动人民对改革政治制度的要求。到 16 世纪，德国人路德（Martin Luther，1483—1546）发表了《九十五条论纲》抨击罗马教皇公开出售赎罪卷，把宗教改革运动推向高潮，并很快席卷全欧洲。虽然宗教改革运动领袖们对科学的敌视与罗马教会相比有过之而无不及，但宗教改革运动，动摇了罗马教会至高无上的权力，打破了教会的精神独裁，这在客观上为自然科学从神学中解放出来，创造了必要的社会前提，也推动了近代科学技术的兴起。发动宗教改革运动的新教提出了以下三个主要主张：一是自由信仰；二是要求将教会置于世俗权力之下；三是提倡入世的伦理精神（《新教伦理与资本主义精神》)。在理论上,新教不仅否定了教皇和罗马教会的至上权威,甚至还否定了教会存在的必要。在实践上,新教永久地结束了天主教内部的统一,结束了罗马教廷至高无上的统治。新教启迪人们的思考,肯定人们的世俗生活,肯定个人的权力、地位,争取个人的解放。可见,西方近代的宗教改革与人文主义思潮是同一个时代精神在不同领域里的表现,甚至可以说,宗教改革是在人文主义的影响下发生的,是人文主义精神在宗教神学领域里的延伸。

由唯名论革命引发的宗教改革运动是不是动摇了人们对上帝的信仰呢?是不是要彻底否定希伯来所创造的唯一的抽象神——上帝呢?是不是要将人们从在场的形上学上帝的精神奴役中彻底地解放出来去全身心地拥抱世俗世界呢?都不是。恰恰相反,这场宗教改革运动不仅不是限制了而是扩大了基督教在世俗世界中的影响,不仅不是减少了,而是进一步加深了普通百姓对上帝坚定不移的信仰,而且进一步确立了源于希伯来一神教信仰的基督教文化作为西方世界精神基础的支柱地位。正如马克思在《〈黑格尔法哲学批判〉导言》中指出的那样:“路德战胜了信神的奴役制,只是因为他用信仰的奴役制代替了它。他破除了对权威的信仰,却恢复了信仰的权威。他把僧侣变成了俗人,却又把俗人变成了僧侣。他把人从外在宗教解放出来,但又把宗教变成了人的内在世界。他把肉体从锁链中解放出来,但又给人的心灵套上了锁链。”毫无疑问,马克思深刻地揭示了这场宗教改革运动的本质,为我们正确认识宗教改革运动指明了方向。

必须指出的是,唯名论革命的目的与宗教改革运动所欲达到的目标是背道而驰的,前者是在充分地肯定现实的在场的个体性存在的基础上,彻底否定了在场的形上学共相的真实性,宗教改革的目的并不是否定抽象神上帝,而是试图以新的方式在个体性存在的意识人类心中种下对抽象神上帝的永恒信仰。两个目标迥异的运动居然能够实现彼此之间的分离共存并相互促进,堪称奇迹。

第三节 近代的经验论与唯理论之争

经历了长达千年的中世纪黑暗时代,经过唯名论革命、宗教改革运动、文艺复兴运动、大航海运动,特别是新兴的资本主义生产方式的推动,欧洲开始露出曙光。人文主义和自然科学的兴起,理性逐渐替代了神性,人性得以解放。进入 17 世纪,欧洲人以怀疑主义和理性精神对知识的产生进行批判,在哲学中形成了以经验论和唯理论为主的互相争论的一个时期。这场跨越世纪的争论不仅深刻地影响了近代科学的发展，还导致了近代西方哲学的诞生。

如何正确分析经验论与唯理论呢？我十分同意这样的说法：一般来说，经验论者认为最有效的方法是经验的归纳方法，而唯理论则主张从不证自明的公理出发，经过理性的演绎方法推导出结论。之所以在说明经验论与唯理论之间的分歧时反复强调"一般说来"，是因为实际上既不存在"纯粹的"经验论者，也不存在"纯粹的"唯理论者，哲学家们的思想往往是非常复杂的、多元化的，例如，经验论者的思想中有唯理论的因素，唯理论者的思想中也带有经验论的痕迹。事实上，很难清楚明白地区分这两种观点。

先介绍经验论，后面再分析讲解唯理论。

一、经验论

经验论否认理性认识的重要性，片面夸大感性认识的作用，认为感性认识无须上升为理性认识。在坚持经验论的哲学家中，既有培根、洛克、霍布斯等唯物主义哲学家，也有贝克莱、休谟等唯心主义哲学家。也就是说，既有唯物主义经验论，也有唯心主义经验论。他们认为，人的一切知识都来源于感性经验，是建立在感性知识之上的，感性经验是客观世界的反映，只有感性经验最可靠。就他们对经验的唯物主义解释和反对中世纪经院哲学的"神启"论来说，经验论是相对正确的。经验论在西方哲学史和科学史上都曾发挥过十分重要的作用。

休谟是经验论的典型代表。休谟是苏格兰不可知论哲学家、经济学家、历史学家，被视为苏格兰启蒙运动以及西方哲学历史中最重要的人物之一。休谟的哲学受到经验主义者约翰·洛克和乔治·贝克莱的深刻影响，也受到一些法国作家的影响，他也吸收了各种英格兰知识分子如艾萨克·牛顿、法兰西斯·哈奇森、亚当·斯密等人的理论。他在经验论上比洛克和贝克莱更彻底，坚持怀疑主义的观点。休谟认为，经验不可能告诉我们原因与结果之间的必然联系，那么我们的因果观念又是从何而来的呢？休谟指出："当我们经常性地经验到事件 A 之后总有事件 B 相随时，这就使我们对事件 A 的经验与对事件 B 的经验之间产生了某种习惯性的联想，这就是所谓'必然联系'观念的来源"（"靠近火"，"感觉痛"，这是人们的习惯使然；习惯久了，就成了信念；因果推理是一种或然性推理而非必然性推理）。在休谟看来，"习惯"乃是因果观念的基础。"因为任何一种个别的动作或活动重复了多次之后，便会产生一种倾向，使我们并不凭借任何推理或理解过程就重新进行同样的动作或活动"。休谟由此得出了如下结论："根据经验来的一切推论都是习惯的结果而不是理性的结果。"假如没有习惯的影响，那么我们除了当下呈现在记忆和感觉中的东西，对其他所有的事实都一无所知。这样一来，不但一切行动都无法开始，而且思想也难以进行了。正是在这个意义上，休谟坚持认为：“习惯是人生的伟大指南。”

二、唯理论

唯理论否认感性认识的重要性，片面夸大理性认识的作用，认为只有理性认识才是可靠的，并认为它不依赖于感性认识。在坚持唯理论的哲学家中，既有笛卡尔等唯心主义哲学家，也有斯宾诺莎、莱布尼茨等唯物主义哲学家、科学家。也就是说，既有唯心主义唯理论，也有唯物主义唯理论。无论是唯心主义唯理论，还是唯物主义唯理论，他们都坚持认为，理性应该是知识的准则，应以先天知识为源泉，以演绎推理为形式，所有命题之间都应以逻辑方式建立起联系。

莱布尼茨是德国哲学家、数学家，唯理论的典型代表，是历史上少见的通才，被誉为 17 世纪的亚里士多德。在数学上，他和艾萨克·牛顿先后独立发现了微积分，而且他所使用的微积分的数学符号被更广泛的使用，莱布尼茨发明的符号被普遍认为更综合，适用范围更广泛。在数学上，莱布尼茨还发现并完善了二进位制，奠定了 20 世纪 40—50 年代开始的信息时代的数理基础。莱布尼茨还在政治学、法学、伦理学、神学、哲学、历史学、语言学等诸多方向留下了著作。他认为真理必须具有普遍必然性。他敏锐地看出，经验论和唯理论争论的一个根本问题就是：“究竟是一切真理都依赖于经验，亦即依赖归纳与例证，还是有些真理更有别的基础。因为如果某些事件我们在根本未作任何实验之前就能预见到，那就显然是我们自己对此也有所贡献的。”“感觉对我们的一切现实认识虽然是必要的，但是不足以向我们提供全部认识，因为感觉永远只能给我们提供一些例子，尽管数目很多，也不足以建立这个真理的普遍必然性，因为不能因此便说，过去发生过的事情，将来也会同样发生。”莱布尼茨的批评的确切中了经验论的要害，是所有经验论者必须面对的现实问题。

三、如何看待经验论与唯理论的对立

经验论与唯理论都是关于人类认识的深刻反思，都有一定的合理性。经验论和唯理论的局限性主要体现在：它们都割裂了人的感性和理性，只是从抽象的经验或理性看待人类的认识问题。当然，从根本上说，是离开人的实践活动及其历史发展去看待人的认识，这样势必会走向彼此的对立。我们认为，马克思主义实践观所倡导的从人的感性活动、从主观见之于客观的社会实践、从主体看待世界的观点是解决经验论与唯理论二元对立问题的最为有效的途径。

第四节　德国古典哲学对经验论、唯理论的扬弃

德国古典哲学登上历史的舞台，主要的使命就是扬弃经验论与唯理论。

18 世纪末 19 世纪初，这段时期是西方近代哲学乃至德国古典哲学的体系化时期。以康德、黑格尔为代表的德国哲学对西方哲学进行了集大成式的概括和总结，建立了一个又一个庞大的哲学体系，将西方古典哲学推向了最高也是最后的发展阶段。由于这一时期的德国哲学体现了西方古代哲学的典型特征并且将其精神发挥到了极致，某种程度上实现了西方古典哲学的理想，因而，我们通常称之为德国古典哲学。德国古典哲学在哲学史上是马克思主义的理论来源之一，而且对 20 世纪哲学的发展产生了极其深刻的影响。当然，德国哲学在将西方古典哲学的观念发挥到极致的同时，也暴露了西方古典哲学的局限性。因而，这个时期既是形而上学体系化的时期，也是西方在场的形而上学走向终极的时期。

当德国哲学家们登上哲学舞台时，正是经验论与唯理论在认识论方面的争论陷入僵局，科学理性与自由发生冲突，形而上学名存实亡时。这些就构成了德国古典哲学家们所面对的尖锐的问题。下面，我们通过康德和黑格尔简要地介绍这段时间德国古典哲学的伟大思想。

一、康德的“先天综合判断”

康德是非常有趣的一个人，一生都未离开过自己出生的地方，过着近乎机械式的日常生活。他是西方哲学史和科学史上的一个奇迹，他既是一个非常伟大的哲学家，也是一个在科学史上有重要影响的科学家。在认识论问题上，康德主张调和经验论与唯理论。他一方面同意经验论的原则，就是一切知识都必须来源于经验。另一方面他也赞同唯理论对经验论的批评。他认为，对科学知识来说，仅有经验是不够的，它们的普遍必然性只能是先天的。但是，这样一来，我们便陷入了两难困境。如果知识必须建立在经验的基础上，知识就不可能有普遍必然性。如果知识有普遍必然性，就必须是先天的而不可能建立在经验的基础上。康德用一句话把这个难题摆出来了，即我们如何能够先天地经验对象？在康德哲学中，先天的与后天的是一对非常重要的概念。后天的意思就是指单纯经验的，就知识而言，表现为个别、偶然和相对。而先天呢，就意味着独立于经验而且是经验的先决条件。就知识而言，表现为普遍的和必然的。显然，如果承认普遍必然性的科学知识是存在

的,那就意味着必须同时具有经验和先天两方面因素。然而看来后天经验和先天因素确实是水火不相容的。

那么,如何克服这些矛盾呢?康德在总结经验论与唯理论的基础上,提出了感性直观和理性思维相结合的原理。他的名言是这样的:“思维无感性则空,直观无概念则盲。”他以自己的“先天综合判断”综合之前的先天判断(也就是必然判断)和综合判断(也就是经验判断)。他认为经验为知识提供材料,而主体则为知识提供加工处理这些材料的形式。知识就其内容而言是经验的,但就其形式而言则是先天的。他认为科学知识的普遍必然性,由此可以得到证明。康德断言,一切的科学知识都是由先天综合判断构成的。例如一个数学命题,7+5=12,单纯连接 7 和 5 的概念根本分离不出 12 这个谓项。只有借助于直观,例如,借助于手指的逐一相加,才能得出 12 这个概念。所以算术命题永远是综合的或是经验的,然而它又是先天的。为什么呢?因为 7+5=12 具有不是来自经验的普遍必然性。其实就是十进位制。十进位制肯定是意识人类理性的产物,是意识人类如此这般显现、设定、建构、创造或生成的。十进位制是也只可能是来自人的主观形式,来自先天判断。又比如,几何学命题两点间直线是最短的。主项中的直的概念不包含量,只包含直,因此,短这个量的概念不能从主项分析得出,只能由直观加上去,但是这个命题又公认是普遍有效的。

二、黑格尔的绝对精神

黑格尔,德国哲学家,出生于今天德国西南部符腾堡州首府斯图加特。18 岁时,他进入图宾根大学(符腾堡州的一所新教神学院)学习。1801 年,30 岁的黑格尔任教于耶拿大学。直到 1829 年(59 岁),他就任柏林大学校长,其哲学思想才最终被定为普鲁士国家的钦定学说。因此,说他大器晚成毫不过分。1831 年(61 岁),黑格尔在德国柏林去世。

黑格尔把绝对精神看作世界的本原。绝对精神并不是超越于世界之上的东西,自然、人类社会和人的精神现象都是它在不同发展阶段上的表现形式。因此,事物的更替、发展、永恒的生命过程,就是绝对精神本身(实体即主体;精神实体是唯一的实体,即上帝,即绝对精神或绝对观念)。黑格尔哲学的任务和目的,就是要展示通过自然、社会和思维体现出来的绝对精神,揭示它的发展过程及其规律性,实际上是在探讨思维与存在的辩证关系,在唯心主义基础上揭示二者的辩证同一。围绕这个基本命题,黑格尔建立起令人叹为观止的客观唯心主义体系。黑格尔坚持绝对精神的无对性,这是其被界定为客观唯心主义哲学家的理由。

黑格尔的伟大在于系统建构了基于实体否定自己的能动性，即辩证法。黑格尔在论述每一个概念、事物和整个体系的发展中自始至终都贯彻了这种辩证法的原则，这是人类思想史上最惊人的大胆思考之一。恩格斯是这样评价黑格尔的：“近代德国哲学在黑格尔的体系中达到了顶峰，在这个体系中，黑格尔第一次——这是他的巨大功绩——把整个自然的、历史的和精神的世界描写为处于不断运动、变化、转化和发展中，并企图揭示这种运动和发展的内在联系”。黑格尔一生著述很多，其代表作品有《精神现象学》《逻辑学》《哲学全书》《哲学史讲演录》《历史哲学》和《美学》等。黑格尔基于在场的形上学意义上的绝对精神所建构的哲学是人类有史以来最伟大的思想体系之一，对西方哲学史，乃至整个世界哲学史都曾经产生过并将继续产生深刻而持久的影响。

黑格尔思想的一个很重要的特色就是强调理性思维的能动性。黑格尔认为，虽然康德强调感性直观与知性思维的联合，但是在康德那里知性思维仍然保持其一个特殊东西，感性也仍然是一个特殊东西，两者只是外在的表面方式下联合着，就像是一根绳子把一块木块缠在腿上那样。黑格尔在哲学史上第一次提出了感性与理性的辩证统一问题。他要求凭借理性思维的能动性，而实现由感性到理性的“飞跃”，他相信由此就可以彻底解决经验论与唯理论之争。

我们的问题是：黑格尔解决了经验论与唯理论长达几个世纪的争论吗？黑格尔是一个伟大的哲学家，建议大家抽空去读读黑格尔的相关著作。

第五节　现代唯科学主义与人本主义的对立

现代哲学致力于扬弃之前的形而上学传统，他们悬置“本体”。但是很少有西方哲学家真正放弃形而上学。按本质特征来划分，现代西方哲学可以分为唯科学主义与人本主义两大阵营，或者划分为理性主义与非理性主义两大学派。

如果以“表述”的立场看待和要求哲学，就会否定两千年的哲学史，而把哲学的出路归结为“科学的副产品”，这就是唯科学主义的基本主张。“表述”的职能是陈述经验事实，由此得到的命题能够通过经验本身判断其真伪。因此，唯科学主义具有显著的理性主义倾向。如果以“表达”的立场看待和要求哲学，则会把哲学归结为各种哲学关于人的不同理解的总和，而否定哲学的真理性，这就是人本主义的主要观点。“表达”的职能是陈述人的情感或意志，因而在此基础上形成的命题无法通过经验判定其真伪。因此，现代西方人本主义具有明显的非理性主义倾向。

一、唯科学主义

唯科学主义又叫科学主义，是一种把自然科学作为整个哲学的基础，并相信它能解决一切问题的哲学观点。唯科学主义认为自然科学是人类知识的典范，科学是唯一的知识，科学方法是获取知识唯一正确的方法，应该以自然科学的研究方法研究哲学。唯科学主义是一个颇有争议的概念，也有不同的说法。比较极端的说法是唯科学主义是一种信仰，认为每一件事都应该用科学理论解释，包括哲学、艺术、历史、宗教、道德和社会科学在内的其他领域要么被同化为科学，要么就作为知识的来源被排除在外。唯科学主义否认这些领域具有独特的方法论，并且在许多形式中拒斥美学知识、道德知识或宗教知识的存在。

唯科学主义的本质可以从其哲学观、科学观、价值观三方面进行探讨。在哲学层面，科学主义强调形而上学的无用性，而只注重对认识论和方法论的研究；在科学层面，科学主义概括了科学的特征，将科学绝对化；在价值层面，科学主义则将科学神圣化，把科学当成了评判事物的依据。唯科学主义在尊重科学经验和科学事实的名义下，将自然科学知识、自然科学研究方法、自然科学研究规范推到了本不具有的高度。唯科学主义认为自己是自然科学的同盟军，是以科学理性为标准的一种特殊的理性主义。

唯科学主义代表人物孔德从不可知论和现象论出发，建立其实证哲学体系，并力图使之凌驾于唯物主义和唯心主义之上。孔德，法国著名的哲学家、社会学和实证主义的创始人。他创立的实证主义学说是西方哲学由近代转入现代的重要标志之一。他确信“关于科学之历史的知识是极端重要的”，而且，他甚至更进一步地指出，“如果我们不了解一门科学的历史，那么我们就根本不会完全通晓这门科学”。因此，孔德是第一个倡导要严肃认真地和系统地研究科学史的人。在这一意义上，乔治·萨顿将孔德称为科学史这一学科的奠基人，实不为过。

孔德认为，人们只有关于现象的知识，这种知识是相对的而不是绝对的，人们所知的仅是一个事实与另一个事实彼此前后相继或相类似的关系，这种关系就是我们所称的规律。他认为，现象的规律是我们关于现象所知的一切，因为我们并不知道任何事物的本质及其现象的产生方式，也不知道它们的终极原因。在孔德看来，追求关于在场的现象以外东西的知识，即形而上学。孔德认为，人类的知识发展经历了以下三个阶段：神学阶段——人类的知识以虚构为基本特征，信仰超自然的力量，用神的意志说明万物；形而上学阶段——是前一阶段的变态，与前一阶段本质是一致的，都追求万物的根源、本性和终极原因，要求获得绝对知识；实证阶段——这一阶段以科学为基本特征，尊重经验、事实，依靠观察和理性的力量，主要研究现象之间的关系，不再探索宇宙的起源和目的，不再要求知道事物的内在本性和本质原因。孔德具有强烈的反形而上学思想倾向，拒绝讨论“自在之物”“绝对精神”等本体论问题。

二、人本主义

西方哲学中的人本主义，泛指一切从人本身出发研究人的本质以及人与自然的关系、人与人之间的关系的理论。由于对人的具体解释各异，人本主义在性质上和表现形式上也不相同，既有唯物主义的人本主义，也有唯心主义的人本主义。近代西方哲学从它开始形成的时代起，就已出现了人本主义的倾向。文艺复兴时期的人文主义运动从哲学上说实际上就是一种人本主义运动。当时的人文主义者的格言是：“我是人，人的一切特性我无所不有。”他们主张用人代替神，主张人性，主张张扬人性，主张解放个性。17 世纪英国唯物主义者，18 世纪法国启蒙运动者和唯物主义者，以及 19 世纪初的英、法空想社会主义者，虽然没有给自己的哲学挂上人本主义或人文主义的招牌，但他们的思想正是文艺复兴时代的人文主义思潮的发展。这主要表现在他们进一步把关于人的学说与唯物主义自然观以及对人的理性认识能力的肯定结合起来。19 世纪上半期德国唯物主义哲学家费尔巴哈明确地将自己的哲学称为人本主义，坚持认为哲学的唯一的、普遍的、最高的对象应当是人及其基础的自然界，坚持认为是人按照自己的本质和特性创造了神，而不是神创造了人。包括费尔巴哈人本唯物主义在内的西方古典人本主义坚持认为，人是具有情欲的脱离了社会的抽象的感性人，而不是马克思发现的作为社会关系总和的具体的现实人。

现代西方人本主义与马克思主义几乎同时出现，其主要流派形成于马克思主义以后。现代西方人本主义哲学流派和哲学家们从对人本身的研究出发研究一切哲学问题，把人当作他们的哲学的核心和归宿。有的流派和哲学家甚至标榜要恢复被压抑或异化了的人的本性和本质，尊重人的尊严和价值，发扬人的个性。在一定意义上可以说，现代西方人本主义是对西方古典人本主义的消极扬弃：前者抛弃了后者的唯物主义基础，否定了后者所颂扬的人的理性以及通过理性对自然界的认识，否定了人类对自然的认识和科学技术发展的进步意义，从而也丧失了后者所表现出的对人类的现实生活和前途的乐观主义精神。现代西方哲学人本主义哲学家大都肯定本体论和世界观问题在哲学中具有首要意义。他们有的人甚至把哲学基本问题归结为本体论问题。对科学主义思潮的哲学家们排斥本体论问题，他们作了种种批判。例如,现代西方人本主义思潮中最主要的流派之一——存在主义的许多代表人物一再声称,以人的存在为对象的本体论问题是他们的哲学的核心。他们坚持认为,如果离开对人的存在问题的研究,那么一切其他哲学问题都将失去根基。他们关注非理性的情感意志,并认为这种为意识人类所独有的情感意志,才能表现个人的真正的存在,才是个人的真正的本质。与此同时,他们还认为,人的活动、生命力的活动都纯粹是偶然发生的,人永远是自己选择、设计、规定和创造自己。有的现代西方人本主义者,例如萨特等存在主义者,甚至宣称人的本质就是人的自由,而这种绝对自由意味着人对一切均可以采取全盘否定的态度,当然,萨特也主张人应该为自由选择所产生的后果承担所有责任。

与现代西方科学主义思潮相比,人本主义思潮各派哲学都更注意对社会历史问题的阐述。因为社会历史本身就是作为他们的哲学的出发点和基础的人的活动的领域。西方古典人本主义者同样把人当作他们理论的出发点和基础,对作为资产阶级化身的人的命运和前途充满信心。尽管他们所建立的社会历史理论没有超出唯心主义的范围,但毕竟还具有某些进步的、建设性的内容。现代西方人本主义者的社会历史理论从整体上来说,则是消极的、破坏性的。因为他们对社会历史往往采取了全盘否定的虚无主义态度,并带有明显的悲观失望和消沉颓废的色彩。他们认为,以往社会历史,特别是基督教兴起以来的社会历史,是按照理性派思想家的理论建立起来的。在这里,集团、组织、社会以及各种被认为不可违抗的法规法令、宗教戒律、道德规范等都给个人带上了沉重的枷锁,妨碍了个人的自由创造,扼杀了个人独特的个性。他们还认为,现代人受到物质的引诱,往往把追求功利、物质生活的幸福当作生活的目标,人们因而成为物的奴隶,为物所累,为物所驭,成为"异化"的人。

现代西方人本主义哲学思潮肇始于19世纪中期。从这一思潮具体的历史演变来说,可以把德国唯意志主义者叔本华和丹麦神秘主义者克尔凯郭尔当作其开创者。他们最早公开举起反理性主义的旗帜,在探索人和世界的真正的内在本性、维护人的价值和使命等口号下,对包括资产阶级古典人本主义倾向在内的欧洲理性主义传统进行了公开的挑战。他们要求使哲学摆脱外在的虚幻世界的引诱而回复到内心世界,以此改变欧洲哲学思想发展的方向。这正是后来的资产阶级人本主义者所发挥的基本思想。现代西方人本主义与人文科学、社会科学有千丝万缕的联系,它多少都有一些非理性甚至反理性倾向。

现代西方人本主义的典型代表是大家非常熟悉的叔本华。叔本华是哲学史上第一个公开反对理性主义哲学的哲学家,他开创了非理性主义哲学的先河,也是唯意志论的创始人和主要代表之一。叔本华同意康德关于表象和物自体的划分,并认为他的意志就是康德的物自体。叔本华认为,人的真正存在是意志。现象世界虽必然是杂多的,但又都以单一的主体作为其支柱,即它们是作为主体的表象而存在的。主体本身又是表象世界中的一个个体,它必须有身体作为其凭借。就人本身来说,人最根本的东西是情感和欲望,也就是意志。叔本华认为意志是世界的本质,人的理性、知识就其起源和实质而言,都是服从于意志的,人的躯体也是自我意志的表现。与此同时,他还认为动物的各种活动、植物的活动,以及无生命的事物都受生存意志的支配。也就是说,叔本华认为意志是无所不在的,它既是每一特殊事物的内在本质和核心,也是全部事物的实质和核心,它既表现于盲目的自然力中,也表现于人的自觉行为中,世界只是作为意志的表象存在。意志作为"自在之物"是无意识的、非理性的,是一种盲目的、不可遏止的冲动。它的基本特点就是求生存,故也可称之为"生存意志(will to live)"叔本华把理性比喻为意志雇佣的向导,把意志比喻为一个勇猛刚强的瞎子,理性是为意志指出前行方向明眼的瘸子。

叔本华哲学的一个重要特点在于他不仅反对唯物主义关于物质第一性的学说,也反对经验派和理性派唯心主义关于感觉经验或理性概念第一性的学说。他认为,它们的根本错误,是把认识的条件实体化了,使之具有本体论的意义。而在他看来,任何认识都是以主体和对象的分离为条件的,其中对象总是相对于主体而存在的,是由主体加工改造的,是由主体用先验范畴构造出来的,它们离开了主体就不能存在。物质、感觉经验、理性概念等都是认识论的范畴,是作为认识条件而存在的,因此同样不能离开主体而存在,它们只能是现象,不能是实在。叔本华的确抓住了朴素唯物主义不能科学地说明主客观关系的弱点,以及以往唯心主义把作为认识论范畴的感觉经验、理性概念绝对化、实体化的错误。但他由此走向了另一极端:把认识论问题和本体论问题完全割裂开来,借口主客观关系只能是一种认识关系,根本否定认识对象的客观存在,把人们所认识到的一切都当作只是人的表象,以致宣称"世界就是我的表象"。叔本华认为哲学的真正任务是超出现象而达到自在之物,即达到世界的真正存在。为此,应当抛弃主客分立这种认识的形式,抛弃物质、感觉经验、理性概念等认识论的范畴,而仅依靠超出了主客对立的直觉。如果就人本身来了解人,从人的内心深处来寻找人,就可发现人的最根本的东西——人的情感和欲望、人的意志。人的情感和欲望、人的意志是世界的真正存在,就是康德所定义的"自在之物"。这就是叔本华著名的唯意志主义。从唯意志主义出发,叔本华又推出了悲观颓废的人生哲学。他认为,人生是由意志所支配的,意志就是欲望,而欲望意味着痛苦,人生永远是一场悲剧。为了摆脱痛苦,叔本华号召人们脱离现实,抑制欲望,否定现实的生命,从而进入无我之境。这就是他所建构的极端的禁欲主义和虚无主义。①

关于唯科学主义和人本主义就介绍这些内容。如果大家感兴趣,还可以阅读相关文献,这是非常重要的问题,也是持续至今仍然在争论着的西方哲学问题。

第六节　解构性后现代主义与建设性后现代主义

后现代主义的理论家们认为,从20世纪60年代开始,随着科学技术的革命和资本主义的高度发展,西方社会进入了"后工业社会",也称作信息社会、高技术社会、媒体社会、消费社会、高度发达社会,在文化形态上称为"后现代社会"或"后现代时代"。后现代时代在科学、教育、文化等领域经历了一系列根本性变化,这些变化表明它是人类历史的一次断裂或一个新的发展阶段。作为反西方近现代体系哲学倾向的思潮的后现代主义产生于20世纪60年代。在一定意义上也可以说,后现代主义不是一场运动、一种模式,也不是一个学派,它只是一种一系列的相互关联的文化趋势,是一套新的价值体系或观念,是一套新的看法或程序。正如格里芬所说的那样,"如果说后现代主义这一词汇在使用时可以从不同方面找到共同之处的话,那就是,它指的是一种广泛的情绪,而不是一种共同的教条——即一种认为人类可以而且必须超越现代的情绪"。

"后现代"之"后"具有双关性,体现对待"现代性"的两种不同态度。在一种意义上"后现代"是指称"非现代",它要与现代的理论和文化实践、与现代的意识形态和艺术风格彻底决裂。"后"可以肯定地理解为积极主动地与先前的东西决裂,从旧的限制和压迫状态中解放出来,进入一个新领域;也可以否定地理解为可悲的倒退,传统价值、确实性和稳定性的丧失。在另一种意义上,"后现代"被理解为"高度现代",它依赖于现代,是对现代的继续和强化,后现代主义不过是现代主义的一种新面孔和一种新发展。如何对待"现代性",这是现代主义和后现代主义之间以及不同的后现代主义者之间争论的主要问题之一。许多后现代主义者采用对"后现代"的第一种理解,把后现代看作西方历史上的一个戏剧性的断裂或决裂,是一种旧东西的终结和新东西的来临。因此,他们对"现代性"采取批判和否定的态度。他们认为,资本主义的"现代化"给人民带来无数苦难,工业化造成了对农

---

① 刘放桐.现代西方人本主义哲学思潮的来龙去脉(上)[J].复旦学报(社会科学版),1983(3):70-77.

民、无产阶级和工匠的压迫，妇女被排除在公共范围之外，帝国主义的殖民统治采取种族灭绝和大屠杀的政策。现代社会也产生一整套惩罚的制度和实践，以及使它的统治方式和控制方式合法化的话语。现代性使理性走向它的对立面，使自由走向压迫和统治。所以，这些后现代主义者们要求用新的价值和政治学克服现代话语和实践的缺陷，呼唤新的范畴、思维方式和写作方式。

总之，作为一种新兴哲学思潮的后现代主义产生于20世60年代中叶，在20世纪70—80年代中叶获得了巨大的发展，20世纪80年代中叶以后，特别是20世纪90年代以来，后现代主义表现出了更大的包容性。在前一阶段以强调解构性为其基本特点，而在20世纪90年代以来则以强调建设性为主。解构性后现代主义坚持的彻底解构或否定抽象本体、先验假定、实体主义、结构主义、绝对主义、权威崇拜、逻各斯中心主义等现代主义及前现代主义的基本主张的后现代主义观点，是继马克思主义之后又一次伟大且彻底的思想解放运动，是“非现代”意义上的后现代主义，是广义超元论最重要的思想来源之一。建设性后现代主义在某种意义上是对解构性后现代主义的否定，是对现代主义及前现代主义的否定之否定。相对于解构性后现代主义，建设性后现代主义是一种反动，是一种表面意义上的进步，实质意义上的退步。为什么这么说呢？因为建设性后现代主义的绝大多数学者致力于为人类寻求或建构新的先验假设（如怀特海的“过程实在”），提供新的具有某种终极性意义的世界图景（如“泛经验论”“有机整体观”“善待他者”“本体论平等”“关系实在”“流动整体”等），试图给已经获得解放了的人类再次套上枷锁，还美其名曰为人类寻找新的出路。建设性后现代主义是“高度现代”意义上的后现代主义，尽管他们仍然高举后现代主义旗帜，但事实上他们是后现代主义的“掘墓人”或“终结者”。

一、解构性后现代主义

解构性后现代主义登上历史舞台的基本使命就是反叛或批判包括现代主义和前现代主义在内的传统文化。解构性后现代主义对传统文化的批判主要表现为三个方面：一是强烈批判西方现代文化。从各个角度揭示现代主义存在的内在矛盾和局限，解构性后现代主义要从根本上改变人们对周围世界的原有经验和解释。解构性后现代主义是一场新文化运动，它认为，现代性是所有奴役、压制、压迫的根源，因而视后现代主义是一种比文艺复兴和启蒙运动更加彻底的新的文化解放运动。二是表现一种标新立异的社会生活方式。针对资本主义对人的麻醉化、片面化、机械化的影响，解构性后现代主义思想家们倡导人们尊重多元，坚持认为每个人都是唯一的和不可替代的。与西方现代主义“容不得”差异的态度不同，解构性后现代主义认为差异很重要，积极倡导人们走自己的路，过一种经过反思的、有意义的生活，坚持精神尊严，理性但不机械，诗意但不矫情，勇于创新，但又脚踏实地；对他人充满同情心，对事物充满好奇心，敢于特立独行，勇于自我表现，坚持活出自己的生活风格。三是致力于消解所有已建构之物。这是解构性后现代主义哲学所显现出来的最重要的特点，他们主张解构已有的哲学理论、已有的是非观点、已有的价值理想、已有的研究方法、已有的分析框架、已有的逻辑理性、已有的研究视角、已有的解释模式、已有的人性假设、已有的哲学史观等所有已经建构出来的东西，表现出了彻底的反现代主义以及前现代主义的思想倾向。我们认为，解构性后现代主义是一种以“解构”为其基本特点的超元论，是继佛学“般若”超元论，马克思主义“实践”超元论之后的又一种典型的以彻底否定外在于意识人类的先验存在为其主要特征的超元论，可以称之为西方后现代主义“解构”超元论。

下面我们主要参考王治河所著《后现代哲学思潮研究》(北京大学出版社，2006)来重点介绍解构性后现代主义对西方传统文化的批判或反叛的第三个方面，具体介绍解构性后现代主义的以下几个主要观点。

①哲学的终结(特指旧形而上学的终结)。解构性后现代主义要解构的第一个对象就是传统的试图给予世界以终极解释的形而上学哲学观，其代表性人物是维特根斯坦。后期维特根斯坦尝试运用“语言游戏”消解传统的带有强烈形而上色彩的传统哲学观。在他看来哲学就是一场语言游戏，游戏是没有本质的，哲学家拼命寻找事物的普遍本质则一如人们硬要寻找游戏的本质一样，是在误入歧途。他曾经讲了一个故事，这个故事很好地表达了这种思想：一个人在房间里想要出去，却又不知道怎么办。想从窗跳出去，可是窗户太小；试着从烟囱爬出去，可是烟囱太高。然而只要一转过身来，他就会发现，房门一直是开着的！什么意思呢？在维特根斯坦看来，以往的哲学太过迷恋于自己的逻辑体系，太过自以为是，以为可以为解释世界提供终极方案，实际上是在将意识人类引入歧途。

维特根斯坦是一个具有传奇色彩的哲学家，他出生于奥地利，他的父亲是工业巨头，母亲是银行家的女儿，他本身是罗素的学生兼好朋友。维特根斯坦是语言学派的主要代表人物，他的哲学主要研究的是语言。他主张哲学的本质就是语言，语言是人类思想的表达，是整个文明的基础，哲学的本质只能在语言中寻找。他消解了传统形而上学的唯一本质，为哲学找到了新的发展方向。他的主要著作《逻辑哲学论》和《哲学研究》分别代表了自己一生两个阶段的哲学体系。前者认为，哲学必须直面语言，“凡是能够说的事情，都能够说清楚，而凡是不能说的事情，就应该沉默”，哲学无非是把问题讲清楚；后者认为，创造一套严格的可以表述哲学的语言是不可能的,因为日常生活的语言是生生不息的,这是哲学的基础和源泉,哲学的本质应该在日常生活中解决,在"游戏"中理解游戏。维特根斯坦认为思维方式对每个人都十分重要,有什么样的思维方式就有什么样的看待世界的视角、态度、主张,要改变这些视角、态度、主张的最好方式就是改变他们的思维方式。他是这么讲的:"洞见或透识隐藏于深处的棘手问题是艰难的,因为如果只是把握这一棘手问题的表层,它就会维持原状,仍然得不到解决。因此,必须把它'连根拔起',使它彻底地暴露出来;这就要求我们开始以一种新的方式思考。这一变化具有着决定意义……难以确立的正是这种新的思维方式。一旦新的思维方式得以确立,旧问题就会消失;实际上人们很难再意识到这些旧问题。因为这些问题是与表达方式相伴随的,一旦我们用一种新的形式表达自己的观点,旧问题就会连同旧的语言外套一起被抛弃"(《札记》)。维特根斯坦关于思维方式的这一观点类似于完形心理学的"格式塔转换",从根本上抛弃了试图给予世界终极性解释的传统哲学观。

②中心的消解("人无我")。解构性后现代主义要解构的第二个对象就是"中心"。非中心化是解构性后现代主义的重要观点之一,其理论基础是非中心论。非中心论可以被划分为极端的非中心论和温和的非中心论,前者认为,现实中不存在词语所指的对象,即不存在能够作为"中心"的实体性存在,后者则认为没有任何人、理性、科学可以作为终极性原则,即"中心"来指导我们的人生。致力于解构"中心"的非中心主义或反中心主义认为:语言是一个无"主体"、无"中心"的系统,因此,不是"我在说话",而是"话在说我",语言活动是超越主体的、按照能指和所指进行的一场游戏活动,是语言自身在活动。语言除了在它表面能够进行游戏,它的深层实际上什么都没有,思维过程只不过是一种"语言游戏"过程,没有"中心",也不应该有"中心"。正如狄康姆所说:"你们都想成为世界的中心,你们必须明白,既没有中心,也没有世界,有的只是游戏。"解构性后现代主义的非中心化思想与大乘佛学的"人无我"思想有内在的一致性,都致力于解构自以为是的"我"。

③基础的塌陷("法无我")。解构性后现代主义要解构的第三个对象就是所谓的"基础"。致力于彻底解构"基础"的反基础主义坚持认为,基础主义分传统的和现代的两种形式。前者以笛卡尔为代表,他们找到了"我""实体""单子""绝对精神"等作为整个认识的根据;后者以分析哲学为代表,他们试图找到反思和讲话的界限。无论是前者还是后者,在一点上二者是一致的,那就是都坚信存在着某种永恒不变的超验的"基础",从柏拉图、亚里士多德到笛卡尔、斯宾诺莎,从康德、黑格尔到胡塞尔,都是致力于确立或寻找这一所谓最终"基础"的"基础主义者",他们认为只要确立或找到了这一真实的、永恒的哲学基础,人类就可以彻底地或一劳永逸地解决人类认识自己或世界的困惑。但是在反基础主义看来,哲学上基础主

义的“基础”概念的最大缺陷就是它的抽象性、先验性，既不可证明，也不能证伪。反基础主义的这些观点其实是相当深刻的，与马克思主义反对抽象本体论、倡导“改变世界”的实践哲学观高度契合，也与大乘佛学所坚持的“法无我”思想具有内在的一致性，都是致力于解构在场的、超验的、永恒的所谓真实“基础”。

④理性的陨落（空宗、禅宗是超逻辑的）。解构性后现代主义要解构的第四个对象就是现代主义始终坚持并引以为豪的“理性”观。尼采是极端的反理性主义者，他对任何理性哲学都进行了最彻底的批判，他认为，“我们和柏拉图学派与莱布尼兹学派在思想方式上最大的不同点是：我们不相信有永恒的概念，永恒的价值，永恒的形式，永恒的灵魂”。德里达是解构主义哲学的代表性人物，他尝试利用自己的解构主义，解构逻各斯中心主义，致力于将人类从理性的权威统治中解放出来。他的思想在20世纪60年代以后产生了巨大影响，他的理论彻底动摇了整个传统人文科学的基础，也是整个后现代思潮最重要的理论源泉之一。总之，解构性后现代主义认为，应该从根本上摈弃现代主义有关“绝对真理的幻想”，彻底解构从古希腊发源并延续至今的“理性”“理性主义”，只有放下了对“理性”的所有执念，追求人类自由解放的目标才有可能得以实现。解构性后现代主义彻底反对理性的这些思想与空宗禅宗所坚持的超越概念逻辑的“动念即乖”或“实相无相”的不在场的“非思议”观和实相观具有内在的一致性，都坚决反对试图给予或自认为能够给予世界以终极解释的理性主义观点。

⑤人的终结（“人无我”，在场的“先验我”被终结）。解构性后现代主义要解构的第五个对象就是“人”。尼采说“上帝死了”，尼采杀死了上帝，把“权力意志”看作世界的本体，实现了对传统人本主义的反叛。学者们很有见地地指出，“上帝之死”并不是死于人们对他的不信仰，而是死于人们的自大。20世纪以来，希特勒等历史狂人纷纷登上了历史的舞台，彻底摧毁了人类有关人是有着无限的创造力和自主性的信念，将人类置于巨大的人为造成的恐惧之中，以福柯为代表的后人道主义哲学家们宣告被传统人道主义奉为神明的“人”死亡了。在福柯看来，原本没有“人”，“人”不过是被建构出来一种具有特定意义的在场的对象性存在而已，人类主体本身是有限的意识，从属于外在的规则和制度。福柯提出“人的消失”并不是笼统地否认人的存在及其意义，而是指要求取消作为与客体相对立的主体的人的存在，也就是说使人摆脱主客心物等相互依存的关系，摆脱对外在世界和普遍的理想概念的依赖，实际上就是拒绝接受现代西方人本主义有关神圣的非理性人的基本立场，否定以叔本华为代表的唯意志主义式的两方现代人本主义。

在解构性后现代主义的人学理论中，还有一种观点把福柯的这一思想推向了极端。他们指出，要把人变成无中心、无主体、无本质、无目标、无理想、无道德、无义务、无政治责任感和历史使命感的现实存在物，只有这样的人才是真正自由和自主的人，才能充分展示人的价值和意义。也就是说，不仅“上帝死了”“人死了”“‘我’死了”，而且“作者也死了”，标志着以解构、消解、虚无为特色的后现代主义把西方现代人本主义推向了一个新的历史阶段，完成了对西方传统人文主义和现代人本主义意义上的“人”的双重否定，或者说，完成了对西方传统哲学和现代哲学意义上的“人”的彻底解构。也就是说，在解构性后现代主义看来，西方传统人文主义和现代人本主义关于“人”的所有的溢美之词、所有的观点学说都只是佛学意义的方便说法而已，其中并无任何究竟。也就是说，无论是解构性后现代主义，还是大乘佛学都坚持“人无我”这一基本主张，反对执著于“人”、执著于“我”。

⑥结构的颠覆（“法无我”，抽象本体的死亡）。解构性后现代主义要解构的第六个对象就是“结构”，最终是要解构统治西方哲学数千年的“逻各斯中心主义”。作为结构性后现代主义最具代表性的理论——解构主义是后结构主义的一个重要分支，其代表人物是德里达。德里达的解构主义首先要解构的就是作为结构主义基石的“结构”概念，他讲的“结构”是包括从“语言的、‘逻各斯中心论’的结构”到“声音中心论”的结构的“各种类型的结构”。德里达指出：“结构要被破坏、解开，沉淀物要被排除掉”，他致力于解构的主要不是语言学结构主义的“结构”，而是作为西方形而上学根基的以“逻各斯”为中心的本体论结构主义的“结构”。逻各斯中心主义是西方形而上学的一个别称，是指一种以“在场”为中心的本体论，他们追求现象背后的逻各斯，包括实体、理性、本质、终极意义、第一因、真理、实在等，将这些看作现代哲学、传统哲学的终极关怀。也就是说，逻各斯中心主义本质上就是一种以逻各斯为中心的本体论结构主义，即“在场的形而上学”。它试图以“逻各斯”为根据给予世界以“最终解释”。德里达要解构的逻各斯的“在场”或中心地位，实质上是要解构以二元论为其基础的等级结构，解构执著于“逻各斯”的西方传统哲学。德里达曾深刻地指出：“在场并不是原始的、本源的，而是被建构的”，“在场不是绝对的”，也就是说，原本没有“逻各斯”，原本没有“在场”，原本没有任何意义上的“中心”“基础”“结构”，原本没有形上学意义上的所谓“实体、理性、本质、终极意义、第一因、真理、实在”，任何意义上的“中心”“基础”“结构”“逻各斯”，任何形上学意义上的“实体”“实在”“第一因”都是意识人类如此这般设定、建构、创造或生成的，都是可以被意识人类如此这般指称和描述言说的现实的对象性存在“有”或“在场的人定世界”。

广义超元论认为，在一定意义上可以说，解构主义宣布了延续数千年的外在于意识人类的绝对的抽象本体的死亡，事实上，所有在场的形上学意义上的对象性存在，即在场的现实的本体世界原本不存在，都是也只可能是意识人类如此这般显现、设定、建构、创造的，是生成的而非既成的，是人定的而非神定的。

⑦视角的多元化（“地方性知识”“庄周梦蝶”“空手把锄头”）。解构性后现代主义要解构的第七个对象就是先于解释者存在的“客体”“存在”以及唯一的“绝对的主体”“一般的主体”。视角主义主张视角的多元化、多面化，反对关于现实的一元的、单向度的解释，其基本特征有：将“客体性思维”摧毁，将客体还原为“视角的客体”，将存在还原为“为我的存在”，进一步将存在等同于本文（即广义超元论所定义的对象性存在“有”），将事物还原为意义。视角主义主张：一切都在一切中，任何一种视角都处于其他视角中；不存在一个单一的世界，如詹姆斯所说“没有一种合理的观点能证明世界可以呈现为一个绝对单一的世界”；不存在唯一的超验存在，也不存在能够包含一切、解释一切的绝对真理。伽达默尔指出蕴含于文本中的作者的“原初视界”与对本文进行解读的接受者的“现今视界”之间存在着各种差距，这些由时间间距和历史情景的更迭所引起的差异是不可能消除的。因此，理解的过程一定是将两种视界交融在一起，达到“视界融合”。这个过程是敞开的，是一种历史的参与和对自己的视界的超越。伽达默尔由此认为历史不是绝对主观的也不是绝对客观的，而是其自身与他者的统一，是一种关系，这种关系包括了历史的真实与历史理解的真实。与此同时，视角主义也解构了唯一的“绝对的主体”“一般的主体”。视角主义断然否定“一个理论上无所不知的观察者”，断然否认存在唯一的“绝对主体”，坚持认为，康德以来形形色色的“主体性哲学”为拯救世界的统一性和价值的普遍性而建构的“一般主体”是“某种臆造的东西”，是根本不存在的。也就是说，视角主义实际上在致力于双重解构，既要解构外在于意识人类的所谓“客体”“存在”，也要解构超越于外部世界的所谓“绝对主体”“一般的主体”。

广义超元论认为，原本既没有形下学意义上的所谓“客体”“存在”，原本也没有形上学意义上的“绝对主体”“一般的主体”，无论是形下学意义上的“客体”，还是形上学意义上的“主体”，无论是物质世界，还是意识世界，都是也只可能是意识人类如此这般显现、设定、建构、生产、创造的，可以被这般指称和描述言说的，仅对于意识人类具有现实意义的在场的对象性世界或对象性存在“有”或“在场的人定世界”或所谓的“本文”，也就是说，他们是也只可能是生成的而非既成的，是人定的而非神定的。解构性后现代主义“视角多元化”的观点给予我们最重要的启示是：既有的任何理论、学说、观点，未来的所有理论，学说观点，都不过是意识人类生成或建构的分析讨论“人定世界”或“世界”的一种视角、一种地方性知识而已，其中并无任何究竟。

⑧解释的游戏（思维的游戏，“一对死人送活汉”）。解构性后现代主义要解构的第八个对象就是传统解释学。20 世纪 60—70 年代，西方解释学发生了一次大规

模的转向，由传统解释学质变为了后现代解释学。缘起于古希腊的传统解释学主要致力于搞清楚作品或语句的确切含义，19 世纪的施莱尔马赫和狄尔泰将其作为一种技术性的方法，作为一种处理文学、神学、法学文本的特殊学说，并将其发展成了一门影响巨大的哲学学科。20 世纪的伽达默尔、利科、德里达、福柯、埃佩尔、哈贝马斯等后现代解释学在此基础之上，进一步将解释学发展成为一种理论取向、一种文化趋向、一种“共同的话语”（瓦蒂莫）。

后现代解释学作为一种理论取向或文化取向坚持以下基本观点。

第一，后现代解释学彻底解构了传统解释学视为绝对精神实体的“先验自我”和所谓“普遍的人性”，认为抽象的人及其“本质”只是一种形上学的“虚构”，原本没有“先验自我”，原本没有在场的对象性意义上的可以被指称和描述言说的“人”，原本当然也没有人的“本质”或所谓“普遍的人性”。

第二，后现代解释学彻底解构了传统解释学的独立于解释者的解释对象，认为本文才是解释者解释的对象。那么什么是“本文”呢？传统解释学认为本文是作者意图的“表达”，其外延包括科学理论、历史文献、法律条文、文学作品、建筑艺术等体现作者主观精神的东西，而后现代解释学则认为本文泛指在任何时空中存在的能指系统（即意识人类已经如此这般显现、设定、建构、生产、创造或生成的在场的所有对象性存在。原本没有对象性存在，原本没有本文。能指和所指是语言学上的一对概念，能指意为语言文字的声音、形象；所指则是语言的意义本身。按照语言学家或者哲学家们的划分，人们试图通过语言表达出来的东西叫“能指”，而语言实际传达出来的东西叫“所指”。能指，就是用以表示者，所指，就是被表示者。拿玫瑰花来说，“玫瑰”的形象和声音是能指，玫瑰花的样子是其所指，两者加起来就构成了表达爱情的玫瑰符号。索绪尔把符号看作能指和所指的结合，和一般人对符号的用法是一致的：符号是用一个东西指另一个东西。陈嘉映说，“凡有所表征的，都可以称为‘符号’”，李幼蒸说，“一般记号就是‘代表另一物的某物’”，这些说法大同小异），是一种正在生长和变化的活生生的事物，而不是干巴巴的概念（伽达默尔），也就是说，本文才是对意识人类具有现实意义的，即可以被指称和描述言说的活生生的正在生长着的现实存在或“在场的人定世界”。

在对本文内涵的理解上，传统解释学将本文等同于文本，认为本文是作者的意图和思想的“表达”，而后现代解释学则认为，本文不全然是文本，而是超然文本的能指系统，不是作者意图和思想的“表达”，作者的意图和本文不是统一的，本文是一个解释者必须置身于其中才能加以研究的对象。本文作者的意图无法追寻，甚至作者本人也无从知晓。因此，想重建作者的原来的意图，从一开始就是一种“意图的谬误”（温默莎特和比尔兹利）。后现代解释学家利科认为，本文及其意义是独立存在的,“本文所表明的东西不再与作者意谓的东西相一致”。巴尔特和“新批评”派更进一步认为,本文的意义完全要由读者或研究者加以创造,或者说本文的意义只能在解释者的解释中才能得到确认。

第三,后现代解释学充分肯定了传统解释学致力于彻底否定的“成见”,或者说彻底解构了传统解释学意义上的“成见”,赋予了“成见”以崭新的内容,肯定了“成见”在解释中的伟大作用。“成见”被西方人视为“封锁思想通向真理之路的见解”,狄尔泰等传统解释学家认为,消除“成见”是从事理解的前提或关键。海德格尔、伽达默尔等后现代解释学家们则公开为“成见”正名,致力于“成见”的合法性辩护。海德格尔认为,人们总是处于特定的历史条件下,源于其中的、无法自觉意识到的“成见”将不可避免,人们通常所信奉的“有典可稽”的东西,“原不过是解释者的不言自明、无可争议的先入之见”。伽达默尔进一步认为,“成见”不仅不可避免、不可消除,而且是合法的、必须的,不仅不是应该加以克服的消极因素,而是应该加以肯定的积极因素,并进而提出了“成见是理解的前提”这一重要命题。伽达默尔将“成见”看作解释者认识事物的基础和视界,认为在理解过程中,解释者的视界始终存在着,并在与本文的接触中达到与别的视界融合。也就是说,理解不仅以成见为前提,而且在理解中同时还会产生新的具有建设性的成见,即人们依据既有的前人显现、设定、建构、创造或生成的“成见”开展解释或描述言说活动,又在解释或描述言说活动中显现、设定、建构、创造或生成新的用以支持新的解释或描述言说活动的“成见”。

第四,后现代解释学致力于解构传统解释学的目的。传统解释学的目的很明确,就是要“为确立解释的普遍有效性提供一个历史确定性可以依据的理论基础,避免浪漫任意的冲动与怀疑的主观性”。而后现代解释学则坚定地认为,这种理论基础不过是一种未加解释的形而上学的假设、一种偏见而已。为了彻底地与形而上学分手,德里达提出了“无底的棋盘”的譬喻——解释并非是寻找“唯一正确的解释”,也不是要达到一种绝对的、全面的、正确的真理,而只是一种游戏,一种在无底的棋盘上进行的游戏。也就是说,德里达认为“解释即游戏”,即任何解释都不是唯一的、最后的解释,解释就像游戏一样是没有目的性的,是一种循环往复的没有本质的活动。解释犹如游戏一样,目的不是获得“绝对真理”,而只是没有终极性意义的解释或游戏而已。

第五,后现代解释学彻底地解构了传统解释学的“真理观”。传统解释学意义上的“真理”是建立在认识与对象的“符合论”的基础上的。后现代解释学则坚定地认为,这是一种外在的、异化的真理观,是一种奴役人类的真理观。后现代解释学主张本体的、开放的、多元的真理观。海德格尔根据词源学考察指出,真理的本质就在于“无蔽”或“敞亮”，就是使“存在者如其所是的那样显现出来”，“真理就根本没有认识和对象之间相符合那样的结构”。而作为真理的根源的非真理或不真的本质就是“晦蔽”，真理预设了一种永远不可能完全敞亮的晦蔽的背景。必须先有晦蔽的存在，即马克思、海德格尔的不在场的非对象性存在“无”，即广义超元论的不在场的“非对象性存在‘无’”或“非人类的世界”或“非人定的世界”或“不在场的人定世界”，或空宗禅宗的“无为法”或无指称“空”，然后方能有澄明与无蔽的存在，即马克思的“人化的自然界”，海德格尔的在场的对象性存在“有”，即广义超元论的在场的“对象性存在‘有’”或“人类的世界”或“人定的世界”或“在场的人定世界”，或空宗禅宗的“有为法”“所有相”。在这一意义上可以说不在场的非真理优于在场的真理，不在场的非对象性存在“无”优于在场的对象性存在“有”，“无为法”优于“有为法”，“不在场的人定世界”优于“在场的人定世界”。由于不在场的非真理或非对象性存在“无”或无指称“空”（非对象性真如佛性、心性）的永恒性，海德格尔认为，我们对“存在”的追问不可能有“终极答案”。伽达默尔完全认同海德格尔的观点，确信真理就是“存在”的“敞亮”，就是“去蔽”，就是对人生意义的本真阐明。

海德格尔认为，语言是存在的家园，即只有用语言表现出来的存在（即在场的对象性存在“有”或人类的世界或人定的世界或“在场的人定世界”）才是我们可以理解、说明的真实存在（即现实存在）。我们可以合乎逻辑地推论，无法用语言表现出来（“说似一物即不中”“一落言荃，便成荒谬”）或不能予以指称和描述言说的存在（即不在场的非对象性存在“无”或非人类的世界或非人定的世界或“不在场的人定世界”），是我们不能理解、说明的或对我们不具有现实意义的非真实存在（即不在场的非现实存在）。意识人类的伟大在于，一是在自觉了“无蔽”或“敞亮”，即在场的对象性存在“有”（人类的世界或人定的世界或“在场的人定世界”）因意识人类而被显现、设定、建构、生产、创造或生成（“如果没有‘此在’生存，也就没有世界在此”）的基础上，进一步自觉了“晦蔽”，即永恒不在场的非对象性存在“无”（非人类的世界或非人定的世界或“不在场的人定世界”）也是因意识人类而被设定或生成的；二是在自觉了“无蔽”或“敞亮”以及“晦蔽”的基础之上，进一步自觉了由二者共同构成的整体性存在，也就是说，自觉了由在场的对象性存在“有”和不在场的非对象性存在“无”共同构成的“世界”或“存在”，即整体性存在，或者说自觉了由在场的“人类的世界”或“人定的世界”和不在场的“非人类的世界”或“非人定的世界”共同构成的“人类世界”或“人定世界”，即仅仅对于意识人类具有意义（现实意义和非现实意义）的“世界”或“存在”。正如海德格尔指出的，石头是无世界的（worldless），动物贫乏于世（poverty inworld），人则建构世界（worldforming)或生成世界。也可以说,动物没有世界,因为动物没有涌现自觉意识,不能赋予世界或存在以意义,即不能显现、设定、建构、生产、创造或生成"世界"或"存在",唯有涌现出了自觉意识的意识人类才能赋予世界或存在以意义,即才能显现、设定、建构、生产、创造或生成"世界"或"存在",也因为如此,意识人类才能够认识理解"世界"或"存在",并给予在场的对象性世界或对象性存在"有"以如此指称和建构性描述言说,给予不在场的非对象性世界或非对象性存在"无"以如此这般地预设或假定,比如空空禅宗预设了"实相无相""非思议"的不在场的非对象性真如佛性或无指称"空",马克思主义预设了先于人类而存在的"被抽象地、孤立地理解的,被固定为与人分离的"不在场的"自然界""无",解构性后现代主义预设了不在场的"晦蔽"的非对象性世界"无",广义超元论预设了不在场的"物性""心性""佛性"或"非人类的世界"或"非人定的世界"或"不在场的人定世界"。

⑨哲学史的破产。解构性后现代主义要解构的第九个对象就是传统哲学史观。传统哲学史观认为,哲学是运用思想概念对实在世界的"再现",哲学史则是一种提供日益清晰的关于实在世界的图画或镜子的不断尝试。因此,传统哲学史观坚持一个重要的理念——连续性理念,即哲学史家的基本任务之一就是揭示出前后的哲学家们针对某个或某几个哲学问题的理解所表现出来的明显的逻辑递进性和逐步深入的特点,以此证明后面的哲学家相对于以往哲学家的深刻性、进步性,以及哲学思想演变发展的规律。后现代哲学史编纂学坚决反对传统哲学史观的上述观点,坚持认为传统哲学史观是"形而上学的一个分支",上述观点是一种"偏见",是一种形而上学的观点。后现代哲学史编纂学坚持关于哲学及哲学史的以下基本观点:其一,哲学不仅是逻辑的理性的学科,也是具有深刻隐喻的学科;其二,传统哲学家所揭示的外部世界的"永恒结构"、所再现的"外部世界",其实根本就不存在,"再现"和"真理符合论"是"没有意义的";其三,传统哲学史观忽视了特定时代的哲学家极其丰富的个性特征和社会关系,忽视了他们所处时代的特殊性、历史性,而是以非历史的态度对待哲学家们基于特定语境所讨论的问题,错误地将哲学史处理为"问题史"。

传统哲学史观非常重视解释原著,认为解释者的任务就是去发现原作者本文后面的真实意图,确认其统一的思想和意义。后现代哲学史编纂学对原著作了全新的理解,认为哲学原著不是哲学家们的严肃、理性的观点的集合,而是本文——"异质、多样的话语"体系,其中充满了各种神秘和离奇的建构。后现代哲学史编纂学认为,本文的意义并没有存在于作者的某种意图中,而是存在于读者的解释行为中,"哲学本文仅在解读和解释的氛围中才有意义"。也就是说,不存在"本文"后面的原著思想家,存在的只是在解读中出现的思想家。正如罗蒂所说:原著作者不是所谓的“历史人物”，而是“我们想象的产物”。

广义超元论认为，以上所述的九个观点就是解构性后现代主义所坚持的主要观点。解构性后现代主义思想家们试图通过一系列的彻底的解构活动，将意识人类从现代主义及前现代主义所建构的“全景监狱”“盒子世界”“楚门的世界”中，从被自己建构的各种物质的、精神的世界的异化状态中彻底地解放出来，成为真正自由、自主、自觉的人。西方解构性后现代主义是继马克思主义完成的以实践转向为其基本特征的西方现代哲学革命之后的又一场伟大的现代哲学革命，他们都彻底地超越了以某种在场的先验假设或某种抽象本体信仰为其基本特征的旧形而上学或形上学学说或在场的形上学，实现了西方哲学历史上有史以来最伟大的突破，将西方哲学推进到了不在场的超形上学或后形而上学的伟大时代。

二、建设性后现代主义

解构性后现代主义对西方现代主义及前现代主义所确立、建构的一系列视为神圣的“哲学”“哲学史”“逻各斯”“中心”“理性”“基础”“人”等原则的解构，在西方哲学史上具有非凡的意义，它是一场远比文艺复兴运动更深刻的、更彻底的思想解放运动，解构性后现代主义学者们试图彻底地否定或解构“在场”“结构”“权威”“实体”“现代性”“永恒性”“绝对性”“神圣性”等人为显现、设定、建构或生成的原则、结构、思想，将意识人类从这些所谓的神圣原则、结构、思想的束缚之中彻底地解放出来，从对在场的形上学的执念之中彻底地解放出来，进入“澄明”境界，进入“一念不生全体现”之禅悟状态，进入“空有不二”“无有一体”“非有非无”之中道境界，进入自由自主自觉之思想解放境界，进入究竟解脱之不在场的超形上学或后形而上学与在场的形上学或形而上学豁然贯通的境界。

遗憾的是，解构性后现代主义之后的西方思想家们不具备当年唐宋时期一大批禅宗思想家全力且持续数个世纪守护“自性”“般若”那种足够的智慧、勇气和情怀，去守护自己的先人们所创造的伟大的精神成果，在不到半个世纪的时间内，便开始打退堂鼓，从好不容易才达到的极其难得的几近究竟解脱的超形上学精神高度退下来，重新尝试建构类似于轴心时代和近现代西方思想家们曾经建构的所谓能够指导意识人类的现实生活、引导意识人类发展前进方向的真理性的思想、神圣性的原则，尝试重新扮演意识人类的牧师或教师爷角色，纵论古今，指点江山，颐指气使，自以为是。这些思想家们以建设性后现代主义的名义聚集在一起，开始了他们批判解构性后现代主义，尝试为意识人类显现、设定、建构或生成新的救世方案或确立在场的新型信仰的建设性后现代主义运动。正如伯姆所说：“在整个世界秩序四分五裂的状况下，如果想通过一种有意义的方式得到拯救的话，就必须进行一场真正有创造力的全新的运动。一种最终在整个社会和全体个人意识中建立一种新秩序的运动。这种秩序将与现代秩序有天壤之别，就如同现代秩序与中世纪秩序有天壤之别一样。我们不可能退回到前现代秩序中去，我们必须在现代世界彻底自我毁灭和人们无能为力之前建立起一个后现代世界。”①总之，建设性后现代主义的“建设性”旨在强调：不能只是对现代性进行一味地批判、否定，还应当为现代世界提出可供选择的重构方案。以柯布、格里芬为代表的建设性后现代主义思想家们试图通过对基于怀特海过程实在论的泛经验论、有机整体观以及彻底生态主义等思想的强调，来完成对解构性后现代主义的否定以及对现代主义及前现代主义的否定之否定，重建一个“伊甸乐园”般的真正意义上的“高度现代”的“生态乐园”或“后现代世界”。

下面主要参考王治河所著《后现代哲学思潮研究》（北京大学出版社，2006 年版）和王治河、樊美筠所著《第二次启蒙》（北京大学出版社，2011 年版）简要地介绍西方建设性后现代主义的主要思想。

①继续开展批判现代性的运动。格里芬曾经指出：“我们可以，而且应该抛弃现代性，事实上，我们必须这样做，否则，我们及地球上大多数生命都将难以逃脱毁灭的命运。”②在建设性后现代主义看来，现代性不仅导致了世界的异化，也造成了人的异化。他们认为，这个世界的病态不仅表现为环境污染的持续恶化、自然资源的严重破坏，更令人担心的是人的心灵的持续堕落，精神文明的严重退步。莫若认为，相对于前者，后者是“一个更阴险、更深层的罪恶”。建设性后现代主义自认为他们对于现代性及其世界观所造成的严重的消极后果比之前的人们认识的更加深刻清楚，其理由是：其一，他们指出了现代世界观，特别是现代科学世界观与人类的整体经验不符合；其二，现代价值观过于世俗功利，过于注重人类自己，不利于人类社会的健康发展，不利于人与自然的和谐发展。斯普瑞特奈克认为，“现代性将人类定在自然之顶的玻璃瓶子中，坚持人与自然的激进的对立”。建设性后现代主义者认为，解构性后现代主义从来没有挑战现代性所设立的人与自然、肉体与精神、自我与他人之间的这种二元对立观点，解构性后现代主义对于现代性的批判是不彻底的，没有提出足以否定现代性的新的观点。因此，他们认为，解构性后现代主义在本质上仍然是“现代的”。

②反对西方现代哲学的二元论和还原论，倡导后现代整体有机论。建设性后

---

① 大卫·格里芬.后现代科学：科学魅力的再现[M].马季方，译.北京：中央编译出版社，1995：75.

② 大卫·格里芬.后现代科学：科学魅力的再现[M].马季方，译.北京：中央编译出版社，1995：16.

现代主义认为，二元论和还原论将主体与客体、人与自然隔离，否认自然具有任何主体性经验和感觉，自然被抽象为“空洞的实在”，最终导致了世界和“自然的去魅”。还原论所致力于找到构成事物“终极粒子”的努力，大大地破坏了人们对具有丰富多样色彩、声音、结构的完整自然界的认识。因此，他们积极致力于批判西方现代哲学的二元论和还原论，倡导后现代整体有机论。他们认为，后现代整体有机论是后现代有机论与后现代整体论的统一。后现代有机论坚持认为，所有原初的个体都是有机体，都有哪怕些许的目的因；一切事物都是主体，它们都有内在的联系；所有生物都具有平等的内在价值，应予以平等对待。后现代整体论坚持认为，“整体”是指“完整的整体”或“流动的整体”，整体包含于每一个部分中，每一个部分也可以被展开为整体。后现代整体有机论昭示我们：我们与世界是一个整体，不仅包含在他人中，也包含在自然中。换句话说，世界若不包含于我们之中，我们将不完整；同样，我们如果不被包含于世界之中，世界也是不完整的。建设性后现代主义认为，人类优于其他物种的观点是“毫无根据”的，是一种“荒谬的偏见”，应该“予以摒弃”，人的这种“自命不凡”不仅是一种错觉，还是我们人类迈向自我毁灭之路的深沉原因。因此，建设性后现代主义坚决反对狭隘的人类中心主义，强调人与自然的同一，倡导敬畏大地，并预言这种坚持人与自然同一的世界观将帮助人们展现“完美的人性”。

③坚持“关系实在”，拒绝“实体实在”，倡导“关系思维”，反对“实体思维”。建设性后现代主义拒绝实体概念，认为是内在关系构成了事物本身。“实体”概念从古希腊发展至现代，一直是西方哲学的一个重要基石。所谓“实体”是指“独立不依的，永恒不变的终极实在”，所谓“实体思维”就是将万事万物视为独立个体性存在的思维。西方现代个人主义就是实体思维的产物，它将个体看成是可以与社会与他人隔绝的独立不依的自足的实体。怀特海哲学的一个主要任务就是批判、拒绝实体概念。怀特海认为，所有的事物都是相互联系在一起的，正是事物之间的内在关系构成了事物本身，离开了宇宙中的其他事物，任何一个现实实在的存在都是不可能的，所谓的自在之物是不存在的。在怀特海看来，实体思维的一个主要困难在于，由于坚持实体的独立不依，便无法解释事物之间内在的相互联系和相互作用。笛卡尔正是因为坚持将物质和精神看成是彼此独立不依的实体，无法正确理解二者之间的联系，才不得不倡导二元论。怀特海哲学本质上是一种关系哲学或有机哲学，强调所有事物都是相互联系、相互影响、彼此作用的。作为个体，自我是与其他个体联系在一起的，离开他人，没有自我可以存在。离开与他人的关系，自我的表现是不可能的，也是不可理解的。人与人之间的内在关系构成了现实的人，构成了由无数相互联系的人组成的有机整体，人类没有理由相互排斥，更不应该相

互敌视。与现代性视个人与他人与他物的关系为外在的、偶然的和派生的相反，建设性后现代主义倡导泛经验论、和者生存、互补并茂，强调个人与他人与他物的关系为内在的、本质的、构成性的，万物相关，万有相通，世界是一个有机整体。

④尊重多元，倡导创造。建设性后现代哲学的最大成就是坚持了多元论观念，这与他们坚持"本体论的平等"概念紧密相关。他们主张倾听一切人的声音，哪怕是最卑微的小人物的声音。他们坚持认为，宇宙在本质上是多元的。在怀特海看来，不存在唯一的实在，存在的只有不同的现实实在。怀特海深知事物的复杂性、宇宙的复杂性，他认为任何一种思想体系都不可能将真理一网打尽。与此同时，建设性后现代主义思想家们都对创造性有一种天然的钟爱。怀特海十分重视创造性，将其提高到本体论的地位，视为一个终极性范畴。怀特海指出："创造性是新奇性的原则"，是"一种实际缘现，是一个与其所统一的'多'中任何实在不同的新奇的实在"。也就是说，在怀特海看来，个体的"实际缘现"或"现实实在"是某种自由决定的东西，它不断创造着某种新东西。所谓"过程"并非周而复始的圆圈运动，而是"向新奇的演进"，这一向新奇演进的过程"不断产生着新的关系，新的整合，新的实在，新的现实"。怀特海对因循守旧的闭锁心态深恶痛绝，他呼吁不要太留念过去，要去积极拥抱新时代。他认为："观念的停滞是危险的"，"不投入新鲜成分的观念是危险的"，"你可以把生命保守在形式的流动中……但你不能将同一个生命永远锁闭在同一个模式中"，"生命拒绝僵死不变和死气沉沉"。哲学家之所以伟大，在于他是新概念的创造者，哲学家要做的是开辟新的领域，进行新的尝试。我们认为，建设性后现代主义"尊重多元，倡导创造"的思想观点是非常有价值且十分的合理，应给予这种思想观点以充分肯定。

应该指出的是，西方建设性后现代主义相对西方现代主义是进步，而非退步；犹如中国的宋明道学相对魏晋及其之前的儒道之学是进步，而非退步。西方现代主义继承了自古希腊以来逐渐形成并固化的实体观、主体观、强权观、二元论、还原论、极端个人主义、人类中心主义等现代观念，直接或间接导致了西方世界的各种矛盾、西方文化的极端自以为是，特别是西方人精神的颓废，直接或间接地促发了西方解构性后现代主义的强势崛起，在马克思实践哲学或唯物史观实现了第一次西方二元论文明的彻底反动一个多世纪之后，完成了西方二元论文明的再一次彻底反动，将西方文明再一次提升至超形上学或后形而上学阶段。但是，西方解构性后现代主义却未能像马克思主义那样为人类文明的未来发展提出类似于社会主义或共产主义等建设性方案，他们确实没有提出解决西方现代主义以及西方现代社会诸多问题的医治良方或行动方案，他们破而未立，导致了被他们从西方现代主义重重束缚之中"解放"出来的意识人类茫然失措，不清楚未来"路在何方"。建设性后现代主义则直接针对这些西方现代主义以及西方现代社会存在的问题分别提出了“泛经验论”“过程实在”“关系实在”“敬畏大地”“善待他者”“有机整体观”“活出生命”“流动整体”“本体论平等”“和者生存”“仁者爱人”“厚道科学”“深度自由”“倡导创新创造”等具有相当可行性的治理方案予以应对，积极致力于为新的时代的普罗大众寻找“可能的精神家园”①。毫无疑问，西方建设性后现代主义提出的这些治理方案具有很强的针对性、现实性、建设性、可操作性，在相当程度上解决了西方解构性后现代主义破而未立的问题，应给予充分肯定并致以崇高敬意。犹如中国的宋明道学针对魏晋及其之前的散乱无体系的中国传统哲学或中国传统形上学，显现、设定、建构或生成了相对完整的形上学世界，实现了对形上学世界的完全自觉，并在此基础之上建构或生成了具有中国特色的相对完整的哲学体系——程朱理学、阳明心学予以应对，为中国传统哲学或形上学的最终完成做出了十分重要的历史性贡献，深刻且深远地影响了之后的中国哲学发展，应给予充分肯定并致以崇高敬意一样。

与此同时，必须指出的是，西方的建设性后现代主义相对于西方的解构性后现代主义不是进步而是退步，就如同中国的宋明道学相对于中国的隋唐佛学不是进步而是退步一样。为什么会出现这样的情况呢？西方的解构性后现代主义致力于解构西方哲学既有的形形色色的“在场”的形下学学说和“在场”的形上学学说，致力于解构各种各样的“在场”，旨在将迷恋或执著于这些理论学说、迷恋或执著于各种“在场”的人们唤醒，从因人而有的可以被指称和描述言说的在场的对象性存在或所谓的形下学、形上学境界中解放出来，觉悟不在场或无指称的非对象性世界或所谓的超形上学境界，进入“澄明”之境，获得思想究竟自由。建设性后现代主义或许明白或许不明白解构性后现代主义的意旨，高举超越解构性后现代主义旗帜，尝试为“无所适从”“心无执念”的人们重新确立可供他们栖居的用“过程实在”“关系实在”“善待他者”“深度自由”“仁者爱人”等构建而成的美好的“精神家园”，帮助人们展现自己“完美的人性”，帮助人们实现自己“美好的理想”。他们或许没有意识到这是在以另外一种方式将已经“进入‘澄明’之境，获得思想究竟自由”的人们再次带入思想的迷途，再次束之以绳索，困之以“在场”，重新变成“他者”的奴隶。中国的隋唐佛学已经将人们从在场的终极实在或最高存在，终极真理或究竟学说，即形形色色的形下学、形上学理论学说中解放了出来，中国的宋明道学的思想家们却要自视高明地为人们确立“天理”“良知”，要人们修习理学、心学，

① 陈晓明. 批判之后：中国后现代的艰难行程[J]. 中国图书评论，2006(3)：15-19。

以达到“存天理，灭人欲”或“心即理”“致良知”的所谓“圣人”或“良知觉醒”境界，岂不是荒唐或别有用心？自迷而不执著者可以宽容之，自迷而执著者不可宽容之；自迷而不迷他者可以原谅，自迷而迷他者不可原谅。

在我们看来，建设性后现代主义与宋明道学所犯下的根本性错误有三：其一，执著于抽象思辨、先验假设，诸如“过程实在”“有机整体”“泛经验论”“理一分殊”“知行合一”“心即理”等，试图再次给予世界一个基于先验存在的终极解释，试图重新建立已经被解构性后现代主义彻底解构了的在场的形而上学，全然不知终极解释的虚幻性、先验性、不可能性、反人类性、反现实性，他们没有真正理解基于先验存在的终极解释已经被佛学缘起论、大乘佛学空宗、中华禅宗，被马克思实践哲学、西方解构性后现代主义彻底解构了的基本事实，仍然幻想着“复辟”，幻想着“登基做皇帝”，岂不荒唐哉；其二，或直接或间接、或强迫或诱导，执著于说服大众接受他们自以为是的正确的观点、完美的理论、普世的价值，全然不知如此作为可能产生的造就一大批“新式宗教徒”的可怕后果，犯下无边无尽的罪孽，遭至永世永恒的骂名。他们没有真正理解为什么佛学强调“凡所有相，皆为虚妄”、倡导“应无所住，而生其心”，为什么晚年的马克思会说“我不是马克思主义者”、恩格斯会说我们的理论“是一种历史的产物，它在不同的时代具有完全不同的形式，同时具有完全不同的内容”，为什么毛泽东要如此坚定地反对教条主义、经验主义，为什么西方解构性后现代主义要致力于解构意识人类已经建构出来的所有建构之物，仍然执著于“虔诚的布道”，执著于宣示自以为是的所谓“普世价值”，美妙绝伦的“潘多树理念”，岂不是“堂吉诃德”式的努力，“乌托邦”式的许愿；其三，没有真正理解空宗禅宗之“般若”（“般若”超元论）、解构性后现代主义之“解构”（“解构”超元论）、马克思主义之“实践”（“实践”超元论）致力于解放人类，还人类以心灵自由，引导人们觉悟永恒不在场的非对象性世界，进入“般若”“澄明”“自由自觉”之境的真实意图，没有真正理解“原本没有对象性世界，原本没有非对象性世界，原本没有一切”“原本没有在场的人定世界，原本没有不在场的人定世界，原本没有人定世界，原本没有世界”的广义超元论思想，他们更没有真正理解马克思的“哲学家们只是用不同的方式解释世界，而问题在于改变世界”，致力于通过现实的实践活动将意识人类从对本为人造的不在场的所谓非对象性存在“无”（非对象性世界或非人定的世界或无指称“空”）以及“上帝”“物自体”“先验自然”“绝对精神”“心性”“良知”“天理”等因人而造的在场的对象性抽象本体或形上学世界，对源于人造的金钱资本、理论学说、大千世界等在场的对象性现象世界或形下学世界或形形色色的“本文”的执著中彻底解放出来，实现人类自由而全面发展的至深思考、崇高精神、伟大情怀。

最后,提出三个问题供大家进一步思考:其一,西方解构性后现代主义是否完成了对西方沿袭数千年的在场形而上学的彻底突破?其二,西方建设性后现代主义是否实现了对西方二元论思维模式的真正超越?其三,西方建设性后现代主义的未来命运如何?

第七节　中西方哲学的差异与会通

在这一章的最后部分,我们尝试简要地比较下中西方哲学的差异,简要地探讨下中西方哲学的会通问题。

一、中西方哲学的差异

(一)关注的重点不一样

中国传统哲学更重视生命、关系、整体,西方传统哲学特别是西方现代主义更重视自然、实体、部分。当然,并不是说中国传统哲学完全无视自然、实体、部分,西方传统哲学不讨论生命、关系和整体。这是根本不可能的。比如,西方建设性后现代主义就高度重视生命、关系和整体,在某种意义上可以说,建设性后现代主义为治疗西方现代主义病开了一副中国传统哲学的药方。

中国传统哲学因为印度佛学和马克思主义的传入而发生了根本性的改变,产生了禅宗等中国佛学思想,以及毛泽东思想、邓小平理论、习近平新时代中国特色社会主义思想等中国化马克思主义,率先开启了人类文明的超形上学或后形而上学时代,引领人类文明率先进入了"各美其美,美人之美,美美与共,和而不同"的新时代;西方传统哲学因为马克思主义的创立、解构性后现代主义的崛起而发生了根本性的改变,登上了西方思想以及人类思想的最高峰,开启了西方哲学的后形而上学或超形上学新篇章。遗憾的是,21 世纪的西方哲学主流不能接受或承受马克思主义和解构性后现代主义这样的前卫思想,仍然在沿袭自古希腊以来的二元论哲学传统,执著于自以为是的"西方中心主义",痴迷于你死我活的"零和博弈",陶醉于根本就不可能存在的所谓"普世价值"。

牟宗三认为:中国哲学是智慧哲学,"禅宗又是最高智慧中的智慧,只有中国人能发展出这一套,世界任何其他民族皆发展不出来";"中国文化发展的缺陷在逻辑、数学与科学。这些都是西方文化的精彩所在";"中国哲学对于智思界是积极的,对于感触界是消极的,西方哲学则反是";"中国的形上学之思比较通透,而科学思维不发达,西方的科学发达,而形上学之思相对较弱"。

(二)基本的思维模式不一样

中国哲学思想展开所依据的主要是单元不二论思维模式,西方哲学思想,特别是西方现代主义的展开所依据的主要是二元论思维模式。熊十力说:"西方有唯心论与唯物论之对立,各是其是,不可相融。时余孤陋寡闻,故志其说而已。后博究晚周诸子,即留心此一问题,然终不见有唯心唯物之说。"熊十力在书中说:"唯心唯物二词,本以对立而始有。中学从来无有于心物各执一端者。故无唯心唯物二词。"俞宣孟在《本体论》中对此有精到的说明,他说:"中西哲学在形态上的一个根本区别:一体和两离。一体是中国哲学的特点,它是指,中国哲学并不把世界描述为分离的两个,哲学的精神——道也不游离于我们唯一的现实世界之外。两离是西方哲学的特点,这里,有一个可感知的世界以及另一个与之分离存在的不可感知的世界,后者是哲学的精神——即本体论所表述的那些纯粹原理所栖身的地方"。康德认为,在西方哲学的理解中,"形而上学知识这一概念本身就说明它不是经验的",坚持了形上学知识与经验性知识的"两离"。西方建设性后现代主义所倡导的"过程实在""有机整体观"等后现代主义思想,从本质上看并没有超越中国传统的不二论哲学观、有机整体哲学观。

(三)思想的境界不一样

中国哲学相对轻视形下学境界,重形上学、超形上学境界,并最终打通了在场的形下学、在场的形上学和不在场的超形上学三个境界。西方哲学比较重视在场的形下学世界,相对轻视在场的形上学,也少有达到不在场的超形上学境界者,更少有将三个境界打成一片者。在《五灯会元》里曾记载了一个故事:一个老和尚在寺庙里待了很多年,终于悟透了佛学,说了一句话:"老僧四十年方打成一片。"什么意思呢?说的就是通过四十年的修行,终于将在场的形下学、在场的形上学与不在场的超形上学给打通了。其实中国哲学强调什么呢?强调"极高明而道中庸""无为而不为""前念不生即心,后念不灭即佛"以及周敦颐所说的"五行一阴阳也,阴阳一太极也,太极本无极也",这些都表明,中国的哲学家们一直在致力于融通在场的形上学与在场的形下学(如"无为而无不为""极高明而道中庸"等)、不在场的超形上学与在场的形上学、在场的形下学(如"无极而太极""一念不动全体现"),确确实实将在场的形下学、在场的形上学与不在场的超形上学三个境界给打通了。而西方哲学尚未给予不在场的超形上学境界以清晰明了的肯定。

二、中西方哲学的会通

(一)中西方哲学会通的可能性

牟宗三认为:“中西哲学之会通是核心地讲,由此核心扩大而言也可以说是中西文化之会通。”他认为,“哲学虽然是普遍的真理,但有其特殊性。故有中国的哲学也有西方的哲学,普遍性与特殊性均要承认,这样就可消解二律背反。……可相沟通就有其普遍性,由此可言会通,若无普遍性就不能会通。虽然可以沟通会通,也不能只成为一个哲学,这是很微妙的,可以会通,但可各保持其本来的特性”。也就是说,中西方哲学确实存在着上述三个方面的差异,但是不能因此而说彼此完全不同、绝对对立,事实上,不仅中国本土哲学重视生命、关系、整体,依据不二论思维模式分析看待世界,西方哲学的一些学派、代表性人物,比如西方建设性后现代主义、黑格尔也重视生命、关系、整体,反对以二元对立的思维模式分析看待世界;同样地,不仅西方传统哲学重视自然、实体、部分,依据二元论思维模式分析看待世界,中国传统哲学的一些学派、代表性人物,比如道家、法家、墨家的一些代表性人物也重视自然、实体、部分,反对不加以区别地分析看待这个纷繁复杂的多姿多彩的世界。不仅中国传统哲学经过自己不懈的努力,彻底地实现了印度佛学的中国化,并创造出来了以中华禅宗为代表的中国佛学,在原有的在场的形下学、形上学境界的基础之上,开拓出了不在场的超形上学境界,西方哲学,特别是马克思实践哲学、西方现代解构性后现代主义在否定西方传统的抽象本体论哲学,即旧形而上学或在场形而上学的基础之上,也开拓出了具有西方特色的超形上学或后形而上学境界;同样的,不仅西方哲学重视在场的形下学世界,中国哲学,特别是儒家、法家、兵家等学派也高度重视在场的形下学世界,只是前者偏重于研究人与自然关系相关的形下学问题,后者则相对重视如何处理好人与人关系相关的形下学问题。

(二)中西方哲学会通的现实途径

其一,以超形上学的立场,或者说以超越形下学、形上学的立场,通过东方空宗、禅宗与西方解构性后现代主义的交流对话以实现中西方哲学的会通。

其二,以形上学的立场,通过道德良知的“自我坎陷”或限制抽象本体的作用实现中西方文化、中西方哲学的会通。

其三,以马克思主义的立场,通过现实的“改变世界”的实践活动实现东西方文化、东西方哲学的会通,最终实现意识人类个体的自由而全面发展,实现全人类的彻底解放。我们认为,这是一条真正现实的途径。

课程视频

第七章　禅与星空
——佛学智慧与科学精神

禅、禅学体现了东方文化向后向内不断超越的无数理论学说的最为重要的精神，倡导“应无所住而生其心”；星空、星空之学则是西方文化向前向外不断突破的无数理论学说的主要代表，强调“应有所住而生其心”。

第七章讨论一个非常有趣且颇具挑战性的问题，即“禅与星空的对话”或“佛学智慧与科学精神的同归殊途”。我们尝试借助“禅与星空——佛学智慧与科学精神”这一题目展开一场东西方的对话、佛学与科学的对话、东方的禅学与西方的宇宙学的对话。按照凯伦在《轴心时代》有关第一个轴心时代（公元前800—200年，禅或般若或是其最高成就）和第二个轴心时代（发生在西方的近现代科学革命，至今在很大程度上决定着人类社会的走向）的提法，在一定意义上，“禅与星空”也可以视为两个轴心时代的对话。

这一章尝试分析讲解五个问题：第一，题目缘由；第二，佛学智慧；第三，科学精神；第四，星空存在与演化的科学图景；第五，禅与星空的对话。

第一节　题目缘由

一、佛学之究竟解脱

从印度传来的佛学对中国传统文化和中国民族精神的深化与重塑产生了非常重大的影响，为此，我想再次与大家分享前面已经讲过的两个故事。

第一个故事是一位禅师，他在看到山下一对活人送一个故去的人到墓地时，作了一首很撼动人心的偈颂。这首偈颂是这样说的：“山下麦黄蚕已断，一对死人送活汉。活人浑似铁金刚，打入洪炉再锻炼。”在这位禅师看来，这些活人仍然执著于生死之相，实则“死人”，而躺在棺材之中的死人，已经完全“超越”生死之相，实则“活汉”，故有“一对死人送活汉”的论断。

另外一个故事就是公元前一个日本的小和尚问师父：禅宗或者佛学如何指导

我们超越生死？这位禅师的回答是："此处无生死。"也就是说，在佛学看来，生死皆为相，而"凡所有相，皆为虚妄"。所以，"此处无生死"，此处无生死之相，放下便是，放下生死相即是，也就是"心行处灭，言语道断"。

佛学对很多问题的思考是比较彻底的，这是第一个缘由。

二、科学的日新月异

第二个缘由就是科学的日新月异。

近代以来，自然科学获得了突飞猛进的发展，到了20世纪后半叶，到了21世纪，科学仍然在高歌猛进。20世纪开展的电子双缝实验及其平行宇宙假设，几年前所发现的引力波及其可能引发的宇宙学突破，以及目前意识人类正在进行的量子传输、量子通信、量子计算探索，这些重大的科学突破、科学研究或科学观察实验的重大成果，不断地改变着自然界存在与演变的科学图景，不断地改变着意识人类关于自然界的指称和描述言说活动。所以，我们用日新月异形容科学的进步发展一点也不为过。也就是说，科学一直在致力于显现、设定、建构或生成新的对象性存在，一直在致力于扩容"人化的自然界"和人工物世界，这是第二个缘由。

三、佛学与科学或许可以借助马克思实践观实现统一

第三个缘由，我们认为，东方的佛学与西方的科学或许可以借助马克思的实践观实现某种意义上的融通统一。

大家知道，在《易传·系辞》中记载了这样的一句话，即"天下何思何虑？天下同归而殊途，一致而百虑。天下何思何虑?"马克思在其文本里面非常强调一个很重要的观点，即"哲学家们只是用不同的方式解释世界，而问题在于改变世界"。马克思非常强调自我批判、自我革命精神，反对执著于任何既有的经验与教条；马克思非常强调主观能动性，倡导通过革命的实践不断地尝试改变世界。佛学向内实现了一种突破或者超越，坚持认为所有说法皆为方便说法，皆不究竟，佛学充分地表现了人类的自我批判、自我否定精神；而科学则表现为不断地向外的一种突破，坚持认为不可能存在永恒不变的科学理论，科学充分地表现了人类的主观能动性、批判性、创造性。所以我个人认为，大家可以去认真地考虑考虑，我们怎么借助马克思的实践观尝试沟通东方的佛学与西方的科学。

马克思的实践哲学在反对抽象本体论、反对所谓的终极解释等方面与佛学和坚持实践实验至上的现代科学高度契合，在倡导个性、倡导主观能动性、倡导改变世界等方面又与近现代崛起的科学内在一致，为我们立足于马克思主义所坚持现实的显现、设定、建构、生产、创造活动去尝试融通佛学和科学指明了方向。

第二节　佛学智慧与科学精神

一、佛学智慧

(一)佛学中国化

佛学中国化既是中国文明史上的重大事件,也是人类文明史上的重大事件。

长期以来,学术界比较一致的观点是,佛学中国化是中国历史上的最重大事件之一。在我们看来,佛学中国化其实也是人类历史上最重大的事件之一。为什么?因为佛学虽然产生于印度,但是其生根开花结果是发生在中国的,并主要是由中国传播到东亚、传播到世界各国的。中国佛学界借用并改造了佛经的一个说法,即“人身难得,佛法难闻,中国难生,善友难遇”。按照原中国佛教协会咨议委员会主席、重庆市佛教协会会长、重庆佛学院院长惟贤长老的解读,其中“中国难生”也可以解释为生产生活在中国这个土地上的意识人类很幸运。为什么呢?在我们看来,正是在中国这块土地上,中国的历代思想家们将轴心时代意识人类所实现的两次伟大突破,即从在场的形下学到在场的形上学、再从在场的形上学到不在场的超形上学这两次突破的成就终于融汇贯通,化为了中国文明内在的有机组成,所以,在中国是有机会或机缘接触、学习、获取人类最高的智慧的。

(二)惠能觉悟的故事

我们认为,惠能觉悟的故事很好地诠释了佛学智慧。

学术界有个说法,说惠能的觉悟经历了以下三个环节。其一,惠能因听闻《金刚经》“心即开悟”,经人指点前往黄梅东禅寺礼五祖弘忍。惠能与弘忍初次见面的时候有一个精彩对话。弘忍说:“汝是岭南人,又是獦獠,若为堪作佛?”惠能回答道:“人虽有南北,佛性本无南北。獦獠身与和尚不同,佛性有何差别?”这个回答表明惠能已经觉悟到人人皆有佛性、人人皆可成佛。其二,惠能在东禅寺劳作8月之后,因听闻神秀的偈而觉悟了神秀未曾觉悟的“法无我”,即万事万物本来空,惠能托人书写的偈颂表明其对佛学的理解胜于神秀。神秀书写的偈颂是“身是菩提树,心如明镜台,时时勤拂拭,勿使惹尘埃”。而惠能书写的偈颂则是“菩提本无树,明镜亦非台,本来无一物,何处惹尘埃?”对比这两首偈可发现,神秀没有真正理解佛学的“法无我”思想，神秀尚未突破而惠能已经突破了在场的形上学或对象性真如佛性(“真如本心”)，神秀尚未完成而慧能已经完成了对不在场的超形上学或非对象性真如佛性(“真如非心”)的彻底自觉。也就是说，惠能已经完全理解了“俗谛”“缘起空”“法无我”，也就是“四大皆空”，万事万物自性空；已经完全领悟了“真谛”“当下空”“空亦复空”，也就是“实相无相”，万事万物本来空。这是非常了不起的一次突破、一次飞跃。其三，弘忍认为，悟到“本来无一物”的惠能尚未完全开悟，于是提示惠能，在三更时分到他住的地方去。夜里三更时分，惠能应约来到了弘忍的禅房，恭听弘忍专门为他一人分析讲解《金刚经》。当弘忍讲到“应无所住，而生其心”的时候，惠能迅即做出了五个“何期自性”的回应，即“何期自性本自清净，何期自性本不生灭，何期自性本自具足，何期自性本无动摇，何期自性能生万法。”什么意思？其实就是说，我终于明白了，原来自性本自清净、本不生灭、本自具足、本无动摇，原来自性能生万法。这五个“何期自性”表明惠能已经完全理解、领悟了“圆谛”“真空妙有”“应无所住而生其心”，也就是“空有不二”“色不异空，空不异色，色即是空，空即是色，受想行识，亦复如是”，即万事万物即空，空即万事万物。这个时候惠能大悟的是什么？不仅是悟到了永恒不在场的非对象性存在“无”或超形上学空，领悟了“实相无相”之“真如佛性”(“真如非心”)、一切法空的中观思想或般若智慧，还悟到了在场的对象性存在“有”或形上学心体，领悟了“心为法本”之“真如佛性”(“真如本心”)“三界唯心，万法唯识”之唯实思想和生成智慧。这样的悟是不能用教下理论的“法空”去完全说明的。宗门，即禅宗的终极目的是要让意识人类认识到自己的兼具不在场的非对象性存在和在场的对象性存在双重意义的“心体”或“真如佛性”，也就是完全开悟，也就是“见性成佛”“转识成智”。

也就是说，“人虽有南北，佛性本无南北”表明惠能完成了对人人皆有的在场的对象性佛性心体或真如佛性(心性、“真如本心”)的完全自觉，“本来无一物”表明惠能完成了对同样是人人皆有的不在场的非对象性真如佛性(空性、“真如非心”)，即超形上学真如佛性的完全自觉，“一切万法不离自性”表明惠能完成了对在场的且能生万法的本体佛性或心性，即“心为法本”之形上学真如佛性或佛性心体的完全自觉，“何期自性本自清净，何期自性本不生灭，何期自性本自具足，何期自性本无动摇，何期自性能生万法”则表明惠能融通了般若宗和唯识宗，完成了对融在场的形上学意义上的佛性心体或真如佛性(“真如本心”)和不在场的超形上学意义上的真如佛性(“真如非心”)于一体的整体性“佛性心体”或“真如佛性”的完整自觉或完全自觉，终于“见性成佛”“转识成智”。多年前讲课，我经常讲两首禅诗——“我有明珠一颗，久被尘劳关锁，今朝尘尽光生，照破河山万朵”以及“一念不生全体现，六根才动被运遮”，这两首禅诗能够比较形象地说明惠能在弘忍的启发之下最终悟到的能够“照破河山万朵”“默而常照,照而常默”“默中有照,照中有默”的整体性“佛性心体”或“真如佛性”。其实,惠能最终悟到的是原本没有“佛性心体”,原本没有“真如佛性”,原本没有一切。

(三)佛学完成了内在超越——佛学之究竟

我们认为佛学完成了内在的超越,实现了究竟解脱。我们经常听说很多表达佛学究竟解脱的话,如“桶底脱落”“究竟解脱”“于一切法不取不舍,即是见性成佛道”,如“内外不住,去来自由,能除执心,通达无碍”,等等,这些话都是在讲佛学实现了内在超越,成就了“应无所住而生其心”的般若智慧。

下面尝试进一步分析讲解这一观点。在《宗镜录》里面有类似的说法,即“佛说一切法,为除一切心。我无一切心,何用一切法?”有人问南泉和尚:“黄梅门下有五百人,为什么卢行者(惠能)独得衣钵?”南泉和尚回答说:“四百九九人皆解佛法,只有卢行者一人不解佛法,只会其道,所以得衣钵。”南泉和尚在此是要告诉大家,唯有惠能觉悟了佛法乃不二之法。

其实佛学究竟在于什么呢?就是强调要开悟,就是直下开悟,就得言语道断、忘却逻辑。如果还有概念思维活动,还在做逻辑推演,那都还有分别心,还有道理可讲,那就没有真正放下。禅宗所说的开悟和解悟是两回事,解悟是离不开概念活动的,而开悟是“言语道断,心行处灭”“狂心顿歇,歇即菩提”“放下屠刀,立地成佛”。也就是说,解悟和开悟是不一样的,解悟还在话语中、概念中,而开悟则是跳出了概念系统的,是不执著于概念逻辑的。

知识卡片:何谓解悟?

一日,师告众曰:“吾有一物,无头无尾,无名无字,无背无面。诸人还识否?”神会出曰:“是诸佛之本源,神会之佛性(此物本是离名绝相,无解无说,不生亦不灭,无来也无去。此本非物,此本无名。非物则强指为物,无名则强名其名。无名之名,名曰本源佛性。佛性,空性也)。”师曰:“向汝道,‘无名无字’,汝便唤作‘本源佛性’,汝向去(从偏位向于正位者曰向去)有把茆盖头(你到那里用个茅草蓬盖在你的头顶算了),也只成个知解宗徒(你没有真正的开悟,你还落在概念、逻辑里)。”

(四)佛学三谛

佛学三谛,是说可以从三个维度看佛学,论说佛学的道理。从根性一般的人的维度或视角看佛学，或者说从“缘起空”的视角论说的佛学的道理，即佛学之俗谛；从根性锐利的人的维度或视角看佛学，或者说从“当下空”的视角论说佛学的道理，即佛学之真谛；从根性圆融的人的维度或视角看佛学，或者说从“真空妙有”的视角论说佛学的道理，即佛学之圆谛。

1. 佛学之俗谛(缘起性空，心为法本)

佛学的俗谛是强调万事万物自性空，坚持“缘起即空”“空即缘起”的理性空观。佛学俗谛又有以下两个维度：其一，现象缘起维度。这一维度未将本体概念纳入分析框架，专注于因缘和合、缘生缘灭，在现象层面认真分析因缘果之间的错综复杂关系。坚持诸行无常、诸法无我，万法皆空、因果不空。现象缘起维度的佛学俗谛其实可以用现代科学的维度替代，或者说缘起论有关因、缘、果及其相互关系的分析与现代科学有关因、缘、果及其相互关系的分析并没有本质上的区别。其二，本体缘起维度。将本体概念纳入分析框架，认为可以被感知的现象世界有其本体论根据，进而提出了“三界唯心，万法唯识”“法界缘起”“真如缘起”“心为法本”“心生法生，心灭法灭”等本体论学说。自觉了形上学意义上的“心”“识”，自觉了在场的对象性本体“心性”“佛性”，成就了佛学的心本体论或识本体论或佛性本体论。本体缘起或“心为法本”维度的佛学俗谛其实与坚持心本体的形形色色的唯心主义哲学观没有本质上的区别。无论是坚持“心为法本”的佛学俗谛，还是主张“先验自我”的主观唯心主义，就其本质而论，都是在实现“心的自觉”之后显现、设定、建构、创造出来的在场的一种观念物、一种方便说法而已，并非究竟。

知识卡片：唯识宗的“八识”与“转识成智”

“八识”，就是佛家唯识宗创始人对人类的“心”的活动抽象出来的一种理论上的认识。前五识——眼、耳、鼻、舌、触就是指引起“心”的活动的感官；第六识就是在前五识的基础上产生的“心”的活动，故称之为意或意识；第七识末那识，指的是由前六识与外在物质沟通所集聚的“心”自我意识；第八识则是在前七识循环往复活动的基础上形成的习气、习惯，这些习气习惯潜藏人心灵深处，不断地不觉察地影响人的生活与工作。“转识成智”就是转“八识”而得“四智”。原本无“四智”，“四智”由“八识”缘起。其一，眼、耳、鼻、舌、触前五识转至无漏时，得成所作智。此智为欲利乐诸有情，故能于十方以身、口、意三业为众生行善。其二，转第六识成妙观察智。此智善观一切境界之自相、共相而无障碍，在大众会中说法自在，能断一切疑惑，解答各种问题。其三，转第七末那识，得平等性智。此智观一切法平等不二，皆不究竟，此智观自他生死、是非善恶、天上人间一切平等不二，恒与大慈悲相应。其四，第八阿赖耶识转至无漏时，可得大圆镜智。

此智离诸分别,所缘、行相微细难知,不妄不愚,一切境相,性相清净,离诸杂染,如大圆镜之能现众色像。这就是“万法唯识”“转识成智”,这就是“法由心造”“心为法本”。

知识卡片:唯识也是佛教中的所谓“方便法门”

佛教中的瑜伽行派主张一切唯识,识似乎是一个最高实体,但《成唯识论》第二卷中说:“为遣妄执心、心所外实有境故,说唯有识。若执唯识真实有者,如执外镜,亦是法执。”也就是说,讲唯识也属于佛教中的“方便法门”,是为了更好地让认为外部事物实在的人们放弃错误观念,认识到一切事物不过是识的变现,没有实在性。但如果把识看作实在的东西,那么也就是认为有不空之物,主张识有实在性与主张其他事物有实在性没有本质区别,都属于“法执”。这也就是说,瑜伽行派最终还是坚持事物性空,不承认有什么真正实在的最高实体。

由此可见,在佛教的理论体系中,既不承认有创造一切的永恒的造世神,也不承认有一个常驻不变的根本实体。这种理论倾向实际在释迦牟尼创立佛教时就已确立,是佛教在发展中的主流分支或主导思想长期坚持的。①

大乘佛教中的中观派主张“缘起性空”;大乘佛教中的瑜伽行派主张“唯识性空”。各种大乘佛教在论证“空”的手法上有不同,但在主张事物无自性,主张“性空”上是一致的。②

2. 佛学之真谛(实相无相,当体即空)

佛学之真谛强调万事万物本来空,坚持“实相无相”“放下便是”的非理性空观。佛学真谛坚持认为拟议皆非、动念即乖、开口便错、当体即空,主张言语道断、心行处灭、涅槃寂静、出障法身。佛学真谛坚持放下一切法、相、境(法、相皆由心生,境因识现),放下真如、法性、涅槃、心、性、佛、阿赖耶识。佛学真谛坚持认为:原本没有可以被如此这般指称和描述言说的在场的对象性、现象性世界——万事万物,万事万物“皆因心造”“心为法本”;原本也没有可以被如此这般指称和描述言说的在场的对象性、本体性“心”“识”——“本来无一物”“非心非佛”;原本也没有所谓的不在场的非对象性、超形上学“无”或无指称“空”——“非有,非无,非亦有

① 姚卫群.印度哲学与中印佛教[M].北京:宗教文化出版社,2021:58-59.

② 姚卫群.印度哲学与中印佛教[M].北京:宗教文化出版社,2021:84.

亦无，非非有非无”。

《金刚经》《心经》给予了佛学之真谛以深入的分析说明。《金刚经》坚持认为：“若取法相，即著我、人。若取非法相，即著我、人。是故不应取法，不应取非法”，即是取真法、正法也。若了此理，即真解脱，即入不二法门。《金刚经》第二十一品（非说所说分）：“须菩提！汝勿谓如来作是念：‘我当有所说法。’莫作是念，何以故？若人言：如来有所说法，即为谤佛，不能解我所说故。须菩提！说法者，无法可说，是名说法（说法的人，是没有办法直接说‘法’本身的，那都是在说名相上的法）。”尔时，慧命须菩提白佛言：“世尊！颇有众生，于未来世，闻说是法，生信心不？”佛言：“须菩提！彼非众生，非不众生。何以故？须菩提！众生众生者，如来说非众生，是名众生（这些叫作众生的，如来说不是真正的众生，是名相上的众生）。”《金刚经》第二十五品：“须菩提！如来说：‘有我者，则非有我，而凡夫之人以为有我。’须菩提！凡夫者，如来说即非凡夫，是名凡夫。”第二十九品：“须菩提！若有人言：如来若来若去、若坐若卧，是人不解我所说义。何以故？如来者，无所从来，亦无所去，故名如来。”第三十二品：“须菩提！若有人以满无量阿僧祇世界七宝持用布施，若有善男子、善女人发菩提心者，持于此经，乃至四句偈等，受持读诵，为人演说，其福胜彼。云何为人演说，不取于相，如如不动。何以故？”“一切有为法，如梦幻泡影，如露亦如电，应作如是观。”第三十一品：“须菩提！若人言：佛说我见、人见、众生见、寿者见。须菩提！于意云何？是人解我所说义不？”“不也，世尊！是人不解如来所说义。何以故？世尊说：我见、人见、众生见、寿者见，即非我见、人见、众生见、寿者见，是名我见、人见、众生见、寿者见。”“须菩提！发阿耨多罗三藐三菩提心者，于一切法，应如是知，如是见，如是信解，不生法相。须菩提！所言法相者，如来说即非法相，是名法相。”《心经》也坚持认为：“诸法空相，不生不灭，不垢不净，不增不减。是故空中无色，无受想行识，无眼耳鼻舌身意，无色声香味触法，无眼界，乃至无意识界，无无明、亦无无明尽，乃至无老死、亦无老死尽，无苦集灭道，无智亦无得。以无所得故，菩提萨埵依般若波罗蜜多故，心无罣碍。无罣碍故，无有恐怖，远离颠倒梦想，究竟涅槃。”

总而言之，佛学之真谛认为，所有说法皆为方便说法，皆不究竟，佛法不可说，可说之法不是佛法。佛学真谛坚持“实相无相”“当体即空”，目的是将人从文字相中彻底解放出来，成为不受语言文字束缚之“活汉”，成为真正自由之人。

必须指出的是，禅宗意义上的心体，具有对象性和非对象性两种含义，前者指在场的形上学意义的“即心即性即佛”或“真如本心”（即王阳明的“知善知恶是良知”），后者是指不在场的超形上学意义的“非心非性非佛”或“真如非心”（即王阳明的“无善无恶心之体”）。前者是俗谛，后者是真谛，前者与后者“虽有分，而实不二”。我们认为，惠能觉悟的根本不在俗谛，而在真谛。因为惠能觉悟了真谛，才被弘忍认可，并在弘忍的指导下进一步否定或超越了“非心非性非佛”之非对象性意义“心体”，悟到了圆谛——“何其自性本来清静，何其自性本不生灭，何其自性本自具足，何其自性本无动摇，何其自性能生万法”，才是真正意义上的承接了佛学。

知识卡片：佛学之放下所有法所有相（万事万物本来空）

佛陀住世时，有一位名叫黑指的婆罗门来到佛前，运用神通，两手拿了两个花瓶，前来献佛。佛陀对黑指婆罗门说：“放下！”婆罗门把他左手拿的那个花瓶放下。佛陀又说：“放下！”婆罗门又把他右手拿的那个花瓶放下。然而，佛陀还是对他说：“放下！”这时黑指婆罗门说：“我已经两手空空，没有什么可以再放下了，请问现在你要我放下什么？”佛陀说：“我并没有叫你放下你的花瓶，我要你放下的是你的六根、六尘和六识（眼耳鼻舌身意之六根，色声香味触法之六尘，见闻嗅味觉思之六识也）。当你把这些统统放下，再没有什么了，你将从生死桎梏中解脱出来。”——“本来无一物，何处惹尘埃！”

3. 佛学之圆谛（真空妙有，空有不二）

佛学之圆谛是强调万事万物即是空、空即是万事万物，强调“真空妙有”，即“有非有”“空不空”，即空有不二，坚持“色不异空，空不异色，色即是空，空即是色，受想行识，亦复如是”的现实空观。下面以惠能觉悟的三阶段——由“佛性无南北”（俗谛，肯定）到“本来无一物”（真谛，否定）再到“何期自性能生万法”（圆谛，否定之否定）为例来阐述佛学圆谛。“本来无一物”，好像六祖悟到的是不在场的非对象性、超形上学“无”或无指称“空”；但“一切万法不离自性”，又从不在场的非对象性“无”转到了在场的对象性“有”（道器）上，从不在场的超形上学“空”转到了在场的形上学“道”和形下学“器”上，终于成就“空有不二”“道器不二”。惠能这五个“何期自性”，表明了他转识成智的完成，表明了他最终融通了空宗和有宗。“何期自性本自清净，何期自性本不生灭，何期自性本自具足，何期自性本无动摇，何期自性能生万法。”此时大悟的，不仅是“一切法空”“本不生灭”“本无动摇”“本自清净”“本自具足”的不在场的非对象性“心体”“真如佛性”，还包括“能生万法”的在场的对象性、本体性“心体”“真如佛性”，即所谓的“万法唯识”之识，“三界唯心”之心，即儒家学说之在场的对象性、本体性“心性”。由此才能够理解“心生种种法生，心灭种种法灭”，以及“心为法本，心尊心使”等佛学本体论思想。大乘佛学从般若宗发展到唯识宗完成了对在场的本体“心”“识”（“真如本心”）的自觉，完成了对“心为法本”的自觉，强调“应无所住，而生其心”；中华禅宗则进一步完成了对般若宗之真心（不在场的非对象性无指称“心”或“真如非心”）、唯识宗和孔孟之本心（在场的对象性本体“心”或“真如本心”）和中国传统哲学之习心（在场的对象性现象“心”或“无执习心”）的自觉，融通了般若宗、唯识宗和中国传统的心性学说，强调“何期自性能生万法”，强调“真空妙有”“空有不二”“平常心即道”。总而言之，正是因为惠能在觉悟“实相无相”“本来无一物”（“真如非心”）之佛学真谛基础上，进一步觉悟了“三界唯心”“万法唯识”以及“心为法本”“心生法生”之佛学俗谛，肯定了中国式的在场的形上学和形下学意义上的“心”“性”（“真如本心”和“无执习心”），肯定了转识成智、真空妙有的极端重要性，才有了佛学中国化的最终完成，才终于成就了融佛学俗谛与佛学真谛于一体的佛学圆谛；才有了由“本寂”向“本觉”的成功转化以及“本寂”“本觉”的圆融统一，才有了不在场的超形上学与在场的形上学、形下学的圆融统一、上下贯通，才终于成就了“兀兀不修善，腾腾不造恶，寂寂断见闻，荡荡心无著”的中华禅宗；才有了由印度佛学、佛学中国化向中国化佛学的华丽转身，才终于开启了佛学发展史上新的时代，即既重视超形上学理性（“本寂”“究竟涅槃”）又重视形上学理性和形下学理性或日用生活理性（“本觉”“平常心即道”）的中国化佛学的全新时代，成就了佛学发展史上的一次伟大飞跃或历史性进步。

知识卡片：天台宗的三谛说

三谛，天台宗用语。为表显诸法的本然实相而立的三种原理，即：空谛、假谛、中谛等三谛。空谛谓诸法空无自性，体不可得。假谛谓诸法宛然而有，施设假立。中谛谓诸法其体绝待，不可思议，全绝言思。三谛是天台宗的中心思想，用以表达圆融无碍的教义。三谛思想脱胎于《中论》卷四〈观四谛品〉所云：“因缘所生法，我说即是空，亦为是假名，亦是中道义”偈（“三是偈”）。但包括《中论》在内的印度大小乘佛教，都是以二谛（真谛、俗谛）为通说。天台宗在二谛之外加上中谛，主要是用中谛连系真俗二谛，强调三谛的圆融相即，由此建立起天台宗的诸法实相论。天台宗所说三谛又称圆融三谛。

二、科学精神

第三个故事分析讲解科学精神，讲西方科学的故事。

这一部分其实内容很丰富，由于时间关系，将它浓缩为以下几点：第一点，科学中国化问题。我个人认为,科学中国化是未来中国最大的挑战之一。第二,科学的执著。我们简要地讲讲西方天文学的历史。第三,科学三谛。我们尝试从俗谛、真谛和圆谛三个维度论说科学。

(一)科学中国化

科学中国化是未来中国最重大的挑战之一,虽然自 20 世纪初全面推行了科学教育,但是与西方发达国家相比,我们在科学领域的方方面面还存在着非常大的差距。第一,基础科学领域,在 20 世纪及以前,比如说在宇观领域,麦克斯韦建构了电磁学理论、爱因斯坦建构了狭义相对论、广义相对论等;在微观领域,普朗克建构了量子论、德布罗意建构了物质波理论、沃森和克里克建构了分子生物学等;在宏观领域,普里戈金建构了耗散结构论、哈肯建构了协同学、费根鲍姆建构了混沌学说等。原本没有这些所谓的科学理论,它们都是西方人如此这般显现、设定、建构或生成的。杨振宁等少数华人学者建构了规范场理论等,已跻身于 20 世纪最伟大的物理学家之列,但是,就整体而论,顶尖级的科学家人数还相对不足。中国的基础科学整体水平与发达国家相比,尚存在着不小的距离。20 世纪、21 世纪,中国科学界全力追赶西方科学,已经在生物学、化学的部分领域领先世界。第二,技术科学领域,自 20 世纪以来,中国科学家们在许多领域都做出了杰出的贡献,并在工程控制论、合成生物学、结构生物学、材料科学、建筑物理、杂交水稻实验室研究等技术科学研究领域接近或领先世界。第三,应用科学领域,自 20 世纪中期以来,由于中国政府的高度重视、积极推动,中国的科学家们已经在非线性光学晶体、量子信息、超强超短激光、高温超导、纳米科技、特高压传输、杂交水稻大田实验、5G 技术、无人机、VR 技术、单口径射电望远镜、深海无人潜水、三代核电技术、可控核聚变技术、地外天体采样、载人航天、探月探火、深海深地探测、超级计算机、卫星导航、新能源技术、大飞机制造、生物医药等等许许多多应用科学研究领域取得重大成果,已经步入世界前列。

(二)科学的执著

以西方天文学为例,简单地谈谈什么叫科学执著。在古希腊,欧多克索斯建构了给予天文观察以理论解释的地心学说,阿波罗尼、希帕恰斯建构了基于本轮—均轮模型的地心学说,最后,托勒玫把它体系化,成就了影响一千多年的托勒玫地心学说。很长时期,这一学说在西方被视为绝对真理,没有人怀疑过它。但是到了近代,哥白尼建构了基于本轮—均轮模型的日心学说,颠覆了托勒玫地心学体系,在很长一段时间里面人们接受不了。最后在伽利略、开普勒、牛顿的接续努力之下,取消了西方天文学界延续千年的本轮—均轮模型，建构了主要是基于天文观察的科学的日心学说。好几个世纪，基于万有引力假设的日心学说又被意识人类视为绝对真理，无人敢怀疑其真理性。直到爱因斯坦的广义相对论提出，才终结了这一绝对真理的神话。今天的意识人类又在将基于引力场假设的日心学说视为不容置疑的放之四海而皆准的所谓科学真理。

以牛顿力学为基础的西方天文学，其实已经面临很多挑战了。以牛顿万有引力的这一基本概念为基础解释宇宙学，其实已经不是学术界的主流了。为什么？因为爱因斯坦提出广义相对论之后，对宇宙有了比牛顿力学更深刻的一个解释范式。同时在2016年，科学家们发现了引力波，随着岁月的流失，引力波很有可能会成为替代电磁波观察宇宙的新一代观察工具。也就是说，未来的意识人类有可能进入引力波天文学时代或引力波宇宙学时代，宇宙学家们借助引力波将给人类展示完全不同于今天的宇宙存在和演化的科学画面。

其实，一部西方的包括天文学在内的科学史，就是一个不断自我突破、不断创新创造的历史。也正是在这个意义上，波普尔对科学有一个非常经典的判断：科学之为科学，主要不是因为它能够被证实，而是因为它能够被证伪。一部西方科学史，就是一个自我突破、自我超越的历史，就是一个坚持"应有所住而生其心"的不断革命的过程。

（三）科学三谛

科学三谛，可以说是从三个维度看科学、论说科学的理论。从自然唯物主义的维度或视角看科学，或论说科学的理论，即科学之俗谛；从证伪主义哲学的维度或视角看科学，或论说科学的理论，即科学之真谛；从实践唯物主义的维度或视角看科学，或论说科学的理论，即科学之圆谛。

1. 科学之俗谛（科学知识是普遍性知识）

科学之俗谛坚信，作为科学认识对象的客观实在外在于主体存在，坚信随着人类实践认识能力的不断提高，科学可以无限接近于完整揭示所谓外部世界或客观实在的真实存在状况，并坚信科学知识是放之四海而皆准的普遍性知识。也就是说，科学家们解释世界有一个预设，即被解释的这个世界先于解释者存在。这一预设决定了科学家们的世界观受制于"实在主义"。坚持科学之俗谛的科学家们一方面坚持批判怀疑精神，不轻易接受未经实践实验检验过的任何观点；另一方面，又坚定地认为随着人类实践认识能力的提高，关于客观世界的科学图景会不断发生改变，但是相信人类终究能够揭示出所谓的外部世界或客观世界的真实状况。科学之俗谛的基本主张是"水桶模式"或"江河归大海模式"，即坚定地认为科学发展的过程就是科学真理性知识的不断累积并最终完成对在场的所谓客观世界完整认识的过程。

科学之俗谛的哲学根据是马克思主义所批判的自然唯物主义或旧唯物主义。

2. 科学之真谛(科学发展本质上是一个不断建构和革命的过程)

坚持科学之真谛的代表性人物主要有波普尔、库恩、费耶阿本德等。波普尔认为,科学之为科学的主要判据是在于其可以被证伪,而非被证实。库恩则主张,科学理论是一种特定的范式,新旧科学理论即新旧范式之间是不可通约的,也就是说,只有承认旧的科学理论如牛顿经典力学的错误,才能真正认识或接受新的科学理论如爱因斯坦相对论的正确性。费耶阿本德坚决反对唯理主义科学观,倡导"无政府主义知识论",主张只要能够解决问题,怎么都行。科学之真谛的基本主张是,科学发展本质上是一个不断建构和革命的过程,是一个新理论与旧理论的不断"格式塔转换"的过程,而且这一过程永无止境。在波普尔看来,有效的科学理论应该永远保有能被否证的可能性,而毫无破绽、不可能否证的理论,则是毫无价值与缺乏解释能力的非科学理论,或者说根本就不是科学理论。

科学之真谛的哲学依据是兴盛于20世纪的西方科学哲学之证伪主义。

波普尔的证伪主义模式坚持以下基本观点:①科学研究始于问题,终于问题;②在科学的研究中要大胆猜测,超越经验;③任何理论都可能包含错误,科学发展是一个不断被经验证伪和反驳的过程;④理论不可能通过归纳得到最终证实,但可以被最终证伪;⑤科学是一个不断革命的过程。

库恩的科学革命结构模式之核心概念是范式。所谓范式,大致相当于科学家群体的共同信念、传统、理论框架、理论模式、基本方法。这一模式坚持以下基本观点:①前科学是指没有形成特定学科范式的原始科学阶段;②常规科学是指形成了特定学科成熟范式的科学(共同信仰将其联系在一起);③反常与科学危机是指科学家对旧的范式丧失信心的阶段;④所谓的科学革命是指新的学科范式取代旧的学科范式的阶段;⑤新的常规科学是指形成了新范式的科学。库恩认为,科学革命类似于社会革命,"成者为王,败者为寇"。库恩还认为,人们对科学的相信类似于一种宗教式的皈依,而并非基于理性。

费耶阿本德的"无政府主义知识论"出自他的代表作——《反对方法》。本书观点独特,自成一家,在西方学术界影响甚大。这一模式坚持以下基本观点:①只要能解决问题,怎么都行;②"反对方法。"作者激烈抨击唯理主义科学方法论的主要倾向,论证说最成功的科学研究从来不是按照理性方法进行的,不应要求科学家遵奉某一种方法论从事科学活动,而应以无政府主义知识论取代理性主义知识论,充分发挥科学家的独创性,倡导著名的"怎么都行"的方法论原则。

3. 科学之圆谛(解构了普遍知识观,坚持认为科学知识在本质上只可能是依赖于特定语境、特定实验条件而成立的地方性知识)

科学之圆谛的代表性观点是西方科学实践哲学有关科学的主张。西方科学实践哲学坚持认为,科学知识本质上是也只可能是基于特定语境的地方性知识,严格意义上讲,根本就不存在普遍性知识。由此,可以推论出这样的结论:任何地方性知识都没有自诩为放之四海而皆准的理由,任何地方性知识都有捍卫自己生存发展的权力,科学革命的本质是地方性知识之间的战争。

科学之圆谛的哲学根据是马克思所创立的实践唯物主义。马克思实践唯物主义坚持认为,科学首先是一种特定的人类实践活动,科学知识来源于也只能来源于人类的显现、设定、建构、创造,离开了人类所特有的在场的科学实践活动,就不可能有所谓的在场的科学知识。意识人类科学实践活动的社会历史性、现实具体性、主观能动性、语境操作性决定了科学知识的地方性。

科学实践主义学派或科学实践哲学显现、设定、建构、创造或生成的"地方性知识"概念具有三个背景:第一个可以直接看到的学术背景,是在人类学理论的发展史上,一直存在着"普遍主义和历史特殊主义之间的方法之争"。在人类学和社会学领域,历史特殊主义者的存在的确有其合理根据,他们强调各种不同文化的特殊性、差异性,主张通过具体的田野调查和个案研究揭示和解释不同的文化现象。他们不再追求普遍性的解释和说明,而只进行特殊性解释、经验性解释。第二个更为广阔的背景就是全球现代化的过程和思潮。它使得自伴随 17 世纪以来的西方科学兴盛而带来的全球化浪潮变得越来越具有合法化地位。全球化和现代化成为时代潮流,荡涤着一切地方性、民族性,使文化变得越来越趋同。这种全球化和现代化所根据的哲学和相应的思潮也提供了一种统一的所谓"现代性"的叙事框架。它统一表现为世俗化、专业化、统一化、理性化、科学化、西方化。所以,现代性也是自然而然地成为敌视地方性的一种历史发展进程和思潮的特性。在这种强大思潮发展的同时,许多有见识的西方学者看到了现代性的问题和弊病,他们开始在自己的关于其他民族知识的研究中逐渐认识到其他民族知识的重要性和对于文化多样性的意义。"地方性知识"的观点就是在这样针对现代性的文化背景下涌现出来的另类文化。第三个兼有学术和广阔文化背景的是后现代思潮的兴起。而对科学实践哲学的地方性知识概念形成有较为直接影响的学术背景是在这种思潮下,科学知识社会学(SSK)的实践研究的兴起。事实上,关于普遍性知识的本性问题,在科学知识中曾经被视为不容置疑的问题。人类学中虽然有了地方性知识的涌现,也带来了对科学知识的普遍性本性的质疑,但是,这种质疑在人类学中是不能完成的。至多使得人们意识到,伴随着西方现代化过程,殖民化过程在全世界展开,也同样有一种代表了西方知识的近代自然科学知识对于其他民族自然知识的征服过程。所以,需要在科学内部产生这种对普遍性知识本性的质疑活动和实践。科学知识社会学(SSK)后期中对科学实验室研究的关注,极大地推动了科学实践的研究,而每一个实验室的独特性、科学实践作为现实活动的特征,使得科学家在“上手的世界”(海德格尔语)或因意识人类而“去蔽”或“敞开”的世界的实践操作成为一种独特的研究分析工具和阐释力量,形成了除人类学、民族志的文化研究之外的另一种力量,直接推动了科学实践哲学中的地方性知识概念的提出和形成。

必须指出的是,从非西方知识入手去论证地方性知识如何补充了普遍性知识,无论如何也不能打破普遍性知识的幻觉和西方理性知识或科学知识的垄断话语地位,而只能看着这条鸿沟的存在而无法跨越。一个比较彻底的方案就是彻底解构普遍性。即证明根本不存在普遍性知识,普遍性知识是一种虚构、一种理想。看似普遍性的东西实际上是一种地方性知识经过标准化过程导致的表面的普遍性。科学实践哲学就是持这一观点的代表,它主张要在哲学上坚持知识的地方性本性,即坚持科学知识只可能是地方性知识的观点。

从存在论和活动论的视角看,如果不是理论优位的视角把科学视为一套全称命题陈述之网或科学知识体系,而是把科学首先看作意识人类特定的具体的实践活动,那么就根本不可能存在普遍性知识,一切知识包括科学知识都是且只可能是地方性知识,因为所有科学知识都是具体的科学家在具体的情境中通过具体的科学实践活动产生出来,并且必须依据具体的情境进行辩护的。离开具体的科学实践活动,任何的科学知识不仅无法产生,也无法被理解、传递和有效辩护。正如大家都知道的一个基本事实——科学实验室之外的意识个体在受实验室教育之前,无法理解实验室的科学实验结果及其由此而显现、设定、建构、创造或生成的所谓的科学知识。

知识卡片:科学知识是地方性知识(清华大学吴彤)

迄今为止,有谁怀疑过自然现象的存在与演化没有普遍规律吗?在科学领域,普遍主义者至多后退到自然科学知识在源头上是地方性的,而后知识则是通过祛地方性的过程摆脱地方性的束缚而上升为普遍性知识的。

科学实践哲学中的地方性知识概念,是一种哲学规范性意义上的概念,指的是知识的本性就具有地方性,特别是科学知识的地方性,而不是专指产生于非西方地域的知识。其地方性主要是指在知识生成和辩护中所形成的特定情境(context or status),诸如特定文化、价值观、利益和由此造成的立场和视域等。在科学实践哲学看来,地方性知识与普遍性知识并非造成对应关系,而是在地方性知识的观点下,根本不存在普遍性知识。诚如劳斯所说:“科学知识根本就是地方性知识,它具体包含于实践中,而这些实践不能为了运用而被彻底抽象为理论和独立于情境的规则”(评注:马克思主义实践哲学坚持认为,所有知识皆源于意识人类现实的具体的社会性实践活动,不可能存在不受制于既有实践活动限制的所谓普遍知识,实践不息,理论常新)。首先,无可辩驳的是,科学知识具有经验品格,这种经验品格不是理论所确立的,而是在实验室中通过仪器的地方性运用所塑造的;其次,工具以及通过使用工具所建立的微观世界,是那些科学主张最为接近的指称物;最后,科学家的知识往往在根本上取决于他们运用这些仪器设备的技能,如果没有具体的技能,有些知识根本无法获得。类似的,海德格尔和哈金都指出过科学家的地方性实践及其工具的地方性运用是其知识的基础。

科学实践哲学坚持以下的基本观点:第一,从实践活动论的视角看,根本不存在普遍性知识,一切知识包括科学知识都是地方性知识,科学知识在本性上就是地方性的。这是因为一切科学家的实践活动都是局部的、情境化的,是在特定的实验室内或者特定的探究场合的,从任何特定场合和具体情境中获得的知识都是局部的、地方性的,走向普遍性是科学家转译的结果。第二,这种地方性取决于科学主要是一种人类的地方性实践活动,具体的科学家无法离开具体的实验室进行科学活动。科学知识的地方性主要表现为:知识和知识实践的语境性、地方性和索引性。劳斯认为,科学知识是“地方性”的、“语境性”的和“主题索引性”的。第三,科学知识表面上可以给人以普遍性的映像,但是这只是知识标准化所造成的。看似普遍性的知识实际上是地方性知识标准化过程的一种表征。第四,科学知识的标准化过程常常表现为“祛地方性”的,但是,它是把一种地方性扩展或者加以改造到其他地方而已,是一种地方性征服另一种地方性的过程。第五,科学知识的“祛地方性”过程表面上表现为三种相伴特性:祛语境化(de-contextualization)、祛地方化(delocalized)和非索引性的(nonindexical)。但是这些表现都是表象,都是标准化的异化产物。

第三节　星空存在与演化的科学图景

接下来讲第四个故事——星空的存在与演化的故事。结合相关星空的科学知识,尝试从以下三个方面予以分析讲解:其一,星空的层次;其二,星空的演化;其三,星空的过去与未来。

一、星空的层次

意识人类常常在问自己一个问题,人类的家园究竟在哪儿?是地球,是太阳系,还是银河系?从自然生命延续的意义上讲,意识人类的家园是太阳系,因为“万物生长靠太阳”。那么什么是太阳系呢?太阳系是一个以太阳为中心,受太阳引力约束在一起的天体系统,包括太阳、8 个行星、近 500 个卫星和至少 120 万个小行星,还有一些矮行星和彗星和行星际物质。太阳系位于距银河系中心 2.4 万~2.7 万光年的位置。太阳以 220~250 千米/秒的速度绕银心运动,大约 2.5 亿年绕行一周,地球气候及整体自然界也因此发生 2.5 亿年的周期性变化。太阳运行的方向基本上是朝向织女座,靠近武仙座的方向。若以海王星轨道作为太阳系边界,则太阳系直径为 60 个天文单位,即约 90 亿千米。若以日球层为界,则太阳距太阳系边界可达 100 个天文单位(最薄处)。若以奥尔特云为界,则太阳系直径可能有 20 万个天文单位。在这个体系里面,太阳占有太阳已知质量的 99.86%,并以自己的引力主宰着整个太阳系,这是星空的第一个层次——太阳系,同时,它也是真正意义上的人类家园。

星空的第二个层次是恒星系或叫作星系,它是星空中庞大的星星的“岛屿”,也是星空中最美丽的天体系统。如灿烂的银河系不知激发了多少科学家、文学家以及无以数计的普罗大众的思维想象。我在青少年时期曾经躺在家乡的草地上,无数次地遥望星空,浮想联翩、心潮澎拜,十几岁的我基于好奇,买了《天文学概论》阅读,虽然不完全看得懂,但是带给我很多的天文学相关的知识。到目前为止,人们已经在宇宙中观察到了大约 1000 多亿的星系,它们中有的离我们比较近,科学家们可以清楚地观察到它们的结构,有的离得非常遥远,目前所知的最远的星系离我们有将近 150 亿光年。星系的形态有很多种,但大致可以归为这样几种:一种是椭圆星系,一种是旋涡星系,一种是透镜型星系,还有一种就是不规则星系。太阳系所在的星系是银河系。银河系是棒旋星系(旋涡星系的一种),呈椭圆盘形,具有巨大的盘面结构,最新研究表明银河系拥有四条清晰明确且相当对称的旋臂,旋臂之间的距离约 4500 光年。银河系的恒星数量在 1000 亿~4000 亿颗。银河系的年龄在 100 亿岁左右。银河系有两个伴星系——大麦哲伦星系和小麦哲伦星系,它们都是本星系群的成员,并且是室女超星系团的一部分;同时,它又是组成拉尼亚凯亚超星系团的一部分。银河系自内向外分别由银心、银核、银盘、银晕和银冕组成。银心是银河系的几何中心,是银河系的自转轴与银道面的交点。它在星系的中心凸出部分呈很亮的球状,直径约为 2 万光年,厚 1 万光年左右。根据相关天文观测证据，天文学家认为，在中心区域存在着一个巨大的黑洞，其质量估计介于410万~450万太阳质量之间。天文学家观测发现银河系最中心的空间内分布着高达4200万颗恒星，或者说那里的恒星密度高达每立方光年有28.9万颗恒星，比太阳系附近的恒星密度高了7200万倍。银河系中央区域多数为100亿年以上的老年恒星（以白矮星为主），外围区域多数为新生和年轻的恒星。周围几十万光年的区域分布着十几个卫星星系，银河系通过缓慢地吞噬周边的矮星系使自身不断壮大。银盘是银河系的主要组成部分，是由恒星、尘埃和气体组成的扁平盘。在银河系中可探测到的物质中，有九成都在银盘范围以内。银盘外形如薄透镜，以轴对称形式分布于银心周围，银盘非常薄，本身的厚度只有2000光年，直径10多万光年（有的文献认为是16万光年）。银盘中的物质主要以恒星形式存在，占银河系总质量不到10%的星际物质，绝大部分也散布在银盘内。星际物质中，除电离氢、分子氢及多种星际分子外，还有10%的星际尘埃。银盘主要由G~K型主序星、巨星、新星、行星状星云、天琴座RR变星、长周期变星、半规则变星等星族Ⅰ天体组成。

第三个层次，就是星系团。星系团是指相互之间有一定力学联系的十几至成百上千个星系聚集在一起组成的星系集团。其中的每一个星系称为星系团的成员星系，有时候把成员数目较少的星系团也称为星系群。银河系所在的星系群叫作本星系群，成员星系大约为50个。距离本星系群较近的一个星系团是室女座星系团，其成员星系超过2500个。目前已发现了上万个星系团，距离远达70亿光年之外。至少有85%的星系是各种星系群或星系团的成员。不同星系团中，各种类型的星系所占的比例很不一样。星系团按形态大致可分为规则星系团和不规则星系团两类。规则星系团以后发星系团为代表，大致具有球对称的外形，有点像恒星世界中的球状星团，所以又可以叫球状星系团。规则星系团往往有一个星系高度密集的中心区，团内常常包含有几千个成员星系。规则星系团内的成员星系全部或几乎全部都是椭圆星系或透镜型星系。不规则星系团，又称疏散星系团。它们结构松散，没有一定的形状，也没有明显的中央星系集中区，例如武仙星系团。研究发现，椭圆星系的比例与星系团的形态密切相关，如果一个星系团中椭圆星系所占的比例很大，那么这个星系团的形状倾向于规则和对称，如果椭圆星系所占的比例很小，星系团一般显示出不规则的形状。平均而言，每个星系团内部的成员数约为130个左右。尽管不同星系团内成员星系的数目相差悬殊，但星系团的平均直径约为5百万秒差距（1百万秒差距约为326万光年），约1600万光年。这是星空的第三个层次。

第四个层次，就是超星系团。超星系团，又名二级星系团，是由若干星系团构成的更高一级的星系团,星系团聚集成超星系团的现象称作超级成团。超星系团是在宇宙的大尺度结构中,比星系团和星系群更大的结构。可观测宇宙中的超星系团约有1000万个。本星系群就同附近的50个左右星系群和星系团构成本超星系团,对沿超星系赤道的星系视向速度的分析表明,本超星系团可能正在自转和膨胀,银河系绕团中心的公转周期约为1000亿年。通常在一个超星系团内只含有2~3个星系团。拥有几十个成员星系团的超星系团是不多的。超星系团往往具有扁长的外形,长径范围为60~100百万秒差距,长短径之比平均约为4∶1。这种扁形结构可以说明超星系团通常有自转。超星系团内的成员星系团的速度弥散度为每秒1000~3000千米,但各成员星系团之间的引力相互作用要比星系团内各成员星系之间的引力作用弱得多,因而有人认为超星系团可能是不稳定的系统。超星系团的存在,表明宇宙空间的物质分布至少在100百万秒差距的尺度上是不均匀的。至于是否所有的星系团都是不同大小的超星系团的成员,由于观测资料的极其不足和分析方法上的困难,这个问题还远未取得一致意见。此外,还有人认为超星系团可以进一步成团,形成三级星系团以至更高级的星系集团。20世纪80年代后,天文学家发现宇宙空间中有直径达100百万秒差距的星系很少的区域,称为巨洞。超星系团同巨洞交织在一起,构成了宇宙大尺度结构的基本图像。还没有由超星系团组合成的集团(极超星系团或超超星系团)被发现,是否存在比超星系团更大的结构也还在争辩中。超星系团之间有巨大的空洞,在空间中只有少量的星系存在。即使超星系团被证实是最大的结构,超星系团的总数依然留下结构分布的可能性,相信超星系团在宇宙中的数量应该有1000万个。这是星空的第四个层次。

星空的第五个层次,就是我们平常说的总星系。总星系是指意识人类借助射电望远镜等观测工具观测所及的宇宙部分,它的尺度可能小于、等于或大于观测所及的宇宙部分,也被称之为科学宇宙。总星系的年龄为150亿年量级,直径约930亿光年,内含1000亿~2000亿个星系。每个星系平均有着1000亿颗恒星。通过星系计数和微波背景辐射测量证明总星系的物质和运动的分布在统计上是均匀和各向同性的,不存在任何特殊的位置和方向。也就是说,既没有发现总星系的核心和边缘,也没有发现运动的特殊趋向。总星系所含的物质中,最多的是氢,其次是氦。从1914年以来,发现星系谱线有系统的红移。如果把它解释为天体退行的结果,那就表示总星系在均匀地膨胀着。星系谱线红移这一现象,如果用多普勒效应解释为它们都有极大的速度,那就意味着总星系在不断地膨胀和扩大。总星系的一个最大特点就是无中心膨胀,什么意思呢?就是你站在任何一个星系上对外观测,会发现周边的星系都以非常快的速度离我们而去。

知识卡片:宇宙膨胀速度为何超过了光速?

爱因斯坦的相对论不允许物质的运动速度超过光速,或者说不允许能量、信息的传递速度超过光速。而在宇宙中足够远的两个位置可以找到这样两个物体,它们相互远离的速度会超过光速。这是否违背了爱因斯坦的相对论?不,并没有违背相对论。宇宙诞生于138亿年前的一次大爆炸,目前可观测的宇宙半径大约是465亿光年。有人可能会觉得奇怪了,即使以光速向前运动,乘以运动的时间138亿年,得到的结果是138亿光年。宇宙的半径怎能超过138亿光年?这两个数据是不是至少有一个错了?需要明确的是,无论是138亿年的宇宙年龄,还是465亿光年的可观测宇宙半径,都是天文学家经过大量天文观测得到的结论,并在科学界得到了广泛的认可。宇宙的可观测半径之所以超过138亿光年,是因为宇宙空间膨胀的原因。

试想一下,在一个洞穴口有很多蚂蚁,某一时刻这些蚂蚁以速率v各自向各个方向出发,经过时间t,蚂蚁到洞穴的距离就是vt。倘若在蚂蚁爬行的同时,地面也跟着膨胀,经过时间t后蚂蚁到洞穴的距离就会超过vt。宇宙可观测的半径超过138亿光年就类似于蚂蚁爬行时地面也跟着膨胀,宇宙膨胀是整个空间在膨胀,并非只是宇宙边界在向外扩张。20世纪初,天文学家哈勃发现银河系以外的星系大多存在着红移现象,这说明这些星系在远离我们而去,并且距离银河系越远的星系红移现象越明显。哈勃的发现是宇宙膨胀的有力证据。目前观测到的哈勃常数为H=67.80±0.77(km/s)/Mpc,即距离每增加一百万秒差距,退行速度增加67.80千米每秒。这样距离我们足够远的位置,天体离我们远去的速度就肯定会超过光速。

基本结论:宇宙膨胀速度超过光速并没有违反相对论,这种膨胀并不能使能量或信息超过光速传递。

二、星空的演化

第二部分讨论星空的演化。我想分成两个问题逐一分析讲解,第一个问题是分析讲解星空的起源与演化的科学图景;第二个问题是分析讲解星空的起源与演化的自组织方式。

(一)星空起源和演化的科学图景

1. 星空起源

关于星空起源与演化的科学图景,我们所依据的是电磁波天文学一个世纪以来的相关研究成果。根据目前被称为标准宇宙模型的暴涨宇宙学说,科学家们将星空的起源显现、设定、建构为以下几个阶段:

①宇宙大爆炸奇点,宇宙时 0 s。这是一个超高温、超高密的理论起点或逻辑起点,无法被现有的任何科学理论予以具体说明,或者说是一种合乎逻辑的暴涨宇宙学预设或推论。暴涨宇宙学家推论此时的宇宙密度可能超过每立方厘米 10^{94} 克,超过质子密度 10^{78} 倍,物理学上所有的力尚未分化出来。

②宇宙过渡混沌状态,宇宙时 $0\sim10^{-43}$s。宇宙背景约 10^{32}K,宇宙从量子涨落背景涌现出来,这个阶段称为普朗克时间。这是个过渡混沌状态,在这个时空范围之内(普朗克时间),依据现在的科学发展阶段,科学家同样是不能对其施以观测和分析研究的。

③宇宙暴涨阶段,宇宙时 $10^{-43}\sim10^{-32}$s。大爆炸后 10^{-35}s,宇宙背景温度约 10^{27}K,宇宙发生了暴涨,暴涨仅持续了 10^{-33}s,在此瞬间,宇宙经历了 100 次加倍(2^{100}),暴涨之后的宇宙尺度是先前尺度的 10^{30} 倍(有的资料显示为 10^{50} 倍),并在瞬间,形成了包括我们的宇宙在内的多个宇宙。10^{-33}s 什么意思? 1 后面几十个零分之一秒,就是在这么短的时间之内,宇宙发生了一次大爆炸。在这个阶段,宇宙已经冷却到一定程度,引力分离出来并独立发挥作用。宇宙中的其他力——强、弱相互作用和电磁相互作用仍为一体。

前面已经讨论过了,暴涨宇宙理论认为,暴涨的是宇宙本身,即空间与时间本身,并不违反基于狭义相对论推出的“光速藩篱”。

④宇宙对称破缺的阶段,宇宙时 $10^{-32}\sim10^{-6}$s。夸克、胶子等粒子产生出来,标志着宇宙的实际起源。此阶段宇宙已经冷却到强相互作用可以分离出来,而弱相互作用及电磁相互作用仍然统一于电弱相互作用。请大家注意,在此之前,宇宙处于纯能量状态,没有实物粒子。第一批实物粒子的产生标志着宇宙对称破缺的完成,而宇宙是实物宇宙,因此,科学家们把第一批实物粒子的出现视为星空或宇宙的起源。

2. 星空演化

根据暴涨宇宙学说,科学家将星空的演化显现、设定、建构为以下几个阶段:

①强子时代,宇宙时 $10^{-6}\sim10^{-4}$s。宇宙演化大致经历了如下环节,第一就是强子时代,时间大概是 $10^{-6}\sim10^{-4}$s。在这个时间范围内,因为能量下降,夸克独立存

在的能量环境不存在了，所以夸克进入“袋”中，就形成了质子、中子及其反粒子等，这时强子很多，所以把它称为强子时代。宇宙变得足够冷，电弱相互作用分解为电磁相互作用和弱相互作用。至此，现有宇宙的四种相互作用均已独立呈现。电子、中微子以及相应的反粒子等轻子家族需要等宇宙继续演化至 10^{-4} s，才能从与其他粒子的平衡相中分离出来。其中中微子一旦从物质中退耦，将自由穿越空间，原则上可以探测到这些原初中微子。

②轻子时代，宇宙时 10^{-4} ~1 s。第二个阶段就是轻子时代，时间是 10^{-4} ~1 s，温度进一步降低 10^{11}k。这时因为多种因素，轻子居主导地位，所以称为轻子时代。宇宙时 10^{-2} s，宇宙背景温度下降到约 1000 亿 K，光子、电子、中微子为主，质子、中子仅占 10 亿分之一，宇宙处于热平衡态，体系急剧膨胀，温度和密度不断下降。大爆炸后 10^{-1} s 后，约 300 亿 K，中子、质子比从 1.0 下降到 0.61。

③核合成时代，宇宙时 1s ~ 10^4 年。大爆炸后 1 s 后，约 100 亿 K，中微子向外逃逸，正负电子湮灭反应出现，核力尚不足束缚中子和质子。宇宙进入辐射时代，为什么叫辐射时代呢？因为这一阶段大量的正负粒子发生碰撞、湮灭，产生出大量的光子，所以在这个时期，光子非常非常多。大爆炸后 10 s 后，约 30 亿 K，宇宙进入核合成时期。氢(氘、氚)、氦类稳定原子核(化学元素)形成。当宇宙冷却到 10^9K 以下，宇宙时约 100 s 后，粒子转变不可能发生了。核合成计算指出，重子密度仅占拓扑平宇宙所需物质的 2% ~5%，强烈暗示了其他物质能量的形式(非重子暗物质和暗能量)充满了宇宙。大爆炸后 35 分钟后，约 3 亿 K，原初核合成过程停止，此时，尚不能形成中性原子。

④原子时代或物质时代，宇宙时 10^4 ~ 10^6 年。大爆炸后 10^{11} s(10^4 年)，温度约为 10^5K，宇宙进入物质期。在宇宙早期历史中，光主宰着各能量形式。随着宇宙膨胀，电磁辐射的波长被拉长，相应光子能量也跟着减小。辐射能量密度与尺度(R)和体积($4\pi R^3/3$)的乘积成反比例减小，即按 $1/R^4$ 减小，而物质的能量密度只是简单地与体积成 $1/R^3$ 反比例减小。一万年后，物质密度追上辐射密度且超越它，从那时起，宇宙和它的动力学开始为物质所主导。大爆炸 30 万年后，约 3000K，化学结合作用使中性原子形成，宇宙主要成分为气态物质，并逐步在自引力作用下凝聚成密度较高的气体云块，直至形成恒星和恒星系统。量子真空在暴涨期达到全盛，之后便以暗能量的形式弥漫于全宇宙，且随着物质和辐射密度迅速减小，暗能量越来越明显。暗能量可能占据宇宙总能量密度的 2/3，从而推动了宇宙加速膨胀。2008 年 WMAP 团队给出了结合宇宙微波背景辐射和其他观测数据的结果，显示当今的宇宙含有 72% 的暗能量、23% 的暗物质、4.6% 的常规物质和少于 1% 的中微子。

⑤星系时代，宇宙时 10^6 ~50 亿年。第五个环节就是星系的形成，也叫星系时代，时间大概是 100 万年到几十亿年。这是宇宙真正形成的时期，为什么呢？因为宇宙的结构单位不是恒星，而是星系，星系的形成就表明宇宙真正形成了。宇宙经过一百多亿年的演化，到今天它的温度已经降到了 2.7K 左右了。注意，这里说的是宇宙的背景温度降到 2.7K，这是非常低的温度，换算为摄氏温度约为-270℃。

（二）星空起源与演化方式

接下来讨论第二个问题——星空的起源与演化方式。星空起源与演化的基本方式是什么？或者说，星空是以什么方式起源与演化？20 世纪中后期，以耗散结构、协同学、混沌理论为代表的非平衡态自组织理论已经做了结论，这个结论就是：星空或宇宙是以自组织的方式起源与演化的。

先分析讲解“他组织”与“自组织”这两个概念。

1. 他组织与自组织辨析

什么叫他组织呢？就是在外界指令作用之下形成的有序结构及其过程。比如坐在教室里面非常有序，为什么有序呢？因为我们是按照一个指令来坐的，老师被安排在教室的讲台上站着，学生则被安排在教室的板凳上坐着，这是一个外在指令作用之下形成的结构及其过程，所以叫他组织。

那么什么叫自组织呢？就是在没有外界指令作用的情况之下，物质系统自发形成的有序结构及其过程。在大学学习热力学时，老师跟我们讲了一个案例——“贝纳德花纹”，即一盘液体当它底部和表面温差达到一个特定值（阈值）时，这盘液体就会自发形成一个相对稳定的蜂窝状结构，你把它剖开看是一个蛋卷式结构，这就是贝纳德花纹。贝纳德花纹的形成没有外界指令，是自发形成的，这就是自组织。依照非平衡态自组织论的观点，所有的自然物质系统都是以自组织的方式存在和演化的。

2. 自组织发生的条件

自组织发生需要哪些条件呢？根据普里戈金等科学家的研究，他们认为自组织发生的条件主要有以下五个：第一，远离平衡态，即系统内可测的物理性质极不均匀的状态；第二，要素之间的相互作用以非线性相互作用为主；第三，系统必须对外开放，也就是必须与外界有物质能量信息的交流；第四，必须有巨涨落；第五，系统内部存在着正反馈机制。对于自组织发生而言，正反馈很重要，正反馈是导致既有结构消解和新结构涌现的关键因素。正反馈对自组织现象而言，可以说是不可或缺的一个机制，为什么？因为正反馈能够导致信息倍增，能够产生或者创造出新的意义，涌现出新的自组织系统。

三、星空的过去与未来

在分析讲解“星空的过去与未来”之前，请大家思考以下三个问题：第一个问题——宇宙爆炸之前有什么？或宇宙爆炸之前是什么状态？记得多年前我在看奥古斯汀的相关材料的时候，奥古斯汀说过一句话，他说：“某些人对上帝创造天地之前说三道四，上帝为那些胆敢追究如此深刻的命题的人准备好了地狱。”什么意思？就是这个问题不可讨论。我认为如果从佛学的缘起论这个角度分析讨论这个问题，就可以避免奥古斯汀式的非理性解答。

第二个问题——我们的宇宙将向何处去？是无限制地膨胀下去，或是膨胀到一定时候会停止膨胀，转而开始收缩？这个问题也是宇宙学家们高度关注的问题。如果大家感兴趣，可以去阅读相关材料。

第三个问题，前面介绍的宇宙的存在和演化，特别是宇宙的演化，依据的是大爆炸宇宙学说或暴涨宇宙学说。支持大爆炸宇宙学说或暴涨宇宙学说的证据究竟有哪些？为什么学术界将其称为标准宇宙模型？因为它获得了五个非常重要的天文观察证据支持。①星系的谱线红移。星系的谱线红移是一个天文观察事实，就是我们去观察银河系之外的几乎所有星系，它们都会以非常高的速度远离我们而去。②1947 年，伽莫夫提出大爆炸宇宙模型，认为宇宙存在一个背景温度 5 K。到了 20 世纪 60 年代，当时有两个科学家，一个是威尔逊，一个是彭吉亚斯，他们是研究无线通信的。他们在研究无线通信时发现存在一种发生在微波段的电磁波干扰，他们努力去找寻这种干扰的来源，一直没有结果。这时有学者给他们建议，1947 年伽莫夫提了一个很重要的观点，预测宇宙存在一个微波背景辐射，即很低的宇宙背景温度，你们可以按这个思路探索。然后这两个科学家就按照这个思路去检测，果然发现导致这个无线电微波段通信干扰的根源就是这个宇宙微波辐射。这个发现对暴涨宇宙模型或大爆炸宇宙模型成为标准宇宙模型，可以说是最重要的天文观察证据。③氦的含量在 25% 左右。根据大爆炸宇宙模型，在宇宙中氦的分布在 20% ~30%，而今天所看到的氦的丰度为 25% 左右。④老龄星团小于宇宙年龄。根据目前的天文观察结果，宇宙中老龄星团的年龄小于宇宙年龄。⑤宇宙背景温度有微弱起伏。这个证据很有意思，前面不是讲宇宙起源有个过渡混沌状态，科学家们发现宇宙这个背景温度或微波背景辐射有一个幅度，大约是 2. 72548 ± 0. 00057 K 这个值。这五个重要的天文观测证据都非常支持宇宙爆炸学说或宇宙暴涨学说。

不过这仅仅是关于星空存在或演化的科学图景，是否存在外在于意识人类的所谓“真实宇宙”？前面分析讲解的星空存在或演化的科学图景是否就是“真实宇宙”存在与演化的真实状况？我们在分析讲解第五个故事时再来回应这两个问题。

知识卡片:过去视界和未来视界

大爆炸时空的一个重要特点就是视界的存在。由于宇宙具有有限的年龄，并且光具有有限的速度,从而可能存在某些过去的事件无法通过光向我们传递信息。从这一分析可知,存在这样一个极限或称为过去视界,只有在这个极限距离以内的事件才有可能被观测到。另一方面,由于空间在不断膨胀,并且越遥远的物体退行速度越大,从而导致发出的光有可能永远也无法到达那里。从这一分析可知,存在这样一个极限或称为未来视界,只有在这个极限距离以内的事件才有可能被我们所影响(也就意味着,我们将不得不面对一个无法借助电磁波实施有效观察的绝对黑暗的宇宙背景)。

以上两种视界的存在与否取决于描述宇宙的 FLRW 模型的具体形式:我们现有对极早期宇宙的认知意味着宇宙应当存在一个过去视界,不过在实验中的观测仍然被早期宇宙对电磁波的不透明性所限制,这导致在过去视界因空间膨胀而退行的情形下依然无法通过电磁波观测到更久远的事件。另一方面,假如宇宙的膨胀一直加速下去,宇宙也会存在一个未来视界。

我们的问题是:如果宇宙学进入引力波天文学时代,可以突破上述两种视界吗？另外,是否存在所谓的“宇宙墙(35 亿光年)”？

第四节　禅与星空的对话

最后分析讲解这一章的第五个故事——禅与星空的对话。我们尝试从佛学三谛和科学三谛的维度分析解读星空存在与演化的科学图景,以此间接地实现禅与星空的对话、东方智慧与西方科学的对话以及两个轴心时代的对话。

一、佛学和科学的解读

(一)佛学的解读

佛学有关星空存在与演化科学图景的解读可以简要地概括为以下三个维度。

其一,佛学之俗谛解读。依据佛学之俗谛可以这样解释:原本没有星空,星空是各种条件因缘和合的产物,其自性为空。星空的存在与演化都是有为法,是特定时期的在场的科学图景,皆源于心造,不可执念于它们,故“是名星空”。

其二,佛学之真谛解读。依据佛学之真谛可以这样解释:“实相者,即非实相,是名实相”,即实相非相;“凡所有相,皆为虚妄”,故实相非相。原本没有星空,星空本来空。或者这样说,星空的本来面目是所有意识活动都使不上劲、用不上力的不在场的所谓“非对象性无”或“无指称空”。

其三,佛学之圆谛解读。依据佛学之圆谛可以如此解读:星空者,即非星空,是名星空。诚如“大千世界,即非大千世界,是名大千世界”。也就是说,星空非不在场的非对象性“空”,星空是在场的对象性“有”;星空本来面目非在场的对象性“有”,而是不在场的非对象性“空”;不在场的非对象性“空”与在场的对象性“有”不二。即星空不空,星空非有;星空即空,空即星空。

(二)科学的解读

科学有关星空存在与演化科学图景的解读也可以概括为以下三个维度。

其一,科学之俗谛解读。依据科学之俗谛可以这样解释:星空或星空存在与演化的科学图景是特定时代的科学家们特定科学实践活动的成果,只是一种科学解释或科学图景而已。我们对此应该保持批判怀疑态度。我们相信,随着科学实践的进步,这一科学图景必然会随之而改变。诚如被冷冻百年之后再被唤醒的学生所面对的星空存在与演化的科学图景肯定有很多的改变,甚至可能面目全非。

其二,科学之真谛解读。依据科学之真谛可以这样解释:有关星空的科学理论是一个不断革命、不断被证伪的过程,因此,有关星空存在和演化的科学图景,完全可能在某个时候发生格式塔转换,由一种科学图景转换为本质上不同的另外一种科学图景。比如,古希腊罗马时代的托勒玫地心说,千余年以来一直被视为绝对真理,而到了近代之后,在哥白尼、开普勒、牛顿等科学家的持续努力下转变为所谓科学的日心说。也就是说,所有在场的科学图景都是可以被证伪的。

其三,科学之圆谛解读。依据科学之圆谛可以如此解读:星空者,基于电磁波天文学的星空也,即非星空,非真实意义上的星空,只是电磁波天文学意义上星空而已。依据科学实践哲学的观点,科学本质上只是基于特定语境中的地方性知识,因此,我们坚定地相信,未来的引力波天文学将会彻底解构电磁波天文学,开启宇宙学研究的全新时代,星空存在与演化的科学图景也必将会焕然一新。

二、禅与星空的对话

下面讲第五个故事:禅与星空的对话。在这个故事中跟大家分析讨论一个问题,就是佛学的智慧和科学的精神,二者的两极相通,或者说用《易经》的话讲就是“同归而殊途,一致而百虑”。

我们尝试从以下几个方面分析讲解这个动人的故事。

(一)一切诸法,皆由心造

佛学强调这个世界是因人而有的,坚持“心为法本”。佛学认为:“一切诸法,皆由心造。”前面说过人生难得,人能弘道,非道弘人。《坛经》明确指出:“一切修多罗(佛学经典)及诸文字,大小二乘、十二部经,皆因人置。因智慧性,方能建立。若无世人,一切万法本自不有。故知万法,本自人兴。一切经书,因人说有”。在《传心法要》这个书里面,作者认为,“心生则种种法生,心灭则种种法灭。故知一切诸法,皆由心造。乃至人天地狱六道修罗”,就是说心生法生,心灭法灭,包括前面讲的佛学中的六道轮回,皆是因人而有,皆由心造,皆不可执著。《金刚经》讲,“若取法相,即著我、人。若取非法相,即著我、人。是故不应取法,不应取非法,即是取真法、正法也”。如果把这个道理搞清楚了,其实也就彻底地解脱了,也就明白了佛法实为不二之法,既不是正法,也不是非法或邪法,不是“有为法”,也不是“无为法”,正所谓“邪正俱不用,清净至无余”(《坛经》)。所以,佛陀讲常、无常,皆为破凡夫、二乘之执。就像我们医病一样,皆是权宜之法,也就是方便说法。所有的佛法,皆为方便说法,目标都是将人从文字相中解放出来,从逻辑中、概念中解放出来,成为不受语言文字束缚的“活汉”或马克思意义上的“自由自觉”之人。所以,佛学禅宗坚持“应无所住而生其心”。

(二)人创造了人的世界

马克思主义实践哲学坚持意识人类实践活动的至上性,坚持认为,现实的意识人类借助现实的社会性实践活动,如此这般地显现、设定、建构、创造或生成了仅仅对人有意义的世界。意识人类存在的实践性,也就是人类的创造性、未完成性和无限的开放性。意识人类存在的实践性其实就是人类的类特性,也就是人之为人的根本。这是马克思主义关于意识人类的一个非常重要的一个观点,其实也就是马克思主义的实践观。在后面一个专题,要重点讲马克思主义实践观,这里先简要地梳理这一思想。在马克思主义看来,所进行的能动地改造世界的一切社会性的客观物质活动,就是实践。近代哲学对哲学基本问题的理解,存在一个根本性缺陷,就是离开了意识人类的现实实践活动及其历史发展去回答“思维和存在”的关系问题,长时期纠缠于抽象的唯心唯物问题。正是针对这种情况,马克思深刻地指出,“哲学家们只是用不同的方式解释世界,而问题在于改变世界”。

前面也介绍过海德格尔、萨特的观点,比如说萨特就说,“我使意义来到事物中”,事物本身没有意义,事物的意义是因人而有的。海德格尔也指出,“语言是存在的家”“语言是人的存在的基础①”。张世英认为,“世界因人而有意义,无人的世界是没有意义的,也不成其为世界。正是根据这个道理,海德格尔指出,动物没有世界”。“语言划破、裂开了被遮蔽的铁板一块的状态,为这种荒芜之地开辟了道路,为它‘去蔽’而使之成为‘世界’,即成为人的世界(只有人才有‘世界’),成为对人有意义的世界,所以,‘只有在有语言的地方才有人的世界’,语言使人之‘在世’得以可能。”“海德格尔说:‘动物没有世界。’海德格尔的‘世界’不是单纯在场的东西、单纯的诸存在者,而是对在场的东西的超越,对现实的诸存在者的超越,从更高的高度说是超越‘有’以达于‘无’,只有人能作这种超越,因而只有人才有‘世界’”②。海德格尔还指出,“如果没有此在生存,也就没有世界在‘此’”。这里的“此在”是特指显现了自觉意识的意识人类,而“此在”的“本质”就在于它的生存。贺来认为,在海德格尔看来,“生存”是“此在”的本质,认识只是此在在世的一种存在方式,与人的意识和认识领域相比,人的生存活动具有更为根本的奠基性意义。

我们所说的这个世界,即对人类有现实意义,即可以被我们如此这般指称和建构性描述言说的在场的现实世界,源自意识人类的现实实践活动,是意识人类赋予了这个在场的世界以意义,或者按照马克思的说法,这个世界是打上了意识人类实践活动烙印的在场的人化的自然界。

(三)“天下何思何虑?天下同归而殊涂,一致而百虑,天下何思何虑?”

第三点我们分析讨论“禅与星空的对话”,分析讨论佛学和科学是否是“同归而殊途,一致而百虑”的问题。我们尝试从以下三个方面分析讨论这个问题。

其一,从“缘起性空”与“唯识无境”分析讨论这个问题。我们认为,佛学与现代宇宙学一样都认为在场的或对象性存在意义上的星空,即对象性星空,原本不存在,为什么?第一,“缘起性空”观认为,原本没有对象性星空,因为星空是因缘和合而生的,其自性为空,星空也会因为因缘散尽而不复存在,这与现代大爆炸宇宙学说有关对象性星空的观点说法各异、本质一致。第二,“唯识无境”观认为,对象性星空是因识而现、因心而有的,并不存在外在于“心”“识”的星空,这与现代大爆炸宇宙学说其实也是不矛盾的。各位想一想,如果没有科学家进行天文观测,没有科学家进行如此显现、设定、建构、创造,会不会有在场的大爆炸宇宙学说,会不会

① 海德格尔.海德格尔诗学文集[M].成穷,余虹,作虹,译.武汉:华中师范大学出版社,1992:214.

② 张世英.进入澄明之境:哲学的新方向[M].北京:商务印书馆,1999:65,82-83,89.

有科学家依据这一宇宙学说所显现、设定、建构、创造或生成的在场的星空存在和演化的科学图景？肯定不会有的。

其二，从“应无所住而生其心”分析讨论这个问题。前面讲过，大乘佛学所倡导的“应无所住而生其心”思想被西方学者誉为东方精神的精髓。这一思想强调不执著，强调不要执著于任何的星空存在与演化的科学图景。我们尝试借助如下的思维实验予以分析讨论：在参阅了大量最新的科学文献的基础之上，我在课堂上刚给同学们讲了星空存在和演化的科学图景。紧接着我们把正在听我课的所有同学做一个急冻试验，急冻 1000 年，1000 年之后，那个时代的意识人类通过先进的技术把这批学生再复原，恢复其生命与意识，然后请他们听 1000 年之后的另外一个老师根据他所处时代的宇宙学理论，跟这些苏醒过来的大学生、研究生们分析讲解星空存在和演化的科学图景。大家想一想，会跟我刚才所讲的星空存在与演化的科学图景一样吗？肯定不会的。为什么？因为意识人类的科学认识实践能力已经发生了非常大的变化。1000 年之后的科学家们根据当时的科学认识实践水平，他们所勾勒出来的星空存在和演化的科学图景，与我们今天根据这个时代的科学认识实践水平所勾画出来的科学图景肯定不一样。这也就是我们为什么在取这个题目时，特地取名为“星空存在与演化的科学图景”。其实就是佛学讲的，不要执著于既有的理论和观点，所有的理论、观点都只是方便说法而已，其中并无所谓的绝对真理、究竟观点，正如惠能在《坛经》中所讲的，“无念为宗，无相为体，无住为本。”所以，我们才说“星空者，即非星空，是名星空”，所谓的暴胀宇宙，只是一种关于星空存在与演化的科学图景而已。

从“应有所住而生其心”分析讨论这一问题。我们认为，应该以马克思主义实践观扬弃佛学与科学，或给予佛学和科学以统一的分析说明。为此，强调在“应无所住而生其心”的基础上，应该进一步提倡“应有所住而生其心”。我们坚持马克思主义“改变世界”的态度与观点，坚持“择善而从，创新创造”的态度和观点，反对执著于“解释世界”。“择善而从”，就是尽其所能学习研读相关文献，选择相对比较合理的某种有关星空存在与演化的理论学说，予以有限度的坚持并宣讲；“创新创造”，就是不要执著于既有的任何关于星空存在与演化的理论学说，不要执著于“解释世界”，而应该在充分学习研究既有相关科学文献的基础之上，积极参与相关的科学实践活动，致力于显现、设定、建构、创造或生成有关星空存在与演化的新的理论学说及其科学图景，也就是积极地致力于“改变世界”，积极地致力于“应有所住而生其心”。当然，马克思主义实践观坚持认为，所有星空存在和演化的科学图景皆是特定时代的科学实践的对象化产物，皆不具有终极意义，皆为历史性图景，对此应“生无所住心”，即“应无所住而生其心”。

第八章　马克思主义实践观与广义超元论

马克思主义实践观是广义超元论的理论基础,广义超元论则是在马克思主义实践观指导下开展的创新性发展和创造性转化的理论尝试。马克思主义实践观是广义超元论自始至终坚持的基本观点、基本原则,广义超元论则是马克思主义实践观的继承、应用与发展。

现在分析讲解第八章,也是"广义超元论与智慧的秘密"的最后一章,"马克思主义实践观与广义超元论"。我想和大家分析讨论以下两个重要问题:一是马克思主义实践观;二是广义超元论。

第一节　马克思主义实践观

如何评价马克思和马克思主义?如何以俗谛、真谛、圆谛的视角诠释马克思主义实践观?如何厘清马克思主义哲学中涉及的社会实践、社会存在、实践辩证法、历史辩证法、辩证唯物主义、新唯物主义、实践唯物主义、历史唯物主义等范畴概念?是这一部分希望讲清楚的问题。

引言:如何评价马克思和马克思主义

1. 习近平对马克思和马克思主义的评价

2018 年 5 月 4 日,习近平代表中国共产党在纪念马克思诞辰 200 周年大会上对马克思和马克思主义有十分精到的评价。习近平如是说:"马克思是全世界无产阶级和劳动人民的革命导师,是马克思主义的主要创始人,是马克思主义政党的缔造者和国际共产主义的开创者,是近代以来最伟大的思想家""马克思给我们留下的最有价值、最具影响力的精神财富,就是以他名字命名的科学理论——马克思主义。这一理论犹如壮丽的日出,照亮了人类探索历史规律和寻求自身解放的道路""马克思的思想理论源于那个时代又超越了那个时代,既是那个时代精神的精华又是整个人类精神的精华”“马克思主义是科学的理论，创造性地揭示了人类社会发展规律。马克思创建了唯物史观和剩余价值学说，揭示了人类社会发展的一般规律，揭示了资本主义运行的特殊规律，为人类指明了从必然王国向自由王国飞跃的途径，为人民指明了实现自由和解放的道路”“马克思主义是人民的理论，第一次创立了人民实现自身解放的思想体系。马克思主义博大精深，归根到底就是一句话，为人类求解放。在马克思之前，社会上占统治地位的理论都是为统治阶级服务的。马克思主义第一次站在人民的立场探求人类自由解放的道路，以科学的理论为最终建立一个没有压迫、没有剥削、人人平等、人人自由的理想社会指明了方向”“马克思主义是实践的理论，指引着人民改造世界的行动。他说，‘全部社会生活在本质上是实践的’‘哲学家们只是用不同的方式解释世界，而问题在于改变世界’。实践的观点、生活的观点是马克思主义认识论的基本观点，实践性是马克思主义理论区别于其他理论的显著特征”“马克思主义是不断发展的开放的理论，始终站在时代前沿。马克思一再告诫人们，马克思主义理论不是教条，而是行动指南，必须随着实践的变化而发展。一部马克思主义发展史就是马克思、恩格斯以及他们的后继者们不断根据时代、实践、认识发展而发展的历史，是不断吸收人类历史上一切优秀思想文化成果丰富自己的历史”“马克思主义极大推进了人类文明进程，至今依然是具有重大国际影响的思想体系和话语体系，马克思至今依然被公认为‘千年第一思想家’。”习近平继续说道：“对待科学的理论必须有科学的态度。恩格斯深刻指出：‘马克思的整个世界观不是教义，而是方法。它提供的不是现成的教条，而是进一步研究的出发点和供这种研究使用的方法。’恩格斯还指出，我们的理论‘是一种历史的产物，它在不同的时代具有完全不同的形式，同时具有完全不同的内容’。”也就是说，马克思主义实践观坚持“实践不息，理论常新”，反对将包括自己创立的理论在内的所有的理论学说视为绝对真理的观点，坚持认为，没有也不可能有“解释世界”的终极方案、科学学说，意识人类的永恒使命是择善而从、创新创造，是致力于持之以恒地“改变世界”，致力于实现意识人类个体的自由而全面发展，实现全体意识人类的彻底解放。

2. 学界对马克思和马克思主义的评价

时任教育部马克思主义理论类专业教学指导委员会主任、北京师范大学哲学学院杨耕教授在接受《中华读书报》采访时指出，作为“哲学家”的马克思与他所批评的“哲学家们”的根本分歧就在于：“哲学家们”以追问“世界何以可能”为宗旨，马克思则以求索“人类解放何以可能”为宗旨；“哲学家们”以超历史的方法追问世界的“终极存在”，马克思则以一种历史的方法求索世界何以成为这样的存在；“哲学家们”重在“认识世界何以可能”，马克思重在“改变世界何以可能”。所以，马克思在《德意志意识形态》中明确指出："全部问题都在于使现存世界革命化，实际反对并改变现存的事物。"杨耕认为："马克思仍然'活'在当下，其基本精神就是对资本主义制度本质的深刻批判。正是由于深刻地把握了人与世界的总体关系，深刻地把握了人类社会发展的一般规律，深刻地把握了资本主义生产方式运动的规律，由于所解答和关注的问题深度契合着当代世界的重大问题，所以，产生于19世纪中叶的马克思的哲学又超越了19世纪这个特定的时代，并具有内在的当代意义""马克思'死而不亡'，马克思的哲学仍然是这个时代的真理和良心；我深深地理解，为什么在世纪之交、千年更替之际，马克思被人们评为'千年来最有影响的思想家'且居于榜首[①]。"也就是说，在杨耕看来，马克思围绕着"改变世界何以可能"这一全新问题，开创了致力于彻底批判抽象本体论、批判资本主义制度，致力于"实际反对并改变现存的事物"的社会性实践活动的全新的哲学理论——马克思主义。

下面借助国内马克思主义理论学界相关学者的相关学术观点，尝试分析介绍马克思主义实践观的俗谛——实践观、真谛——自由解放观和圆谛——历史唯物主义的基本内容或主要观点。

一、马克思主义实践观的俗谛

马克思主义实践观的俗谛就是关于"实践"的基本观点，即狭义的实践观。我们之所以将其界定为广义的马克思主义实践观的俗谛，主要理由是，深刻理解经马克思改造之后的实践概念，是我们进入和理解马克思主义思想体系的关键，正是以这一全新的实践概念为基础，马克思才创立了以他的名字命名的马克思主义，实践的观点是马克思一生所坚持的核心观点，实践的思想贯穿于马克思主义的整个思想体系。狭义的实践观对马克思主义的重要性，如同缘起论对佛学的重要性。只有真正理解了马克思的"实践"，才能真正理解他所创立的马克思主义；同样地，只有真正理解了释迦牟尼的"缘起"，才能真正理解他所创立的佛学。

孙正聿认为，20世纪以来，人们常常把马克思在哲学史上所实现的哲学革命称为"实践转向"。这种"实践转向"既是以人的存在方式——实践为中介解决近代西方哲学的主—客二元对立，解决经验论与唯理论、物质与精神的二元对立，更是从人的实践活动及其历史发展去寻求意识人类的自由解放之路。

国内马克思主义学界一致认为，实践的观点是马克思主义哲学首要的、基本的观点。我们尝试从以下几个方面分析讲解狭义的马克思主义实践观。

---

① 陈香.杨耕的哲学人生：生命与使命同行[N]中华读书报，2018-03-07(6).

（一）人之为人的关键在于其实践性

孙正聿认为："实践是人的存在方式，哲学的生活基础是人类的实践活动及其历史发展""人创造了自己，人创造了人的世界；人永远创造着自己，人永远创造着人的世界；人永远是未完成的存在，人的世界永远是未完成的存在"。人类存在的实践性，即人类的创造性、未完成性和无限的开放性。人类存在的实践性就是人类的类特性，是人之为人的关键所在，是人区别于动物的根本标志。

（二）实践及其特点、类型

在马克思看来，"实践就是人类为了自己的生存和发展所进行的能动地改造世界的一切社会性的客观物质活动"。李秀林认为，"实践的基本特点是客观现实性、自觉能动性、社会历史性"。客观现实性是讲实践只是对意识人类有现实意义；自觉能动性是讲实践通过现实的人的现实的显现、设定、建构、生产、创造活动体现出来；社会历史性讲的是实践具有相对性、暂时性，不可能不受到特定时代、特定历史条件的限制。

实践是一种能动的、主观见之于客观的、历史性的感性物质活动，其具体表现形式有处理人类生产生活关系的生产实践、处理人类社会关系的政治实践和处理人与自然关系的科学实践。我们认为，可以将人类的实践形式更具体化为以下基本类型：显现或显示、设定或设计、建构或发明、生产或制造、创新或创造等现实的人所开展的现实的、历史的、能动的、改变世界的、感性的社会性物质活动。

（三）实践是解决"思维和存在的关系问题"的基础

孙正聿认为，"整个近代哲学始终在思维与存在、客观与主观、主体与客体的二元对立中寻求思想的客观性，因而始终是在'认识论'的意义上去回答作为哲学基本问题的思维和存在的关系问题。这表明，近代哲学对哲学基本问题的理解存在着一个根本性的缺陷，这就是离开人的实践活动及其历史发展去回答'思维和存在的关系问题'。正是针对这种状况，马克思尖锐地指出'哲学家们只是用不同的方式解释世界，而问题在于改变世界'"。

我们认为，任何试图给予世界最终解释的活动必须先有个抽象本体预设，即某个先验主体或先验客体的预设，否则难以将解释世界的逻辑贯彻到底。这在马克思看来，由于这些预设的不可证明性，基于这些预设的解释体系也不可能获得所谓最终的证明。这样一来，基于不同预设的解释世界的理论体系之间的争论也将永无宁日。所以，马克思是反对借某种抽象本体去解释世界的。在马克思看来，认识的真理性不是来自也不可能来自抽象的思辨活动，只能来自现实的、具体的、历史的、主观见之于客观的感性的社会性实践活动，改变世界才是人类应该去追求的，也就是说，马克思主张与其致力于不可能有最终结果的解释世界的活动，不如致力于改变不合理的现实世界的现实实践活动。

（四）实践使自然的世界变成“属人的世界”

孙正聿认为，“实践是主体与客体关系、主观与客观关系的基础。同时，人在自己的实践活动中，使自在的自然变成‘属人的自然’‘人化了的自然’，也就是使自然的世界变成‘属人的世界’。实践使世界二重化为‘自在的世界’（自然的世界）和‘自为的世界’（属人的世界）”。在绝大多数学者看来，“属人的世界”是意识人类本质力量的对象化产物，源于意识人类的实践活动，而自在的自然却外在于意识人类，与其实践活动无关。也就是说，如果没有人类的实践活动也就没有所谓的“属人的世界”，只有自在的世界。我个人不同意这个观点。我们认为，如果依据马克思“被抽象地、孤立地理解，被固定为与人分离的自然界，对人来说也是无”的思想，也可以推论出——如果没有人类的实践活动也就没有对人类有现实意义的所谓的“自在的世界”或“自然的世界”的结论。

我提一个问题，建议大家认真思考：自在的世界是不是“与人分离的自然界”？如果是，它就是不在场的非对象性存在“无”，即对意识人类没有现实意义的不在场的非对象性世界或非人类的世界或非人定的世界或“不在场的人定世界”；如果不是，它就应该是对意识人类具有现实意义的在场的对象性存在“有”，即广义的“属人的世界”或人类的世界或人定的世界或“在场的人定世界”。我们的观点很明确：所谓自在的世界本质上也是属人的世界，它是意识人类根据狭义的“属人的世界”推论出来的、尚未打上人类实践活动烙印的、可以被人们如此这般指称和想象性描述言说的在场的形下学意义上的对象性世界或“人类的世界”或“人定的世界”或“在场的人定世界”。就如同我们根据已知自然界推论出的未知自然界一样，无论是可以被指称和实证性、唯象性、想象性描述言说的已知自然界，还是只可能被指称和想象性描述言说的未知自然界，本质上都是对意识人类具有现实意义的在场的形下学意义上的对象性世界或“人类的世界”或“人定的世界”，两者共同构成了一显一隐或一阴一阳的在场的形下学意义上的“人类世界”或“人定世界”或“世界”或“存在”。

（五）实践是一种对象化活动

马克思认为，实践是一种对象化活动。“对象化”，就是通过人的实践、人的活动、人的本质力量凝聚和体现在作为对象的自然之上,人的主体能动性体现在自然由于人的活动所产生和显现出来的新的规定性中。这样人所面对的自然界,就是人通过劳动或实践创造、占有和“再生产”的自然界,是获得了人的本质的自然界,也就是“人化的自然界”。这种“人化的自然界”,是人的因素与自然因素的统一,是人类实践的作品,是真正的、人类学意义上的自然界。这样,马克思的人化自然观就不再把自然界看成纯粹的、天然的自然界,而是看成一种在场的、现实的对象性存在,这是对以往的抽象自然观或自然唯物主义自然观的超越。

在马克思“实践是一种对象化活动”观点的基础之上,我们尝试做出如下推论:获得了人的本质的包括在场的形下学世界和在场的形上学世界在内的所谓现实世界,即意识人类如此这般显现、设定、建构、生产、创造或生成的,可以被意识人类如此这般指称和建构性描述言说的对象性世界或人类的世界或人定的世界或“在场的人定世界”,也就是马克思意义上的在场的历史存在、社会存在、“属人的世界”。

马克思说,被抽象地、孤立地理解,被固定为与人分离的自然界,即自然唯物主义所坚持的那个抽象自然界或先验自然界,对于意识人类是不具有现实意义的,即对人来说也是无,或者说,与人类实践活动完全无关联的自然界,是人类无法对其起心动念的永恒不在场的非对象性存在“无”或非人类的世界或非人定的世界或“不在场的人定世界”。这里有一个问题,建议大家认真思考:如何理解马克思意义上的不在场的“无”? 如何理解不在场的非对象性存在“无”?

我们的观点是:从“本原”上看,那个需要人类全部实践活动才能予以证明的自然唯物主义意义上的“抽象自然界”或“先验自然界”或“物质”,在马克思看来是对意识人类不具有现实意义的永恒不在场的非对象性存在“无”或无指称“空”,非对象性存在“无”肯定是先于意识人类、先于人类实践的所谓的“本原存在”,这是所有唯物主义者必须坚持的基本观点或必须坚守的基本信仰,是马克思实践观的重要预设或基本前提。但是,从“现实性”上看,也就是从“感性的人的活动”“实践”“主体”上看,意识人类的实践活动不仅先于在场的对象性存在“有”,也肯定先于不在场的非对象性存在“无”。因为,在我们看来,离开了意识人类的实践活动,无法谈论“存在”,一旦谈论“存在”,无论是对意识人类具有现实意义的在场的对象性存在“有”,还是对意识人类没有现实意义的不在场的非对象性存在“无”或无指称“空”,一定是与意识人类及其实践活动发生了某种联系的。因为,即使是不在场的非对象性存在“无”,是也只能是意识人类为了将在场的对象性存在“有”的对象性、历史性、现实性、实践性、主体性、社会性说清楚而设定出来的,否则,任何人也无法意识到“先于历史存在”的不在场的非对象性存在“无”或无指称“空”,尽管“无”或“空”是对于意识人类没有现实意义的非现实世界。也就是说,原本没有意识人类,原本没有人类实践,原本当然也就没有可以被如此指称和描述言说的,即对意识人类具有现实意义的在场的对象性存在“有”或人类的世界或人的世界或“在场的人定世界”,没有不能被指称和描述言说的,即对意识人类不具有现实意义的不在场的非对象性存在“无”或非人类的世界或非人定的世界或“不在场的人定世界”,即原本没有仅对于意识人类有意义的“因人而有”的,包含在场的“人类的世界”或“人定的世界”和不在场的“非人类的世界”或“非人定的世界”于其中的所谓的“人类世界”或“人定世界”或“世界”或“存在”。原本没有赋予对象以意义的意识人类存在,原本当然就不会有对于意识人类“有现实意义”或“无现实意义”的在场的“现实存在”或不在场的“非现实存在”,在场的形下学存在、在场的形上学存在以及不在场的超形上学存在,“有为法”“无为法”存在,原本“本寂”,即“原本没有人类意识,原本没有人类的世界,原本没有一切。”①。所以,广义超元论坚持认为:“原本无一法,万法唯人造,人觉而法显,人圆则法寂”②

（六）从实践的视角看世界

马克思的“实践转向”的哲学纲领,是从批判全部旧哲学出发的。马克思说:“从前的一切唯物主义(包括费尔巴哈的唯物主义)的主要缺点是:对对象、现实、感性,只是从客体的或者直观的形式去理解,而不是把它们当做感性的人的活动,当做实践去理解,不是从主体方面去理解。因此,和唯物主义相反,唯心主义却把能动的方面抽象地发展了,当然,唯心主义是不知道现实的、感性的活动本身的。”③马克思实践哲学不仅否定了坚持“抽象的自然”的自然唯物主义,否定了坚持“抽象的人”的人本唯物主义思想,也否定了脱离了人类实践的想象中的在场的形上学存在和不在场的超形上学存在“无”。

如何理解马克思上述的经典论述?马克思、恩格斯是唯物主义哲学家,坚定不移地承认外部自然界对人及其精神的“优先地位”,并以是否承认这种“优先地位”作为划分唯物主义和唯心主义的标准。我们将其称之为马克思主义实践观预设或假定。但是,他们坚持以下三个基本观点:

其一,在自然界与精神谁为“本原”的意义上区分唯物论与唯心论,不能“在别的意义上”使用,马克思致力于超越旧唯物论和唯心论,致力于超越西方传统的心

① 何跃.人类的世界[M].重庆:西南师范大学出版社,1995.

② 何跃.广义超元论与自组织城市[M].重庆:重庆大学出版社,2020:245.

③ 中共中央马克思恩格斯列宁斯大林著作编译局.马克思恩格斯选集:第1卷[M].北京:人民出版社,2012:133.

物二元论。与此同时，我们必须清醒地意识到，关于自然界“优先地位”的证明，必须诉诸于实证科学和人类的全部实践活动①。正如我们不可能证明或证伪斯宾诺莎、爱因斯坦的“上帝即自然”、康德的“自在之物”、黑格尔的绝对精神一样，我们也不可能证明或证伪自然界的“优先地位”或马克思所定义的“被抽象地、孤立地理解的，被固定为与人分离的自然界”“无”。也就是说，坚持“本原”意义上的唯物主义是也只能是抽象的、信仰式的唯物主义，而不是也不可能是现实意义上的唯物主义，现实意义上的唯物主义是也只可能是实践的唯物主义，即马克思所创立的社会存在决定社会意识的历史唯物主义，即马克思自己所说的“新唯物主义”，而信仰式的或“本原”意义上的唯物主义本质上是唯“无”主义。

其二，包括科学活动在内的人类实践活动，以自身为中介扬弃了自然与精神的抽象对立，并实现为人类历史发展中的具体统一，即自然与精神不二、心与物不二；正是由于旧唯物论和唯心论离开人类实践活动和人类历史发展去解决自然界与精神的关系问题，才把二者在“本原”问题上的抽象对立夸大、扩展和膨胀为整个哲学理论的互不相容，从而造成了各自无法克服的局限性或根本缺陷，即旧唯物论无法容纳能动性，唯心论则只能抽象地发展能动性；其结果是，造成了自然本体与精神本体、客体性原则与主体性原则的抽象对立和互不相容，并构成了“非此即彼”的机械论或形而上学的思维方式，即典型的西方二元论思维模式。②

其三，必须“拯救”和改造德国古典哲学，在对实践的重新理解中创造新的哲学。马克思完成了对社会性、历史性、能动性、物质性实践的自觉，他坚定地认为，实践不是抽象的思辨活动，而是主观见之于客观的、感性的、物质的社会历史性活动。这一新的实践观坚持以下基本观点：第一，实践是一种对象化活动，正是由于人类的实践活动，才显现、设定、建构、生产、创造或生成了仅对意识人类有“现实意义”的所谓对象性存在“有”，即可以被意识人类指称和建构性描述言说的在场的“人类的世界”或“人定的世界”或“在场的人定世界”，才设定了仅对意识人类有“非现实意义”的非对象性存在“无”，即不能被意识人类指称和建构性描述言说的不在场的“非人类的世界”或“非人定的世界”或“不在场的人定世界”；第二，实践是一种社会历史性活动，具有暂时性、现实性、当下性、非至上性，因此，对于实践的结果——“经验”“本本”不应生执著之念，而“应生无所住心”，即“应无所住而生其心”，积极致力于“择善而从”，并运用基于特定意识人类实践认识阶段的相对科学的理论“解释世界”；第三，实践同时又是一种创造性活动，具有无限开放性、可能性、未完成性、至上性，因此，必须大力倡导人们积极致力于显现、设定、建构、生产、

①② 孙正聿. 从两极到中介：现代哲学革命[J]. 哲学研究，1988(8)：3-10.

创造,大力倡导“应生有所住心”,即“应有所住而生其心”,积极致力于“创新创造”并运用新的科学理论“改变世界”,积极致力于将意识人类从“人的束缚”和“物的束缚”中彻底地解放出来,实现“人的自由而全面发展”,并最终实现科学社会主义意义上的“全人类彻底解放”。

马克思的上述有关“实践”的重要论述,是广义超元论的重要哲学根据。

二、马克思主义实践观的真谛

马克思主义实践观的真谛是实现人类彻底解放,之所以将实现人类彻底解放界定为马克思主义实践观的真谛,是因为无论是马克思主义实践观,还是马克思创立的历史唯物主义、剩余价值理论,以及马克思、恩格斯共同创立的科学社会主义和共产主义学说,其最终指向都是为了实现每个人的自由而全面发展,实现全人类的彻底解放。这是马克思主义的根本价值所在。

(一)从对先验存在的执著中解放出来

海德格尔说:“形而上学就是一种超出存在者之外的追问,以求回过头来获得对存在者之为存在者以及存在者整体的理解。这里形而上学是指其本义,即关于超验存在之本性的哲学形态。”马克思认为,“土地只有通过劳动、耕种才对人存在”。实践是对象化的活动,在人的对象化实践活动中生成的存在是在场的、现实的对象性存在“有”。马克思认为,先验存在不是在场的、现实的对象性存在“有”。对于抽象本体论的“抽象”,马克思是“拒斥”的,他说这就把“自然界和人抽象掉了,这是没有任何意义的”。或者说,这类“自然界和人的创造问题”、自然界和人的本源问题,已不再是当代哲学问题或当代哲学的提问方式。这是些与人的现实世界无关的问题,要研究就让宇宙天体演化说、生物进化论、人类起源说去进行科学的抽象。

马克思实现了对在场的、现实的、历史的、能动的社会性实践的自觉,建基于社会性实践之上的马克思主义,与以往的西方哲学的最大区别就是始终坚持实践观点的思维方式。马克思、恩格斯是从人的存在方式——现实的实践出发,去理解和把握人与自然、人与社会的关系,即人与世界的关系,去理解实存与本质或实然与应然,即所谓的“现实”或现实存在,去理解社会存在或对象性存在,又从社会存在出发理解自然存在,从人的存在出发解读“存在”的意义。这样,马克思便终结了以抽象本体论为基础的形而上学或德里达在海德格尔思想基础之上定义的所谓的“在场的形而上学”,将抽象“在场”观点的思维方式转变成了现实“实践”观点的思维方式,并使西方哲学从致力于“解释世界”的传统形态转向为致力于“改变世界”

的现代形态,完成了一场哲学革命或思维方式革命。总之,马克思始终致力于将人们从对自然唯物主义的“先验自然”“自在之物”、客观唯心主义的“上帝”“安拉”“绝对精神”、主观唯心主义的“我”“绝对自我”“意志”等先验存在的执著中彻底地解放出来,倡导并坚持从现实人的现实实践观世界,倡导并坚持立足于现实人的现实实践改变世界。

(二)从对“无”的执著中解放出来

马克思指出:“环境的改变和人的活动或自我改变的一致,只能被看作是并合理地理解为革命的实践。”“被抽象地、孤立地理解,被固定为与人分离的自然界,对人来说也是无”①,也就是对于意识人类没有现实意义的“非对象性的存在物”,即不在场的非对象性存在“无”或“非人类的世界”或“非人定的世界”或“不在场的人定世界”。在马克思主义实践哲学体系中,存在是人的存在,是现实的存在,是感性的存在,是具体的存在,是在人的实践活动中生成的对象性存在“有”,即在场的、现实的“人类的世界”或“人定的世界”或“在场的人定世界”。“非对象性的存在物是非存在物”“是一种非现实的、非感性的、只是思想上的即只是想象出来的存在物,是抽象的东西。”马克思认为,费尔巴哈不理解人的实践活动是现存世界的基础,不理解只有在人的实践活动中形成的“历史的自然”,即打上了人类实践活动烙印的自然,才是“人化的自然界”,才是对人有现实意义的自然界。马克思坚持“历史的自然”“人化的自然界”观,完成了对“先于”意识人类存在的永恒不在场的非对象性存在“无”的超越,回归现实的“社会存在”或“属人的世界”,回归现实的、历史的社会存在,就是说,马克思将人们从对“无”的执著中彻底地解放出来了。

无指称“无”或“非对象性的存在物”是否存在?马克思认为“被固定为与人分离的自然界”,是“无”,是“非对象性的存在物”,而“非对象性的存在物是非存在物”。我们与马克思的观点不尽一致,我们坚持认为,无指称“无”存在,“非对象性的存在物”存在,只不过无指称“无”不是对意识人类有现实意义的对象性存在“有”,即在场的现实的“人类的世界”或“人定的世界”或“在场的人定世界”,而是也只能是对于意识人类没有现实意义的不在场的非对象性存在或“非人类的世界”或“非人定的世界”或“不在场的人定世界”。我们为什么要坚持无指称“无”或“空”或“非对象性的存在物”是不可以被意识人类指称和建构性描述言说的非现实存在,即对于意识人类不具有现实意义的不在场的存在,而非不存在?因为唯有

① 中共中央马克思恩格斯列宁斯大林著作编译局.马克思恩格斯全集:第42卷[M].北京:人民出版社,1979:178.

如此,才能说清楚"有",即在场的对象性存在"有"或"人类的世界"或"人定的世界"或"在场的人定世界"的现实性、历史性、生成性、实践性、主体性,即对象性存在"有"在场,对于意识人类具有现实意义,可以被如此这般指称和建构性描述言说。

海德格尔认为,哲学的基本问题不是物质第一性,还是精神第一性,而是"为什么有'有',而没有'无'"。我们的问题是:"为什么有'有',而没有'无'"是否是马克思所说的当代哲学的提问方式?我们的观点是:不是。因为马克思认为,"无"是永恒不在场的非对象性存在,对于意识人类而言"是没有任何意义的",马克思积极致力于将人们从对非对象性存在"无"的执著中解放出来,回归在场的现实世界、社会存在。我们的观点则是:不能没有不在场的非对象性存在"无"或"非人类的世界"或"非人定的世界",否则,我们将不可能真正理解在场的对象性世界"有"或"人类的世界"或"人定的世界"的现实性、历史性、社会性、能动性、主体性,也就更不可能理解由二者构成的彼此保持单元不二论关系的仅对意识人类有意义的所谓"人类世界"或"人定世界"或"世界"或"存在"。因此,我们认为,哲学的基本问题不仅不是"物质第一性,还是精神第一性",也不是"为什么有'有',而没有'无'",而是"为什么'有''无'存在?",或者说,为什么在场的"对象性世界'有'"或"人类的世界"或"人定的世界"或"在场的人定世界"和不在场的"非对象性世界'无'"或"非人类的世界"或"非人定的世界"或"不在场的人定世界"存在?或者说,为什么融在场的"对象性世界'有'"或"人类的世界"或"人定的世界"和不在场的"非对象性世界'无'"或"非人类的世界"或"非人定的世界"于一体的"人类世界"或"人定世界"或"世界"或"存在"存在?

(三)聚焦社会存在,从人对人的依赖、人对物的依赖中彻底解放出来

马克思主义实践哲学的创立使哲学的聚焦点从"整个世界"转向"人的世界",从抽象转向现实,从宇宙本体转向社会存在。这一转换标志着西方哲学的转轨,即从传统哲学转向现代哲学。这一转换也意味着马克思尝试运用"武器的批判"和"批判的武器"双重工具致力于将人们从形形色色的社会异化状态中解放出来。

罗骞指出:"通过历史性原则的引进告别思辨本体论仅是在哲学的现代转型中定位了马克思思想,马克思也因此被看成传统西方哲学的终结者。我们知道,现代西方哲学在拒斥形而上学、批判思辨本体论这一点上具有广泛的一致性,即便是近几十年兴起的后现代主义也只是在瓦解形而上学方面做最后的努力。因此,我们拒绝在传统哲学的框架中理解马克思主义哲学,要求坚定地将马克思的思想划归在后形而上学的现代哲学范围之内。"

我们认为，马克思是西方哲学史上通过引入现实的人、现实的实践活动、现实的社会存在等概念，通过引入历史性原则、社会性原则、实践性原则，完成了对传统哲学形而上学的彻底超越，从而将自己的哲学彻底变成了超形上学或所谓的“后形而上学”。然而，马克思并没有因此而放弃了唯物主义，而是将基于先验自然界假设的自然唯物主义转化为基于现实的人的现实的实践活动的历史唯物主义。诚如罗骞所说：“我们在强调历史唯物主义的历史性以反思思辨本体论的同时，应当充分地注意到历史唯物主义的‘唯物性’，注意到历史唯物主义历史性原则的引入并不是否定唯物主义，而是扬弃物质本体论，通过社会存在决定社会意识这样一个基本原则显示出其强大的理论优势”“历史唯物主义在终结思辨本体论的过程中开创了一种后形而上学视域中的历史存在论，或者说历史唯物主义是后形而上学存在论的一种具有本质意义的形态”。①

杨耕认为，“社会存在”是马克思首先提出并使用的范畴，是马克思哲学的独特用语，是马克思哲学范畴体系中的基本范畴，其内涵的科学制定标志着存在论、本体论的革命性变革。我们要真正“走近”“走进”马克思，就必须准确理解和把握“社会存在”这一范畴的内涵。马克思在1843年的《论犹太人问题》一文中指出，在政治共同体中，“人把自己看作社会存在物”。在《1844年经济学哲学手稿》中，马克思在强调人是“类存在物”的同时，又提出“个人是社会存在物”，提出了“非对象性的存在”与“对象性的存在”，以及“人的自然存在”与“人的存在”的关系问题。在1846年的《德意志意识形态》中，马克思从物质生产的视角对“人们的存在”进行了深入而全面的探讨，并明确指出：“意识在任何时候都只能是被意识到了的存在，而人们的存在就是他们的现实生活过程。”杨耕特别指出，我们应当注意，《德意志意识形态》并没有明确提出“社会存在”，马克思首次提出社会存在这一概念，是在1848年的《共产党宣言》。《共产党宣言》指出：“人们的观念、观点和概念，一句话，人们的意识，随着人们的生活条件、人们的社会关系、人们的社会存在的改变而改变。”1859年的《〈政治经济学批判〉序言》重申了这一观点，这就是，“不是人们的意识决定人们的存在，相反，是人们的社会存在决定人们的意识”。也就是说，马克思强调社会存在范畴相对于社会意识的优先地位。

我们一直以来困惑的几个问题，即社会存在决定社会意识，离开社会意识，社会存在是否可以独存？社会存在是不以人的主观意志为转移的客观存在吗？社会存在与社会意识究竟是什么关系？究竟存不存在超越了人类意识的“世界”或“存

① 罗骞.马克思的唯物主义为何是历史的且辩证的？[J].南京大学学报：哲学·人文科学·社会科学，2016(1)：15-20.

在”？罗骞的探索给予了这些问题以深刻的分析阐释，给予我们分析讨论这些问题以重要启示。罗骞认为：“劳动创造人，并不意味着劳动在时间上先于人的存在。社会存在的优先性，在这里指的是一种存在论上的优先性，而不是存在上的优先性。在存在上，社会存在不可能优先于社会意识，不存在任何一种排除了社会意识的社会存在。但在存在论上，在世界观的意义上，也就是如何理解和把握存在和世界的意义上，历史唯物主义赋予了社会存在优先性的地位，它要求在具体的社会历史关系中理解事物和关于事物的认识”“社会存在是对象化的存在关系、存在结构、存在方式和存在过程。就其是对象化、外化了的存在而言，它是一种不以人的主观意志为转移的对象化了的客观状态，是一种既定状态。但这绝不是说，社会存在是先在于和独立于社会意识的，因为对象化和外化是主体维度客观化的同时客体对象主体化的双向过程。社会存在之所以是社会的、历史的，乃是因为它是属人的，是在人的生活实践中形成的对象化关系和对象化状态，是精神意识和物质存在在现实中的统一。”[①]其实，所谓的“世界”“存在”与“社会存在”一样，也是不可能先于人类意识而存在的，它们是且只能是意识人类如此这般显现、设定、建构、生产、创造或生成的，其客观性是且只能是通过意识人类的实践活动予以确认的。即使是不能被指称和描述言说，即对于意识人类不具有现实意义的不在场的非对象性存在，也是且也只能是意识人类如此这般设定或生成的，也是且也只能是通过意识人类的实践活动才能予以确认的。不可能存在超越了或外在于人类意识的所谓“世界”“存在”，那种所谓的先于人类意识的在场的“存在”只是一种先验物或一种理论预设而已，是无法通过意识人类的现实实践活动予以确认或证明的。

我们认为，马克思批判抽象本体论，批判和扬弃形而上学的目的，是为了坚定地回归作为“人的本质力量对象化”的“人的世界”，回归深深打上了人类实践活动烙印的“社会存在”，并通过“武器的批判”和“批判的武器”，通过社会实践活动，不断地改变不合理的社会存在，致力于将人们从人对人的依赖、人对物的依赖中彻底解放出来，将人们从劳动异化、资本异化、环境异化、关系异化、金钱异化、制度异化、理论异化等形形色色的社会异化状态中彻底解放出来。我们认为，这正是马克思的“哲学家们只是用不同的方式解释世界，而问题在于改变世界”的向外向前的超形上学或后形上学思想，即“实践”超元论，这也是马克思主义实践论或“实践”超元论不同于佛陀“放下六根六尘六识”的向内向后的超形上学或后形上学思想，即佛学缘起论或“般若”超元论之根本所在。

---

① 罗骞．马克思的唯物主义为何是历史的且辩证的？[J]．南京大学学报：哲学·人文科学·社会科学，2016(1)：15-20.

三、马克思主义实践观的圆谛

马克思主义实践观的圆谛是历史唯物主义，我们之所以将历史唯物主义或唯物史观界定为马克思主义实践观的圆谛，主要理由是，这一理论能够给予马克思主义有关唯物论、自然观、人生观、辩证法、社会历史观、社会实践观、科学社会主义等相关论述以非常圆融的统一说明。在马克思看来，随着自然科学“给自己划定了单独的活动范围”，随着社会的发展“把人们的全部注意力集中到自己身上”，哲学应当也必须改变“形而上学”这种形态，应当也必须趋向现实的人的存在，应当也必须以“现实的个人”为出发点，关注“人的实践活动和实际发展过程”，并以此为基础“描绘出这一生活过程在意识形态上的反射和反响的发展”。正因为如此，马克思认为，传统的抽象本体论哲学是“从天国降到人间”，而新的基于现实实践的历史唯物主义哲学则是“从人间升到天国”。

关于马克思主义有多种说法。有的学者说，马克思主义是新唯物主义；有的学者说，马克思主义是实践唯物主义；有的学者说，马克思主义是辩证唯物主义；有的学者说，马克思主义是历史唯物主义。那么，哪种说法更“符合”马克思主义创立者的本意呢？或者说，哪种说法更恰当呢？

（一）如何理解新唯物主义

杨耕认为，正是以“现实的个人”为出发点，以“确立有个性的个人”为目标，马克思创立了一种“新唯物主义”哲学。在这种新唯物主义哲学中，我们可以体验到一种对资本主义制度的彻底的批判精神，透视出一种对人类生存异化状态的深切的关注之情，领悟到一种旨在实现工人阶级和人类解放的强烈的使命意识。换句话说，马克思的哲学熔铸着对人类生存本体的关注，对人类发展境遇的焦虑，对人类现实命运的关切，凝结为对人的全面而自由发展的深层理解和把握。杨耕认为，实践唯物主义、辩证唯物主义、历史唯物主义从三个维度标示着马克思所创立的新唯物主义的“新”之所在。

实践唯物主义的“实践”内在地包含着人与自然、人与社会的关系，或者说，内在地包含着人与自然、人与社会的矛盾，这一矛盾展开的过程，就是马克思所说的“否定性的辩证法”（即实践辩证法或所谓实践的辩证法或生成的辩证法，马克思拒绝承认外在于意识人类现实实践活动的所谓“实体辩证法”，这就是马克思辩证法与黑格尔辩证法的最大区别）。历史唯物主义的“历史”是人与自然、人与社会的矛盾在时间中的展开，这种矛盾展开的过程以及人们认识这一矛盾的过程，就是马克思所说的“合理形态的辩证法”（即历史辩证法或所谓现实的辩证法或人民的辩证法)。这也就是说,实践唯物主义、历史唯物主义就是辩证唯物主义。在马克思哲学中,不存在一个独立的、仅作为理论基础的辩证唯物主义;也不存在一个独立的、仅具有"应用"性质的历史唯物主义。实践唯物主义、历史唯物主义、辩证唯物主义不是三个主义,而是同一个主义,也就是马克思创立的"新唯物主义"的不同表述。[①]也就是说,实践辩证法即历史辩证法即唯物辩证法,实践唯物主义即历史唯物主义即所谓的辩证唯物主义。

(二)"马克思的哲学就是历史唯物主义"

杨耕在接受中华读书报记者采访[②]时说,"我的确提出过马克思的哲学就是实践唯物主义,实践唯物主义与辩证唯物主义不能'同构',但这里所说的'辩证唯物主义'是特指,是指苏联马克思主义哲学模式。我现在的观点是,历史唯物主义本身就是一种世界观,用马克思的话来说,是一种'唯物主义世界观',一种'真正批判的世界观'。我得出这样一个新的关于马克思哲学的总体认识,大体经历了三个阶段:一是20世纪80—90年代初,我认为,历史唯物主义不是一个完整的哲学形态。1984年,我在《江淮论坛》发表《历史唯物主义概念的历史考察》,认为历史唯物主义是关于社会结构和历史规律的历史观。1990年,我在《学术月刊》上发表《历史唯物主义现代形态的建构原则》,提出历史唯物主义是马克思的历史哲学,是历史本体论与历史认识论相统一的历史哲学。但是,这里有一个不自觉的理论预设,即辩证唯物主义是历史唯物主义的理论基础。二是20世纪80年代末到90年代末,我认为,马克思的哲学是实践唯物主义。1989年,我在《哲学动态》发表《实践唯物主义:唯物主义的现代形态》一文,明确提出马克思的哲学是实践唯物主义。1990年,我在《学术界》发表《论马克思的实践唯物主义》一文,较全面地阐述了实践唯物主义的内涵。但是,这一时期我有意回避了实践唯物主义与历史唯物主义的关系。可是,这个问题不解决,马克思主义哲学的'一体化'也就不可能彻底解决。于是,我开始重新审视历史唯物主义的理论空间。三是从21世纪初开始,我对历史唯物主义的性质和职能有了新的认识,历史唯物主义本身就是一个完整的哲学形态,是一种世界观,马克思的哲学就是历史唯物主义。2001年,我在《学术研究》发表《重新审视唯物主义的历史形态和历史唯物主义的理论空间》,明确提出从理论主题的历史转换这一根本点上看,唯物主义的发展经历了三个历史

① 杨耕.论辩证唯物主义、历史唯物主义、实践唯物主义的内涵:基于概念史的考察与审视[J].南京大学学报:哲学·人文科学·社会科学,2016(2):5-25.

② 陈香.杨耕的哲学人生:生命与使命同行[N].中华读书报,2018-03-07(6).

阶段,形成了三种历史形态,这就是自然唯物主义、人本唯物主义和历史唯物主义。”也就是说,在杨耕看来,历史唯物主义也就是马克思所说的“新唯物主义”,也就是马克思哲学革命成果的标识。杨耕认为:“从表面上看,历史唯物主义研究的仅仅是社会历史,似乎与自然无关。但是,问题在于,社会是在人与自然之间的物质变换过程中形成和发展起来的,人与自然之间的物质变换构成了人类社会的现实基础;同时,为了实现人与自然之间的物质变换,人与人之间必须互换其活动,并结成一定的社会关系。这就是说,人的生存活动和社会生活始终包含着并展现为人与自然的关系和人与人的关系;人与自然的关系制约着人与人的关系,人与人的关系又制约着人与自然的关系。”“马克思自觉地意识到这一点,并力图通过对人与自然关系的改变来改变人与人的关系,通过人对物的占有关系(私有制)的扬弃来改变人与人的社会关系。全部社会生活在本质上是实践的,历史不过是人的实践活动在时间中的展开。换言之,历史唯物主义的‘历史’是人的实践活动及其内在矛盾,即人与自然、人与社会的矛盾得以展开的境域。”“历史唯物主义不仅是一种历史观,更重要的,是一种‘唯物主义世界观’,一种‘真正批判的世界观’。我之所以把辩证唯物主义看作是历史唯物主义这一‘批判的世界观’的不同表述,是为了凸显历史唯物主义所内含的辩证法维度;我之所以把实践唯物主义看作历史唯物主义这一‘批判的世界观’的不同表述,则是为了凸显历史唯物主义所内含的实践维度。”

罗骞在“马克思的唯物主义为何是历史的且辩证的”一文中,也表达了自己对历史唯物主义的基本理解——历史唯物主义是“统一”哲学,不仅开启了唯物主义的新篇章,而且开启了后形而上学存在论的新视野。他在文中写道:“马克思的唯物主义因为是实践的,所以是历史的并且是辩证的;以实践思维方式为基础,历史唯物主义实现了历史性、唯物性和辩证性的相互贯穿和内在统一,由此不仅开启了唯物主义的新篇章,而且开启了后形而上学存在论的新视野。”罗骞认为:“历史唯物主义是‘统一’哲学。实践思维作为此种统一哲学的基础,扬弃了抽象思辨,从根本上瓦解了抽象本体论思维。因为作为存在论范畴,历史唯物主义所理解的物质不再是抽象的、本体论意义上的物质或精神,而是二者在实践中得到统一的历史性的现实存在。正因如此,我们对马克思唯物主义的阐释重心必须放在‘历史’范畴上,以划清它同传统形而上学的界限。”“通过马克思的《关于费尔巴哈的提纲》,我们可以看到,历史和自然之间的抽象对立、物质与精神之间的抽象对立、主体与客体之间的抽象对立被历史性的实践瓦解了。现实存在不再被理解为观念中的极端抽象,而是历史实践中的相互作用以及这种相互作用中构成的对象化世界。走出抽象的本体论,存在才能作为历史实践中的生成被理解。立足于实践思维,历史唯物主义作为历史存在论要求历史地看待历史，并且历史地看待存在世界，把握存在物在这个世界中的对象性的存在方式和存在状态。”丛大川认为，我国马克思主义哲学教学界最大的失误或者说对马克思哲学的最大误解，就是把“不以人的意志为转移的客观存在”——抽象的“物质”或与人无关的“自在自然”作为马克思主义哲学的本体和基础。

我们认为，马克思“改变世界”的思想是对以往“解释世界”思想的扬弃。一方面，“解释世界”源于“改变世界”，之所以能够指称和描述言说或解释这个世界，是因为我们的先辈显现、设定、建构、生产和创造了或生成了或“改变”了这个世界。以科学为例，科学首先是一种特殊的社会实践活动，即依托特定的观察实验工具的现实的、具体的、历史的显现、设定、建构、生产、创造活动，正是这种特定的实践活动才生成了仅对于意识人类具有现实意义的“人化的自然界”，其次才是可以被人们指称和建构性描述言说的特定的关于“人化的自然界”的本质和发展规律的知识体系。另一方面，“改变世界”的活动又受到“解释世界”的正确理论的指导和影响，在正确理论指导下的社会实践活动，有助于改变世界的现实活动取得预期的效果。以马克思、恩格斯创立的科学社会主义为例，正是在这一正确的理论指导之下，中国共产党带领中国人民浴血奋战、艰苦探索、不懈实践，终于从屈辱的近代历史中走了出来，实现了从站起来到富起来的历史性飞跃，基本完成了从农耕社会向工商业社会的华丽转身，正在迈向中华民族伟大复兴的大道上。诚如马克思所言：“批判的武器当然不能代替武器的批判，物质力量只能用物质力量来摧毁；但是理论一经掌握群众，也会变成物质力量。”

（三）历史唯物主义与历史辩证法皆根源于现实实践

马克思主义实践观，否定了自然唯物主义和人本唯物主义，最终成就了历史唯物主义。同样地，马克思主义实践观否定了自在辩证法或形而上学辩证法，最终成就了历史的实践的唯物的辩证法，完成了历史性、唯物性和辩证性的统一。罗骞认为，无论是概念辩证法还是自然辩证法都是传统的形而上学辩证法。“现实的事物是对象化实践活动中的对象性存在，事物之间不再是自在的联系，而是实践中介的现实过程。……抽象掉人类的实践，以自在的必然性理解联系和发展是形而上学辩证法的本质特征，就像以自在的绝对观念理解存在是形而上学的本质特征一样。历史唯物主义在瓦解思辨本体论的同时也瓦解了以这种本体论思辨为基础的形而上学辩证法概念，辩证法不再是自在的辩证法。唯物主义在马克思这里成为历史唯物主义，辩证法也因此扬弃自然辩证法成为历史的实践的辩证法。”“唯物主义进展到历史唯物主义与辩证法进展到历史辩证法，二者是内在统一的。只有辩证法成为历史辩证法,唯物主义才能成为历史唯物主义。……历史辩证法本质上就是历史存在论。在这里,历史唯物主义是辩证的,反之亦然,辩证法是历史唯物主义的。正是历史性、唯物性和辩证性三者相互规定,或者说'三位一体'才使得马克思思想进入了一个全新的存在论视域。总而言之,通过实践概念,唯物主义在马克思这里变成了历史的并且辩证的;通过这一转变,形而上学的本体论终结了,后形而上学的存在论视域已经在思想的地平线上冉冉升起。"①

也就是说根源于现实实践的历史唯物主义、历史辩证法彻底否定了根源于先验实在的形而上学的本体论,开创了基于现实实践的对象性社会存在论的新时代。

第二节 广义超元论

马克思在完成了对现实"实践"自觉的基础上,创立了马克思主义实践观,创立了科学社会主义,创立了历史唯物主义,为人类的世界贡献了"实践思维方式"(罗骞)或"实践观点的思维方式"(高清海)或"实践生成论"(韩庆祥),以马克思主义实践观为理论依据和基本原则,我们尝试建构了广义超元论。

在本书的最后一章的最后一节,尝试从以下五个方面给予广义超元论较为系统的分析讲解:一是建构广义超元论的缘由;二是简要地分析讲解广义超元论的核心观点;三是结合典型案例分析讲解广义超元论的基本特征;四是简要地分析讲解广义超元论的俗谛、真谛、圆谛;五是运用广义超元论分析解释现代哲学和现代科学中的几个经典案例。

一、创建广义超元论的缘由

1. 读书学习的经历

我生于20世纪60年代,新中国一个十分特殊的年代。出生前后的几年,国家正经历最为艰难的时期,母亲告诉我,生我的时候,我们厂作为一个新组建的大中型企业刚搬迁至内江市椑木镇不久,各方面都还没有步入正轨,生产不是很景气,生活还比较艰苦。母亲当时在厂办的幼儿园工作,我生下来之后就得到了母亲和幼儿园老师、阿姨们很好的呵护,还算过得去。我的父亲喜欢读书看报,定期带着

---

① 罗骞.马克思的唯物主义为何是历史的且辩证的?[J].南京大学学报:哲学·人文科学·社会科学,2016(1):15-20.

我去厂里的图书馆。记得 9 岁左右我人生中读的第一部西方经典——《关于托勒玫和哥白尼两大世界体系的对话》就是在厂里的图书馆完成的，从此养成了自己读书自学、写读书笔记和写日记的习惯。我从图书馆和同学的父亲——时任厂领导陈华处借阅了很多书，印象最深的有解读爱因斯坦狭义相对论的书籍，介绍物理学、天文学、生物学、历史学、数学、哲学等基础知识的书籍，特别是通读了那个时代出版的《马克思恩格斯选集》《列宁选集》《毛泽东选集》《胡志明选集》等马克思主义经典著作。1977 年，国家恢复了已经停办了 10 年的全国高等学校入学统一考试，我所在的厂子弟学校组建了一个高考培训班，特别安排了厂里毕业于名牌大学物理学、数学、化学、语文、政治专业的老师为我们补习高考要考而我们还未学习过的相关知识，记忆中这些老师都很敬业，非常认真且耐心地辅导我们，至今仍然感动于他们的无私奉献和敬业精神。印象中厂子弟学校的时任校长毕业于今天的北京师范大学教育学专业，他的独生儿子也正好在这个补习班里。这位姓程的校长近 1.9 米的个头，带深度近视眼镜，和蔼可亲，非常敬业，对老师和学生都很好，也很严肃，我们都很敬重他、感恩他。程校长在征求大家报考什么专业时，我提出想报考哲学专业。程校长专门与我面谈，建议我不要报考哲学专业，他列举的理由是，学校认真分析了每位参考学生的情况，鉴于我从小学直到高中，学习成绩特别是数理化成绩一直名列前茅且比较稳定，学校建议我报考重点大学的理工科专业。我听从了学校的建议，以第一志愿报考了当时的重点高校——重庆建筑工程学院城市燃气及热能供应工程专业（这是 1978 年下半年在暖通专业的基础上开办的新专业，同年在全国四所高校同时招收了首批学生）。不久厂里接到了来自全国各地 6 所重点高校和几所一般高校的大学录取通知书，轰动全厂。据说厂子弟学校的升学率也是当年全内江市高中毕业生报考成功率最高的学校，程校长及老师、家长们都十分高兴。厂领导告诉我们，我们这一届学生创造了厂子弟学校自开办以来空前绝后的佳绩。我以高出录取分数约 30 分的成绩被重庆建筑工程学院以第一志愿录取。其实，我在半年前就与另外一位同年级同学被学校推荐，以在读高中生的名义参加了 1977 年的高考，是厂里上了录取线的考生之一，至今我也不清楚究竟为什么没有被录取。

考入重庆建筑工程学院之后，得到了老师们非常好的指导，能够深刻地感受到老师们的满腔热情以及倾囊相授。据说，在当年，全国所有的高校均是这样，压抑 10 多年的高校老师们，在非常渴望学习知识的 77、78 级大学生的助力之下，传道授业解惑的热情获得了空前的释放，我们这两届的学生也因此受益良多，都很感谢、感激学校各级管理干部，特别是向我们传道授业解惑的这些可亲可爱可敬的老师们。我在学习好学校开设的各门基础课、专业基础课以及专业课的基础上，开始较系统地研读西方哲学史及相关哲学经典，特别是在研究生毕业于中国人民大学的王策兴老师的指导下，非常认真地学习了马克思主义哲学这门课程，并认真阅读了王老师指定的大量学习参考资料以及他自己备课时主要参阅的相关文献，取得了全校同年级马克思主义哲学课统考的最好成绩。1982 年年初，大学毕业之前，我参加了中国人民大学自然辩证法专业研究生入学考试，报考的导师是黄顺基教授，虽然上了录取线，但是没有被录取。我后来多次见到黄老师，他告诉我当年报考他的学生很多，我不是成绩最靠前的，所学专业也不是人民大学自然辩证法学科所期望的物理、化学、生物、数学等理科专业，因而没有被录取。大学毕业时，学校问我是否愿意留校并转行到马列主义教研室从事研究生课程——“自然辩证法概论”的教学研究工作。我没有征求任何人的意见，欣然同意。至今回想还有些不可思议，这或许就是上天安排、命运使然。

留校之后，在张文和、王策兴等老师的精心指导之下，开始系统地学习马克思主义哲学、自然辩证法、西方哲学史、科学技术史、心理学、物理学、生物学、数学等相关学科知识，阅读了许多相关经典著作，并跟班听了学校为理工类硕士研究生开设的相关专业课程。1983 年下半年至 1984 年上半年，学校安排学校 77 级力学专业毕业的孙选中和我同到当时的华中工学院哲学研究所开办的哲学教师进修班进修学习自然辩证法研究生系列课程。学习过的课程中我印象很深的有“自然辩证法原著”“自然辩证法原理”“科学学”“控制理论”“信息论”“系统论”“数理逻辑”“‘三论’中的哲学问题”等，并参与了所里黄克剑老师发起的持续大半年的系列学术沙龙活动，受益匪浅。时任哲学研究所所长的黄金南老师找我谈话，希望我学习结束之后就留在华中工学院哲学所工作。1984 年 7 月，我回到重庆建筑工程学院，征求时任马列主义教研室主任邓荣汉的意见，希望学校同意我调往华中工学院哲学研究所工作。邓主任这样回答我：人往高处走，水往低处流，可以理解。但是，学校送你们出去学习，是希望你们学成归来为学校服务，学校目前还比较缺师资，希望你能留下来继续为学校服务。在征求部分老师和同事的意见之后，我很快便打消了调往华中工学院哲学研究所的念头，并及时地回话了黄金南所长。随后，我集中精力，借鉴华中工学院学术沙龙的模式，与学校的两位青年才俊魏文、葛树荣一起，积极筹备创立民间学术性组织，尽快开展立足学校、面向市内外高校中青年教师的学术沙龙活动。1985 年年初，在学校特别是马列主义教研室领导的大力支持下，我牵头成立了以重庆市高校的青年教师为主的自组织性质的民间学术性组织——“横向学会”，并将由青年才俊汤桦书写的“横向学会”张贴在重庆市内的高校，发起了以学术问题争鸣为主题的学术沙龙活动，规定开学期间每周至少举办一次学术讨论，学术讨论涉及当时的中国学术界关心的几乎所有问题，印象比较深的是围绕“走向未来丛书”的相关学术著作、相关学术主题，围绕李泽厚等当时知名学者的相关学术著作、提出的相关学术问题，围绕儒道释等中国传统文化，开展了很多场学术讨论。我们还定期或不定期地邀请市内市外的知名中老年学者与会，并在学校举办面向所有教职员工、学生的系列学术讲座，受到了学校及教职员工、学生的普遍欢迎，也给他们留下了非常深刻的印象，当然，也深刻地影响了这些学生的未来人生。以横向学会名义举办的学术沙龙起始于 1985 年年初，一直持续到 1988 年年底，当时国内的政治形势发生了很大的变化，已经不允许继续举办这类由民间组织举办的跨学校的学术活动。在学校相关领导和教研室时任领导的建议下，我们于 1988 年年底停办了为期近 4 年的学术沙龙活动，结束了历时 4 年的“横向学会”历史。那段岁月注定刻骨铭心，至今想起仍然心潮澎拜。感到十分幸运的是，由于我们始终围绕学术问题开展学术沙龙活动，没有涉及任何政治议题，横向协会停办之后没有任何遗留问题，据我们后来掌握的情况，参加过学术沙龙的高校中青年老师也无一人因此而受到追究。这是一个令人思绪万千、热情澎湃、青春无敌的年代，是我们这一代人受益良多、精神重塑、终生难忘的时代，也是奠定中国特色社会主义伟大事业理论基础，将社会主义中国推向改革开放新阶段的伟大时代。中国数千年历史上的这个时代——20 世纪 80 年代将永载史册。

1987 年上半年，学校安排我去国家教委西南教育管理干部培训中心学习，系统地学习了郑杭生主讲的“西方哲学史”、苏天辅主讲的“形式逻辑”、杨宗义主讲的“教育心理学”、康继鼎主讲的“系统工程学”等课程，并认真学习阅读了相关教材、相关文献，收获很大，受益良多。

经葛树荣引荐，自 20 世纪 80 年代末，我开始师从熊十力的学生——时年 80 多岁的王舜钦系统地学习中国哲学、佛学。我在先生的倾心指导下认真阅读了熊十力的系列著作，并阅读学习了一些儒道释经典，特别是先生重点推荐的《易经》《道德经》《庄子》《心经》《金刚经》《六祖坛经》。在认真阅读佛学经典的那段时期，我还多次前往重庆佛学院请教时任佛学院教务长的柳契许多佛学问题，也多次前往慈云寺、华岩寺请教时任方丈惟贤、心月许多佛学问题，并认真研读了他们推荐的相关佛学著作。非常感谢感恩这些先生给予我学习佛学的指导。

自 20 世纪 80 年代中期至今，我一直在学校主讲《科学技术史》或《现代自然科学基础》或《科学思想史》，自 20 世纪 90 年初开始，我一直在学校主讲“自然辩证法概论”“现代科技革命与马克思主义”或“中国马克思主义与当代”。我还在学校主讲过“管理心理学”“组织行为学”“市场营销学概论”“思维学概论”“系统科学”“行为科学”“中国传统文化经典解读”“领导科学概论”“公共组织管理”“公共管理学”“新时代中国社会发展与社会治理”“中国特色社会主义理论与实践”等十几门课程。在市内外主讲过涉及西方哲学史、中国哲学史、科学思想史、西方管理学史、文化自觉与文化自信等相关主题的数百场专题讲座和课程。20 世纪 90 年代，我开始较为系统地阅读西方解构性后现代主义和建设性后现代主义的相关著作，并在美国克莱蒙、中国南京等地参与美国中美后现代发展研究院主办或参与主办的多场以马克思主义与生态文明建设为主题的国际学术会议，认真阅读怀特海、柯布、格里芬、王治河等建设性后现代主义学者的相关著作，并一直在追踪他们的学术研究进展。

2. 读书学习的困惑

我们这一代人出生在 20 世纪 60 年代前后，绝大多数都生活、成长于单位制社会中，具有很多的共性。家长定时上班、下班，我们定时上课、下课。家长忙于他们自己的事情，没有更多的时间和精力顾及我们，学校的老师在上课之余也无暇管我们，基本没有家庭作业。我们这一代人在上大学之前，基本上是放养式长大的，没有太大的学业压力，没有太大的小升初、初升高的升学考试压力，也没有今天蔓延全社会的应试教育压力，特别是高考压力，也不愁高中毕业之后的就业问题。我们做了一个男孩能够做的几乎所有事，我们按照自己的喜好读书学习、游玩娱乐，在自由探索的氛围中成长，在各种各样的试错中成长，同时也在自学中成长。我们的困惑主要不是来自外在的过多要求，而是来自自己，来自自己的独特人生经历和读书学习。

我的读书学习有一个明确的目的，就是寻找可以解决困惑的合理说法。这也是我很小就开始阅读哲学、科学、心理学等书籍的主要原因之一。

20 岁之前的我几乎没有完整地读过一本中国传统哲学经典，自己读书学习的困惑基本上来自阅读西方的哲学、科学书籍。有些困惑是知识性的，通过有目的的读书学习很快就解决了，有些困惑是思想性的，很难通过读书学习解决。记得那时最困惑我的两个哲学问题，一是马克思主义哲学意义上的辩证法与形而上学究竟有何不同？辩证法与诡辩论究竟有何区别？1982—1983 年，我在华中工学院哲学研究所进修学习期间，利用完成一门课的课程论文的机会，7 天时间内写成了一篇 3 万多字的论文——“对思维中感兴趣问题的思维”，相对系统地尝试回答了这两个问题。主要结论是：离开了形而上学，辩证法就会变成诡辩论，真正意义上的辩证法一定是建立在形而上学基础上的，建立在自然科学、社会科学、思维科学具体知识之上的马克思主义哲学是最为正确合理的哲学。那时，我读得最多的是康德、费希特、谢宁、黑格尔、费尔巴哈、马克思、恩格斯、列宁、斯大林的书，曾经认真研读过苏联多位哲学学者集体撰写的系统论述古希腊辩证法思想、西方近代辩证法思想、德国古典哲学辩证法思想以及马克思主义辩证法思想的多卷本的专门分析研究西方辩证法思想发展史的学术专著，也认真学习过国内一些学者撰写的专门论述古希腊哲学、中世纪西方哲学、近代西方哲学、德国古典哲学和马克思主义哲学的学术专著，以及当时较为流行的为哲学专业撰写的西方哲学史、马克思主义哲学等教材，这也是我能够在这么短的时间内完成3万多字课程论文的主要原因。说心里话，那时，我有些飘飘然，以为自己具有抽象思维、辩证思维的天赋，是学习研究哲学的人才，热衷于与老师和同事争论问题，也庆幸自己做出了大学毕业之后即坚定地转向从事与哲学相关的教学研究工作的人生选择。

25～35岁，是自己建构“广义超元论”或“人类的世界”系列学术观点的关键时期。这段时期读书学习最大的困惑主要集中在以下几个方面：一是为什么读不懂熊十力的《新唯识论》；二是为什么读不懂《金刚经》《坛经》；三是为什么总是感觉哲学家们的分析论证都很有道理，而自己又难以从整体上驾驭东西方不同哲学家的思想，难以将持相反观点的哲学家的理论学说、思想观点有机地融合在一个统一的思想体系中。

第一、第二个困惑的解决，主要是在跟随王舜钦先生学习熊十力哲学、佛学相关著作的过程中完成的。在跟随先生学习的过程中印象最深的是，先生躺坐在床上，床头的墙上悬挂着熊十力的头像，满怀深情、滔滔不绝地向我讲述一个又一个有关熊十力的有趣故事，或许先生是有意为之，以强调他与熊十力的师生关系。先生推荐给我的第一本书便是熊十力的《新唯识论》。我非常认真地通读了一两遍，但读后一头雾水，与之前自己所接受过、阅读过的西方哲学经典，包括马克思主义哲学及其相关经典相距甚远，我反复尝试着将其纳入以对立统一为其核心的辩证思维体系，总是难以如愿。我向先生汇报自己研读《新唯识论》的困惑之后，先生给予我一些重要提示，并将熊十力的《体用论》《原儒》推荐给我，建议我认真阅读这两本书。为了解决自己的困惑，那段时间我集中精力认真反复地研读这两本书，终于豁然开朗，明白了两个问题：一是熊十力运思构建其理论体系的基本思维方式不是西方二元论思维模式，也不是基于二元论的分析还原思维、西方式辩证思维模式，而是基于东方不二论思维模式，是基于不二论的整体有机思维、东方式辩证思维模式。二是熊十力所确信的真实存在的本心、本我、真性类似于康德的“自在之物”、费希特的“绝对自我”、黑格尔的“绝对精神”、叔本华的“意志”等，都是在场的形上学存在。在熊十力看来，本心、本我、真性真实地影响了意识人类的思想行为、情感意志，对于意识人类具有现实意义，能够被我们予以指称和形上学描述言说，我深以为然。回想起来，这也是自己研读熊十力著作收获的两个主要观点，也是后来自己显现、设定、建构西方二元论、东方不二论两种类思维模式，显现、设定、建构彼此保持单元不二关系的在场的形下学世界（现象）和在场的形上学世界（本体）

两个世界，并将其统一于对于意识人类具有现实意义的在场的对象性世界或人类的世界或人定的世界的主要根据之一。我向先生汇报了自己的读书心得，得到了先生的充分肯定。我为此十分高兴，进一步确信自己具有哲学思辨的天赋，居然能够理解形下学(器用)、形上学(道体)及其不二论关系，居然能够“读懂”熊十力。再一次飘飘然，再一次感受到了自以为是式的莫名自信。

先生或许感到了什么。感到了我尚存执念？感到了我的轻狂？感到了我的不彻底、不究竟？在一番对话讨论之后，先生将《金刚经》递给我，提示我要认真阅读。我答应先生务必认真学习研读《金刚经》。回到学校之后，我借阅、购买了与之相关的许多书籍，开始尝试运用基于二元论的辩证思维模式或基于不二论的辩证思维模式理解或解读《金刚经》，没有取得预期的效果，感到十分茫然。我再尝试依照形下学、形上学及其不二论关系的思路去理解《金刚经》，也没有达到预期的效果，仍然感到十分茫然。这时，我才真正意识到了自己飘飘然的问题所在——思维不彻底或不通透、尚存我执或自以为是，以为自己具有哲学思辨的天赋，以为自己已经发现或找到了理解东西方哲学经典的钥匙，以为存在绝对真理，以为有某种“解释世界”的终极方案，以为自己可以发现绝对真理、“解释世界”的终极方案。20 多年读书学习的积累，居然读不懂《金刚经》。到了先生那里，我如实汇报了自己的困惑。先生拿出他多年前收藏的丁福保注解的《六祖坛经笺注》，特别提示我，这是一本十分重要的书，目前市面上尚不可见，务必反复研读。回到学校之后，按照先生的要求，我非常认真地通读了全书，仍然感到很茫然。我生平第一次复印的整本书，即丁福保注解的《六祖坛经笺注》，把原本还给了先生。自己参阅了当时可以收集到的与空宗禅宗相关的解读文本，反复研读，同时与其他学者、老师反复讨论相关观点。在一次研读佛学文本时，有位高僧大德的如下一段文字(大致意思)——“佛学是要我们去领悟任何意识活动都使不上劲、用不上力的所在”点醒了我，终于将自己从少年时期即形成的追寻所谓的“终极真理”“绝对真理”的迷梦中彻底地解放了出来，终于从追寻“终极说法”“终极方案”的迷狂中惊醒，终于放下了所有的执念，治愈了自己的自以为是。回过头来再读《金刚经》《六祖坛经笺注》，虽然仍然有许多不解之处，但是已经豁然开朗，不再执著终极解释、唯一答案。随后，我又研读了冯友兰、傅伟勋、李泽厚、金岳霖、牟宗山、铃木大拙、阿部正雄等许多学者的相关文本，明白了两个问题：一是运思构建《金刚经》《六祖坛经》等佛学思想体系的思维模式既不是西方的二元论，也不是东方的不二论，而是全新的、无执的，坚持“凡所有相，皆为虚妄”为其基本特征的一种全新的类思维模式——空宗禅宗的狭义超元论；空宗禅宗的辩证思想既不是基于二元论的西方式辩证思想，也不是基于不二论的中国传统的整体有机思想，而是基于狭义超元论的禅悟思维。二是东西方哲学家已经显现、设定、建构或生成的形下学世界（器物、现象）、形上学世界（心性、本体）都是可以起心动念，可以被意识人类指称和建构性描述言说，即对于意识人类具有现实意义的在场的所谓对象性世界或人类的世界或人定的世界或“在场的人定世界”，形下学世界和形上学世界皆因人而有、因人而造，皆不究竟；空宗禅宗所设定的“实相无相”“非有非无”“不生不灭，不断不常，不一不异，不去不来”之“空”是不可以起心动念的，是任何意识活动都使不上劲、用不上力，不能被指称和建构性描述言说，即对于意识人类不具有现实意义的永恒不在场的所谓非对象性世界或非人类的世界或非人定的世界或“不在场的人定世界”，即“非思议”境界，即傅伟勋所定义的“超形上学”，超形上学世界也是因人而有、因人而造的，也不究竟；自觉了“这个”永恒不在场的无指称“空”或非对象性存在“无”，才能从各种既有的执念中、各种在场的对象性存在“有”中彻底地解放出来，才能完成觉悟，实现“狂心顿歇、歇即菩提”，实现“桶底脱落”“究竟解脱”，实现对于“两个世界”和“三种思维模式”的整体性把握或完全自觉。

至此，广义超元论的核心思想——“两个世界[在场的人类的世界（本真世界、神秘世界、实证世界）和不在场的非人类的世界]与三种思维模式（西方的二元论，东方的单元论，空宗禅宗的狭义超元论）”基本成型。与此同时，也就奠定了整体性把握或理解融这“两个世界”于一体的“人类世界”或“人定世界”或“世界”或“存在”以及“人类意识”或“人类智慧”或“思维”或“意识”的本体论、认识论与方法论基础。

接下来，我们所做的主要工作就是解决第三个困惑——“为什么总是感觉哲学家们的分析论证都很有道理，而自己又难以从整体上驾驭东西方不同哲学家的思想，难以将持相反观点的哲学家们的理论学说、思想观点有机地融合在一个统一的思想体系之中?”我的解决思路是:借助“两个世界与三种思维模式”这一全新的解释框架与分析工具，将东西方不同哲学家的解释体系各自纳入某一个或两个框架分析思考，努力厘清他们的思路、明确他们的观点，不再寻求所谓的最终解释、唯一答案，不再寻求终极说法、绝对真理。我的具体做法是:其一，将试图给予世界以终极解释的形形色色的哲学学说、科学理论，安放在对象性世界理论或人类的世界理论体系中，并将这些理论学说所指称和描述言说的形下学、形上学世界纳入在场的对象性世界或人类的世界或人定的世界或“在场的人定世界”；将致力于解构关于世界的终极解释的所有理论学说，主要有空宗禅宗的学说、马克思的实践哲学、西方的解构性后现代主义等理论学说安放在非对象性世界理论或非人类的世界理论体系中，并将这些理论学说所设定的无指称“空”、非对象性存在“无”纳入不在场的非对象世界或非人类的世界或非人定的世界或“不在场的人定世界”。其二，将试图给予在场的对象性世界“有”以二元对立解释或单元不二解释的西方的二元论和东方的不二论纳入对象性思维模式中,不再去论说它们的是非对错,只说它们各自的优点和不足;将试图给予不在场的非对象性世界“无”或无指称“空”以超元无我解释的空宗禅宗的狭义超元论纳入非对象性思维模式,将其单列出来,不再与西方的二元论、东方的不二论混同;与此同时,设定、建构、创造或生成一个全新的类思维模式——整合性思维模式,即广义超元论思维模式,并将既有的对象性思维模式和非对象性思维模式统合于其中,使之“分离共存”(金观涛),试图以此扬弃既有的类思维模式,给予在场的对象性世界“有”和不在场的非对象性世界“无”以统一的分析说明。

至此,广义超元论的核心思想——“两个世界[在场的对象性世界或人类的世界或人定的世界或“在场的人定世界”(形下学世界,形上学世界),不在场的非对象性世界或非人类的世界或非人定的世界或“不在场的人定世界”(超形上学世界)]与三种思维模式[对象性思维模式(西方的二元论,东方的单元论),非对象性思维模式(空宗禅宗的狭义超元论),整合性思维模式(广义超元论)]”这一全新的分析工具和解释框架最终成型。与此同时,也就完成了对于融在场的“对象性世界”或“人类的世界”或“人定的世界”或“在场的人定世界”与不在场的“非对象性世界”或“非人类的世界”或“非人定的世界”或“不在场的人定世界”于一体的整体性的“人类世界”或“人定世界”或“世界”或“存在”以及“人类意识”或“人类智慧”或“思维”或“意识”的整体性把握或完全自觉。

至此,困惑我多年的这些问题终于得到了彻底化解。我在多种场合说过,为了过活耕耘所倡导的“理得心安”的自在人生,我开始了将自己的学习研究的心得付诸于文字的尝试,试图运用“两个世界与三种思维模式”这一新的分析工具和解释框架给予既有的、正在发生的和将要出现的形形色色的理论学说思想观点以“分离共存”式的一体性分析解释。我在想这是否是一种新的执念?是否是在给读者戴上新的锁链?深深感受到自己仍然既未“理得”,也未“心安”。

回想起来,从小到大读书学习所获得的自然科学、社会科学、思维科学、人文学科知识以及东西方思想家的思想观点为自己创建广义超元论奠定了宽广且深厚的基础。必须说明的是,给予我创建这一新的分析工具、解释框架或思想观点影响最大的无疑是马克思创立的实践哲学(“实践”超元论),龙树、惠能等创立的空宗、禅宗思想(“般若”超元论),以及维特根斯坦、海德格尔、德里达等创立的西方解构性后现代主义,这也是我高度认可空宗禅宗思想、马克思实践哲学、西方解构性后现代主义相关思想观点(“解构”超元论),并将我学习读书之后创建的“广义超元论”或“人类的世界”或“人定的世界”或“人类世界”或“人定世界”学说纳入后现代哲学体系的主要原因。高清海、苏天辅、张浩、丛大川、刘仲林、王贵民等给予了“广义超元论”或“人类的世界”或“人定的世界”学说的评价超过了我的预期；丁润生对“广义超元论”或“人类的世界”或“人定的世界”思想所做出的“离经不叛道”（离既有之经，不叛既有之道）的评论是最为中肯的（详见拙著《人类的世界》，西南师范大学出版社 1995 年版，第 206 页），这也是我读书学习的最终理想：一是“我注六经，六经注我；万法转我，我转万法”；二是“不执著空，不执著有，放下执念，海阔天空”。

二、广义超元论的核心观点

在分析讲解广义超元论核心观点之前，我们需要先跟大家讲清楚一个非常重要的理论预设或理论假定，即广义超元论预设或广义超元论假设——马克思主义意义上的唯物主义哲学所坚持的先于意识人类存在的那个不在场的自然，即包括生物人类在内的生命和非生命自然物及其所具有的物性、心性和佛性（法性），以及相互之间的各种二元论、不二论、超元论联系都是先验存在或超验存在，具有不以人类意志为转移或外在于意识人类的“客观实在性”，是从“本原”意义上讲的，是一种逻辑假定，一种“有为法”，是包括马克思主义者在内的所有的历史唯物主义者共同坚持或显现、设定、建构、创造或生成的一种正确的哲学信仰或理论假设。与此同时，广义超元论坚持以下三个基本观点：其一，原本没有所谓的马克思主义意义上的唯物主义哲学，原本没有历史唯物主义，原本没有广义超元论，历史唯物主义和广义超元论及其预设如同其他任何理论学说一样都是也只能是被意识人类如此这般显现、设定、建构、创造或生成的在场的观念物，是可以被意识人类如此这般指称和描述言说的在场的形下学意义上的对象性存在“有”。其二，历史唯物主义和广义超元论所预设的“先验存在”或“超验存在”与旧唯物主义和旧唯心主义所预设的“先验存在”或“超验存在”有本质上的不同，前者是永恒“不在场”的、不可以被指称和建构性描述言说的非现实世界，是非对象性世界或非对象性存在“无”，是“非人类的世界”或“非人定的世界”或“不在场的人定世界”，而后者则是永恒“在场”的、可以被指称和建构性描述言说的现实世界，是对象性世界或对象性存在“有”，是“人类的世界”或“人定的世界”或“在场的人类世界”。其三，广义超元论与旧唯物主义和旧唯心主义的本质区别还在于，前者将非对象性存在“无”或“非人类的世界”或“非人定的世界”与对象性存在“有”或“人类的世界”或“人定的世界”视为彼此“虽有分，而是不二”的整体性世界，即“因人而有”或“因人而造”的“人类世界”或“人定世界”或“世界”或“存在”，并将对象性存在“有”中的形上学世界“道”和形下学世界“器”也看成彼此“虽有分，而是不二”的整体性世界，即所谓在场的“对象性世界”或“人类的世界”或“人定的世界”，而后者事实上是将自己所预设的“先验存在”或“超验存在”视为“优于”或“高于”在场的形下学存在或现象世界的所谓永恒“在场”的形上学意义上的“最高实在”或“绝对存在”，并视其为唯一真实存在，没有实现对于“不在场”的“非对象性世界无”或“无指称空”以及佛学意义上的“心性”和马克思主义意义上的“实践”的真正自觉，尚执著于形上学意义上的、抽象的且外在于意识人类的“最高实在”或“绝对存在”。广义超元论的所有思想观点都是建立在这一预设或假设基础之上的，这也是我们坚持认为自己是彻底的唯物主义者的根本原因，也是我们坚持要设定永恒不在场的“非对象性世界”或“非人类的世界”或“不在场的人定世界”，即“无为法”，并将这个“不依人类意志为转移的客观实在”，即马克思意义上的“无”，以及在场的“对象性世界”或“人类的世界”或“人定的世界”或“在场的人定世界”，即“有为法”统一纳入整体性“人类世界”或“人定世界”或“世界”或“存在”并予以统一分析论证的根本原因。

广义超元论坚持认为，可以被我们如此这般指称和建构性描述言说的，即对意识人类具有现实意义的所谓的现实世界——在场的形下学世界（现象世界）、形上学世界（本体世界）及其相互关系，都是意识人类如此这般显现、设定、建构、生产、创造或生成的世界或存在，即我们所定义的在场的对象性世界“有”（人类的世界或人定的世界或“在场的人定世界”）。与此同时，广义超元论坚持认为，必须设定一个与现实世界保持一体两面关系的，不可以被我们指称和建构性描述言说的，即对意识人类没有现实意义的所谓非现实世界，也就是我们所定义的永恒不在场的非对象性世界“无”（非人类的世界或非人定的世界或“不在场的人定世界”）。广义超元论坚持认为，原本既不存在可以被指称和建构性描述言说的在场的对象性世界“有”（人类的世界或人定的世界或“在场的人定世界”），即在场的形下学世界（现象世界）、形上学世界（本体世界），也不存在不可以被指称和建构性描述言说的不在场的非对象性世界“无”（非人类的世界或非人定的世界或“不在场的人定世界”，即不在场的超形上学世界）。无论是在场的对象性世界“有”（人类的世界或人定的世界或“在场的人定世界”），即“有为法”，还是不在场的非对象性世界“无”（非人类的世界或非人定的世界或“有在场的人定世界”），即“无为法”，皆是意识人类实现自觉之后，如此这般显现、设定、建构、生产、创造或生成的“世界”或“存在”，因此，广义超元论也将其定义为“人世界”或“人存在”或“人类世界”或“人定世界”。广义超元论认为，原本没有所谓的“世界”或“存在”，即原本没有所谓的“人世界”或“人存在”或“人类世界”或“人定世界”。

广义超元论坚持认为，原本既没有联系在场的形下学世界“器”“用”（现象世界)和在场的形上学世界"道""体"(本体世界)的所谓单元不二或二元对立关系,也没有联系在场的对象性世界"有"(人类的世界或人定的世界或"在场的人定世界")和不在场的非对象性世界"无"(非人类的世界或非人定的世界或"不在场的人定世界")的所谓单元不二关系。广义超元论高度认可马克思关于"关系"的经典论述——"凡是有某种关系存在的地方,这种关系都是为我而存在的;动物不对什么东西发生'关系',而且根本没有'关系',对于动物来说,它对他物的关系不是作为关系而存在的"。广义超元论坚持认为,无论是在场的对象物之间以及在场的形下学世界与形上学世界之间的二元对立关系或单元不二关系,还是在场的对象性世界与不在场的非对象性世界之间的单元不二关系皆源于意识人类的自觉,源于意识人类的实践活动,确切地说源于意识人类如此这般显现、设定、建构、生产、创造,是生成的而非既成的,因人定的而非神定的,原本没有所谓的"关系"。

广义超元论坚持认为,随着"人类意识之灯"的熄灭,一切都会归于"宁静""寂灭"。诚如海德格尔曾经说过的,"石头没有世界,动物贫乏于世"(动物没有世界)。其实,"人类意识之灯"熄灭之后,也无所谓的在场的"对象性世界'有'"和不在场的"非对象性世界'无'",即"有为法"和"无为法",因为作为我们"对象"的"世界"或"关系"——在场的对象性世界(人类的世界或人定的世界或"在场的人定世界")、不在场的非对象性世界(非人类的世界或非人定的世界或"不在场的人定世界")及其在场的二元论、不二论关系以及不在场的超元论关系肯定是打上了意识人类意识活动或实践活动烙印的,是因人而有、因人而造的。当能够赋予"世界"或"存在"或"人类世界"或"人定世界"以意义的意识人类不存在了,谈这些问题当然也就毫无意义;当能够赋予"世界"或"存在"或"人类世界"或"人定世界"以意义的意识人类完成觉悟或觉性圆满之后,自然也就不会再困惑于所有的"有为法""无为法",所有的"预设""假定""问题"了。借用王阳明的说法:"无善无恶心之体",即"原本无一法";"有善有恶意之动""此花不在你的心外",即"万法唯人造";"知善知恶是良知,为善去恶是格物""你来看此花时,则此花颜色一时明白起来",即"人觉而法显";"盖天、地、万物与人原是一体,其发窍之最精处,是人心一点灵明""你未看此花时,此花与汝同归于寂",即"人圆则法寂"。这就是广义超元论所坚持的"原本无一法,万法唯人造;人觉而法显,人圆则法寂"。

总而言之,一方面,广义超元论坚持认为,意识人类的实践活动具有至上性,离开了主观见之于客观的意识人类的现实性社会实践活动,非对象性世界,即所谓不在场的非对象性存在"无"永远不可能"显现"或"解蔽"为对象性世界,即在场的对象性存在"有";离开了意识人类如此这般显现、设定、建构、生产、创造或生成的对象性世界,即在场的对象性存在"有",意识人类永远不会自觉意识到有一个"超越一切人为思辨的"或"晦蔽"的永恒不在场的非对象性世界或非对象性存在"无"的存在。另一方面,广义超元论坚持认为,原本既不存在在场的对象性世界或人类的世界或人定的世界或"在场的人定世界",即"有为法",所谓的对象性存在"有",原本也不可能存在不在场的非对象性世界或非人类的世界或非人定的世界或"不在场的人定世界",即"无为法",所谓的非对象性存在"无"。因此,原本也就没有"人类世界"或"人定世界"或"世界"或"存在",这也就是"原本无一法,万法唯人造;人觉而法显,人圆则法寂"。

还有两个问题请大家思考:其一,不在场的非对象性世界是否存在?其二,存在能否表现为在场的对象性存在和不在场的非对象性存在?

我们先分析讨论第一个问题,不在场的非对象性世界是否存在?前面已经讨论过:属人的世界不是非对象性世界,自在的世界亦非非对象性世界。我们这儿说的非对象性世界是特指所有的思虑言说不可及,对于意识人类没有现实意义的"与人分离的自然界",即马克思意义上的永恒不在场的"无",也就是海德格尔所说的"非对象性存在""无",也就是龙树所说的"非有,非无,非亦有亦无,非非有非无",也就是我们所定义的"非人类的世界"或"不在场的人定世界""超形上学世界"。在我们看来,不在场的非对象性世界当然存在,否则,我们没有办法说清楚在场的对象性世界的现实存在性,即说清楚为什么可以如此指称和建构性描述言说对象性世界;但是,我们关于不在场的非对象性世界存在性的所有论证均无从下手,非对象性世界对于我们不具有现实意义,即我们没有办法给予非对象性世界以指称和建构性描述言说,也就是思虑言说不得、联想想象不得,意识人类任何的意识活动都使不上劲、用不上力,也就是"动念即乖,开口便错,拟议皆非",也就是"言语道断,心行处灭"。不在场的非对象性世界"不生不灭,不常不断,不一不异,不来不出"(八不偈)。

我们再分析讨论第二个问题,存在能否表现为在场的对象性存在和不在场的非对象性存在?我们的观点是:当然可以。因为原本没有人类意识,原本没有"世界"或"存在"。任何意义上的"世界"或"存在"皆源于意识人类的自觉,源于意识人类的实践活动。为了能够彻底地说清楚"世界"或"存在"问题,我们需要将其划分为彼此"虽有分,而实不二"的、在场的对象性世界和不在场的非对象性世界,对象性存在"有"和非对象性存在"无"。如此,我们在分析论证在场的对象性世界"有"时,才能够不被其现实性所困惑而执著"有"(道、器),在试图说明不在场的非对象性存在"无"时,才能够不被其非现实性所误导而迷执"无"(无指称空)。这就是"无非无,有非有"或"空不空,有非有",也就是"有无相通""空有不二"或"真空妙有""澄明之境"或"浑然一体""打成一片""一念不生全体现"。至此,我们才能实现对“人类世界”或“人定世界”或“世界”或“存在”的整体性把握和完全自觉。至此，我们才实现了所谓的“桶底脱落”“究竟解脱”基础之上的所谓“豁然贯通”，所谓“一念不生全体现”，所谓“平常心即道，平等心即教，平安心即效”，所谓“兀兀不修善，腾腾不造恶，寂寂断见闻，荡荡心无著”，所谓意识人类的“自由而全面发展”，所谓的“实践”与“般若”不二，所谓的“应有所住而生其心”与“应无所住而生其心”不二，所谓的“不执著空，不执著有；放下执念，海阔天空”。

三、广义超元论的基本特征

广义超元论相对于既有的各种理论观点，具有以下基本特征。

1. 坚持对象性世界的客观实在性

广义超元论坚持认为，对象性世界或对象性存在“有”或人类的世界或人定的世界，是人定的而非神定的世界，是意识人类如此这般显现、设定、建构、生产、创造或生成的现实世界，具有客观实在性、社会性、历史性、实践性、辩证性、主体性，或者说，作为我们的“对象”的“在场的人定世界”（形下学存在“器”，形上学存在“道”），是对于意识人类有现实意义，即可以被我们指称和形下学描述言说或形上学描述言说的现实世界。但是，现实世界的客观实在性或现实存在性或客观现实性，必须是也只能是通过意识人类的社会实践活动才能予以最终确认或赋予其意义。离开了意识人类的现实实践活动，我们无法谈论在场的对象性世界“有”的“客观现实性”。

我们尝试通过一个案例——电子双缝实验，分析讨论广义超元论所坚持的在场的对象性世界具有客观实在性问题。电子双缝实验被《物理世界》杂志评为20世纪十大经典物理实验之一。实验的结论是：以人的观察测量为转移的、客观的科学事实，是典型的人定事实。我们简要地介绍下这个实验。按照科学家的观点，杨氏双缝电子干涉实验是量子力学的心脏，“包括了量子力学最深刻的奥秘”。水波的双缝实验结果是相干叠加，体现水的波动性；子弹的双缝实验结果是非相干叠加，体现子弹的粒子性。而电子双缝实验的结果却是与水波的一样，出现了干涉条纹！实验观察结果显示，电子的确是像子弹那样，一个一个到达屏幕的，对应于到达屏幕的每个电子，屏幕上出现一个亮点。但是，随着发射的电子数目的增加，接收屏上的结果显示出了确定的干涉图案。这说明每个电子同时通过了两条狭缝，然后自己和自己发生了干涉！也许有人会说：每个电子到底是穿过哪条狭缝过来的，我们应该可以测量出来。于是，物理学家们便在两个狭缝口放上两个粒子探测器，以判定电子每次穿过哪个狭缝。这时，奇怪的事情发生了：当你在某一个狭缝口去观测时，另外一个狭缝口不会再发生电子穿过的现象。无论我们使用什么测量方法，一旦要观察电子通过哪条狭缝，就都是这个结果。电子双缝实验的结果表明：电子的行为既不等同于经典粒子，也不等同于经典波动，它兼有粒子和波动的某些特性，这就是波粒二象性。实验发现，如果我们不在狭缝口放上探测器实施观测，电子同时穿过了两条狭缝，也就是说处于一种叠加态，既在位置 A，又在位置 B。如果狭缝口放上探测器实施观测，电子马上改变自己的行为，只出现在位置 A 或位置 B。所有微观粒子的行为都与电子一样。微观世界的这个诡异现象令所有的科学家困惑，面对这一匪夷所思的实验结果，意识人类无所适从，不知如何解释为好，在 20 世纪爆发了人类科学思想史上以及人类哲学史上最深刻的关于物质世界本质的论战。这一论战或争论至今仍在持续，或许会永无终日。

通过这一案例，想说明什么问题呢？想说明的问题是原本没有电子诡异现象，这一诡异现象是量子科学家们借助现代科学仪器，如此这般显现、设定、建构或生成的，并经过实验反复验证了的实验室事实或科学事实，具有毋庸置疑的客观实在性。尽管至今仍然无法对此做出终极意义的确定性解释，但是，可以肯定的是，这一客观事实是典型的人定事实，是生成的而非既成的，是人定的而非神定的。

2. 坚持非对象性世界即无指称“空”的观点

广义超元论坚持认为，非对象性世界不是在场的所谓“终极实在”“最高存在”，而是由觉悟的意识人类通过其特有的实践活动如此这般设定的、永恒不在场的无指称“无”或“非人类的世界”或“非人定的世界”或“不在场的人定世界”，即空宗禅宗的无指称“空”，即马克思意义上的“被固定为与人分离”的“非存在物”或“无”，即海德格尔所说的非对象性存在“无”，是不能被我们感知、直觉、证悟，不能被指称和建构性描述言说或起心动念、联想想象的。因而可以说，不在场的非对象性世界是对于意识人类没有任何现实意义的。也可以说，不在场的非对象性世界也就是不可能被意识人类的社会实践活动予以确认或赋予其意义的“人定世界”，没有被意识人类的社会实践活动予以确认或赋予其意义的“人定世界”对人来说也就是“无”，或无指称空或“不在场的人定世界”。

我的问题是：不在场的非对象性世界是不是自在世界、本体世界？当然不是。因为，自在世界和本体世界是意识人类可以根据人化世界和现象世界推论出来或者直觉、证悟的，是意识人类如此这般显现、设定、建构、创造或生成的，因而是可以被指称和建构性描述言说的，是已经被人类意识“污染”了的在场的“世界”或“存在”，即在场的人类世界或人定世界（在场的人定世界）。而非对象性世界是既不可能被感知，也不可能被直觉、证悟，既不可能被指称和形下学描述言说，也不可能被指称和形上学描述言说的，不在场的无指称“空”或非对象性存在“无”，是对意识人类没有现实意义的非现实世界，是无法对其起心动念或联想想象的，是可以给予如此这般指称和建构性描述言说的在场的对象性世界或人类的世界或人类的世界的本来面目,是尚未被人类意识“污染”的不在场的“世界”或“存在”或不在场的人类世界或人定世界(不在场的人定世界)。

3. 坚持非对象性世界与对象性世界“虽有分,而实不二”的观点

广义超元论坚持认为,不在场的非对象性世界或非对象性存在“无”“空”或非人类的世界或非人定的世界与在场的对象性世界或对象性存在“有”或人类的世界或人定的世界“虽有分,而实不二”,即不在场的非现实世界或非对象性真如佛性(“真如非心”)与在场的现实世界或对象性真如佛性(“真如本心”“无执习心”)“虽有分,而实不二”。下面我们尝试借助两个案例对这一思想给予分析讨论。

案例一:关于惠能偈颂的两种文本表达之比较。针对神秀写的偈颂,惠能回应的偈颂其实有两个版本。一个是“菩提本无树,明镜亦非台。本来无一物,何处惹尘埃”;另一个是“菩提本无树,明镜亦非台。佛性常清净,何处有尘埃”。我们现在尝试分析讨论“本来无一物”与“佛性常清净”之间的关系。广义超元论坚持认为,“本来无一物”强调的是真如佛性不可以被意识人类思虑言说的一面,即不在场的非对象性存在“空”“无”的一面,即非人类的世界或非人定的世界的一面,即不在场的人类世界或人定世界(“不在场的人定世界”)的一面;而“佛性常清净”强调的则是真如佛性可以被意识人类指称和建构性描述言说的一面,即在场的对象性存在“有”的一面,即人类的世界或人定的世界一面,即在场的人类世界或人定世界的一面(“在场的人定世界”)。也就是说,无论是说不在场的“本来无一物”,还是说在场的“佛性常清静”,都不是关于真如佛性的究竟的说法,都不是完整的说法,关于真如佛性的究竟或完整的说法只能是“本来无一物”与“佛性常清静”“虽有分,而实不二”,“即性即佛”与“非性非佛”“虽有分,而实不二”,不在场的非对象性真如佛性(“真如非心”)与在场的对象性真如佛性(“真如本心”“无执习心”)“虽有分,而实不二”,也就是惠能所最终悟到的圆融无碍的真如佛性——“何期自性本自清净,何期自性本不生灭,何期自性本自具足,何期自性本无动摇,何期自性能生万法”。

案例二:禅宗的心性观。禅宗的“心性”有两面:一面就是人类不能启动思虑言说的一面,就是动念即乖、开口便错、拟议皆非的“非思议”一面,“本寂”的一面,这一面讲的就是不在场的非对象性存在或超形上学“无”或无指称“空”;,就是“实相无相”“非心非佛”之非对象性或超形上学意义上的“真如佛性”(“真如非心”);而另一面就是即心即佛,或者说,“三界唯心,万法唯识”的可思议的一面,“本觉”的一面,这一面可以理解为佛学意义上的在场的本体世界,就是“佛性常清净”“心生万法”“心为法本”之对象性本体心或形上学意义上的“真如佛性”(“真如本

心”)。所以,我个人认为,唯识宗的“唯识无境”或“万法唯识”与般若宗的“非有、非无、非亦有亦无、非非有非无”是对佛学之“心性”的两个不同侧面的表达。唯识宗强调心性的对象性意义,强调“三界唯心,万法唯识”“唯识无境”,强调在场的本体性或形上学意义上的“识”相对于在场的现象性或形下学意义上的“境”的根本性、决定性,从而成就了佛学本体论。与此同时,唯识宗也明确地反对执著于“识”,坚持“唯识性空”。而般若宗则强调心性的非对象性或超形上学意义,强调不在场“心性”之“不来不去,不生不灭”“非有非无”,强调佛学“心性”之超越人类意识活动的一面,也就是不可能被概念、判断、推理予以分析研究的“非思议”一面,从而成就了佛学般若论。也就是说,佛学之“心性”还有一面不在逻辑思维可以予以分析研究的范围中。与此同时,般若宗也没有完全否定“心”的作用,只是相对于后面发展出来的唯识宗,没有给予它以充分阐释,没有赋予其本体论、本原性地位而已。佛学之“心性”这两个表现侧面之间的关系只可能是“虽有分,而实不二”的单元不二关系,否则,佛性之“心性”将会丧失其整体性、圆融性、通透性、贯通性,否则,般若宗就有“无记空”(执著无指称空)之嫌,唯识宗就存在“法执”(执著本体心识)之忧,唯识宗和般若宗就违背了缘起论这一根本原理,就不是严格意义上的超形上学学说,就应当被排除在所谓的究竟解脱的佛学之外。

4. 坚持实践人本主义的观点

广义超元论坚持认为,联系在场的对象性世界和不在场的非对象性世界的是主观的、感性的、历史的、能动的、现实的社会实践活动,也就是马克思意义上的兼具有本体意义的现实“实践”,而不是形上学意义上的抽象的“绝对自我”或“阿赖耶识”。也就是说,广义超元论以现实的、具体的、历史的实践作为基础解释这个世界,而不是以马克思所批判的抽象本体、先验自我为基础解释这个世界。广义超元论坚持马克思主义实践至上论的观点,既不同于“存在即被感知”“我思故我在”等基于先验“我”的主观唯心主义主张,也不同于“三界唯心,万法唯识”等基于本体“心”“识”的唯识宗的观点。广义超元论坚持“原本无一法,万法唯人造”的“实践人本主义”或“实践本体论”或“实践生成论”观点,不同意主观唯心主义和唯识宗的“我思故我在”“心为法本”主张。因为,我们既没有预设在场的先验“我”(绝对自我),也没有预设在场的本体“识”(阿赖耶识),我们是以马克思主义实践观及其唯物主义预设为根据,从人的感性活动、社会实践、现实主体的视角,即从马克思“改变世界”“武器的批判”的视角而非“解释世界”“批判的武器”的视角分析说明对象性世界和非对象性世界的。也就是说,广义超元论坚持认为,原本没有在场的对象性世界(对象性存在“有”)和不在场的非对象性世界(非对象性存在“无”),原本也没有先验“我”和本体“识”;对象性世界和非对象性世界、对象性存在“有”

和非对象性存在“无”、在场的先验“我”和本体“识”都是实践活动的产物，都是生成的而非既成的“存在”，都是人定的而非神定的“世界”。

广义超元论坚持实践人本主义的观点还有一个十分重要的意义，即扬弃了传统的印度佛学“涅槃寂静”“不生不灭”“本来无一物”之“本寂”观与中华禅宗“一切万法，不离自性”之“自性能生万法”之“本觉”观，尝试以马克思主义实践观，即现实实践观来统一旨在出世解脱的“本寂”观与重视现实人生的“本觉”观。这也是我们在坚持基于佛学般若性空思想（“般若”超元论）的“应有所住而生其心”基础之上，积极倡导基于马克思主义实践观（“实践”超元论）的“应有所住而生其心”的根本原因。广义超元论坚持“本寂”与“本觉”不二，“应有所住而生其心”与“应无所住而生其心”不二。

5. 坚持“应有所住而生其心”

广义超元论坚持“应有所住而生其心”，即坚持有所选择、指向地显现、设定、建构、生产、创造，有所选择地进行指称和描述言说，其实也就是坚持创新创造和择善而从。下面尝试从以下几个方面给予这个问题以分析说明。

第一，“解释世界”与“改变世界”的区别。我们认为，如果试图解释世界或给予世界以终极解释，你得设定、建构某种在场的先验存在，或者是自然唯物主义的“先验自然”，或者是主观唯心主义的“先验自我”，或者是客观唯心主义的“绝对精神”，或者是外在于意识人类或不以人类意志为转移的“客观世界”；而改变世界是现实的、历史的、社会的、感性的、主观见之于客观的人类实践活动，则不需要这种先验假设。马克思认为，以往哲学家最大的问题就是通过预设某个在场的先验的东西，然后试图基于此而给予这个世界一个终极解释，马克思认为这是抽象思辨的结果，无法予以实践证明，实为“无”，意识人类应该把关注的重点放在没有预设的改变世界的现实实践活动中。尽管马克思主义也有自己的理论预设，即从“本原”意义上说，自然界“先于”人类存在，并以此捍卫自己的唯物主义立场，但是，马克思也清楚地指出，“被抽象地、孤立地理解的，被固定为与人分离的自然界，对人来说也是无”，即“先于”意识人类存在的“本原”意义上的自然界是不具有现实意义的不在场的“非对象性的存在物”。

第二，“科学真理”与“地方性知识”的不同。过去对科学真理是怎么理解的？科学真理是放之四海而皆准的普遍真理或普遍性知识。有没有这种放之四海、永恒不变的科学真理或普遍性知识？从来就没有过。所以，西方科学实践哲学主张，即使是科学理论、科学真理，本质上也是基于特定语境的地方性知识。基于马克思主义实践观或实践生成论，以及“科学知识本质上是地方性知识”的科学实践哲学的观点，广义超元论设定、建构了“应生有所住心”或“应有所住而生其心”原则，坚持认为,科学知识是生成的而非既成的,是人定的而非神定的,不可能具有永恒性、普世性,是且具能是历史的、具体的、地文性的。20 世纪 90 年代以来,国内外的学术界一直很关注"科学知识本质上是地方性知识"这个科学实践哲学问题,我深以为然。

第三,"反映论"与"描述言说论"的差异。"反映论"认为,我们所认识的对象本来就是这样,所谓的认识自然不过是把它如实地反映出来而已。但是,"描述言说论"则认为,意识人类之所以能够对在场的对象性世界如此这般地指称和建构性描述言说,其实源于意识人类如此这般地显现、设定、建构、生产、创造,因为被意识人类如此这般显现、设定、建构、创造或生成,所以,我们才能如此这般地指称和描述言说它们。广义超元论坚持认为,可以被意识人类指称和建构性描述言说的在场的对象性世界,是且只能是生成的而非既成的,是且只能是人定的而非神定的,是意识人类借助现实实践如此这般生成的"在场的人定世界"。

第四,在场的对象性世界与不在场的非对象性世界"虽有分,而实不二"。对象性世界是因意识人类实践活动而生成变化着的"敞亮"的在场的现实世界,即"在场的人定世界",而非对象性世界则是意识人类所设定的"晦蔽"的不在场的非现实世界,即"不在场的人定世界"。反映论所试图"反映"的"对象"不是也不可能是意识人类可以起心动念的在场的对象性存在"有",而只可能是意识人类动念即乖、开口便错、拟议皆非的不在场的非对象性存在"无",因而注定了反映论的不彻底性、不可能性。在场的对象性世界或"在场的人定世界"是因意识人类的社会实践而不断生成变化着的现实世界,在场的对象性存在"有"是可以被意识人类如此这般指称和建构性描述言说的所谓的客观实在;非对象性世界是意识人类的实践活动无法触及的或无法打上意识人类实践活动烙印的非现实世界或"不在场的人定世界",不在场的非对象性存在"无"是"实相无相""不生不灭""不常不断""不一不异""不来不去""一念不生全体现"的"金刚不坏"之"出障法身""永恒存在",即所谓的无指称"空",而不是"上梵""大我""本根""太极""上帝""安拉""理念""良知""绝对精神"等意义上的永恒在场的所谓"终极实在"或"绝对实体"或"最高存在"。广义超元论坚持认为,不在场的非对象性存在"无"与在场的对象性存在"有",即"不在场的人定世界"与"在场的人定世界""虽有分,而实不二",即"无有一体""空有不二"。

第五,意识人类的对象性活动"始于实践,中于认识,终于实践"。广义超元论坚持认为,唯有人类拥有觉性,人类因觉性苏醒而涌现出意识、智慧,进而转变成意识人类或智慧人类。意识人类在自觉、觉他的基础上觉行,即展开意识人类所特有的对象性活动,即现实的社会性实践活动。广义超元论坚持认为,意识人类所特有的对象性活动具有现实历史性、社会实践性、主观能动性或主体性，意识人类的对象性活动“始于实践，中于认识，终于实践”，即“实践，认识，再实践”。当然，这是一个相互渗透、彼此关联的过程，也是一个无限延续且周而复始的过程。也就是说，意识人类的对象性活动始于显现、设定、建构、生产、创造，中于指称和建构性描述言说，终于显现、设定、建构、生产、创造。上述过程相互渗透、彼此关联、循环往复、永无止境。

广义超元论之“实践”“认识”有特殊含义。广义超元论将“实践”拓展为意识人类所特有的基于自觉意识和自由意志的现实的、感性的、历史的、辩证的、物质的、社会性的显现、设定、建构、生产、创造活动；将“认识”限定为意识人类所特有的基于显现、设定、建构、生产、创造并将其融入其中的现实的、感性的、历史的、辩证的、社会性、主体性的指称和描述言说活动。意识人类的“实践”和“认识”彼此缠绕、相互促进，共同推动着在场的对象性世界的生成发展，共同决定了在场的对象性存在“有”的多姿多彩、变幻无穷，共同规定了不在场的非对象性世界的不可指称，共同决定了不在场的非对象性存在“无”之“动念即乖”“开口便错”“拟议皆非”“言语道断”“心行处灭”。

四、广义超元论之三谛

（一）广义超元论之三谛

广义超元论之三谛分别是为普通人讲解的广义超元论俗谛，为创新创造者讲解的广义超元论真谛，以及为根性锐利者讲解的广义超元论圆谛。

广义超元论俗谛坚持认为，我们可以指称和建构性描述言说，即对于我们具有现实意义的现实世界，源于前人显现、设定、建构、生产、创造，是生成的而非既成的世界，是人定的而非神定的世界，是因人而有的，因意识人类能够对其起心动念、思议想象，能够施以指称和建构性的分析说明，故将其定义为“人定的世界”或“在场的人定世界”；我们不能够指称和建构性描述言说，即对于我们不具有现实意义的非现实世界，也是源于前人的设定，也是生成的而非既成的，是人定的而非神定的，也是因人而有的，因意识人类不能对其起心动念、思议想象，不能施以指称和任何意义上的分析说明，故将其定义为“非人定的世界”或“不在场的人定世界”。也就是说，“凡有指称，皆因人造，皆可言说”，即所谓的“人定的世界”或“在场的人定世界”；“没有指称，非人所造，不可言说”，即所谓的“非人定的世界”或“不在场的人定世界”。广义超元论俗谛的重点在于强调作为我们对象的现实世界，即可以被指称和建构性描述言说的这个“世界”，本质上是人定的世界，是因人而有的“在场的人定世界”，是随着意识人类实践活动而不断变化发展着的自组织世界。因此，广义超元论俗谛坚持认为，不要执著于关于这个“世界”，即“在场的人定世界”的既有的任何说法，所有的说法皆不究竟，皆为方便说法，即“应生无所住心”。总之，广义超元论俗谛不认为有关于“在场的人定世界”的所谓的终极说法，主张“择善而从”，主张“应无所住而生其心”。

广义超元论真谛坚持认为，人类实践活动具有至上性、根本性、决定性，坚持“应有所住而生其心”，坚持积极致力于“改变世界”，而不是执著于“解释世界”。也就是说，“无住为本，人定为要，择善而从，创新创造”，即有所选择的“择善而从”，有所选择的“创新创造”，但是，重要的不是“择善而从”，而是“创新创造”。广义超元论真谛的重点在于强调原本没有所谓的现实世界，作为我们对象的现实世界是意识人类如此这般显现、设定、建构、生产、创造或生成的。因此，广义超元论真谛认为，重要的不是如何解释或指称和建构性描述言说这个世界，而是如何改变这个世界，如何创造或生成新的对象物，如何推动现实世界的持续地生成发展，即“应生有所住心”。总之，广义超元论真谛不认为有外在于意识人类实践活动的“客观世界的生成发展”，而是坚持认为，是意识人类的实践活动推动着在场的现实世界的生成发展变化，主张意识人类的创新创造活动是推动包括人类社会在内的现实世界自组织发展的根本动力，主张“应有所住而生其心”。①

广义超元论圆谛坚持认为，实践是一种创造性活动，具有无限开放性、未完成性，必须持续不断地致力于创新创造，但是切不可执著于自己的创新创造及其成果。也就是说，“原本无一法，万法唯人造。有为无为法，应生无执心”，即原本既没有“有为法”，也没有“无为法”，“原本无一法”；“万法唯人造”，即无论是“过去法”“现在法”，还是“未来法”，无论是先人、他人所造之法，还是今人、后人、自己所造之法，无论是“有为法”，还是“无为法”，皆是意识人类实践活动的结果，皆是意识人类显现、设定、建构、生产、创造或生成的存在（在场的对象性存在“有”和不在场的非对象性存在“无”），皆是“人类世界”或“人定世界”或“世界”或“存在”（日月星辰没有世界，植物动物没有世界），皆不可以对其生执著心，而“应生无执心”“应生无住心”。广义超元论圆谛强调在场的对象性世界（“在场的人定世界”）与不在场的非对象性世界（“不在场的人定世界”）不二，强调在场的形下学世界、形上学世界与不在场的超形上学世界不二，强调“空”“有”不二，“道”“器”不二，强调“人类世界”或“人定世界”或“世界”或“存在”的整体性、实践性、历史性、主体性、自组织性，强调“人类世界”或“人定世界”或“世界”或“存在”是生成的而非既

① 何跃.广义超元论与自组织城市[M].重庆：重庆大学出版社，2020：229.

成的，是人定的而非神定的。广义超元论圆谛的重点在于强调“应有所住而生其心”与“应无所住而生其心”不二，既主张“创造铸就辉煌”，也主张“放下方能成佛”。广义超元论圆谛坚持认为，不能执著于或陶醉于自己的创新创造成果，既不能困于他人设计建造的“全景监狱”，也不能困于自己设计建造的“盒子世界”或“楚门的世界”，陷入循环内卷、自我陶醉、封闭僵化、固执保守、自以为是的泥潭。广义超元论圆谛坚持认为，“原本无一法（原本没有“世界”或“存在”），万法唯人造（“世界”或“存在”是生成的而非既成的，是开放发展的而非封闭固化的）；人觉而法显（觉知“物性”，“器”法显；觉醒“心性”，“道”法显；觉悟“佛性”，“空”法显。“器”法、“道”法，“有为法”也；“空”法，“无为法”也），人圆则法寂（“实相无相”“放下便是”“兀兀不修善，腾腾不造恶，寂寂断见闻，荡荡心无著”“一念不生全体现”）”。广义超元论圆谛坚持认为，“执著成就苦难，无为可达逍遥，创造铸就辉煌，放下方能成佛”，即“人觉而法显”，所以，我们倡导“应有所住而生其心”，倡导“实践创造”，倡导“择善而从”“创新创造”，倡导“人定为要”。与此同时，广义超元论圆谛还坚持认为，“苦难不能解脱，逍遥不能自在，辉煌不能持久，成佛不能自觉”，即“人圆则法寂”，所以，我们也倡导“应无所住而生其心”，也倡导“放下便是”“当体即空”，也倡导“平常心即道”“平等心即教”“平安心即效”，也倡导“无念为宗，无相为体，无住为本”，也倡导“般若”超元论。

（二）广义超元论视域下的星空

广义超元论坚持认为，可以被我们如此这般指称和建构性描述言说的星空的存在与演化，都是特定时代的意识人类基于特定的实践认识水平，如此这般显现、设定、建构或生成的与人有关的、客观现实的、变化发展着的在场的对象性星空。广义超元论放弃了试图给予不以意识人类实践活动而转移的星空以最终解释的自然唯物主义传统，反对机械反映论，坚持马克思实践唯物主义“改变世界”的理念，倡导“实践观点的思维方式”，倡导“实践生成论”，坚持面对意识人类创造的在场的现实的星空存在与演化的科学图景“应无所住而生其心”。

广义超元论坚持认为，必须设定一个与在场的对象性星空保持“单元不二”关系的，人类意识使不上劲、用不上力的不在场的非对象性星空。广义超元论坚持非对象性星空是非思虑言说可及的不在场的非现实存在，坚持“改变世界”或推动在场的对象性星空生成发展需要不在场的非对象性星空这一超形上学预设，以防止人们执著于改变世界，执著于基于特定时代科学实践活动的特定语境之中的星空存在与演变的科学图景。也就是说，广义超元论坚持人类实践活动中心主义，坚持实践人本主义，认为离开了在场的意识人类的现实的显现、设定、建构、创新、创造等社会实践活动,不在场的非对象性星空永远不可能“显现”或“解蔽”为在场的对象性星空。与此同时,广义超元论还坚持认为,没有因意识人类现实的显现、设定、建构、创新、创造活动而生成的具有现实意义的在场的对象性星空,意识人类将永远不会“知道”或“意识”到有一个“超越一切人为思辨的”不在场的、无指称的非对象性星空的存在。

广义超元论坚持认为,原本既不存在着可以被如此这般指称和建构性描述言说的在场的对象性星空,即“有为法”,原本也不存在不可以被指称和建构性描述言说的不在场的非对象性星空,即“无为法”。对象性星空、非对象性星空及其相互关系,“有为法”与“无为法”及其相互关系,皆源于人类的自觉,源于人类意识或人类智慧的涌现,源于意识人类主观见之于客观的现实的、历史的、社会的、感性具体的显现、设定、建构、创新、创造活动,即所谓的“人觉而法显”。“人类意识之灯”熄灭,或意识人类终于觉行圆满,则包括星空科学图景在内的一切“图景”终将归于“宁静寂灭”,即所谓的“人圆则法寂”。诚如海德格尔所言及的“动物贫乏于世”或“动物没有世界”,释迦牟尼所说的“当体即空”“放下便是”“涅槃寂静”,或王阳明所说的“你未看此花时,此花与汝心同归于寂”。

广义超元论俗谛如此解读星空:星空者,即非星空,是名星空。肯定科学家们基于特定时代科学实践语境,如此这般显现、设定、建构、创新、创造的既有的星空存在与演化的科学图景,坚持“择善而从”也。

广义超元论真谛如此解读星空:星空者,即非星空,是名星空。强调创新创造的极端重要性,即主张在新的科学实践语境中,积极致力于显现、设定、建构、创新、创造或生成星空存在与演化的新的科学图景,即坚持“创新创造”也。

广义超元论圆谛如此解读星空:星空者,即非星空,是名星空。强调放下对自己创新创造及其成果的执念,始终坚持从“感性的人的活动”“实践”“主体方面去理解”星空。通过意识人类的科学实践活动,不断被显现、设定、建构或生成的,可以被我们如此这般指称和建构性描述言说的对象性星空才是相对于现实的人具有现实意义的所谓在场的星空。“被抽象地、孤立地理解,被固定为与人分离的”所谓不在场的星空,“对人来说也是无”,科学俗谛所坚持认为的外在于意识人类的所谓的客观真实的星空,实质上是意识人类如此这般设定或生成的,不可能被指称和建构性描述言说的非现实星空,是对于意识人类不具有现实意义的无指称“星空”或永恒不在场的星空;广义超元论圆谛坚持认为,在场的现实星空(有)与不在场的非现实星空(无)“虽有分,而实不二”,在场的现实星空与不在场的非现实星空共同构成了仅仅对于意识人类具有意义的“人类星空”或“人定星空”或“星空”,坚持“人定为要”“无住为本”也。

广义超元论之俗谛、真谛、圆谛及其解释策略，可以统一于这首偈颂——“无住为本，人定为要，择善而从，创新创造”。“无住”者，贯穿于俗谛、真谛、圆谛及其解释策略之根本原则也；“人定”者，贯穿于俗谛、真谛、圆谛及其解释策略之基本主张也；“择善而从”者，择其善而从者也，择其不善而存之也；“创新创造”者，俗谛、真谛、圆谛及其解释策略之灵魂也。

五、案例分析

这一部分尝试借助一些现代哲学、现代科学的经典案例分析论证广义超元论的科学性、合理性、实践性、彻底性、圆融性、贯通性。

1.“光在发现或发明之前是否存在?”

“光在发现或发明之前是否存在?”这是一个基于量子理论科学实验事实提出的现代科学哲学问题。我们的观点是，无论是肯定或否定其存在者，均有一个前提，即他们知道光已经被意识人类所发现或发明，被科学家们如此这般显现、设定、建构、创造或生成，是在场的对象性存在。我们的问题是:“光在被意识人类发现或发明之前，或如此这般显现、设定、建构、创造或生成之前，有谁可以提出这一问题?”显然不可能有。因为，此时此刻没有可以被我们指称和建构性描述言说的在场的“光”，换句话说，此时此刻就没有“光”，或者说“光”不在场、无指称。因此，广义超元论认为，原本没有意识人类可以如此这般指称和建构性描述言说的在场的对象性存在光，或光现象，对象性存在的光现象或在场的光现象是科学家们通过现实的科学实践活动如此这般显现、设定、建构、创造的，是生成的而非既成的，是人定的而非神定的；对于我们具有现实意义的在场的对象性存在光现象，必然会随着人类实践活动的改变，不断地改变自己的存在形式，并不断地丰富自己的内容。轴心时代，人们认为光是波；近代以来，人们认为光是粒子；19 世纪，人们又认为光是波；20 世纪，爱因斯坦明确提出，光既是粒子又是波，并且有关光现象的波动性和粒子性均已被相关实验所严格证明。但是又有谁能够断言，爱因斯坦关于光的这个波粒二象性的表述就是终极表述呢?

我们还有一个与之类似的问题请大家思考讨论:中子是被显现、设定、建构、创造或生成的，即“发明”的，还是被“发现”的? 是谁“发明”或“发现”了科学意义上的中子?

2.“参与者的宇宙”

人类尚未觉知、觉醒、觉悟或涌现智慧之前，与动物并无本质性区别，不可能有“世界”或“宇宙”，这就是海德格尔所说的“石头没有世界，动物贫乏于世”（动物没有世界)的意义所在。人类因觉性苏醒,从觉知、觉醒到觉悟,涌现出人类意识,拥有人类意识的意识人类的出现,必然会对宇宙产生影响。在完成对宇宙"物性""心性"自觉的基础之上,探索宇宙奥秘的科学家们如此这般地显现、设定、建构、创造或生成了仅仅对意识人类具有现实意义,即可以被意识人类如此这般指称和建构性描述言说的在场的对象性宇宙。换句话说,我们关于在场的对象性宇宙存在与演化的所有描述言说,都是基于科学家们如此这般的显现、设定、建构、创造活动,是意识人类赋予了对象性宇宙以意义,作为意识人类的对象的在场的对象性宇宙深深地打上了人类意志的烙印和意识人类实践活动的烙印,是人类意志参与其中的宇宙。也就是说,我们可以指称和建构性描述言说的客观存在的现实宇宙是且只可能是"参与者的宇宙"。被抽象地、孤立地理解的、被固定为与人分离的宇宙,是"非参与者的宇宙",是对于意识人类没有现实意义,即不被能够被意识人类指称和建构性描述言说的非对象性存在"无",是无指称"空",是所谓的"无为法",即不在场的非现实宇宙。"参与者的宇宙"是对于意识人类具有现实意义的对象性存在"有",是可以被指称和建构性描述言说的科学意义上的客观现实宇宙,是"有为法",即在场的现实宇宙。"参与者的宇宙",即在场的宇宙的本来面目是"非参与者的宇宙",即不在场的宇宙;"参与者的宇宙"与"非参与者的宇宙""虽有分,而实不二"。原本既不存在"参与者宇宙"或在场的宇宙,即"有为法",原本也不存在"非参与者宇宙"或不在场的宇宙,即"无为法",即"人觉而法显,人圆则法寂"。

3. 何谓"科学事实"

大家都非常清楚,科学事实是建构科学理论的基础和前提,也是科学理论具有客观性、真理性的根本依据。但是,多数从事科学研究活动的意识个体并不清楚,科学事实究竟是什么?科学事实与科学实践活动究竟是什么关系?广义超元论坚持认为,原本没有科学事实,科学事实是典型的实践事实、人定事实,是生成的而非既成的,是人定的而非神定的。当然,因其能够被特定语境之下的科学实验所重复验证,科学事实也是科学的、客观的、真理性事实。

根据科学技术哲学学术界的几乎一致的看法,"科学事实",是特指科学家们通过科学观察实验获得并经过鉴定的经验事实。科学家们依据科学事实涉及科学实践、科学理论的程度将其划分为彼此关联的两种亚类型,即科学事实Ⅰ和科学事实Ⅱ。

什么是科学事实Ⅰ?是特指在场的客观事物与在场的环境相互作用结果的表征。结合一个具体案例——测量某个教室此时此刻温度的科学观测实验分析讲解之。比说,我们要测量某个教室此时此刻的温度,必须有温度计这类科学测量仪器。什么是科学事实Ⅰ呢?就是测量仪器和教室环境此时此刻相互作用,呈现在这个科学测量仪器——温度计上的特定数据或者特定图形。大家想想，如果没有意识人类设计、生产、创造或生成的这个科学测量仪器，会不会有科学事实Ⅰ？如果没有意识人类设定、建构、创造或生成的精确的刻度或数据，有没有科学事实Ⅰ？肯定是不会有的，因为此时此刻没有科学事实Ⅰ得以呈现出来或得以在场的人工物质载体。所以，广义超元论坚持认为，科学事实Ⅰ是且只可能是因人而有的，是意识人类在特定的科学实验语境中，如此这般显现、设定、建构、创造或生成的，是可以被人们如此这般指称和建构性描述言说的在场的对象物存在“有”。原本没有科学事实Ⅰ，科学事实Ⅰ是生成的而非既成的事实，是“人定的”而非“神定的”事实，是“客观真实的”而非“主观虚妄的”事实。意识人类强烈捍卫的科学事实Ⅰ的客观真实性，是且只可能是通过特定科学实验语境之下的重复性科学观测实验予以确认的。

什么是科学事实Ⅱ？是特指对科学事实Ⅰ，即呈现在科学测量仪器上的数据、图形而做出的陈述或判断。以前面的科学观测实验为例，呈现在这个科学测量仪器——温度计上的刻度是25，即科学事实Ⅰ是25，于是，我们做出一个判断：此时此刻，“这个教室的温度是摄氏25度”，这就是科学事实Ⅱ。大家想一想，这个科学事实Ⅱ如果没有相应的热学理论及其相应的概念系统，会不会被显现、设定、建构、创造或生成出来？肯定是不可能的，因为没有科学事实Ⅱ得以呈现或得以在场的观念物载体。所以，广义超元论坚持认为，这个科学事实Ⅱ肯定是意识人类依赖于相关科学理论、相关概念，在特定的科学实验语境中，显现、设定、建构、创造或生成的，可以被人们指称和建构性描述言说的在场的对象性存在“有”。原本当然不可能有科学事实Ⅱ，科学事实Ⅱ也是生成的而非既成的事实，也是“人定的”而非“神定的”事实，也是“客观真实的”而非“主观虚妄的”事实。同样地，意识人类所强烈捍卫的科学事实Ⅱ的客观真实性也是且只可能是通过特定科学实践实验语境之下的重复性科学观测实验才能予以最终确认的。

正因为如此，广义超元论才坚定地认为，科学事实是典型的人定事实，属于地方性知识，是意识人类在特定的科学实践实验语境之中，显现、设定、建构、生产、创造或生成的，可以被人们指称和建构性描述言说且可以被重复性验证的对象性存在“有”，是生成的而非既成的，是人定的而非神定的。也就是说，只有从人的感性活动，从实践，从主体的视角才可能说清楚科学事实。原本不仅不存在科学理论，原本也不可能存在科学事实。

4. 量子纠缠现象

接下来分析讨论非常纠结的一个案例，这就是从事量子理论研究的科学家们，在20世纪末，在实验室中发现并给予证实了的量子纠缠现象。

1982 年,法国物理学家阿兰·阿斯佩(Alain Aspect)和他的小组成功地完成了一项实验,证实了微观粒子之间存在着一种叫作“量子纠缠”(quantum entanglement)的关系。何谓“量子纠缠”?简单地说,量子纠缠指的是这样一种实验室现象:有共同来源两个粒子不管它们之间的距离多么遥远,一个粒子的变化立即就会影响另外一个粒子。准确地说,量子纠缠指的是两个或多个量子系统之间存在的非定域、非经典的强关联。我们通过对这个成功的科学实验的分析,只可能得出这样的结论:量子纠缠现象是特指科学家们在特定的实验条件或特定的科学实验语境之下,如此这般显现、设定、建构、生产、创造或生成,并经类似科学实验语境之下的重复性科学实验反复证实了的,可以被如此这般指称和建构性描述言说的科学事实、客观事实,是典型的人定事实。

尽管关于“量子纠缠”,尚有许多原理、机理未完全弄清楚,科学家们已经在相关的实验室事实的基础之上尝试将“量子纠缠”应用在量子通信、量子计算等领域,并已取得了许多成绩。特别值得说明的是,“量子纠缠”在中国的量子通信、量子计算等领域,已经获得了非常重要的应用,且处于世界领先地位。

知识卡片:解读 2022 年诺贝尔物理学奖(新华社, 2022.10.6)

瑞典皇家科学院 2022 年 10 月 4 日宣布,将 2022 年诺贝尔物理学奖授予法国科学家阿兰·阿斯佩(Alain Aspect)、美国学者约翰·克劳泽(John Clauser)和奥地利学者安东·蔡林格(Anton Zeilinger),以表彰他们在“纠缠光子实验、验证违反贝尔不等式和开创量子信息科学”方面所做出的贡献。量子力学自 20 世纪初诞生以来,催生了晶体管、激光等重大发明,被科学界称为第一次量子革命。近年来,以量子计算和量子通信为代表的第二次量子革命又在兴起。瑞典皇家科学院在诺奖公报中说:今年三位获奖者在量子纠缠实验方面的贡献,扫除了贝尔不等式等“拦路虎”,“为当前量子技术领域正发生的革命奠定了基础”“为基于量子信息的新技术扫清了道路”;世界各地的研究人员已经发现了许多利用量子力学强大特性的新方法,而这些都得益于今年三位获奖者的贡献。

在很长一段时间里,以爱因斯坦为代表的部分物理学家对量子纠缠持怀疑态度,爱因斯坦称其为“鬼魅般的超距作用”。他们认为量子理论是“不完备”的,纠缠的粒子之间存在着某种人类还没观察到的相互作用或信息传递,也就是“隐变量”。20 世纪 60 年代,物理学家约翰·贝尔提出可用来验证量子力学的“贝尔不等式”。如果贝尔不等式始终成立,那么量子力学可能被其他理论替代。

为了对贝尔不等式进行验证,美国科学家约翰·克劳泽设计了相关实验,其中使用特殊的光照射钙原子,由此发射纠缠的光子,再使用滤光片测量光子的偏振状态。经过一系列测量,克劳泽能够证明实验结果违反了贝尔不等式,且与量子力学预测相符。但这个实验具有局限性，原因包括实验装置在产生和捕获粒子方面效率较低、滤光片处于固定角度等。在此基础上，法国科学家阿兰·阿斯佩设计了新版本的实验，测量效果更好。阿斯佩填补了克劳泽实验的重要漏洞，并提供了一个非常明确的结果：量子力学是正确的，且没有“隐变量”。奥地利科学家安东·蔡林格后来对贝尔不等式进行了更多的实验验证。其中一项实验使用了来自遥远星系的信号来控制滤波器，确保信号不会相互影响，进一步证实了量子力学的正确性。

蔡林格和同事还利用量子纠缠展示了一种称为量子隐形传态的现象，即将量子态从一个粒子转移到另一个粒子。其团队还在量子通信等方面有诸多研究进展。其中一项重要成果就是，2017 年中国与奥地利科学家借助中国的“墨子号”量子卫星，成功实施了世界首次量子保密的洲际视频通话。这也是为什么诺贝尔物理学奖评委托尔斯·汉斯·汉森在现场解读获奖成果时，展示了一张含有中国量子卫星的图片，其上显示了中国和欧洲之间的洲际量子通信实验。

5. 量子测量问题及其三种经典解释

还有一个经典案例，就是量子测量问题及其三种经典解释。以下分两个方面予以分析讲解，首先，分析讲解所谓的“量子测量”问题，其次，在此基础之上，分析讲解关于“量子测量”问题的三种经典解释。

(1)“量子测量”问题

“量子测量”是 20 世纪的科学家们留给这个时代的一个深刻问题，而“薛定谔的猫”是所有量子力学体系的量子力学“测量问题”的一个特例。

“薛定谔的猫”是指薛定谔在 1935 年发表了一篇论文——《量子力学的现状》中提出来的经典问题。物理学家们对这一问题一直众说纷纭、争论至今。“薛定谔的猫”大致是这样的：把一个放射性原子放在一个不透明的箱子中，让它保持这种衰变与不衰变的叠加状态。在箱子里放置一种结构巧妙的精密装置，每当原子衰变放出一个中子时，它就能激发一连串连锁反应，最终打破箱子里的一个毒气瓶，把同时在箱子里的一只猫毒死。要是原子没有衰变，那么猫就活着。按照量子物理的几率解释，我们没有观测时，那个原子处在衰变与不衰变的叠加状态。因为原子的状态不确定，所以猫的状态也不确定。只有当我们开箱察看，状态才最终确定，要么猫死去，要么猫活着。科学家们的问题是：在我们没有打开箱子之前，这只猫处在什么状态？量子力学认为，它和原子一样处在叠加状态，即这只猫陷于一种死与活的叠加状态。1963 年，诺贝尔物理奖金获得者尤金·维格纳(Eugene

Wigner)对于人们一直争论不休的“薛定谔的猫”问题,又作了一个补充,加上了一个“维格纳的朋友”。“维格纳的朋友”是他所想象的某个人,他戴着防毒面具也同样待在箱子里观察这只猫。维格纳本人则退到房间外面不去观测箱子里到底发生了什么。对于维格纳来说,他对房间里的情况一无所知,几率解释认为他在箱子里的朋友处于一个“看见猫活着”和“看见猫死亡”的混合叠加状态。可是,当他事后询问那位朋友时,这位朋友肯定会说自己要么是“看见猫死亡”,要么是“看见猫活着”,一定会否认这种混合叠加状态。因为朋友的意识已经被包含在了整个系统之中,朋友的观测对其结果肯定会产生影响。维格纳的朋友为什么会否认呢?因为朋友在箱子里,在观测这个结果时,他已经对这个结果产生了影响。也就是说,观测已经发生,结果已经被观测所影响。有没有没有观测的观测结果呢?肯定没有。只有实施实际观测,才会有观测的结果,观测对其结果的影响是不可能排除的。

再具体介绍相关内容。当我们在特定的科学实验语境下,借助科学仪器去观测特定的“对象”时,就把仪器本身也卷入这个模糊的叠加状态中。例如,在著名的电子双缝实验中,想测量一个电子是通过了左边的狭缝还是右边的,我们用一台仪器进行测量,并用指针摇摆的方向报告这一结果。但是,因为这台仪器(记为 A)本身也有自己的量子状态,如果不观测使用这台仪器时,那么它的量子状态也可能是一种模糊叠加状态。在使用这台仪器测量电子之后,虽然电子的量子叠加状态塌缩了,但左与右的叠加状态却被转移到了仪器 A 那里。现在是仪器 A 又处于指针指向左还是右的叠加状态。假如我们再用仪器 B 去测量仪器 A,A 的量子叠加状态又塌缩了,它的状态变成确定,可是仪器 B 又陷入模糊不定中。总之,当用仪器去测量仪器,这整个链条的最后一台仪器总是处在不确定的叠加状态之中,这叫作“无限后退”。换言之,假如我们把用于测量的仪器也加入到整个系统,这个大系统的量子状态从未彻底塌缩过。可是,当我们看到了仪器报告的结果后,不确定状态“无限后退”的过程就结束了,我们的意识不会处于叠加状态?难道人类意识的参与才是量子状态塌缩的原因?难道只有当电子的随机选择结果被“意识到了”,它才从各种量子状态的几率叠加变成一个确定的状态?而只要它还没有“被意识到”,电子便总是留在不确定的状态,只不过从一个地方不断地往最后一个测量仪器那里转移罢了。造成“塌缩”的原因,难道是我们的意识?一台仪器无法“意识”到自己的指针是指向左还是指向右,故它必须陷入左与右的混合状态中;一只猫无法“意识”到自己是活着还是死了,所以它可以陷于死与活的混合状态中。但是,我们可以“意识”到电子究竟是左还是右,我们是生还是死,所以一旦我们的意识参与后,混合叠加状态就彻底塌缩了(注意:21 世纪以来,科学界反对因观测导致量子叠加状态塌缩的哥本哈根学派的解释,而坚持基于退相干作用的多世界解释),世界就变成了现实,以免给意识造成混乱。自然科学总是自诩为最客观、最不能容忍主观意识的,现在量子力学发展到这个地步,居然发现意识和物质世界不可分离,意识促成了物质世界从不确定到确定的转移!科学家们受到的震撼正如爱因斯坦的名言中说的:“就好像人的脚下被抽空,看不到哪里有什么可靠的基础,没办法在那上面建立什么。”爱因斯坦的传记作家很生动地回忆说:“有一次和爱因斯坦同行,他突然停下来,转身问我是否真的相信,月亮只有在我去看它的时候才存在?”(这也是当年去吉林长春高清海家中拜访时,高清海向我提出的问题)因为世间万物都是由原子组成的,如果不去观测,这些原子都是处在不确定的叠加状态的。月亮也是由原子组成的,所以如果我们不去看月亮,一个确定的、客观的月亮是不存在的。但只要观测,那一大堆粒子就从不确定的状态变成无数确定的状态,一轮明月便又高悬空中。整个宇宙也是一样。在没有意识人类实施特定语境之下的科学观测之前,宇宙在百亿年中都处于浑沌状态,每个粒子都以波函数的形式存在,并无确定的状态和清晰的图像。好比近视眼看到的周围世界只是模糊不清的一片那样。在意识人类有意识地实施特定语境之下的科学观测时,万物突然从不确定的坍塌到确定的状态,宇宙才突然呈现出清晰的图像。换句话说,当意识人类在特定的科学实验语境下,借助特定的科学仪器实时观测,显现、设定、建构或生产了在场的宇宙的科学图景,人们才可能指称和建构性描述言说宇宙的生成发展,清晰地述说“宇宙”或“星空”存在与演化的动人故事。(这部分内容参阅了朱清时的“再谈物理学步入禅境”一文)

(2)关于“量子测量”问题的三种经典解释

围绕量子测量、量子纠缠、平行宇宙等前沿科学问题,并结合前段时间网上流行的朱清时发表的两篇涉及量子测量问题的文章——“物理学步入禅境”“再谈物理学步入禅境”,我们先后组织对此问题感兴趣的中青年老师开展了三次专题学术讨论,在讨论过程中,形成了如下基本共识。我们认为,可以将关于在场的“量子测量”问题的解释概括为以下三种经典类型。

其一,多世界解释(EWG)。这是目前科学界、科学哲学界比较一致认可的经典解释。这一解释既与量子力学的波函数理论一致,又有坚实的科学观测实验基础。埃弗雷特提出的多世界理论一直坚持从物理性、客观性的立场解决量子测量问题,没有任何附加的假说。它肯定量子叠加状态是整个物理世界“最本真”的状态,坚持量子叠加状态是一种客观的、不可见的、独立于表征的实在。埃弗雷特坚持认为,整个宇宙都可以用薛定谔方程描述,而且从来没有波函数的塌缩过程。在宇宙中普遍存在的量子实在对微观、宏观世界提供了一个统一的描述,从而为我们提供的是一个客观的实在论图景。在这种实在论图景中,宇宙不断分叉,变成众多的"平行宇宙"。这些平行宇宙在物理学上不是连通的,但都是同样实在的。观察者的精神也随着宇宙的分叉而分成无数副本。正如德义奇所说,"我们的宇宙仅仅是更大的多重宇宙的一小部分,我们宇宙中的一切——包括你、我,每一个原子以及每一个星系,在其他宇宙中都有着对应体"。作为一种量子理论,他"声称一切可能的量子宇宙都可以同时存在"。

相比于哥本哈根学派的解释,多世界解释是简单和严肃性的,它不要求波函数随意消失,只是波函数不断分裂为其他的波函数,形成分叉的树,其中每一个都代表一个完整的宇宙。那么,我们为什么没有感觉到这种分裂呢?这是多世界理论首先要回答的问题。提出多世界理论的埃弗雷特将这一感觉证据与伽利略时代对比,他说伽利略当时认为很多人不能接受哥白尼学说,是为什么呢?是因为我们没有感觉到地球的旋转。同样地,我们今天也没有办法真实观察到另外的平行宇宙。所以,埃弗雷特认为,多世界理论或许是一种可供选择的解释,尽管尚不清楚何时能够证明这一理论假说。

其二,哥本哈根学派的解释。哥本哈根学派的解释有充分的科学观测实验根据,但是不能始终坚持量子力学的波函数理论。在哥本哈根学派的解释中,一个系统的量子会发生突变,即波函数塌缩,当该系统被观测时,只有一个碰巧被观测到的结果。而且根据哥本哈根学派的解释,其他状态的可能性都简单地消失了。多世界理论与哥本哈根学派的解释最基本的分歧是:多世界理论认为那些其余的部分仍然存在着,只是不在分支中。按照哥本哈根学派的解释,观测行为使叠加在一起的电子的潜在实在,凝聚成单一的具体的实在,而离开了观测者的原子本身不能做出任何选择。多世界解释则从实在论角度把波函数看作是一种真实的物理存在,而且整个宇宙都可以用波函数描述。量子力学是普遍适用于整个宇宙的,绝不仅限于微观量子世界,埃弗雷特说,"我们也是量子世界的一部分"。我们对量子世界进行测量时,微观世界的本性——量子叠加性并没有以"波函数随机塌缩"的形式消失,而是扩散到包括微观系统、测量仪器、观察者乃至周围环境在内的整个系统中,形成量子叠加状态,也就是退相干过程。在这一点上,退相干过程起到了与"波函数随机塌缩"同样的作用,但本质当然不同。随着退相干理论的发展,量子性成为宇宙的普遍属性。量子性不仅适用于微观领域,而且适用于宏观系统乃至宇观系统,还适用于整个宇宙。在这个意义上,多世界理论对量子力学的解释就不再是一种空泛的"学究式"的争论,而是真正成为量子力学的一部分。多世界解释通过退相干理论取消波函数塌缩,坚持演化模式的一元论,消除波函数塌缩引起的突变,坚持决定论,符合严格的因果关系。依据哥本哈根学派的解释,量子力学只是适用于"未观察到"的物理实在,因为在观测的瞬间,波函数就塌缩了,在本质上摒弃了多值的真实存在，与真正的量子解释不相容。多世界解释反对哥本哈根学派的关于波函数塌缩的解释，承认多世界的实在性。多世界解释认为，量子状态应该被看作某种物理实在，即量子状态实在论，它仍坚持玻恩的概率规则，分歧在于它否认其他可能性会简单消失，恰恰相反，多世界理论认为，当一个可能性实现时，其他的可能性并没有消失，而是共存于其他的世界中，也就是多世界。这些多世界之间的地位是平等的，都是真实的。在多世界解释中，宇宙波函数被视为唯一的终极实在。这就是哥本哈根学派的解释与多世界解释的区别。

其三，隐秩序解释。这一解释在理论上能够自洽，但是缺少坚实的科学观测实验基础。这个解释的提出者是伦敦大学的物理学家波姆。他说，我们的世界就像一个大鱼缸一样，里头有一条金鱼在游，假设最少有两台摄像机，一台从侧面观测这个鱼缸，一台从背后观测鱼缸，另一个房间里头有两台监视器。试想一个人进入监视器的房间里头，他就能看到鱼缸里头有两条鱼，这两条鱼还不一样，因为一个是从尾巴部分照过去，一个是从侧面照过去的。这两条鱼很怪，无论其中一个做什么动作，另一个马上反应过来，而且都是同时的。他说我们观测到的基本粒子就是这种现象，鱼缸是宇宙的深层次的比喻，就是内在的一个更深层次的本质的东西，也就是波姆所讲的“隐秩序”。就是说这条鱼是三维的，两个投影是二维的，投影变成了两条鱼，那两条鱼无论怎么运动，一条鱼只要有什么感觉、做什么动作，另一条鱼马上就有反应，这个反应不是说这两条鱼是真实存在的，只是说明这两条鱼都是幻影，真实的东西是在鱼缸里，鱼缸这个三维实体是一个真实的东西，监视器看到的都是幻影。这样一解释就把两件事情都解释通了。其实你看到两个基本粒子是通过监视器看到的投影“鱼”。这样不管这条“鱼”受到什么干扰，采取什么动作时，另一条“鱼”就会跟着采取相应的动作协调一致，这是因为我们看到的都是幻影，真实的东西是在更深层次、维数更高的地方。这就是波姆著名的隐秩序解释。隐秩序解释能够从逻辑上说清楚量子纠缠等量子测量现象，但是却无法被科学观测实验所证实，因此，关于量子测量问题的隐秩序解释仅是一种理论假设而已。

关于量子力学“量子测量”问题及其三种经典解释，就介绍这些内容。在结束分析讲解这一问题之前，我还有一个问题请教大家。这个问题是：你赞成哪种解释？这儿提醒大家一句话，铃木大拙曾经有个说法很有意思，他说：“一切经教都只是方便假设，其中并无任何究竟。”我们把它放在这儿说，关于“量子测量”问题的所有解释，都只是方便假设，其中并无任何究竟。其实，这不仅是东方的空宗、禅宗（“般若”超元论），也是西方的马克思主义实践观（“实践”超元论）、解构性后现代主义（“解构”超元论），以及试图融通东西方相关思想的广义超元论关于以量子测量问题及其相关解释为代表的所有现实问题及其解释的基本主张或主要观点。

附　录

附录 1

从觉知到觉悟：人自觉“存在”的广义超元论解读

何　跃[1]　叶梓岚[2]

（重庆大学　马克思主义学院　重庆　400044）

摘　要：自觉，即人类觉性的苏醒。自觉使人类从生物人类质变为涌现出智慧的意识人类，将生物人类的本能性行为蝶变为意识人类所特有的实践活动，意识人类的实践活动“生成了”或显现、设定、建构、生产、创造出了所谓的意识世界或人类世界。意识人类的实践活动无止境，意识人类对“存在”的自觉呈现上升发展的态势。广义超元论认为，意识人类因为实现了对“器”、物性的觉知，终于破茧成蝶走出混沌世界，得以自如运用形下学智慧改造自己的生活世界；因为实现了对“道”、心性的觉醒，终于脱胎换骨进入形上学世界，得以彻底超越动物并成就了具有超越视野的人类个体；因为实现了对“空”、佛性的觉悟，终于究竟解脱进入超形上学世界，得以放下执著，超越理性、情感、信仰，成为了纵横自在、自由自觉的现实之人、实践之人、解放之人。

关键词：存在；自觉；广义超元论；人类的世界

基金项目：中央高校基本科研业务费项目人文社科专项《马克思主义中国化与佛学中国化比较研究》（2019CDJSK49YJ04）。

作者简介：何跃[1]，重庆大学马克思主义学院教授、博士生导师，方向：马克思主义实践哲学；社会组织与社会治理；类思维模式。叶梓岚[2]，1996 年 10 月，中共党员，重庆大学马克思主义学院 2020 级硕士研究生，马克思主义理论专业。

From Awareness to Comprehension: A Study on Humans' Self-consciousness of Existence Based on Generalized Transcendent

Abstract: Self-consciousness, the awakening of human consciousness. Self-awareness transforms biological humans into those with intelligent consciousness, and transforms instinctive human behavior into the practical activities among conscious humans. These practical activities generate, demonstrate, set up, construct, produce and create the so-called world of consciousness or human world. The practical activities of conscious humans are endless, and conscious humans have an inclination to generate a better self-consciousness of "existence" and "human world". According to Generalized Transcendent theory, because of the realization of the awareness of the 'Qi', the nature of materials, conscious humans have finally moved out of their cocoon of chaotic world, being able to use under-metaphysical wisdom to remake their world of life; because of the realization of the awareness of 'Dao', the nature of mind, conscious humans have finally been remoulded into the world of metaphysics, transcending the animal and becoming humans with transcendental visions; because of the realization of the awareness of "Kong", the nature of Buddha nature, conscious humans have finally respawned into the world of hypermetaphysics, abandoning insistence, transcending sense, emotion and belief, and becoming a realistic, practical and emancipated humans without constraint.

Key words: existence, self-consciousness, generalized transcendent theory, the human world

作为人类发展的重要标志,主体性的确立和阐发经历了从自觉、自发到超越的过程。进入工业社会以来,人类认识、改造自然和社会的方式经历了从共生共荣到任意攫取的巨变,此过程中不免有被自身所创造的物质或意识侵蚀、遮蔽自我之嫌,加之"中华传统思想文化缺乏乃至压抑自我的主体性和人的自由本质的痼疾"①,人类尤其是国人在发扬主体性、追求自由解放上困难重重。故而本文以马克思主义实践观点基础上的自觉为核心,在广义超元论的框架体系下探索"自觉"这一人类的世界源头所在,以人类对"器"或物性、"道"或心性、"空"或佛性的自觉

① 张世英.觉醒的历程:中华精神现象学大纲[M].北京:中华书局,2013:3.

为脉络，探索人类对“存在”的觉知、觉醒、觉悟境界，并描述人类在自觉后作用于世界的种种特点与表现，尽可能地还原人类的世界之缘起与建构思路，展示人类在实践中是如何认知把握自己的存在本性与价值，解决人与人、人与自然、人与自我之间的一些问题，最终指向自由全面发展。

一、“存在”“自觉”与人定世界

1. 何谓“存在”

在希腊语中，存在（Existenz）本意是指向虚无、不存在，只有当存在彻底虚无化的前提成立时，存在才有可能迎向“无”而显现自身、被人类所领悟。“……常人从不死；因为，只要死向来是我的而本真地只有借先行的决心才能从生存上得到领会，常人就不可能死。”[①]海德格尔认为，当人无限接近死亡，才能深切体会生的意义，来自死亡的恐惧与向死的勇气，足以逼迫出人类“此在”生存的最本真状态，即“向死而生”。在马克思实践哲学中，“意识在任何时候都只能是被意识到了的存在，而人们的存在就是他们的实际生活过程”[②]，“存在”就是人们的“现实生活过程”，人的现实生活在本质上就是实践的。“先于人类历史而存在的那个自然界，不是费尔巴哈生活其中的自然界；这是除在澳洲新出现的一些珊瑚岛以外今天在任何地方都不再存在的、因而对于费尔巴哈来说也是不存在的自然界。”[③]关于判定“存在”的尺度，马克思提出，只有被纳入人实践范围的自然才能成为真正的、现实的存在，而脱离人的视野之外的自然，对人来说只能是“无”，不具有现实意义。在海德格尔和马克思上述观点的基础之上，广义超元论进一步认为，意识人类正是在实践活动中不断推进对“存在”的自觉，从而显现、设定、建构、生产、创造或生成了对于意识人类具有现实意义的，即可以被意识人类指称和建构性描述言说的在场的对象性世界“有”或人类的世界或人定的世界（“在场的人定世界”），即可以被指称和形下学描述言说的在场的形下学世界和可以被指称和形上学描述言说的在场的形上学世界，以及对意识人类不具有现实意义，即不能够被意识人类指称和建构性描述言说的不在场的非对象性世界“无”或非人类的世界或非人定的世界（“不在场的人定世界”），即无指称的或不在场的超形上学世界。也就是说，原本

---

① 海德格尔．存在与时间［M］．上海：生活・读书・新知三联书店，1999：479．

② 中共中央马克思恩格斯列宁斯大林著作编译局．马克思恩格斯文集：第1卷［M］．北京：人民出版社，2009：525．

③ 中共中央马克思恩格斯列宁斯大林著作编译局．马克思恩格斯选集：第1卷［M］．北京：人民出版社，2012：157．

既没有所谓在场的对象性世界“有”或人类的世界或人定的世界(“在场的人定世界”),原本也没有所谓不在场的非对象性世界“无”或非人类的世界或非人定的世界(“不在场的人定世界”)。因此,原本也就不可能有融在场的对象性世界“有”与不在场的非对象性世界“无”于一体的所谓的“存在”或“世界”,“存在”或“世界”是“此在”或意识人类在实践活动中如此这般“生成”的而非“既成”的,是“人定”的而非“神定”或“被定”的,是且只可能是因人而有或因人而造的所谓“人类世界”或“人定世界”。

2. 何谓“自觉”

关于自觉,可将其理解为人类觉性的苏醒,具体包括觉知、觉醒和觉悟三层阶。一方面,意识人类在长期的进化发展过程中,通过与内部自我意识和外部对象意识的交流交往,能够清楚自己作为类存在和个体存在的定位。高清海的类本性理论认为,“人是融汇生命属性与超生命属性、物质与精神、自我与社会于一体的类存在”,“人性的自觉恰恰在于追求人本身超越生命的价值”①。人类走向自觉,就是主体自觉践行和主动求取更高级、更自由状态的理性态度之现实体现。另一方面,意识人类在社会实践活动中,通过自我认知、自我改造和自我完善而不断走向更高的发展水平,得以充分发扬自身主体性,获得支配自然、把握命运的本质力量,最终达到一种完满境界。综上所述,我们尝试将人对存在的自觉进行界定:人以蕴含自觉性倾向的实践作为主要手段,在内生需求的驱动下不断冲破现有世界之禁锢,在一次次顿悟中推动自身发展进入更高层次,解放主体性力量、摆脱原有较低级的浑噩状态,实现内在自由解放与外在世界建构的和谐统一。人类对“存在”的自觉则主要是通过三种层阶的顿悟而渐次达到,即对“器”、物性的觉知,此时人不必再受动物般的单一尺度束缚;对“道”、心性的觉醒,此时人懂得明是非、知美丑、了善恶的人,成为追求真、美、善的理性之人、爱美之人、慈悲之人;对“空”或佛性的觉悟,人此时懂得了“心为法本”,“凡有所相,皆为虚妄”,原本没有“法”,原本没有世界,懂得了“实践至上”,“实践观点的思维方式”,原本没有意识人类,原本没有“存在”或“人类世界”或“人定世界”。

3. 人定世界

广义超元论认为,“意识”与“存在”,或“意识人类”与“人类世界”或“人定世界”是相依相存的一对范畴,原本没有意识,原本没有所谓的“存在”,原本没有意识人类,原本也没有所谓的“人类世界”或“人定世界”,“存在”或“人类世界”或

---

① 漆思,张爽.类本性理论的当代观照与人性自觉[J].江西社会科学,2013,33(6):22-26.

"人定世界"是且只能是意识人类社会性实践活动的产物,是"生成"的。不论是从自然意义还是人定意义来看,如果没有意识人类的自觉、觉他、觉行,那么便不可能诞生人类意识或意识人类,"人类世界"或"人定世界"也就不可能"生成"。也就是说,在人类觉性苏醒即完成自觉之前,人只是生物意义的人类,而非涌现出了智慧的意识人类,非真正意义上的"人";意识人类未出场或完全退场,所谓的"存在"或"世界"不过是一片死寂而已,"人类世界"或"人定世界"根本就不存在。直到一道名为"自觉"的闪电劈下,划破漫漫黑夜,给予人类超越动物世界的无限可能,才生成了所谓的"世界""存在",所谓的"人类世界"或"人定世界"。因此,所谓的"世界""存在",是且只可能是"生成"的而非"既成"的,是"人定"的而非"神定"的,即是且只可能是"人类世界"或"人定世界"。

广义超元论认为,"自觉"是意义非凡的环节,具有本源地位,它为之后一切的讨论与研究提供了前提条件。广义超元论认为,意识人类的现实的、历史的社会性实践活动"生成了"或显现、设定、建构、生产、创造出了仅对于自己有意义的所谓的"世界"或"存在",即所谓的意识世界或人类世界或人定世界。意识人类在实践活动中不断推进对"存在"的自觉,从而显现、设定、建构、生产、创造出了对于意识人类具有现实意义的、即可以被意识人类指称和建构性描述言说的在场的对象性世界或人类的世界或人定的世界,即"在场的人定世界",即可以被指称和形下学描述言说的在场的形下学世界和可以被指称和形上学描述言说的在场的形上学世界,以及对于意识人类不具有现实意义,即不能够被意识人类指称和建构性描述言说的不在场的非对象性世界或非人类的世界或非人定的世界,即"不在场的人定世界",即不在场的无指称的超形上学世界。

广义超元论坚持认为,一切生命或非生命自然物及人工物,生来就具有物性("器")、心性("道")和佛性或法性("空"),但唯有人类才具有能够觉知"器"、觉醒"道"、觉悟"空"的觉性。进一步说,人作为一种非纯粹动物的生命存在,并非生来便能实现对所谓"存在"的自觉,人类之所以能从最初的混沌世界到达后来的自由自觉精神状态,皆因其在这漫长岁月中的思考、实践与顿悟,并不断实现内在或外在的一次次超越与突破,才最终实现了自觉意识的从无到有再到延展。只有能够在现实生活中经过实践、反思、顿悟后达到自觉状态的意识人类,才有可能通过再次的更深层次的实践与创造,最终显现、设定、建构、生产、创造出人类的世界。没有人类的意识自觉或觉醒和苏醒,便不会有因自觉而衍生出的一系列社会性实践活动,则之后有关人类世界(人类的世界和非人类的世界)或人定世界(人定的世界和非人定的世界)的一切显现、设定、建构、生产和创造行为都无从谈起。广义超元论始终坚持唯物主义信仰,预设了先于人类存在的不在场的"自然界'无'",

即马克思所言及的"被抽象地、孤立地理解的,被固定为与人分离的自然界",坚信随着意识人类主体性或主观能动性的提升以及实践能力的不断提高,意识人类在此基础之上,显现、设定、建构、生产、创造或生成了在场的对象性世界或对象性存在"有"或人类的世界或人定的世界和不在场的非对象性世界或非对象性存在"无"或非人类的世界或非人定的世界,显现、设定、建构、生产、创造或生成了融两者于一体的所谓的"世界"或"存在"或"人类世界"或"人定世界"。也就是说,广义超元论坚持认为,原本没有所谓的不在场的自然界"无",原本没有所谓的"世界"或"存在"或"人类世界"或"人定世界",它们是生成的而非既成的,是人定的而非神定的。

二、自觉"器":人从混沌世界走出

1. 破茧成蝶之境

"形而上者谓之道,形而下者谓之器。"①意识人类对存在的自觉之路首先是由对"器"、物性的觉知开启。所谓"器",是万物各自表层的相之集合,是可被意识人类感知和形下学描述言说(包括实证性、唯象性、想象性三类)的对象性存在"有",是意识人类觉知后如此这般显现、设定、构建、生产、创造或生成的且仅对这一群体有意义的在场的形下学存在或所谓的现象世界。完成了对"器"之自觉的意识人类,即涌现了觉知型形下学智慧的意识人类,自此得以依照变通、中庸之准则在形下学世界中展开实践创造活动。实现自觉第一步即对"器"觉知的意识人类便如破茧重生之蝴蝶,从纯粹的动物世界中挣脱出来,不再受单一的物种尺度的约束,成为了可以依照所有物种的尺度去显现、设定、建构、生产、创造的一种类存在物。

完成了对器物世界的自觉或涌现了觉知型形下学智慧的意识人类首先是一种有生命且具有了主观能动性的自然存在物,一方面,人能有意识地作用于自然,从而进行实践与创造;另一方面,人必须要依赖自然,在活动中遵循并接受自然规律的制约。因此,人与自然是一种相互依存的关系。其次,"人不仅仅是自然存在物,而且是(属)人的自然存在物,也就是说,是自为地存在着的存在物,因而是类存在物。"②尽管人类与动物都是依赖于自然界而存在的存在物,两者的存在方式却全然不同。已觉知、有意识的生命活动将人与动物区分开来,造就了意识人类所独具

---

① 中国孔子基金会.中国儒学百科全书[M].北京:中国大百科全书出版社,1996:407-408.

② 中共中央马克思恩格斯列宁斯大林著作编译局.马克思恩格斯文集:第1卷[M].北京:人民出版社,2009:209.

的高度的实践特质，使物的尺度和人的尺度在意识人类的实践中获得有机统一。“蜜蜂建筑蜂房的本领使人间的许多建筑师感到惭愧。但是，最蹩脚的建筑师从一开始就比最灵巧的蜜蜂高明的地方，是他在用蜂蜡建筑蜂房以前，已经在自己的头脑中把它建成了。”①蜜蜂作为一种动物，是在自身群种尺度的规定下进行蜂房建造，因而每一座蜂房都是由最完美的正六边形构成，能够最大限度地节省材料并获得居住空间。但这完全是出自一种本能行为，建造蜂巢的工蜂永远不可能知晓“为什么要这样筑巢”之类的问题。人类建筑师由于涌现出觉知型的形下学智慧，便可以跳脱出最基本的肉体需求转而寻求变通，进一步按照审美、舒适、个性等更高的需求及更丰富的尺度进行真正的生产，并依靠实践使其从观念变为现实，当之无愧成为社会历史发展的主体，这是意识人类永远高明于动物之处，也是意识人类实现对存在的自觉之第一步表现。

2. 自觉“器”而涌现觉知型形下学智慧

对应意识人类不同的形下学描述言说活动，在场的“器”或形下学世界可以被细化为三类对象性世界：可以被意识人类完整感知、被指称和实证性描述言说的对象性世界，即在场的实证世界；只能被部分感知、被指称和唯象性描述言说的对象性世界，即在场的神秘世界；可以被指称和推测性或想象性描述言说的对象性世界，即在场的未知世界。②原本不存在所谓的“器”或形下学世界，原本没有所谓的实证世界、神秘世界、未知世界，它们是意识人类通过自身所特有的实践活动如此这般显现、设定、建构、生产、创造出来的，是生成的而非既成的，是人定的而非神定的，即是因人而有、由人而造的。

其一，人对实证世界的自觉。原本不存在所谓的实证世界，实证世界是可以被意识人类无条件重复性感知的对象性世界，是意识人类自觉“器”后显现、设定、建构、生产、创造或生成的，根据其组成方式的差别呈现出四种形式：自然物世界、人工物世界、观念物世界以及意识世界。在场的自然物世界由非生命世界与生命世界或常识自然界与科学自然界构成，从最低级物质层次的夸克到膨胀宇宙、从生物大分子到地球生物圈、从江河湖海到浩瀚星空，在意识人类的自觉把握、实践行为与反复验证作用下，自然物世界逐渐显现于人类眼前并被人类所完整感知。在场的人工物世界是因意识人类的发明、设计、生产、创造活动而生成的对象性世界，具有伴随意识人类实践活动而不断拓展深化的特性。在场的观念物世界的组成元素

① 中共中央马克思恩格斯列宁斯大林著作编译局. 马克思恩格斯文集：第5卷[M]. 北京：人民出版社，2009：208.

② 何跃. 广义超元论与人类的世界[M]. 2版. 重庆：重庆大学出版社，2019：25-29.

主要是观念物，观念物亦由意识人类显现、设定、建构而成，需要借助物质载体得以存在，法律条例、理论学说等都是其具像化表现。在场的意识世界又称为人类自觉行为世界，其组成主要有显现、设定、建构、生产、创造、直觉、描述言说等人类活动。譬如，主张实证研究的西方医学科学，学者专家在对人体生理结构进行精密解剖和严格分析研究的基础之上，显现、设定、建构或生成的西医视角下的人体生理系统，是可以被意识人类如此这般指称和实证性描述言说的在场的对象性自然人体世界或对象性自然物；学者专家们根据西方科学中对人体生理系统的描述言说，发明、设计、生产、创造或生成的一系列药物以及医疗器材设备，是可以被意识人类如此这般指称和实证性描述言说的在场的对象性人工物；学者专家对人体的器官、组织、系统进行深入研究与科学总结，并借助文字、图像等物质载体呈现出来的各种概念观点、理论学说，则是可以被意识人类如此这般指称和实证性描述言说的在场的对象性观念物；而学者专家的上述实践活动则是可以被意识人类如此这般指称和实证性描述言说的在场的对象性行为世界，即波普尔意义下的在场的主观世界。

其二，人对神秘世界的自觉。神秘世界是尚未被意识人类无条件重复性感知到的现象世界，其特点是只能被部分感知，可以被唯象性描述言说，人类对神秘世界的自觉主要在私人世界、个体性神秘世界、非个体性神秘世界中得到体现。一般而言，自觉后的特定意识个体可以对神秘世界进行部分或全部感知，其他自觉后的意识人类所能部分感知的神秘世界只是非个体性神秘世界，即普罗大众认知中的“神秘现象”，如梦境、幻觉、穴位等。中医学家擅长精于刻画人体经脉穴位，研究脏腑系统之间的联系，并可以通过观察病人表征剖析内里脏器的病理变化，显现、设定、建构或生成了基于生命整体观的人体生理系统。这套系统与西医的人体生理系统不同，无法予以准确指称和实证性描述言说，其运作原理也无法施以清晰的描述言说，因此，钱学森将中医界定为有别于西医的唯象科学。必须说明的是，钱学森在这里所使用的“唯象科学”一词不是贬义，而是对可能更为高级的科学形态的一种称谓。其实，在现代西方科学中，有些科学就不是严格意义上的实证科学，比如关于光的现象，爱因斯坦曾言：“好像有时我们必须用一套理论，有时候又必须用另一套理论来描述（这些粒子的行为），有时候又必须两者都用。”对于实证世界而言，光被描述为波或粒子，这是人类已经观测证实的；对于神秘世界，光既是波又是粒子，人类在特定实验条件下不可能完全感知到光的波动性和粒子性存在，因此，只能将光的这一特质唯象性描述言说为光的波粒二象性。电子双缝实验中，观测者在场，电子随机选择一条缝隙到达终点；观测者离场，电子则将以波的形式同时穿过两条缝隙。又譬如思想实验“薛定谔的猫”，猫的生死状态只关乎箱门的开合。这是否意味着主观观测对于客观物理世界有主宰性的颠覆意义？虽然目前人类只能对这些神秘现象进行唯象性描述言说，但这并不代表相关元素不存在本真形式，只是人类目前囿于非此即彼的思维模式中无法超脱，只能暂且将其自觉为神秘世界。

其三，人对未知世界的自觉。原本不存在未知世界，未知世界是意识人类以已知世界为参照，显现、设定、建构或生成的在场的对象性世界，只可能给予指称和推测性或想象性描述言说，主要由未知客观世界和潜意识世界构成。这种超越人类感知界限的“自然”对于意识人类就是尚未被感知到的可以给予指称和想象性描述言说的在场的现实世界或对象性存在“有”，而非不在场的非现实世界或非对象性存在“无”，即马克思曾批判过费尔巴哈的“那个”“先于人类历史而存在的那个自然界”[①]“被抽象地、孤立地理解的，被固定为与人分离的自然界”，永远不在场的“那个”非对象性自然界。作为未知世界另一重要构成的潜意识世界，因其由前意识世界、意识世界推论得出的特点，故而属于被意识人类设定、建构或生成的并能给予指称和想象性描述言说的在场的主观世界。关于潜意识世界的代表性理论有弗洛伊德的人格结构理论、荣格的集体潜意识理论等。

综上所述，处于觉知“器”阶段的意识人类，已经可以运用形下学智慧改造生活、为生存而战，但此刻只是部分超越还未彻底超越动物——仅完成了对在场的形下学器物的自觉而没有完成对在场的形上学心性良知的自觉。故此阶段意识人类只作为一种对形下学世界有所觉知的类存在物，侧重于对形下学世界的探索，主要是秉承顺势而动、变通而为的生存智慧。

三、自觉“道”：人彻底超越动物

1. 脱胎换骨之境

当意识人类完成了对“器”自觉而自组织地涌现觉知型形下学智慧，下一步便来到对“道”的自觉而自组织地涌现觉醒型形上学智慧。所谓“道”或形上学世界，是超越人类经验与感官的世界，是可以被意识人类所直觉和证悟，被指称和形上学描述言说的在场的对象性世界，是只对自觉了心性良知的意识人类有现实意义的在场的对象性存在“有”。对“道”自觉的根本在于心性良知的觉醒，心性良知的觉醒使人知晓善恶之别、羞恶之心。完成了“道”或良知觉醒的意识人类，自组织地涌现了觉醒型形上学智慧，彻底超越动物，脱胎换骨为真正意义上的意识人类，正式开启了基于心性良知觉醒或“得道”基础之上的真正意义的道德人生。动物在

① 中共中央马克思恩格斯列宁斯大林著作编译局．马克思恩格斯选集：第 1 卷[M]．北京：人民出版社，2012：157.

光天化日之下行交媾之事而不觉羞耻，人做错事、坏事却会心生羞愧憎恶之心；狼孩虽在身体形态上与人别无二致，但仍旧不能称为真正意义上的人。

东西方许多的哲学家、宗教家在自觉在场的“道”或形上学世界的基础之上建构了自己的哲学观和宗教观，西方有赫拉克利特创造“逻各斯”概念用以解释万物存在保持规律与分寸的缘由，“赫拉克利特说神就是永恒的流转着的火，命运就是那循着相反的途程创生万物的逻各斯”①；巴门尼德提出“能够被思维的和存在的乃是一回事”命题，存在作为万物的本质是一种客观实体，人们眼前所见的表象是思维与存在碰撞后遗留的痕迹；基督教中作为至高神的超验存在“上帝”，隐含人类的形而上学本能；笛卡尔从“自我意识”出发，以思维论证存在，提出“我思故我在”；贝克莱的“存在即是被感知”主张人的主观感受是确证物质存在的唯一途径；康德认为“先天认识形式”是人类进行认识的前提，超出这一范畴的“物自体”不可知；费希特将所有自我意识中的先验要素总结归纳为“绝对自我”；黑格尔提出“绝对精神”为一种先于自然界与人类社会客观独立存在的宇宙精神；等等。东方亦有老子提出的用以指称在场的形下学世界运行轨迹与规律的“道相”之“道”以及用以指称在场的形上学世界的“道体”之“道”；王阳明提出“心之所发便是意”②“此心在物则为理”③，意识只在心之发动处生起，心足以超越个体成为世界的主宰；朱熹通过形上学的方式，运用“天理”概念为世间万物运行以及社会伦理规范提供了先验依据；熊十力认为宇宙本体的“本心”亦是万物的“本心”，“一一物各具之心，即是宇宙的心；宇宙的心即是一一物各具之心”④。

2. 自觉“道”而涌现觉醒型形上学智慧

早在人类文明的“轴心时代”，古希腊、古印度、古中国等古代文明就实现了对在场的形上学意义上的“道”的自觉，完成了所谓的“终极关怀的觉醒”，完成了人类文明精神对原始文明形态的重大突破与超越。这一种突破与超越可以被称为是意识人类自觉“道”或良知觉醒的滥觞，良知、道德自此成为意识人类认识、面对与接纳世界的全新方式，意识人类思考重心亦指向了自我觉醒和自我价值。古希腊学者强调维护人性尊严、关怀人的个性、反思人类自身，苏格拉底提出“善是人的内在灵魂”“人之所以作恶，是出于无知”“美德即知识”⑤，教育可以令人认识其灵魂

---

① 北京大学哲学系外国哲学史教研室．西方哲学原著选读：上卷[M]．北京：商务印书馆，1981：21-22.

② 王守仁．王阳明全集[M]．吴光，钱明，董平，等编校．上海：上海古籍出版社，2011：6.

③ 王守仁．王阳明全集[M]．吴光，钱明，董平，等编校．上海：上海古籍出版社，2011：79.

④ 熊十力．新唯识论[M]．北京：中华书局．1985：27.

⑤ 柏拉图．柏拉图对话集[M]．王太庆，译．北京：商务印书馆，2004：222.

深处已有的良知美德,去除因无知而带来的人性上的不足。《理想国》中柏拉图摒弃外在出身转而关注人性本身,提出依据人的智慧品德进行职能分工的构想,表现出人类精神之觉醒。释迦牟尼超越森严的种姓制度提出"一切众生,皆具如来智慧德相"①,佛、众生本无差别,只要超越执著、澄明本性,人人皆可成佛。老子在顿悟后,运用一种名为"道"的无声无形、无止无休、浑然而成之物指称和描述在场的形上学世界,将整个宇宙的深层规律概括为"人法地,地法天,天法道,道法自然"②。孔子讲出"朝闻道,夕死可矣"③,当人能够真正领悟得"道",那种豁然开朗、酣畅淋漓、通达无碍、明悟生死之感足以胜过所有俗世之乐。孟子有"枉己者,未有能直人者也"④,不能找回或构筑自身主体性的人,就失去了辨明是非曲直、美丑善恶的能力,又有通过"四端"阐述仁义礼智作为先验的道德禀赋,人生而有之,一切后天的经验学习都是为了去自觉或发扬先验的善心,先验道德与经验学习共同促使人成为真正的人。

"有两种东西,我们对它们的思考越是深沉和持久,它们所唤起的那种越来越大的惊奇和敬畏就会充溢我们的心灵,这就是繁星密布的苍穹和我心中的道德律。"⑤哲学家康德主张,与动物被自然法则必要地规定着不同,人作为理性的存在者可以通过理性做出符合自己自由意志的行动,道德律就是人经由自由意志做出的理性选择,是人进行道德实践所依据的先于经验、超越经验的原则,完全自律且不假外求,即所谓的"人为自身立法"。道德律以纯粹理性为依据,促使人们剔除生理感官上的诱惑纷扰进行道德实践,是另一种形式的"道"之觉醒。

王阳明的心学称万事万物孕于良知,万事万物皆存良知。广义超元论亦认为,"道"或良知或心性非人之独有,但唯有人才可自觉"道"或良知或心性。对于动物而言,主宰其行为动作的是本能自然,无需权衡利弊或是反复思量,一切都凭直觉。譬如乌鸦反哺、羊羔跪乳、企鹅抱圈护崽,此为出自动物本能的良知,或者说是动物在直觉本能驱使下而达成的与人类认知中的良知道德范畴极为接近的利他行为,由于生理机能的压制与遮蔽,它们不会考虑做出行为时将要面临的风险与恐惧,但凭本能行事。动物不知世事如何变化发展,更不知如何运用世事发展的规律处理问题,因此,这种"良知"无法发展成为道德准则的层次,是未自觉的良知、心性。

① 宋先伟.华严经:上[M].北京:大众文艺出版社,2004.

② 王弼.老子道德经注[M].楼宇烈,校释.北京:中华书局,2011:66.

③ 朱熹.四书章句集注[M].北京:中华书局,2011:70.

④ 朱熹.四书章句集注[M].北京:中华书局,2011:247.

⑤ 阿尔森·古留加.康德传[M].贾泽林,侯鸿勋,王炳文,译.北京:商务印书馆,1981:141.

于人而言,“良知是天理之昭明灵觉处,故良知即是天理”①,良知作为人的先天理性普遍存于人性之中,却并非人人皆能显现,对“道”的自觉或心性良知的觉醒就是通过教育清除心性良知之障蔽、还原心性良知本貌的行为。正所谓“恶之来源乃生于人有主意地以其私欲私意遮蔽本性而将良知之知行二分”②。人自觉良知后致良知,向内是反思修炼、放下私欲,澄明心之本体,使得良知能够以原本至善纯然的形式显现;向外则是使良知投射至真切笃实处,在“知善知恶”的基础上尽力做到“为善去恶”,使先验的“天理”在道德实践过程中通过认知、体悟与吸收而充盈于人心,人听从本心自觉实施道德行为,经反复匡正打磨最终成为真正的良知实践者,即“苟无私欲之蔽,则虽小人之心,而其一体之仁犹大人”③。也只有完成了对心性、良知的自觉,完成了终极关怀的觉醒,才能成为真正意义上的独立个体而无须再受他人摆布,以全新的自我开启体面尊严的道德人生。

总而言之,自觉在场的形上学“道”或心性良知觉醒使人脱胎换骨,彻底超越动物,能够怀抱宽容慈爱之心依道而为,但完成觉醒的人与人之间仍有区别。种种不同的觉醒形式决定了各种延续至今的文明,以及产生了与文明对应的宗教。一般的人因为智慧不够,便需要剥离出一种抽象的神压制人心中的恶之面。例如,婆罗门教、伊斯兰教消除了形下学世界之阻碍,却“困于意识人类如此这般显现、设定、建构的对象性世界之中,回归宗教信仰,使人类理性臣服于‘梵’‘自我’等所谓的‘绝对存在’或‘根本因’”④。因此,他们将永远停留在觉醒阶段。而慧根更高的意识人类则不满足于此,为了安顿自己的内心、实现对自身的彻底超越,他们勇敢地、义无反顾地迈向了下一层阶。

四、自觉“空”:人彻底超越自己

1. 自由自在之境

出于安顿内心、超越自身的需要,慧根更高的意识人类在完成对在场的形上学“道”的自觉或心性良知觉醒之后,进一步实现了对存在自觉的最后一步——对不在场的超形上学“空”自觉。超形上学“空”与形下学“器”以及形上学“道”不同,无论是形下学“器”,还是形上学“道”都是意识人类在自觉“物性”“心性”的基础之上如此这般显现、设定、建构、生产、创造或生成的在场的对象性世界或对象性存

① 王守仁.王阳明全集:上[M].北京:中华书局,1992:72.

② 王进文.此心光明,则诸恶潜消:知行合一视角下的阳明“恶”论疏义与展开[J].孔学堂,2021(2):79.

③ 王守仁.王阳明全集[M].吴光,钱明,董平,等编校.上海:上海古籍出版社,2011:137.

④ 何跃.广义超元论与人类的世界[M].2版.重庆:重庆大学出版社,2019:162.

在“有”，而超形上学“空”则是意识人类在自觉“佛性”“空性”的基础之上如此这般设定或生成的不在场的非对象性世界或非对象性存在“无”，是既不能被指称和形下学描述言说，亦不可被指称和形上学描述言说，即对于意识人类没有现实意义的非现实世界。坚持“空”观的空宗禅宗强调万事万物(对象物)“缘起性空”或“本来无一物”，“始终否认一个至高神的存在”①。“觉”是心而非肉体的觉悟，心的超越没有时空限制，所谓求解脱，就是将心从种种执著中解脱出来，证得悟得真我本性。部分人执著于在场的形上学世界而无法使心之本体超越时空限制，故而被困于在场的形上学世界而无法达成解脱，不可能达成对不在场的“空”的觉悟。完成对不在场的超形上学“空”觉悟的人，在刹那间击碎心之壁垒与思想桎梏，不再受在场的形下学“器”和在场的形上学“道”的束缚，自组织地涌现出觉悟型的超形上学智慧(“般若”“放下”“应无所住而生其心”)，放下了对在场的对象性世界的执著，而走向了不在场的非对象性世界，突破在场的形上学境界达到不在场的超形上学境界，彻底打通形下学、形上学和超形上学世界之间的壁垒，“断贪欲，则心解脱”②，从而得以彻底地安顿内心、超越自我。

2. 自觉“空”而涌现般若智慧

作为究竟解脱的宗教，禅宗以“无”说“有”的负面言说形式使自身脱离了对在场的形上学世界的执著，自觉完成了超形上学的突破，给予人们一种觉悟“空”的方便指引方式。森罗万物包括生命皆有形有相，但无一不是因缘聚而生，因缘散而灭，本源都是那无形无相、无生无灭的不在场的真我本性“空”，因此，人们所看到的一切相本质都是“空”，所有相、一切法皆是因人之本心生成的在场的对象性存在“有”，即“凡所有相，皆是虚妄，一切有为法，如梦幻泡影，如露亦如电”③；“空”性非物质亦非精神，无所住又无所不住，不被外相迷惑之人方能生清净心、平等心与平常心，即“应无所住而生其心”，即“自性若悟，众生是佛。自性若迷，佛是众生”④，“于相而离相”且“不于境上生心”。常人眼界被无明所迷，为贪嗔痴所累而不得见万法的本性乃不生不灭的“空”性，处处为虚妄之相生烦恼。故惠能立下“无念为宗，无相为体，无住为本”的“三无”法门供人打破迷障、修行觉悟。虽见在场的万事万物有形有相、生生灭灭，但能看破世界万物实是自性为空、不生不灭；不执著于无常法、思量与非思量，不妄起贪嗔痴心；肯定在场的形上学世界的存在又

① 凯伦·阿姆斯特朗. 轴心时代：塑造人类精神与世界观的大转折时代[M]. 孙艳燕，白彦兵，译. 海口：海南出版社，2010：320.

② 中国佛教文化研究所点校. 杂阿含经：卷9[M]. 北京：线装书局，2012：195.

③ 赖永海. 金刚经·心经[M]. 北京：中华书局，2013：30.

④ 杨曾文. 新版敦煌新本六祖坛经[M]. 北京：宗教文化出版社，2005：115.

不执著于此,从而瓦解在场的对象性存在“有”的枷锁“见如来”,觉悟不在场的非对象存在“无”或无指称“空”,在“空”“有”一体中达到见性成佛的境界,即“菩提自性,本来清净,但用此心,直了成佛。”①

与西方部分宗教将抽象神作为在场的至高无上、绝对权威的存在不同,禅宗秉承的是“无执”“不立文字”式的反对盲目崇拜与破除绝对信仰的思路。禅宗本身具有的自觉性、包容性,对于主体差异性及人的本体意识能做到最大程度的包容与唤醒。以惠能为代表,禅宗大师们推动禅宗与中国文化尤其是儒、道两教之精华相圆融,使处于超形上学层阶的禅宗回归至普罗大众的世俗生活中,将晦涩难懂、飘缈玄妙的佛学禅宗能为中国百姓所解、所用。禅宗从不依靠崇拜外在神明得到助力,佛与众生之间的区别在“迷”与“觉”之间,自觉、自立、自由的权利始终回归人之本身。“一切即一,一即一切,去来自由,心体无滞,即是般若。”②觉悟之人正是因为懂得心之本体、心之妙用,故而不论身处何境都能对世俗物质保持“无所执”,知晓“放下便是”,从而使本心回到最纯真状态不受拘束,终获究竟解脱之道。总的来说,禅宗在般若性空思想基础上,吸收缘起论、空宗及有宗涉及世界本相的部分思想,在此基础上形成了同时肯定在场的对象性世界与不在场的非对象性世界,既重视在场的世俗世界(日用生活理性)又不执著于在场的现象世界与本体世界的思想特点,终于将在场的形下学与在场的形上学,以及与不在场的超形上学世界之间的壁垒彻底打通。

3. 自觉“无”而涌现实践智慧

在禅宗之外,马克思通过创立以实践为起点的全新哲学形态——马克思主义实践哲学,在反形而上学中将古代哲学以及近代西方哲学中遗存的形而上学性彻底消解祛除,向人们展示了另一种突破在场的形上学世界进而自觉不在场的超形上学“空”,实现觉悟的全新路径。

在超越古代本体论的基础上,近代形而上学由笛卡尔“我思故我在”起始,唯物论、经验论在其发展过程中充当了严厉的批判角色,但没有超脱在场的形而上学的范围。因此,形而上学在 19 世纪时又以康德“先验自我”“物自体”、费希特“自我意识”、黑格尔“绝对精神”、费尔巴哈“感性对象”等为代表重燃。康德学说之缺漏在于脱离了历史与现实的轨道,带有明显的先验抽象色彩;黑格尔提出的世界由自我的无限否定而生成的思想虽超越了传统形而上学,但是这种将世界本质指向某种抽象思想规定的实体化结果的主张,依然是将人的思维认识活动看作是脱离

① 丁福保. 六祖坛经笺注[M]. 能进,点校. 上海:华东师范大学出版社,2013:66-67.

② 丁福保. 六祖坛经笺注[M]. 能进,点校. 上海:华东师范大学出版社,2013:143.

自然、凌驾于社会实践生活之上的独立存在；费尔巴哈将人视为有血有肉的“感性对象”①的思想，打破了“绝对精神”的禁锢，但他在处理理论与实践关系时又跌入形而上学的沟壑，就如同康德、黑格尔等困于思维活动视阈而陷入形而上学幻想中的哲学家们，始终是在在场的形上学世界中徘徊，难以从根本上与现实进行呼应。

马克思主义实践哲学对此认为，这种思维和存在分离和统一的假问题，是一种由形而上学思维方式虚构出来的假问题，是在想象中脱离生活的性质和根源的哲学意识。要越过这种虚幻意识，将哲学从在场的形上学世界的禁锢中解放出来，只有通过现实生活的实践活动，颠覆过往由虚幻的形而上学思想凌驾于实践之上的局面，使人的思维活动和实践活动平等对话，从而在人与自然、人与社会、人与人之间的联系互动与认识实践中不断创造属人的世界。热衷于在纯粹概念之上构建哲学体系并非马克思主义实践哲学的取向，协调理论与现实、认识世界与改造世界之间的关系平衡才是重点。早期的马克思受德国古典哲学及黑格尔哲学思想的影响颇深，曾以理论为落脚点对“实践”进行认识和理解，不可避免地囿于思辨的、抽象的层面，但当直面现实生活后，现实人民的幸福、无产阶级的生活就已经替代了天国幻梦般的幸福而成为马克思及其追随者的毕生追求。正因为如此，主张实践的观点及思维方式的马克思主义实践哲学才能显示出它批判一切意识形态的革命性，使人成为通过实践活动创造自己生活的现实的人，即“全部社会生活在本质上是实践的”②，“人终于成为自己的社会结合的主人，从而也就成为自然界的主人，成为自身的主人”③。进一步说，马克思主义实践哲学秉持的历史唯物主义观点彻底地超越了旧唯心主义和旧唯物主义，彻底否定了旧唯心主义所坚持的先验心本体论以及自然唯物主义所坚持的先验自然观，坚持实践至上，坚持“实践观点的思维方式”，坚持“实践生成论”，坚持认为没有人类的意识自觉与后续实践活动，就不可能显现、设定、建构、生产、创造或生成可以被意识人类如此这般指称和建构性描述言说的在场的现实世界，就不可能设定或生成不可以被意识人类指称和建构性描述言说的不在场的非现实世界。因此，我们认为，马克思主义实践哲学完成了“实践自觉”，超越了旧形而上学，彻底击碎了横亘于在场的“道”“器”与不在场的“空”“无”之间的屏障，完整地解释了在场的对象性存在“有”和不在场的非对象性

---

① 费尔巴哈．费尔巴哈哲学著作选集：上卷[M]．荣震华，李金山，译．北京：商务印书馆，1984：248.

② 中共中央马克思恩格斯列宁斯大林著作编译局．马克思恩格斯文集：第1卷[M]．北京：人民出版社，2009：501.

③ 中共中央马克思恩格斯列宁斯大林著作编译局．马克思恩格斯文集：第3卷[M]．北京：人民出版社，2009：566.

存在“无”,完整地揭示了“世界”“存在”的实践性、主体性、历史性、现实性、整体性。

4.广义超元论式的觉悟智慧

空宗禅宗式的狭义超元论觉悟智慧,侧重于通过向内向后的超越和解放路径来化解人的精神困境,以“空”“有”一体为落脚点,在间接指称或把握“空”的过程中教人学会放下执著,明心见性,即“把人的解脱归结为‘心’的解脱”①。马克思主义实践哲学传入后,再次唤醒国人在空宗、禅宗后沉睡的“空”的觉悟,主张立足实践,弘扬人的主体性,追求自由解放的向外向前之路径。只有通过实践才能创造美好生活,才可将人从对人、对物的依赖中依次解放出来,完成对现实的超越,实现人类的自由而全面发展。

广义超元论以马克思主义实践哲学为指导,在融合融通东方传统的空宗禅宗、西方现代解构性后现代主义等东西方思想的基础上,坚持认为,凡是可以被如此这般指称、直觉或描述言说的在场的对象性世界或对象性存在,以及不可以被指称和描述言说的不在场的非对象性世界或非对象性存在,皆是由意识人类在自觉、觉他后,如此这般显现、设定、建构、生产、创造或生成的,原本没有对于意识人类有现实意义的所谓在场的“世界”或“存在”,原本也没有对于意识人类没有现实意义的所谓不在场的“世界”或“存在”,或者说,“世界”或“存在”自性为空、当下即空。在空宗禅宗“应无所住而生其心”的基础上,广义超元论引入了西方实证实践理性,生成“应有所住而生其心”②,向上突破了历代儒家思想家构筑的在场的大一统精神世界,向下击碎了历代传统思想家铸就的在场的全封闭世界③,使东方文化与西方思想合二为一,创造出了一个试图给予不在场的超形上学世界与在场的形上学世界和形下学世界以整体性、贯通性、一致性解释的新的分析工具和解释框架。

广义超元论式认为,坚持“应有所住而生其心”,就是坚持立足“改变世界”而非“解释世界”,就是坚持人定原则,坚持择善而从、创新创造,就是坚持有所选择地进行指称和描述言说,有所选择、指向地进行显现、设定、建构、生产、创造,即“无住为本,人定为要,择善而从,创新创造”④。同时,广义超元论式强调“应有所住而生其心”与“应无所住而生其心”不二,强调“执著成就苦难,苦难不能解脱;无为可

---

① 洪修平.中国佛教文化历程[M].南京:江苏教育出版社.2005:7.

② 何跃.广义超元论与人类的世界[M].2版.重庆:重庆大学出版社,2019:116.

③ 何跃.广义超元论与人类的世界[M].2版.重庆:重庆大学出版社,2019:124-125.

④ 何跃.广义超元论与人类的世界[M].2版.重庆:重庆大学出版社,2019:194.

达逍遥，逍遥不能自在；创造铸就辉煌，辉煌不能持久；放下方能成佛，成佛不能自觉”。彻底了悟无论是在场的现实世界还是不在场的非现实世界，原本“空无一物”，原本什么都不是；彻底了悟在场的现实世界和不在场的非现实世界都是生成的而非既成的，都是人定的而非神定的，皆无永恒存在的根据和超越人类意识之理由。

原本既不存在在场的现实世界或对象性世界或“人类的世界”“人定的世界”（“在场的人定世界”），原本也不存在不在场的非现实世界或非对象性世界或“非人类的世界”“非人定的世界”（“不在场的人定世界”），即原本既不存在在场的形下学“器”和形上学“道”，原本也不存在不在场的超形上学“空”，也就是说，原本不存在“人类世界”“人定世界”或“世界”“存在”，“世界”或“存在”都随人类意识而生灭显寂，无需执著也没有什么可以执著。广义超元论赞同意识人类在不被执著所困的前提条件下，在一定空间范围内对某些具体问题（人生、自然、社会等方面）有所执著，动用可以动用的任何理论、学说、观点、方法，全力以赴地去解决这些问题，主张积极地参与显现、设定、建构、生产、创造活动，即所谓的“随缘不执著，实践不盲从”。身处人类的世界或人定的世界，所需坚持的就是为他人工作、为社会贡献、为天地立心的积极态度，坚持在实践活动中放下莫须有的执著，彻底了悟“原本无一物，万法唯人造。人觉而法显，人圆而法寂”，彻底超越自己，纵横自在、究竟解脱。

五、结语

人类是万有之中唯一既具有天然觉性又涌现自觉意识的类存在，人类目前对存在的自觉和取向，是经历数万年实践的积累才演变发展至如今的水平。实践活动作为意识人类把握世界存在的方式，本质上就是以把握人自身的存在来把握世界，意识人类对存在有何样的觉解，就会在此基础上通过实践显现、设定、建构、生产、创造或生成相应的生存境界。从“器”的在场的形下学境界到“道”的在场的形上学境界，再到“空”的不在场的超形上学境界，每突破一种层阶，都是意识人类对存在进行自我反思后走向自由自觉而得到的更成熟状态的逻辑后果。我们致力于广义超元论的研究，就是致力于融合空宗禅宗的狭义超元论思想（“般若”超元论）与马克思主义的实践观点或历史唯物主义观点（“实践”超元论），致力于弥合因科学技术的迅猛发展带来的精神世界和物质生活的分离①，致力于运用广义的超形上学智慧指导意识人类一步步实现觉知、觉醒和觉悟，进而显现、设定、构建、生产、

① 何跃.广义超元论与人类的世界[M].2版.重庆：重庆大学出版社，2019：18.

创造或生成新的事物,在实践过程中弘扬人的主体性或主观能动性,推动人的自由而全面的发展,最终实现人类的彻底解放。只有回归人的自由本质与主体性,自觉促进“器”“道”“空”三种世界的贯穿统一,才能成就人类最丰富、最充实也最真实的存在境界,使得“人类世界”“人定世界”或“世界”“存在”因意识人类所独有的显现、设定、建构、生产、创造活动而生机勃勃、魅力无穷。

附录 2

关于关系自觉的广义超元论诠释

何　跃[1]　周作玉[2]

摘　要:人对关系的自觉随着人的发展和社会进步逐渐展现出来,站在相互相关性的关系角度观察、思考、体悟事物之间的本质,进而认识到一切关于人所显现、设定、建构、生产和创造出来的世界,皆本于能自觉而后可能。社会历史发展的复杂性使中西方人在处理社会关系时呈现显著差异,西方人侧重对二元对立关系的自觉,体现出思维方式的分析性、抽象性和逻辑性;东方人侧重对单元不二关系的自觉,体现出整体性、意向性和直觉性特征。面对百年未有之大变局,新思维模式广义超元论旨在扬弃西方二元论、东方不二论以及空宗禅宗的狭义超元论基础上,结合马克思主义实践观,体现出意识人类对传统思维模式的重大突破,以此实现对"关系"的自觉,对自我的重新确证。

关键词:关系;自觉;二元对立;单元不二;广义超元论

A Generalized Hypermetatheory Interpretation of Relational Consciousness

Abstract: With the development of people and social progress, people's awareness of relationships is gradually revealed. From the perspective of interrelated relationships,

---

课题基金:中央高校基本科研资助项目"马克思主义中国化与佛学中国化比较研究"(2019CDJSK49YJ04)

作者简介:何跃[1],男,1960 年 2 月,中共党员,哲学博士,重庆大学马克思主义学院教授、博士生导师,重庆市中国特色社会主义研究中心特约研究员,重庆市思维学研究会名誉理事长。周作玉[2],女,1996 年 12 月,中共党员,重庆大学大学马克思主义学院 2020 级硕士研究生,马克思主义理论专业,马克思主义中国化研究方向。

they observe, think, and understand the essence of things, and then realize everything about what people show and set. The world that is created, constructed, produced and created is based on being conscious and then possible. The complexity of social and historical development makes Chinese and Westerners show significant differences when dealing with social relations. Westerners focus on the self-consciousness of binary opposition, reflecting the analytical, abstract and logical way of thinking; while Easterners focus on The self-consciousness of the unit's non-dual relationship reflects the characteristics of integrity, intentionality and intuition. In the face of great changes unseen in a century, the new mode of thinking, generalized hypermeta, aims to sublate Western dualism, oriental non-duality, and the narrow hypermeta of Kongzong, combined with the Marxist view of practice, to reflect the consciousness of human beings to tradition. A major breakthrough in the thinking mode, in order to realize the self-consciousness of the relationship and the re-affirmation of the self.

Key words: relation; self-consciousness; binary opposition; unit non-duality; generalized hypermetatheory

德国哲学家雅斯贝尔斯把公元前800—前200年这段时期称为“轴心时代”，直至今日，在这一时期内所产生、思考、创造的灿烂文明，依然给予人们强大的精神动力和文化支撑，每一次新的飞跃都总是会回顾这一时期，并被它重燃火焰。本文尝试从“关系”的视角出发，阐述人类对二元对立关系、单元不二关系、超元无我关系的自觉体悟，提出一种新的思维方式——广义超元论。未来哲学的发展创新之路离不开东西方哲学的交流融合，广义超元论以东方圆融无碍的单元不二关系为基底，萃取西方崇尚建构的二元对立哲学智慧，是发挥人性自觉意识、契合民族与时代需求的一种个性化理论尝试；是实现中华优秀传统文化创造性转换和创新性发展的一种突破性理论尝试；也是有机融合大乘佛学、马克思主义实践哲学和西方现当代相关思想的一种综合性理论尝试。

一、关系的自觉概念辨析

（一）何为自觉

汉语“自觉”，可理解为“自我觉醒”或“自我觉悟”，即自己有所认识而觉悟，意为某种精神力量的内在产生。梵文“Bodhi”，译为“悟”或“道”，音译为“菩提”，佛教术语字面意思是“觉悟”，是指开悟智慧，开启真智，了解事物的本质，不昧生死轮回,由迷惑而明白,由模糊而认清,从而达到涅槃的觉悟与智慧。[①]自觉可视作一种对象化活动,在主体与客体的相互作用下得以完成。一部分是作为主体的施动者——人,有没有思维和自我意识是人和动物的本质区别,动物是没有自我意识的;正如恩格斯所指出的,“可以根据意识、宗教或随便别的什么来区别人和动物。一当人开始生产自己的生活资料,即迈出由他们的肉体组织所决定的这一步的时候,人本身就开始把自己和动物区别开来”[②]。另一部分是作为客体的受动者——对象,大多数以矛盾或困惑的形式展现出来。因此,自觉本质上是人对自身主体性的觉醒,并通过对客体对象的认识与发展,进而展开对自由清醒状态的不懈追求和能动实现。

物质世界的长期发展由此产生出人与人、人与自然之间的各种矛盾问题,人的自觉意识开始在问题与矛盾中生发,体现出问题性的特征。在日常生活中,人们往往是在面临问题、遇到困惑时,才会生发出“自觉意识”,于是开始进行研究和探索,去寻找问题的答案和解决问题的方法。因此,“自觉”常常是人们解决疑惑的重要手段,是世界如此这般显现、设定、建构、生产、创造的起始阶段,体现出人在理性认识的指导下,基于历史积淀、社会发展和科技进步,积极发挥主观能动性的创造性活动,这一活动,包含认识和发展自身,认识和改造世界。伴随着社会历史的逐步发展变化,人必然会在认识过程中不断地反思和进步,深化自身对这个世界的理论认知和实践探索。人对自身的认识没有绝对的终极标准,它总是适应人的不断发展的自我实现、自我创造的需要,并随着人的新的规定性的产生而不断变化着。

(二)何为关系

随着当代哲学和科学的深入发展,其物质观和实在观的探讨逐渐引发了一系列根本性的哲学问题。在关于实在论的研究中,“实体实在论”与“关系实在论”的争辩层出不穷,引发了许多学者的思考与研究。在对二者进行分析之前,首先要明确“实体”的概念。“实体”作为西方哲学的核心范畴之一,一直以来都是哲学家研究的重点。实体源于古希腊哲学,尤其是亚里士多德认为“尽管最初有许多意义,但实体在一切意义上都是最初的,不论在定义上、在认识上,还是在时间上。其他范畴都不能离开它独立存在。唯有实体才独立存在”[③]。他把实体理解为所有变

① 邹广文,金迪.论文化自觉与人的自觉[J].理论视野,2015(1):66.

② 中共中央马克思恩格斯列宁斯大林著作编译局.马克思恩格斯选集:第一卷[M].北京:人民出版社,2012:147.

③ 苗力田.亚里士多德全集[M].北京:中国人民大学出版社,1993:153.

化的主体,对其余相关属性发挥着基础性作用,体现出独立性、个体性的特征。近代的笛卡尔、斯宾诺莎、洛克,以及德国哲学家黑格尔都围绕实体与属性展开对实体范畴的考察。在既有哲学家研究基础之上,张华夏等学者设定、建构了坚持实体为根本实在的"实体实在论",认为实体是第一位的,是承载关系的载体。实体作为自在自为的自立体,是相对于属性与关系而被理解,而属性以及关系是不能独立存在的,因此,实体是第一存在、是第一位的,关系是第二存在、是第二位的。①于是,主张实体实在论的人们认为"实在"是各种实体的总和,其内在的第一性质的固有属性定义每一种实体。既独立于实体的环境,也独立于人们的观察,在质和量上具有实在性、客观性、独立性、可分离性、定域性和确定不变性等特征。②

"关系实在论"作为一种新的理论,目的在于探索新的实在论或存在论,试图以相对论和量子力学的革命性思想来反思和革新传统的物质观和实在观。③在关系实在论中,"关系"具有核心的重要性,其中对不同的关系,对应有着不同的关系者。"关系"亦即事物之间相互作用、相互联系的状态。主张"关系即实在,实在即关系,关系先于关系者,关系者和关系可随透视方式而相互转化"④。与实体实在论不同,关系是在强调认知主体与客体的不可分离性,认为任何测量和认知活动都以一种原初性的存在论关系为前提,只有将事物放在与周边事物共同构成的关系体系中,才能对其进行观察和描述。因此,可以看出在主客体关系上,"关系实在论"认为"关系"是决定事物生成的必要条件,成为定义描述事物的基础,强调主客一体;实体实在论却将"关系""环境""场"看作"实体"的依附者,强调主客分离。

人在关系中不断发展进化,人的实践活动在社会关系中持续发展,没有这种联系或关系,人类也无法生存发展。相反,对于动物而言,其按照动物自身本能生活,不产生所谓的"关系",也无法实现自身的自觉。正如马克思所说:"凡是有某种关系存在的地方,这种关系都是为我而存在的;动物不对什么东西发生'关系',而且根本没有'关系';对于动物来说,它对他物的关系不是作为关系存在的。"⑤而人则"意识到必须和周围的个人来往,也就是开始意识到人总是生活在社

---

① 张华夏.实体实在论[J].哲学研究,1995(5):33.

② 胡新和,罗嘉昌.从物理实在观的变革到关系实在论[J].自然辩证法通讯,1993(3):10.

③ 张昌盛.关系实在论的认识论进路[J].长沙理工大学学报(社会科学版),2016(6):13.

④ 马晓苗.关系实在论对波尔互补原理的解释:机理、内涵与启示[J].系统科学学报,2020(4):25.

⑤ 中共中央马克思恩格斯列宁斯大林著作编译局.马克思恩格斯选集:第一卷[M].北京:人民出版社,2012:161.

会中的。"①在马克思看来,人的生存活动离不开对社会关系的依赖,二者结合才是人的生存活动的基础,社会性是人对关系产生认识的一个重要特征,也是人生存活动中处理社会关系所产生的形而上意识的根源。与此同时,"改造世界"是人进行实践活动的最终目标和最终结果,但如果仅从实践结果和实践客体来考虑,则忽视了作为实践主体的人在实践过程中的作用。按照自然唯物主义的观点来看,存在于自然的对象物以及对象物之间的各种二元论、不二论和超元论联系都是先验存在或超验存在。正如"当我们通过思维来考察自然界或人类历史或我们自己的精神活动的时候,首先呈现在我们眼前的,是一幅由种种联系和相互作用无穷无尽地交织起来的画面……"②因此,实践作为主体人对客体物进行改造的活动,内在地包含着对人与人、人与自然之间相互联系的改造。本文从实践人本主义出发提出"关系",这里的"关系"是作为主体的人对客体的物进行实际改造过程中所产生的相互相关性,是建立在马克思主义实践哲学基础之上的,强调以改变世界为己任,真正做到唯物主义与人本主义的统一。

综上所述,我们尝试提出关系的自觉作为一个复合概念,表达的是作为主体的人与其余存在物的相互相关性的自我觉醒。"人对自身的关系只有通过对他人的关系,才能成为对他来说是对象性的、现实的关系。"③与此同时,当人不具备思维能力和意识能力的情况下,人与人、人与自然之间无"关系",思维的产生意味着人类自觉意识的产生,相伴着人类文明开始真正发展。人在占有和被占有之间逐渐确立了自己的社会关系,但由于自然地理环境的不同,受到社会历史发展的复杂性和人文因素的多样性的约束,东方人和西方人在处理各自社会关系时产生的思维模式呈现出显著的差异。东方人重悟性、直觉、意象,西方人重理性、逻辑、实证;中国人注重总体把握、善于归纳,西方人推崇条分缕析、善于演绎。中西方各自坚守自身对于自然和社会独特的认知方式,发扬自身思维优势和思维特点,造就出别具一格的思维方式,二者的碰撞和交融为世界展现出美好的图景。

二、对二元对立关系的自觉

在人类产生之初,自然以巨大的威慑力征服着人类社会,神话思维占据着人类

---

① 中共中央马克思恩格斯列宁斯大林著作编译局.马克思恩格斯选集:第一卷[M].北京:人民出版社,2012:161.

② 中共中央马克思恩格斯列宁斯大林著作编译局.马克思恩格斯选集:第三卷[M].北京:人民出版社,2012:395.

③ 中共中央马克思恩格斯列宁斯大林著作编译局.马克思恩格斯选集:第一卷[M].北京:人民出版社,2012:59.

的大脑,认为世界是完整的,自然是人类不可缺少的一部分,不存在人与世界、主体与客体二分的问题。本体论的思想源于对一切实在的最终本质的不断追问,进而影响人们开始探寻本体世界,这种本体世界与现实世界相区别,处在现实世界之外,导致二者逐渐二分对立并充分发展,这就是西方的"第一哲学"——形而上学。西方式二元对立关系的自觉体现出:坚持认为不同的对象物之间以及整体与部分之间的统一、同一关系是相对的、有条件的,对立、差异关系是绝对的、无条件的,即彼此"虽有合,而实为二"。

(一)二元对立关系的自觉之路

回溯西方哲学发展历程,主体与客体的对立从古希腊开始形成,并在欧洲哲学思想领域发挥着基础性的作用;到了中世纪,神学家对古希腊哲学思想进行了一定的改造和革新,主客二分的观念在宗教神学中得到滋养,形成了"神学框架下的主客二分";近代体现出"认识论转向"和"主体性哲学",主体性的凸显和主客二分意识的充分彰显则是近代自然观的产物;到了德国古典时期最终达到主客二分认识论的完成。主体与客体的二元对立在逻辑上引发了一系列其他二元对立关系,如思维与存在、人与自然、本质与现象、理性与感性、经验与超验等的二元对立,而"主客二元对立是一切'二元对立'表象中的核心问题"[①]。因此,本文则主要探讨主客二元对立的关系以窥见人类对二元对立关系的自觉之路。

其一,古希腊罗马时期。西方以古希腊为代表的古代哲学,由于对世界本原的认识极度渴望,激烈探讨如何正确认识世界本原以及怎样的认识才是正确的。赫拉克里特是第一个用朴素的语言讲出辩证法要点的人,"斗争是产生万物的根源",万物都在不断地运动变化中,"人不能两次踏入同一条河流",他朴素地看到对立双方是相互依存、相互统一、相互转化、相互作用的,提出斗争是万物之父、万物之王的思想。德谟克里特认为"万物的本原是原子和虚空",并认为"原子是最后的不可分的物质微粒",把原子和虚空看成是两种独立自存的本质存在物的思想。古希腊哲学家普罗塔格拉说:"人是万物的尺度,是存在者存在的尺度,也是不存在者不存在的尺度。"[②]在苏格拉底以前,希腊的主要哲学研究的是世界的本原是什么,世界是由什么构成的等问题,而苏格拉底出于对国家和人民命运的关心,转而研究人类自身,认为一切知识均从疑难中产生,展现出揭露矛盾的辩证思维。

---

① 蒋永青.王国维境界说的"超二元对立"探索方案[J].东南大学学报(哲学社会科学版),2010,12(5):116-121.

② 北京大学哲学系.西方哲学原著选读:上册[M].北京:商务印书馆,1983:54.

柏拉图以"理念"作为本体解释万物的派生,从演绎的角度为古代文明时期的数学、几何学、逻辑学奠定了基础,提出现象世界是理念世界不完美的摹本的思想,将理念与事物分离开,并视之为绝对独立的存在。古希腊的本体形而上学就是要寻求宇宙万物存在的最根本原因,把世界二分为本体世界和现象世界,并把本体世界当作是现象世界之外的最终本原,从而导致现象世界与本体世界的"主客二分"。其二,中世纪时期。神学家托马斯·阿奎那将亚里士多德提出的"形式质料理论"改造为宗教神学,视上帝为一切存在和不存在的根本原因,世界的本原和一切认识来源的最高存在即上帝,人和自然万物都是上帝的创造之物。主客二分的观念在宗教神学中得到酝酿和高度滋养,形成了"神学框架下的主客二分",即把上帝与人对立起来,整个世界被二重化为宗教世界与世俗世界,上帝则是认识的主体,上帝所创造的自然万物则充当着认识的客体。其三,发展到近代,主体性形而上学更加明确体现出主客二分思维的对立倾向,主体性观念得到充分的张扬。整个世界被割裂为精神和物质的两个绝对不同的本原实体,作为客体的物质世界由作为主体的精神世界来主导,从而形成绝对对立的二元论思维,即"主客二元对立"的思维模式。笛卡尔从怀疑论出发提出了"我思故我在"的思维与存在的二元对立命题,认为"我是一个实体,这个实体的全部本质或本性只是思想,它并不需要任何地点以便存在,也不依赖任何物质性的东西;因此这个'我',亦即我赖以成为我的那个心灵,纵然身体并不存在,心灵也仍然不失为心灵。"①笛卡尔正是把这一证明作为自己哲学的出发点,进而推出思维的理性主体能够认识世界,这一命题内含着思维与存在、精神与物质、主体与客体的二元对立。其四,到了德国古典哲学阶段,康德提出先验认识论,将认识主体与对象的关系进行翻转,强调客体符合主体的先验认识形式能力,从而实现"思"的主体性而完成了西方哲学史上的"哥白尼式革命",但是这也并未跳出主客二分的二元对立怪圈。相反,黑格尔的"理念论"代表了"思"的客观性立场,但也同样奠基于二元对立的思维方式。普里高津在《从混沌到有序》书中指出:"经典科学的问题所在,就是它在其自身之中说明了西方思想史中贯彻始终的两分性。"②同时普里高津更加明确地指出:"把我们与自然界分离开来,是现代精神难以接受的一种二元论。"③

---

① 北京大学哲学系.西方哲学原著选读(上)[M].北京:商务印书馆,1982:369.

② 伊·普里高津,伊·斯唐热.从混沌到有序[M].上海:上海译文出版社,1987:40.

③ 伊利亚·普里戈金.确定性的终结:时间、混沌与新自然法则[M].上海:上海科技教育出版社,2018:35.

(二)二元对立关系的自觉之性

其一,分析性。注重演绎,条分缕析,强调认识事物先把对象进行解构分析,从局部看问题再进行整合研究。西方人坚持"天人相分",主体与客体二元对立,强调把客观世界作为独立于人之外的事物进行研究,试图通过认识客观现象背后的本质揭示客观世界的规律。古希腊米利都学派的朴素唯物主义一开始就把人的感官和直接经验视作致知的途径;毕达哥拉斯、苏格拉底、柏拉图等,从分析演绎的角度为古代文明时期的数学、几何学、逻辑学奠定了坚实的基础。伽利略提出应该把感觉经验与数学方法、逻辑推理等相结合,主张以分析性为基础的科学发现与科学证明的方法等。二元论的世界观指导人们把物质进行解构解剖或分析还原,先一个一个地从局部看问题,细分研究之后,再做出归纳综合,这其实也是现代科学研究方法的基础。只有先从一个个局部地逐步了解,才能从小处看到一个个事物的真实原貌,如此,才有机会把真相整合起来,归纳演绎出更宏观的东西,这也是科学发展的脉络。

其二,抽象性。注重推理,从个体上升到类别的抽象性思维特征,强调用运动、发展、连续的观点,从单个问题提升为一类问题,通过对内在属性的证明实现推断。"思维从具体的东西上升到抽象的东西时,不是离开……真理,而是接近真理。物质的抽象、自然规律的抽象、价值的抽象等,一句话,一切科学的(正确的、郑重的、不是荒唐的)抽象,都更深刻、更正确、更完全地反映自然。"①注重对个别事物或一类事物的一般属性做出判断,追求其内在本质与客观规律,凭借科学的抽象概念和对事物本质的正确认识,使得人们对事物的认识从感性认识阶段飞跃到了理性认识阶段。

其三,逻辑性。注重理性分析和实证检验的逻辑性思维特征,强调通过对感性经验的逻辑思辨和严密考察,构建逻辑完整、程序明确的思维体系,然后再交由实践予以检验。西方传统思维崇尚科学和理性,注重逻辑推理演绎,从亚里士多德的逻辑思辨到近代的培根发展的归纳逻辑,再到现代,充分体现出以严密逻辑自洽论证为特点的逻辑思维特征。西方人对理性思维体系的完整性追求已经到了一个不可企及的高度,使得西方哲学具有较强的逻辑严密性,推动了主要建基于逻辑分析和实证检验之上的西方近现代科学技术的快速发展。

综上所述,人们通过对这种二元对立关系的自觉,可以将人的世界分解为许许多多不同的对象物,并能够对这些对象做出具体、翔实的描述言说,在一定程度上

---

① 中共中央马克思恩格斯列宁斯大林著作编译局.列宁全集[M].北京:人民出版社,2017:142.

造就了极其发达的物质文明和极度发达的人类世界，是意识人类由野蛮走向文明，由混沌走向有序的重要方法论基础。从科学观角度来看，由于以往的科学观都是建立在主客二元对立，将一切对象化这一表象主义的基础之上的，不能很好地解释科学，也无法实现人的解放。如只执著于对二元对立关系的自觉，会使人深陷于是非对错，沉湎于绝对真理和科学事实，从而大大限制了意识人类的思维视野和活动领域。

三、对单元不二关系的自觉

马克·埃尔文认为，“中国文化作为整体没有被这些不可调和的对立撕裂……我要说，中国人的宗教和哲学思维是‘生态学的’，那就是说，他们把一切视为一个单一的互动系统的形成部分，在此单一系统中，一个终究自然不可能有内在裂痕，在此系统中，每一部分都在某种程度上影响每一个别的部分”①。东方式单元不二关系的自觉体现出：坚持认为不同的对象物之间以及整体与部分之间的统一、同一关系是绝对的、无条件的，对立、差异关系是相对的、有条件的，即彼此“虽有分，而实不二”。

（一）单元不二关系的自觉之路

其一，先秦以来，强调天人合一，把天看作有意志的人格神，是整个自然和社会的最高主宰。孔子的《易传》提出：“易有太极，是生两仪，两仪生四象，四象生八卦。”把四时运行、空间方位都纳入整体观来看待。到了战国时期，孟子认为天或天命是决定一切的，人们必须顺从地接受它的安排。《老子》的“有无相生，难易相成，长短相较，高下相倾，音声相和”②。也无不强调对立面的融合。道家认为，“道”是世界的本原，提出“道生一，一生二，二生三，三生万物”③。但“道”是不可闻见、无以名状的，是不能用名言、概念认识的，只能靠直觉或体验加以感悟或体认，是为“悟道”“体道”。庄子提出“天地与我并生，而万物与我合一”④。倡导“心斋”和“坐忘”，从而达到心理上的浑沌状态，以便全体把握、整体感悟大全之“道”。究其实，这就是一种自发状态下的神秘自觉。

其二，宋代张载把气看作天人合一的基础，强调“合内外，乎物我，自见道之大

---

① EISENSTADTSN. *The Origins and Diversity of Axial Age Civilizations*［M］. New York：State University of New York Press，1986：326.

② 王弼. 老子道德经注［M］. 楼宇烈，校. 北京：中华书局，2011：7.

③ 王弼. 老子道德经注［M］. 楼宇烈，校. 北京：中华书局，2011：120.

④ 郭庆藩. 庄子集释［M］. 王校鱼，点校. 北京：中华书局，2013：77.

端”。程颐、程颢认为要把天人等同起来,提出“天人本无二,不必言合”。“天、地、人,只一道也。”①朱熹在理气论上,吸收周敦颐的太极说、张载的气本论以及佛教、道教的思想,认为其核心范畴是“理”,理是先于自然现象和社会现象的形而上者。每一个人和物都以抽象的理作为它存在的依据,每一个人都具有完整的理,即“理一分殊”。王阳明在知与行的关系上,强调要知,更要行,知中有行,行中有知,所谓“知行合一”,二者互为表里,不可分离。知必然要表现为行,不行则不能算真知。明清时,王夫之继承以张载为代表的气一元论,认为气是天人合一的基础,以此来解释人道和天道。

其三,现代中国的熊十力坚持“体用不二论”,认为体和用是不能分离的,它们是一而二,二而一的即用即体、即体即用的关系。熊十力认为本体与现象或本体与功用是不可能割裂成两片的。他常常借用佛教中的“海水与众沤”的比喻来说明体用关系。大海水即是“众沤”自身。如果大海水是本体,其固有的腾跃不住是功用,则“众沤”就是海水腾跃不住的显现(即现象)。因此,在他看来,本体即是功用,也即是现象。本体与功用或本体与现象“虽有分,而实不二”。

(二)单元不二关系的自觉之性

其一,整体性。注重从整体把握事物之间的普遍联系,以及主体与环境之间的相互影响和内在统一,以追求和谐协调为目的,强调“天人合一”“天人相类”“天人感应”,具有极强的融通性和综合性。整体性思维特征表现出把整个世界的万事万物和人类社会当作一个有机的整体,强调事物之间的普遍联系和相互制约,整体中任何一要素的改变都会引起其他要素的变化。单元不二关系着重强调要立足整体、统筹全局,坚持系统观念,协调整体和部分。整体性的思维特征从先秦时期以来就深刻地影响着中国人的思维方式和生活方式,中华民族也正是在追求天人和谐一致的道路上逐渐发展壮大,造就出别具一格的中华文明。一直以来,中华民族强调从整体的观点看待事物,把天、地、人看作统一的整体,这种思维方式渗透到日常生活中,在中医的理论建构和辨证施治的医学实践中得到了广泛应用。相对于西医,中医更强调把人的身体看作一个有机整体,考虑从整个身体系统中包含的各个部分之间的相互联系和相互作用中进行诊治;并不是像西医那样更强调系统中各个部分的独立性,西医“头痛医头,脚痛医脚”的思维方式有时并不能像中医如此整合人的身体系统,其整体性的思维特征也避免了西医“只见树木,不见森林”的弊端。

---

① 程颢,程颐.潘富恩导读《二程遗书》[M].上海:上海古籍出版社,2000:231.

其二,意象性。注重以简单直接的形象化符号和概念进行表达,通过以象表意的认知方式,在整体的运动变化中把握不同事物之间的不同联系,运用形象直观的方式提高认知客观事物的效率,强调用象征式的方式表达宇宙人生的根本原理。单元不二关系的意象性表现在以"象"为基点,通过形象直观且生动的概念和符号,以象征的表达方式认识和理解对象事物。例如,《周易》的逻辑系统由符号和文字两种相对应的因素组成。即以阴阳二爻以及在此基础上的排列组合的"八卦、六十四卦"的卦画是《周易》的符号系统,而卦爻辞及"十翼"则是它的文字系统。八卦的每一卦画都有多种含义,每一含义都通过一定的"象"来表示,即所谓"拟诸其形容,象其物宜,故谓之象"。古人通过这种符号和文字系统创造了一种恢弘的宇宙模式,囊括了天地万象又超越了一切具象,形象地解释了天地万物和人类自身,是意象思维发展中令人惊叹的成果。

其三,直觉性。注重对认识对象的直接性领悟,通常以灵感、顿悟、非逻辑的形式展现出来,特点在于没有中间推理阶段,不进行论证就直接得出结论,无须经过复杂的逻辑选择就能迅速找到合适的方法,给人以豁然开朗、柳暗花明的顿悟之感。在中国古代,儒家、道家、佛教的思维特征都体现出直觉性。例如,孟子的"良知"、道家的"玄览"、佛教的"顿悟"、宋明道学家的"德性所知"等,都表现出单元不二关系的直觉性特点。人在时空的限制作用下只能够认识非常有限的东西,但直觉体悟有时却能给予世界或存在以顿悟式的全体把握,人的心灵无须经过感性经验和理性逻辑的反复验证,而突发性地直接从整体上把握形而上的宇宙本体。

综上所述,人们通过对单元不二关系的自觉,能够有效设定、建构和运作东方传统文化,并凭借着这种自觉成果,一次又一次地避免了巨大的社会政治经济危机,锻造出具有强大包容性和自洽性的中华文明。但是如果只执著于这一思维模式,通常会以傅伟勋所提出的"单元简易心态"[①]表现出来,使得人们的思维不自觉地表现出笼统、模糊、无定论的特点,势必会严重影响意识人类认识和改造现实世界的实践活动。因此,正如高清海指出:"西方讲求'知物',以'有'(存在的'实在性')为起始;中国讲求'悟道',以'无'(生命的'生成性')为开端。知物,是为了满足生命、实现价值;悟道,是为了圆满生命、完善人格。知物需要用'眼'去看;悟道需要用'心'去体认。用眼看(观),是以主体与客体,内在与外在,人性与物性的分离为前提的;用心体认(悟)则以主体与客体,内在与外在,人性与无形的融通一体为基点。这就是它们的思想分野,中西哲学迥然不同的思维特质和理论风格便

① 傅伟勋.从西方哲学到禅佛教[M].北京:生活·读书·新知三联书店,1989:469.

是由此形成的。”①

四、对超元关系的自觉

随着时代的快速发展，人类的世界正以不可预料的速度发生着翻天覆地的变化，面对当今错综复杂的国际形势，如何加强文明之间的对话，促进当代中国文化转型和文明建构具有迫切的现实意义。未来哲学的创新也必然以东西方哲学的交流和对话、思维方式上的相互批判为参考依据。于是尝试提出一种新的哲学观点——广义超元论，其基于马克思主义实践观的哲学智慧，内化“应无所住而生其心”的空宗禅宗式狭义超元论，是意识人类在实现对二元对立关系、单元不二关系的自觉基础上的一种个性化理论尝试，强调“应有所住而生其心”。

（一）“应无所住而生其心”：空宗、禅宗式狭义超元论

空宗、禅宗式狭义超元论是大乘佛教空宗和中华禅宗历代思想家思考问题、构造思想时所依据的主要思维模式，其基本特征是：坚持认为不同的对象物及其部分以及相互之间的统一、同一、对立、差异关系都是“自性为空”或“性空缘起”的。表达这一思维模式的最著名思想是：“庄严佛土者，即非庄严，是名庄严。是故……应如是生清净心，不应住色生心，不应住声、相、味、触、法生心，应无所住而生其心。”（《金刚经》）狭义超元论坚持认为所有的对象物及其相互关系皆为相，皆为法，它们均自性为空或缘起性空，或者说，法即缘起，缘起即法，空即缘起，缘起即空。诚如《金刚经》所说，“一切有为法，如梦幻泡影，如露亦如电，应作如是观”“凡所有相，皆为虚妄，若见诸相非相，即见如来”。

原始佛教的缘起论认为，“此有故彼有，此生故彼生，此无故彼无，此灭故彼灭”（《阿含经》），就是“诸法由缘而起”。也就是说，一切事物或现象的生起都是互为关系或条件的，如果离开了关系或条件，也就不能生起任何一种事物或现象。空宗主张“我法二空”，即否认有一个我体，也否认有客观世界的真实存在，诚如龙树在《中论》中指出的：“众生缘生法，我说即是空，亦为是假名，亦是中道义。未曾有一法，不从因缘生，是故一切法，无不是空者。”空宗否认对象性世界的客观性，即既不承认现象世界的实在性，也否认本体世界的真实性，认为对象性世界缘生缘灭，自性为空，或性空幻有。禅宗认为：“菩提本无树，明镜亦非台，本来无一物，何处惹尘埃。”（《坛经》）所明确表达的就是对实体的排斥，否认世间存在着任何独立不依、永恒不变的终极实在。针对世人对形形色色“二元对立”的执念，禅宗认为“二

① 高清海.中国传统哲学的思维特质及其价值[J].中国社会科学，2002(1):53.

法”不是“佛法”，因为佛法是不二之法，“不二”才是佛法的“大道”。惠能主张“性在身心存”“佛是自性作”（《坛经》），强调佛我的统一，消除主客的分离与对立。禅宗在坚持缘起论、空宗“性空”思想的基础上，融合了有宗的佛性论思想，肯定了“本不生灭”之不在场的超形上学意义上的非对象性“自性”或“真如佛性”（“真如非心”）和“能生万法”的在场的形上学意义上的对象性“自性”或“真如佛性”（“真如本心”）或“三界唯心，万法唯识”之“心”“识”，并在此基础上进一步肯定了在场的形下学意义上的对象性“山是山，水是水”的“世间”和“饥食困眠”“眼横鼻直”之心（“无执习心”）。

空宗、禅宗都坚持“不生亦不灭，不常亦不断，不一亦不异，不来亦不去”（《中论・破因缘品》）之“不二之法”，都坚持认为我们所要领悟的“最高实在”（黄心川）是“非有、非无，非亦有亦无，非非有非无”的非对象性存在，是不可思议言说的，或者说是动念即乖、开口不得，即任何意识活动都使不上劲、用不上力的不在场的“存在”，也就是海德格尔所说的“不在场”的“遮蔽”的“非对象性存在”“无”。

（二）“创新创造改变世界”：马克思主义实践超元论

在《关于费尔巴哈的提纲》中，马克思指出，“人的本质不是单个人所固有的抽象物，在其现实性上，它是一切社会关系的总和”①。在这里，马克思将“对象化活动”理解为“实践”，也就是说现有的社会历史关系从根本上决定着人的本质。因此，尽管费尔巴哈承认人是“感性的对象”，但并未从人们现有的社会联系观察人们，仅停留在“抽象的人”，没有看到现实存在着的、活动的人。同时指出：“从前的一切唯物主义（包括费尔巴哈的唯物主义）的主要缺点是：对对象、现实、感性，只是从客体的或者直观的形式去理解，而不是把它们当做感性的人的活动，当做实践去理解，不是从主体方面去理解。”②这段话意在强调应当“从主体方面”理解客观的东西，即与人相关、对人而言的东西，而不是把其看作纯粹存在于人之外。如果是“从客体的或者直观的形式去理解”事物，那么人与事物的关系则会再次回到主客二元对立的思维范式。马克思则打破了传统哲学对主客的僵硬划分，主张从实践出发去发现内在的更深层次的问题，因为“实践”既是主体见之于客体的对象化过程，也是客体见之于主体的反作用过程。

西方传统的二元论哲学表现出主客分离的倾向，而马克思主义实践观则弥合

---

① 中共中央马克思恩格斯列宁斯大林著作编译局．马克思恩格斯选集：第一卷[M]．北京：人民出版社，2012：139.

② 中共中央马克思恩格斯列宁斯大林著作编译局．马克思恩格斯选集：第一卷[M]．北京：人民出版社，2012：133.

了这种主客二元对立的思维,走向了彻底的唯物论或"唯无论"(马克思坚定地认为,作为物质世界的自然界先于人存在,但是,这一先于人存在的自然界,是"被抽象地、孤立地理解的,被固定为与人分离的""无")。费尔巴哈把世界二重化为宗教世界与世俗世界,并以此解释宗教世界的起源,马克思则认为"从宗教上的自我异化"产生宗教是不对的,实践才是破除世界二重化的根本方法。在"实践观"的基础上马克思主义完成了对二元论思维的超越,明确了人的存在即人的现实生活和生产实践过程,这是对人类历史的产生、发展和变革起决定作用的唯一的东西。实践观对哲学的意义在于"哲学不再从主客分离的立场出发,而是要在实践中追溯主客分离之前的状态"[①]。马克思主义在批判继承了人类、特别是西方理性思维传统的基础上,彻底抛弃了主客体相分的思维方式,使主体对客体的把握严格建立在主客体统一的关系——实践的基础上。人和社会存在的基础在于实践,人则通过实践改造客观世界也改造自身。在自然与人的交互作用中实现人对世界的掌握,在这样双向互动的过程中人与自然的对立不复存在。这就与自古希腊以来的本体论哲学有了本质的区别。马克思主义实践观不仅与传统形而上学划清了界限,而且对于更加古老的"存在论"来说,也是一种突破和超越。

(三)"应有所住而生其心":整合型广义超元论

人的世界复杂多变,要想完整清楚地认识、理解或建构、创造人的世界,仅依靠西方二元对立的思维模式是远远不够的,仅执著于单元不二的东方思维模式是万分不足的。对二元对立关系的自觉体现出强于分析、弱于综合的特点,认为世界可以分解为许许多多的对象物,并认为各种对象物之间的对立、差异是绝对的、无条件的,统一、同一是相对的、有条件的。对单元不二关系的自觉则表现出强于综合、弱于分析,认为世界是一个完整统一的整体,反对执著于对象物之间的对立、差异,坚持认为对象物之间的统一、同一是绝对的、无条件的,对立、差异是相对的、有条件的。[②]二元对立强调要尽可能具体、细致地认识、理解或显现、构造人的世界,但有执著于清楚明细、非此即彼之嫌。单元不二则强调要尽可能完整、统一地认识、理解或显现、构造人的世界,但有沉湎于笼统模糊、即此即彼之弊。

随着全球一体化的发展,世界正在逐步走向更高层面的统一融合,21 世纪思维方式又该往何处去?面临百年未有之大变局,如何继承中华民族的优秀传统文化,实现进一步的创造性转换和创新性发展?这些问题日益迫切地呈现在人们面

---

① 俞宣孟.从实践走向哲学观念的更新[J].哲学分析,2020(3):81.

② 何跃.广义超元论与人类的世界[M].重庆:重庆大学出版社,2019:5.

前,要求我们积极倡导和推动两种思维模式的互补和统一,共同铸造一个东西合璧、相辅相成的后现代文明,从而在思维方式上有整体的、重大的突破。那么首要的或关键的就是要冲破和超越西方思维固有缺陷(传统形而上学二元对立的思维模式)和中方思维固有缺陷(传统单元不二的思维模式)。高清海指出,“走向一体性的自觉类化趋向并不排除自我的个性,不但不排除,它还必须以自我个性的充分发展为自己的内在规定和发展基础”①。因此,随着中西方文化交流日益频繁,一种融通、整合西方式二元论、东方式不二论、空宗禅宗式狭义超元论的整合型思维模式——广义超元论应运而生。

广义超元论思维模式坚持马克思主义实践超元论的基本立场,是在扬弃西方二元对立论、东方单元不二论和空宗禅宗狭义超元论(“般若”超元论)的基础上,设定、建构、创造出来的集这三种思维模式优点于一身的整合型思维模式,旨在实现三种思维模式的融通和超越。这一思维模式由以下三种彼此保持一体三面关系的分支超元论思维模式整合而成:①二元的超元论思维模式,即超“A 即 A,B 即 B,A 非 B 模式”(“心是什么? 非物。物是什么? 决非心!”)的模式;②单元的超元论思维模式,即超“A 不异 B,B 不异 A,A 即是 B,B 即是 A 模式”(“天不异人,人不异天,天即是人,人即是天”,即“天人本无二,不必言合”)的模式;③超狭义的超元论思维模式,即超“非 A,非 B,非亦 A 亦 B,非非 A 非 B 模式”(“非有,非无,非亦有亦无,非非有非无”)的模式。广义超元论思维模式的基本特征是:坚持认为不同的对象物及其部分以及存在于它们之间的统一、同一、对立、差异关系,都是处于特定社会历史阶段的具有特定实践认识水平的人类意识群体或个体如此这般显现、设定、建构、生产和创造出来的,是生成的而非既成的,是人定的而非神定的,原本没有对象物及其关系,原本没有一切。

广义超元论认为,可以被我们如此这般指称和描述言说的现象世界、本体世界及其相互关系,都是意识人类如此这般显现、设定、建构、生产、创造或生成的与人有关的在场的对象性世界或对象性存在,即对于意识人类有现实意义的人类的世界或人定的世界(在场的人定世界)。同时,广义超元论认为,还必须设定一个与在场的对象性世界保持“单元不二”关系的、人类意识不可企及的、不可思议言说的不在场的非对象性世界,即对于意识人类没有现实意义的非人类的世界或非人定的世界(不在场的人定世界)。无论是在场的对象性世界,还是不在场的非对象性世界都是生成的而非既成的,都是人定的而非神定的,原本既不存在着对象性世界即人类的世界或人定的世界(在场的人定世界),也不存在非对象性世界即非人

---

① 高清海.找回失去的“哲学自我”:哲学创新的生命本性[M].北京:北京师范大学出版社,2004:54.

类的世界或非人定的世界(不在场的人定世界),也就是说,原本就没有“世界”或“存在”,或者说,“世界”或“存在”是且只可能是“人类世界”或“人定世界”或“人世界”或“人存在”。

广义超元论坚持认为,人类的实践活动具有至上性,离开了主观见之于客观的社会实践活动,不在场的非对象性世界永远不可能“显现”为在场的对象性世界;另一方面,没有人类实践活动显现、设定、建构、生产、创造出来的在场的对象性世界,人类永远不会知道有一个“超越一切人为思辨”的不在场的非对象性世界的存在。广义超元论坚持,“始于实践,中于认识,终于实践”“实践、认识、再实践”。也就是说,始于显现、设定、建构、生产、创造,中于指称和描述言说,终于显现、设定、建构、生产、创造,依次类推。这是一个无限延续且周而复始的过程。

广义超元论坚持“应有所住而生其心”,即坚持有所选择、指向地显现、设定、建构、生产、创造,有所选择地指称和描述言说。也就是说“无住为本,人定为要,择善而从,创新创造”。坚持认为可以被我们如此这般指称和描述言说的主体、客体及其相互关系,都是意识人类如此这般显现、设定、建构、生产、创造出来的与人有关的对象性存在。原本既不存在着可以被如此这般指称和描述言说的主体、客体,也不存在着联系它们的所谓单元不二或二元对立关系,原本不存在着与人有关的任何对象性存在。当然,原本也不存在非对象性存在。也就是说,原本既不存在“在场的人定世界”,也不存在“不在场的人定世界”,原本就没有“人类世界”或“人定世界”,即“原本无一法,万法唯人造,人觉而法显,人圆则法寂”。以广义超元论为分析工具和解释框架理解“人类世界”或“人定世界”或“人世界”或“人存在”,是意识人类确证自我的重要方式,也是对关系的自觉的最终体现和最终成果。

五、结语

人类意识的产生伴随着人类文明的发展。通过对二元对立关系的自觉,展现出西方文化强大的创造性和进取性,意识人类从混沌走向有序;对单元不二关系的自觉,造就出中华文化强大的包容性和自洽性,意识人类从局限走向圆满;对广义超元论的自觉,则重申无论是在场的对象物之间的“关系”,还是在场的对象性存在与不在场的非对象性存在之间的“关系”,皆是意识人类如此这般显现、设定、建构、生产、创造出来的,皆是意识人类实践活动的结果。人对关系的自觉内在地蕴含着意识人类确证自我的客观必然性,伴随着人类生产生活实践的变迁发展,人对关系自觉的程度、人类思维发展的深度也会随着人类对自然、对社会、对自我认识的逐步深化而不断提升。

高清海先生晚年常讲,“‘哲学’作为人的自我意识理论,不同于科学,它表达的是人的多重性、多样化并始终处于变化中的内在本性;哲学不仅没有先验固定的对象和理论模式,哲学的表达方式也是多种多样的。哲学当然也具有人类性,哲学同时又属于那种历史性、时代性、民族性,一句话,赋有个性化的理论"①。广义超元论作为一种新的哲学观点,致力于克服文化、地域、种族以及固有传统的局限,以更广阔的胸怀、更全面的思维迎接新变局,构建出更加丰富、具体、明晰的"人类世界"或"人定世界"或"人世界"或"人存在"。希望能给人类提供一个观察、审视、反思和预示人类文明、人类世界的新视角,为这个充满风险与挑战的世界提供中国智慧和中国思想。

① 高清海.中华民族的未来发展需要有自己的哲学理论[J].吉林大学社会科学学报,2004(2):6.

智慧的秘密
第一章　两个世界与三种思维模式
1.1　两个世界
对象性世界（人类的世界）
非对象性世界（非人类的世界）
1.2　三种思维模式
对象性类思维模式（元思维模式、元论）
非对象性类思维模式（超元思维模式、空宗禅宗的狭义超元论）
整合性类思维模式（实践思维模式、广义超元论）
第二章　轴心时代与人类智慧
2.1　文化自觉与文化自信
费孝通论“文化自觉”
习近平论“文化自信”
2.2　轴心时代及其伟大贡献
何谓“轴心时代”
为什么会产生轴心时代
轴心时代的主要贡献及其深远影响
2.3　印度文明及其与其他文明的关系
印度哲学概述
早期佛教与婆罗门教思想的主要区别
印度哲学与希腊哲学的同与异
印度文明与中国文明的同与异
第三章　《易经》之变通与圆融
3.1　关于《易经》
《易经》的成书过程
《易经》的性质
《易经》的文化地位
《易经》的相关知识
成中英对《易经》的评价
3.2　《易经》解读
一张图：阴阳-太极-无极图
解读《易经》的三句话
“善为《易》者不占”（《易经》的形下学智慧）
“易者，易也”（《易经》的形上学智慧）
“无极而太极”（《易经》的超形上学智慧）
第四章　老子的智慧与庄子的逍遥
4.1　老子的智慧
老子及其影响
老子的智慧
4.2　庄子的逍遥
庄子其人
庄子的逍遥
第五章　《坛经》之究竟与自由
5.1　关于禅宗
禅宗简介
禅宗的核心思想
5.2　《坛经》解读
《坛经》导读
《坛经》解读
“世间皆道场，生死一场空”
第六章　二元对立心态与西方哲学思想演变
6.1　古希腊-罗马的哲学思想
爱菲斯的赫拉克利特
毕达哥拉斯学派
恩培多克勒
阿那克萨戈拉
原子论学派
苏格拉底和柏拉图
亚里士多德
6.2　欧洲中世纪的唯名论与唯实论之争
唯实论
唯名论
唯名论革命与西方近现代科学
唯名论革命与西方近代宗教改革
6.3　近代的经验论与唯理论之争
经验论
唯理论
如何看待经验论与唯理论的对立
6.4　德国古典哲学对经验论、唯理论的扬弃
康德的“先天综合判断”
黑格尔的绝对精神
6.5　现代唯科学主义与人本主义的对立
唯科学主义
人本主义
6.6　解构性后现代主义与建设性后现代主义
解构性后现代主义
建设性后现代主义
6.7　中西方哲学的差异与会通
中西方哲学的差异
中西方哲学的会通
第七章　禅与星空——佛学智慧与科学精神
7.1　题目缘由
佛学之究竟解脱
科学的日新月异
佛学与科学或许可以借助马克思实践观实现统一
7.2　佛学智慧与科学精神
佛学智慧
科学精神
7.3　星空存在与演化的科学图景
星空的层次
星空的演化
星空的过去与未来
7.4　禅与星空的对话
佛学和科学的解读
禅与星空的对话
第八章　马克思主义实践观与广义超元论
8.1　马克思主义实践观
马克思主义实践观的俗谛
马克思主义实践观的真谛
马克思主义实践观的圆谛
8.2　广义超元论
创建广义超元论的缘由
广义超元论的核心观点
广义超元论的基本特征
广义超元论之三谛
案例分析
导学
科学三论
智慧三题
禅与星空
实践自觉
课程思维导图

后　记

2012年，重庆大学在全校实施通识教育，时任校长林建华号召有相关资历的教师为本科生开设自然科学和人文社会科学相关通识课程。为响应学校和林校长的号召，我结合自己读书学习的经历和学生的需求，开设了面向全校所有学生的哲学类通识课程——“中国传统文化经典解读”，重点解读儒家经典《易经》、道家经典《老子》和中国佛学经典《坛经》，每学期开讲一次。2017年，学校鼓励教师们建设面向社会的网络课程，在学校教务处、公共管理学院、马克思主义学院和上海卓越睿新数码科技有限公司智慧树网的大力支持下，将这门线下通识课程成功地改造成了线上哲学类通识课程——“智慧的秘密”，并先后在智慧树、中国大学慕课、爱课堂、网易等网络教学平台，向全国学生或哲学爱好者同时开放。经过许多人的共同努力，“智慧的秘密”这门线上线下结合的混合型课程在2019年被重庆市教委评为“重庆市高校精品在线开放课程”，2023年被教育部评为“国家级一流本科课程”。

本书是在线上哲学类通识课程——“智慧的秘密”讲稿的基础上，经过反复修改扩容而成的。本书的出版经历了漫长的岁月，记录了笔者艰难探索的心路历程，融入了无数人的心血。在本书出版之际，特别要感谢为这门课程和教材的建设运营付出太多太多心血的教务处的李正良、李楠、郑泓等；公共管理学院和马克思主义学院的李志、徐鲲、罗秀英、高飞等；上海卓越睿新数码科技有限公司智慧树网的课程顾问王文丹、客户经理黄成、视频工程师肖正中、平台工程师付洪伟等，其中，王文丹在整理视频讲稿的过程中耗费了很多时间和精力并提出了很好修改建议；重庆大学出版社编辑尚东亮、杨育彪等；这几年我指导的在读研究生王爽、张言嘉、王洁、姚佳、余维维、马尚明、谭力、宋念、黄宝莹、黄美玲、甘荣丽、李欣泽、陈昱静、盛志扬、蒋宗直、杨露、王莉、龚代军、何雪梅、完瑞红、叶梓岚、符宇诗、张利、杨陇华、王锐、李粤芬、周作玉、胡国豪等，其中，甘荣丽、何雪梅、叶梓岚、周作玉、胡国豪阅读了这本书的初稿并提出了很中肯的修改建议；几十年含辛茹苦、全身心料理家务、照顾孩子，无条件地支持我读书学习、传道授业、著述写作的爱人张蓉。没有他们的辛勤付出,就不会有这门课程的成功运营和本书的出版面世,再次表示感谢!

我的亲生父亲何纯熙给予我生命并引导我读书学习,培养了我读书学习的习惯;我的老师王舜钦带我进入东方哲学的世界,并指导我学习熊十力哲学、印度佛学和中国禅学;我的老师张文和指导我学习研究科学技术哲学、科学技术史,但他们早已撒手人寰。正值本书出版的 2023 年,给予我生命和人生智慧、我深深眷念的母亲雷文琪,以及给予我学习研究马克思主义哲学和西方哲学史指导、我十分敬重的哲学老师王策兴也先后撒手人寰,谨以本书纪念我的父亲母亲和我的老师,表达自己由衷的感谢和深切的缅怀之情!最后,还要特别感谢我的继父余文钦,我的哥哥嫂嫂、姐姐姐夫、弟弟弟妹、妹妹妹夫,以及所有的晚辈们带给我家的温暖和人世间的亲情感受!感谢为本书的封面设计耗费了心血的设计师和好友赵有声!感谢在校内校外、线上线下听过我课的所有学生和所有学员!感谢在百忙之余或闲暇之时阅读本书的所有尊贵的读者!

本书参考了国内外许多学者、专家的研究成果,引用了学者、专家们的许多学术观点。本书也有我读书学习的些许心得,以及与学者、专家们的隔空对话。学者、专家们的学术睿智和深刻见解给予我很多启示,受益匪浅,我的一些尚不成熟的想法权当抛砖引玉,敬请读者朋友不吝赐教,敬请学者、专家批评指正!

何跃

2023 年 10 月

参考文献

专著：

[1] 卡尔·雅斯贝斯.历史的起源与目标[M].李夏菲,译.桂林:漓江出版社,2019.

[2] 李泽厚.中国古代思想史论[M].北京:生活·读书·新知三联书店,2017.

[3] 埃里克·沃格林.天下时代[M].叶颖,译.南京:译林出版社,2018.

[4] 汉斯·萨尼尔.雅斯贝尔斯传[M].张继武,倪梁康,译.北京:商务印书馆,2022.

[5] 塞缪尔·亨廷顿.文明的冲突与世界秩序的重建[M].周琪,等译.修订版.北京:新华出版社,2010.

[6] 马丁·海德格尔.哲学论稿:从本有而来[M].孙周兴,译.北京:商务印书馆,2016.

[7] 吕迪格尔·萨弗兰斯基.海德格尔传:来自德国的大师[M].靳希平,译.北京:商务印书馆,1999.

[8] 胡塞尔.纯粹现象学通论:纯粹现象和现象学哲学的观念(Ⅰ)[M].李幼蒸,译.北京:中国人民大学出版社,2004.

[9] 黄心川.印度哲学史[M].北京:商务印书馆,1989.

[10] 黄心川.现代东方哲学[M].杭州:浙江人民出版社,1998.

[11] 吕澂.印度佛学源流略讲[M].上海:上海人民出版社,2005.

[12] 丁福保.佛学大辞典[M].北京:文物出版社,1984.

[13] 方立天.中国佛教哲学要义[M].北京:中国人民大学出版社,2002.

[14] 普济.五灯会元(上中下)[M].苏渊雷,点校.上海:中华书局,2005.

[15] S.R.戈耶尔.印度佛教史[M].黄宝生,译.北京:中国社会科学出版社,2020.

[16] 李崇峰.佛教考古:从印度到中国[M].上海:上海古籍出版社,2015.

[17] 渥德尔.印度佛教史[M].王世安,译.北京:商务印书馆,1987.

[18] 赖永海.佛学与儒学[M].修订版.北京:中国人民大学出版社,2017.

[19] 梁启超.佛学研究十八篇:校点本[M].北京:商务印书馆,2017.

[20] 弘学.佛学概论[M].4版.成都:四川人民出版社,2015.

[21] 高扬,荆三隆.印度哲学与佛学[M].2版.西安:太白文艺出版社,2004.

[22] 梁启超.梁启超中国佛学研究史[M].长春:吉林人民出版社,2013.

[23] 汤用彤. 印度哲学史略[M]. 武汉:武汉大学出版社,2008.
[24] 汤用彤. 印度佛教汉文资料选编[M]. 李建欣,强昱,点校. 北京:北京大学出版社,2010.
[25] 汤用彤. 魏晋玄学论稿[M]. 上海:上海古籍出版社,2005.
[26] 黄寿祺,张善文撰. 周易译注[M]. 修订本. 上海:上海古籍出版社,2018.
[27] 金景芳,吕绍纲. 周易全解[M]. 长春:吉林大学出版社,2013.
[28] 李道平. 周易集解纂疏[M]. 王承弼,整理. 北京:中央编译出版社,2011.
[29] 朱伯崑. 易学基础教程[M]. 修订本. 北京:九州出版社,2003.
[30] 巫白慧. 印度哲学:吠陀经探义和奥义书解析[M]. 北京:东方出版社,2000.
[31] 成中英. 易学本体论[M]. 北京:北京大学出版社,2006.
[32] 王树森. 周易与中华文化[M]. 北京:中华书局,2020.
[33] 周振甫. 周易译注[M]. 北京:中华书局,2018.
[34] 高亨. 周易古经今注[M]. 北京:清华大学出版社,2010.
[35] 丁福保. 坛经[M]. 陈兵,导读. 哈磊,整理. 上海:上海古籍出版社,2011.
[36] 姚卫群. 印度哲学与中印佛教[M]. 北京:宗教文化出版社,2021.
[37] 洪修平. 中国佛教文化历程[M]. 2 版. 南京:江苏教育出版社,2005.
[38] 忽滑谷快天. 中国禅学思想史(全二册)[M]. 朱谦之,译. 杨曾文,导读. 2 版. 上海:上海古籍出版社,2002.
[39] 徐小跃. 禅与老庄[M]. 杭州:浙江人民出版社,1992.
[40] 高令印. 中国禅学通史[M]. 北京:宗教文化出版社,2004.
[41] 孙晶. 印度吠檀多不二论哲学[M]. 北京:东方出版社,2002.
[42] 朱伯崑. 周易知识通览[M]. 北京:中央编译出版社,2018.
[43] 沈竹礽. 周易易解[M]. 北京:中央编译出版社,2012.
[44] 傅伟勋. 从西方哲学到禅佛教[M]. 北京:生活·读书·新知三联书店,1989.
[45] 吕嘉戈. 易经新探[M]. 北京:中央编译出版社,2013.
[46] 王夫之. 周易内传·周易大象解·周易稗疏·周易外传(全二册)[M]. 长沙:岳麓书社,2011.
[47] 杨庆中. 周易经传研究[M]. 北京:商务印书馆,2005.
[48] 史怀刚. 现代新儒家易学思想研究[M]. 北京:中国社会科学出版社,2016.
[49] 蕅益. 周易禅解[M]. 刘俊堂,点校. 武汉:崇文书局,2015.
[50] 刘彬.《易经》校释译论[M]. 济南:山东人民出版社,2019.
[51] 王孺童. 道德经讲义[M]. 北京:中华书局,2013.
[52] 任继愈. 老子绎读[M]. 2 版. 北京:国家图书馆出版社,2015.

[53] 陈鼓应. 老子注译及评介[M]. 北京:中华书局,1984.
[54] 傅佩荣.《老子新解》(上)[M]. 南京:译林出版社,2012.
[55] 傅佩荣.《老子新解》(下)[M]. 南京:译林出版社,2012.
[56] 王弼. 老子道德经注[M]. 楼宇烈,校译. 北京:中华书局,2011.
[57] 高亨. 老子注译[M]. 北京:清华大学出版社,2010.
[58] 陈剑. 老子译注[M]. 上海:上海古籍出版社,2016.
[59] 朱谦之. 老子校释[M]. 2 版. 北京:中华书局,2017.
[60] 憨山. 老子道德经解[M]. 梅愚,点校. 武汉:崇文书局,2015.
[61] 高明. 帛書老子校注[M]. 2 版. 北京:中华书局,2020.
[62] 高明. 帛書老子校注[M]. 2 版. 北京:中华书局,2020.
[63] 释德清. 老子道德经解[M]. 尚之煜,校释. 北京:中华书局,2019.
[64] 汤漳平,王朝华. 老子[M]. 北京:商务印书馆,2020.
[65] 陆永品. 老子通解[M]. 北京:中央编译出版社,2015.
[66] 高亨. 老子正诂[M]. 北京:清华大学出版社,2011.
[67] 干昌新. 破译《老子》祖本[M]. 北京:中央编译出版社,2008.
[68] 曾小平. 道德经疏译[M]. 北京:北京出版社,2020.
[69] 陈广逵. 逻辑解析道德经[M]. 北京:清华大学出版社,2017.
[70] 赖贤宗. 道家诠释学[M]. 北京:北京大学出版社,2010.
[71] 温海明. 道德经明意[M]. 北京:中国社会科学出版社,2019.
[72] 蒋锡昌. 老子校诂[M]. 影印本. 成都:成都古籍书店,1988.
[73] 张松如. 老子校读[M]. 长春:吉林人民出版社,1981.
[74] 广东省佛教协会. 六祖慧能与《坛经》论著目录集成[M]. 广州:广东人民出版社,2014.
[75] 陈中浙. 坛经散讲[M]. 北京:商务印书馆,2018.
[76] 吴言生. 禅宗哲学象征[M]. 北京:中华书局,2001.
[77] 王孺童. 坛经释义[M]. 北京:中华书局,2013.
[78] 释惟护.《坛经》注解:上册[M]. 上海:上海社会科学院出版社,2017.
[79] 释惟护.《坛经》注解:下册[M]. 上海:上海社会科学院出版社,2017.
[80] 沈善增. 坛经摸象[M]. 2 版. 上海:上海三联书店,2014.
[81] 魏道儒. 坛经译注[M]. 北京:中华书局,2010.
[82] 澄海. 禅心直指:悠游《坛经》大智慧海[M]. 北京:生活·读书·新知三联书店,2017.
[83] 李申,方广锠. 敦煌坛经合校译注[M]. 北京:中华书局,2018.

[84] 白光.《坛经》版本谱系及其思想流变研究[M]. 北京:宗教文化出版社,2013.
[85] 净空法师. 净空法师讲《六祖坛经》[M]. 武汉:长江文艺出版社,2010.
[86] 弘学. 六祖坛经浅析[M]. 成都:巴蜀书社,2008.
[87] 丁福保. 六祖坛经笺注[M]. 北京:国际文化出版公司,2014.
[88] 惠能. 坛经全译[M]. 潘桂明,译注. 成都:巴蜀书社,2000.
[89] 彭富春. 论慧能[M]. 北京:人民出版社,2017.
[90] 吴平. 坛经讲读[M]. 上海:华东师范大学出版社,2008.
[91] 郭朋. 坛经导读[M]. 北京:中国国际广播出版社,2008.
[92] 梯利. 西方哲学史[M]. 伍德,增补. 北京:商务印书馆,2020.
[93] 罗素. 西方哲学史:下卷[M]. 马元德,译. 北京:商务印书馆,2021.
[94] 汉斯·约阿希姆·施杜里希. 世界哲学史[M]. 吕叔君,译. 济南:山东画报出版社,2006.
[95] 克劳斯·黑尔德. 世界现象学[M]. 倪梁康,等译. 北京:生活·读书·新知三联书店,2003.
[96] 威拉德·蒯因. 从逻辑的观点看[M]. 江天骥,宋文淦,张家龙,等译. 上海:上海译文出版社,1987.
[97] 柏拉图. 理想国[M]. 郭斌和,张竹明,译. 北京:商务印书馆,1986.
[98] 陈修斋,杨祖陶. 欧洲哲学史稿[M]. 武汉:湖北人民出版社,1983.
[99] 全增嘏. 西方哲学史[M]. 上海:上海人民出版社,1983-1985.
[100] 全增嘏. 西方哲学史[M]. 上海:上海人民出版社,1985.
[101] 冯俊. 西方哲学史(第一卷):古希腊罗马哲学[M]. 北京:人民出版社,2020.
[102] 冯俊. 西方哲学史(第二卷):中世纪哲学·文艺复兴时期哲学[M]. 北京:人民出版社,2020.
[103] 冯俊. 西方哲学史(第三卷):经验主义和理性主义哲学[M]. 北京:人民出版社,2020.
[104] 冯俊. 西方哲学史(第四卷):启蒙哲学[M]. 北京:人民出版社,2020.
[105] 冯俊. 西方哲学史(第五卷):德国古典哲学[M]. 北京:人民出版社,2020.
[106] 夏基松. 现代西方哲学教程新编(上、下册)[M]. 北京:高等教育出版社,1998.
[107] J. P. 蒂洛. 哲学:理论与实践[M]. 古平,肖峰,等译. 北京:中国人民大学出版社,1989.
[108] 杜小真,张宁. 德里达中国讲演录[M]. 北京:中央编译出版社,2003.
[109] 法布里·帕陶特. 实在论,可判定性和过去[M]. 张清宇,译. 北京:华夏出版社,2001.

[110] 荣格. 人及其表象[M]. 张月,译. 北京:中国国际广播出版社,1989.
[111] 路静. 德里达解构主义阅读观[M]. 北京:光明日报出版社,2018.
[112] 吴彤,等. 复归科学实践:一种科学哲学的新反思[M]. 北京:清华大学出版社,2010.
[113] 乔纳森·卡勒. 论解构:结构主义之后的理论与批评(25 周年版)[M]. 陆扬,译. 北京:中国人民大学出版社,2018.
[114] 希利斯·米勒. 重申解构主义[M]. 郭英剑,等译. 北京:中国社会科学出版社,2000.
[115] 佟立. 西方后现代主义哲学思潮研究[M]. 天津:天津人民出版社,2003.
[116] 王成兵,陈磊,李绍猛. 后现代主义哲学及其论题[M]. 北京:北京理工大学出版社,2019.
[117] 阎孟伟,李福岩. 后现代主义问题研究[M]. 南宁:广西人民出版社,2018.
[118] 萧前,杨耕,等. 唯物主义的现代形态:实践唯物主义研究[M]. 北京:中国人民大学出版社,2012.
[119] 赵敦华. 马克思哲学要义[M]. 南京:江苏人民出版社,2018.
[120] 马俊峰. 马克思主义哲学新形态探索[M]. 北京:中国人民大学出版社,2019.
[121] 丁立群,等. 实践哲学:传统与超越[M]. 北京:北京师范大学出版社,2012.
[122] 黄寿祺,张善文撰. 周易译注[M]. 修订本. 上海:上海古籍出版社,2018.
[123] 金景芳,吕绍纲. 周易全解[M]. 长春:吉林大学出版社,2013.
[124] 刘大钧. 周易概论:增补本[M]. 成都:巴蜀书社,2008.
[125] 张其成. 张其成全解周易[M]. 2 版. 北京:华夏出版社,2017.
[126] 朱伯崑. 易学哲学史[M]. 北京:华夏出版社,1995.
[127] 俞宣孟. 本体论研究[M]. 3 版. 上海:上海人民出版社,2012.
[128] 廖名春. 续修四库全书[M]. 上海:上海古籍出版社,2002.
[129] 廖名春. 周易经传十五讲[M]. 2 版. 北京:北京大学出版社,2012.
[130] 丁四新. 楚竹书与汉帛书周易校注[M]. 上海:上海古籍出版社,2011.
[131] 朱熹. 周易本义[M]. 柯誉,整理. 北京:中央编译出版社,2010.
[132] 宿肖岚. 易经今读[M]. 北京:中央编译出版社,2011.
[133] 牛钮,孙在丰,等. 日讲易经解义[M]. 张海艳,点校. 北京:中央编译出版社,2013.
[134] 余日昌. 实相本体与涅槃境界:梳论竺道生开创的中国佛教本体理论[M]. 成都:巴蜀书社,2003.
[135] 王弼,韩康伯,陆德明,等. 周易注疏[M]. 北京:中央编译出版社,2013.

[136] 吕嘉戈. 易经新探[M]. 北京:中央编译出版社,2013.
[137] 铃木大拙. 禅是什么[M]. 张乔,译. 海口:海南出版社,2016.
[138] 杨庆中. 周易经传研究[M]. 北京:商务印书馆,2005.
[139] 史怀刚. 现代新儒家易学思想研究[M]. 北京:中国社会科学出版社,2016.
[140] 蕅益. 周易禅解[M]. 刘俊堂,点校. 武汉:崇文书局,2015.
[141] 刘彬.《易经》校释译论[M]. 济南:山东人民出版社,2019.
[142] 贾题韬.《坛经》讲座[M]. 成都:四川人民出版社,1993.
[143] 铃木大拙. 禅学入门[M]. 林宏涛,译. 海口:海南出版社,2012.
[144] 弗洛姆,铃木大拙,马蒂诺. 禅宗与精神分析[M]. 王雷泉,冯川,译. 2 版. 贵阳:贵州人民出版社,1998.
[145] 铃木大拙. 禅与生活[M]. 刘大悲,孟祥森,译. 合肥:黄山书社,2010.
[146] 铃木大拙. 通向禅学之路[M]. 葛兆光,译. 上海:上海古籍出版社,1989.
[147] 奥修. 莲心禅韵[M]. 谦达那,译. 西安:陕西师范大学出版社,2007.
[148] 龚隽,李大华,夏志前,等. 中国哲学通史:隋唐卷[M]. 学术版. 南京:江苏人民出版社,2022.
[149] 赖永海. 中国佛教通史(1—17 卷)[M]. 南京:江苏人民出版社,2010.
[150] 丁福保. 佛学大辞典:校勘本[M]. 北京:文物出版社,2015.
[151] 梁漱溟. 东西文化及其哲学[M]. 2 版. 上海:上海人民出版社,2015.
[152] 洪修平,吴永和. 禅学与玄学[M]. 杭州:浙江人民出版社,1992.
[153] 倪梁康. 面对实事本身:现象学经典文选[M]. 北京:东方出版社,2000.
[154] 格里芬. 后现代科学:科学魅力的再现[M]. 马季方,译. 北京:中央编译出版社,1995.
[155] 王治河. 后现代哲学思潮研究:增补本[M]. 北京:北京大学出版社,2006.
[156] 王治河,樊美筠. 第二次启蒙[M]. 北京:北京大学出版社,2011.
[157] 曲跃厚. 过程哲学与建设性后现代主义[M]. 北京:中国社会科学出版社,2017.
[158] 殷杰,郭贵春. 哲学对话的新平台:科学语用学的元理论研究[M]. 太原:山西科学技术出版社,2003.
[159] 张世英. 进入澄明之境:哲学的新方向[M]. 北京:商务印书馆,1999.
[160] 中共中央马克思恩格斯列宁斯大林著作编译局. 马克思恩格斯全集:第 42 卷[M]. 北京:人民出版社,1979.
[161] 中共中央马克思恩格斯列宁斯大林著作编译局. 马克思恩格斯选集:第 1 卷[M]. 3 版. 北京:人民出版社,2012.

[162] 何跃.广义超元论与自组织城市[M].重庆:重庆大学出版社,2020.
[163] 何跃.人类的世界[M].重庆:西南师范大学出版社,1995.
[164] 何跃.广义超元论与人类的世界[M].重庆:重庆大学出版社,2012.
[165] 凯伦·阿姆斯特朗.轴心时代:塑造人类精神与世界观的大转折时代[M].孙艳燕,白彦兵,译.海口:海南出版社,2010.
[166] 金观涛.轴心文明与现代社会:探索大历史的结构[M].北京:东方出版社,2021.
[167] 孙正聿.哲学通论[M].北京:人民出版社,2010.
[168] 孙正聿.马克思主义辩证法研究[M].北京:北京师范大学出版社,2012.
[169] 孙正聿.马克思主义哲学智慧[M].北京:现代出版社,2016.
[170] 孙正聿.哲学的目光[M].长春:吉林人民出版社,2007.
[171] 孙正聿.属人的世界[M].长春:吉林人民出版社,2007.
[172] 张文喜.自我的建构与解构[M].上海:上海人民出版社,2002.
[173] 高清海.哲学的憧憬:《形而上学》的沉思[M].长春:吉林大学出版社,1993.
[174] 高清海.欧洲哲学史纲新编[M].长春:吉林人民出版社,1990.
[175] 高清海.马克思主义哲学基础:上册[M].北京:人民出版社,1985.
[176] 高清海.马克思主义哲学基础:下册[M].北京:人民出版社,1987.
[177] 萧萐父.熊十力全集[M].武汉:湖北教育出版社,2001.
[178] 冯友兰.中国哲学史新编:上卷[M].北京:人民出版社,1998.
[179] 冯友兰.贞元六书[M].上海:华东师范大学出版社,1996.
[180] 张世英.天人之际:中西哲学的困惑与选择[M].2版.北京:人民出版社,2007.
[181] 郭齐勇.中国哲学史[M].北京:高等教育出版社,2006.
[182] 郭齐勇.当代中国哲学研究:1949—2009[M].北京:中国社会科学出版社,2011.
[183] 郭齐勇.中国人的智慧[M].北京:中华书局,2018.
[184] 牟宗三、佛性与般若[M].长春:吉林出版集团有限责任公司,2010.
[185] 牟宗三、中国哲学的特质[M].上海:上海古籍出版社,1997.
[186] 牟宗三、中国哲学十九讲[M].上海:上海世纪出版集团,2005.
[187] 牟宗三,罗义俊.中西哲学之会通十四讲[M].上海:上海古籍出版社,2007.
[188] 中共中央马克思恩格斯列宁斯大林著作编译局.列宁全集:第56卷[M].2版.北京:人民出版社,1990.
[189] 捷·伊·奥伊则尔曼.辩证法史:德国古典哲学[M].徐若木,冯文光,译.北京:人民出版社,1982.
[190] 李泽厚.批判哲学的批判:康德述评[M].北京:人民出版社,1979.

[191] 李泽厚. 中国古代思想史论[M]. 北京:人民出版社,1985.
[192] 李泽厚. 中国近代思想史论[M]. 北京:人民出版社,1979.
[193] 李泽厚. 中国现代思想史论[M]. 北京:东方出版社,1987.
[194] 陈来. 有无之境:王阳明哲学的精神[M]. 北京:北京大学出版社,2006.
[195] 陈来. 宋明理学[M]. 沈阳:辽宁教育出版社,1991.
[196] 陈来. 理解与诠释:陈来自选集[M]. 北京:首都师范大学出版社,2015.
[197] 杨国荣. 王学通论:从王阳明到熊十力[M]. 上海:华东师范大学出版社,2003.
[198] 杨国荣. 存在之维:后形而上学时代的形上学[M]. 北京:人民大学出版社,2005.
[199] 大卫·雷·格里芬. 超越解构:建设性后现代哲学的奠基者[M]. 鲍世斌,等译. 北京:中央编译出版社,2002.
[200] 大卫·雷·格里芬. 后现代精神[M]. 王成兵,译. 北京:中央编译出版社,2011.
[201] 尼采. 查拉图斯特拉如是说[M]. 详注本. 钱春绮,译. 北京:生活·读书·新知三联书店,2014.
[202] 尼采. 悲剧的诞生[M]. 刘崎,译. 北京:作家出版社,1986.
[203] 尼采. 偶像的黄昏:或怎样用锤子从事哲学[M]. 李超杰,译. 北京:商务印书馆,2009.
[204] 萨特. 他人就是地狱:萨特自由选择论集[M]. 关群德,等译. 天津:天津人民出版社,2007.
[205] 萨特. 自我的超越性:一种现象学描述初探[M]. 杜小真,译. 北京:商务印书馆,2010.
[206] 萨特. 存在与虚无[M]. 修订译本. 陈宣良,等译. 北京:生活·读书·新知三联书店,2014.
[207] 路德维希·维特根斯坦. 逻辑哲学论[M]. 杜世洪,注释. 上海:上海译文出版社,2019.
[208] 维特根斯坦. 哲学研究[M]. 韩林合,译,北京:商务印书馆,2013.
[209] 海德格尔. 存在与时间[M]. 陈嘉映,王庆节,译. 2 版. 北京:商务印书馆,2016.
[210] 海德格尔. 论真理的本质:柏拉图的洞喻和《泰阿泰德》讲疏[M]. 赵卫国,译. 北京:华夏出版社,2008.
[211] 海德格尔. 林中路[M]. 孙周兴,译. 北京:商务印书馆,2020.
[212] 伽达默尔. 诠释学Ⅰ、Ⅱ:真理与方法[M]. 修订译本. 洪汉鼎,译. 北京:商务印书馆,2007.

[213] 德里达. 解构与思想的未来[M]. 夏可君,译. 长春:吉林人民出版社,2006.
[214] 侯世达. 哥德尔、艾舍尔、巴赫:集异璧之大成[M].《哥德尔、艾舍尔、巴赫:集异璧之大成》翻译组,译. 北京:商务印书馆,1996.
[215] 柳鸣九. 萨特研究[M]. 北京:中国社会科学出版社,1981.

期刊论文:

[1] 邓曦泽. 三次大变局与人类命运:从知识生产到生活形态的巨变[J]. 四川大学学报(哲学社会科学版),2022(1):39-51.
[2] 王凯歌. 连续性与断裂性:中国轴心突破论再考察的一个命题[J]. 暨南学报(哲学社会科学版),2021,43(12):57-71.
[3] 李雪涛. 轴心时代:哲学概念的社会学诠释[J]. 读书,2021(6):13-21.
[4] 张广生. 由仁即礼:孔子之道与中国"轴心时代突破"的特质[J]. 中国人民大学学报,2021,35(3):40-50.
[5] 徐圻,何君."轴心时代"与华夏文明:谈中华文化的创造性转型问题[J]. 贵州社会科学,2020(10):93-100.
[6] 黄燕强. 轴心时代与人的存在:雅斯贝尔斯历史哲学的省思[J]. 南昌大学学报(人文社会科学版),2020,51(4):31-40.
[7] 姚志文. 中国崛起与文明对话:中华文化全球传播的历史意义[J]. 浙江社会科学,2020(4):13-17,36.
[8] 张东辉. 西方哲学中国化的基本问题[J]. 学术界,2019(11):26-38.
[9] 张志伟. 轴心时代、形而上学与哲学的危机:海德格尔与未来哲学[J]. 社会科学战线,2018(9):22-29.
[10] 赵晓红. 解读"李约瑟难题":中西"轴心时代"哲学与科学关系比较分析[J]. 湖北社会科学,2017(2):112-116.
[11] 张汝伦."轴心时代"的概念与中国哲学的诞生[J]. 哲学动态,2017(5):5-14.
[12] 邓万春. 载心之身:中国轴心时代的身体思想[J]. 江淮论坛,2016(6):108-113.
[13] 金寿铁. 卡尔·雅斯贝尔斯世界哲学理念与展望:以全球化时代的跨文化哲学为中心[J]. 广东社会科学,2017(3):47-55.
[14] 干春松."各美其美、美美与共"与人类命运共同体[J]. 人民论坛·学术前沿,2017(12):28-34.
[15] 郭阳,刘晓静. 轴心时代中的东西方美学互融:以孔子与柏拉图的美学思想比

较为例[J]. 湖北社会科学,2015(4):110-113.

[16] 李桂芳. "轴心时代"的中印文化之比较研究[J]. 中华文化论坛,2014,9(9):155-159.

[17] 乔安妮·赵美羊,金寿铁. 卡尔·雅斯贝尔斯视野中的人类全球史:轴心时代与文明相互嫁接理念[J]. 学术研究,2013(12):28-33.

[18] 陈赟. 雅斯贝尔斯"轴心时代"理论与历史意义问题[J]. 贵州社会科学,2022(5):4-12.

[19] 汤一介. "全球伦理"与"文明冲突"[J]. 北京行政学院学报,2003(1):79-83.

[20] 杜维明. "轴心文明"的对话儒家人文精神的普世价值[J]. 人民论坛,2014(22):74-77.

[21] 贾文山,江灏锋,赵立敏. 跨文明交流、对话式文明与人类命运共同体的构建[J]. 中国人民大学学报,2017,31(5):100-111.

[22] 陈东宁. 雅斯贝尔斯"轴心时代论"的生存论路径分析[D]. 长春:吉林大学,2022.

[23] 刘成林. 轴心时代先秦哲学与古希腊哲学比较研究[D]. 四平:吉林师范大学,2013.

[24] 徐涛,沈世培. 梁漱溟对佛教的哲学化阐释[J]. 中国宗教,2022(7):80-81.

[25] 庞博阳,陈清春. 论梁漱溟文化哲学中的三量说[J]. 五台山研究,2021(4):28-33.

[26] 姚卫群. 古印度哲学中的"实体"观念[J]. 哲学分析,2020,11(2):40-51.

[27] 陈群志,巴多. 原始佛教根本问题探源[J]. 西南民族大学学报(人文社科版),2018,39(6):87-91.

[28] 张法. 从中西印哲学差异谈中国的文化自觉:中西印哲学思想和语言特质比较(上)[J]. 探索与争鸣,2018(1):115-122.

[29] 张法. 由中西印哲学而来的语言差异谈中国的文化自觉:中西印哲学思想和语言特质比较(下)[J]. 探索与争鸣,2018(2):16-23.

[30] 胡家祥. 印度哲学对于心灵的深刻体认[J]. 中南民族大学学报(人文社会科学版),2015,35(5):92-97.

[31] 张法. 论印度哲学中运动—变化—生灭思想[J]. 学习与探索,2015(4):1-7.

[32] 姚卫群. 佛教阿含类经典中的"空"观念[J]. 云南大学学报(社会科学版),2014,13(1):10-15.

[33] 姚卫群. 古印度主要哲学经典中的"我"的观念[J]. 杭州师范大学学报(社会科学版),2013,35(6):9-16.

[34] 姚卫群. 印度古代哲学中的“一”与“多”[J]. 海南大学学报(人文社会科学版), 2011, 29(2): 20-25.

[35] 郁龙余. 从佛学、梵学到印度学:中国印度学脉络总述[J]. 深圳大学学报(人文社会科学版), 2018, 35(6): 5-12.

[36] 吴学国, 王斯斯. 从超越到圆融:论华严宗对印度大乘佛学的几处误读[J]. 南京社会科学, 2014(12): 37-44.

[37] 周贵华. 佛学研究的内在诠释之路:以印度佛教瑜伽诠义思想为例[J]. 华东师范大学学报(哲学社会科学版), 2008, (4): 1-6, 15.

[38] 田光烈. 印度大乘佛学概述[J]. 法音, 2007(8): 9-14.

[39] 章启群. 佛学、哲学与中国哲学史:从《成唯识论》哲学联想的几个问题[J]. 北京大学学报(哲学社会科学版), 2020, 57(6): 33-42.

[40] 王向远. 佛学的东方属性及亚洲核心思想之地位:高楠顺次郎的佛学价值功能论[J]. 浙江工商大学学报, 2021(4): 5-13.

[41] 冯丽荣. “有我之境”与“无我之境”的印度佛学思想探析[J]. 作家, 2013(8): 159-160.

[42] 学诚. 汉藏佛学研究的意义和建议:在第二届汉藏佛学学术研讨会暨觉囊佛教文化论坛上的演讲[J]. 法音, 2012(10): 45-48.

[43] 王川. 佛教经学视域中的“性寂”与“性觉”之争:以吕澂与熊十力“佛学根本问题”之辩为中心[J]. 江汉论坛, 2017(10): 65-68.

[44] 袁宏禹. 印顺与吕澂佛学思想径路比较[J]. 佛学研究, 2011(0): 379-387.

[45] 何锡蓉. 从“格义”方法看印度佛学与中国哲学的早期结合[J]. 上海社会科学院学术季刊, 1998(1): 95-103.

[46] 李宜静. “性寂”与“性觉”思想的提出:吕澂与熊十力“辨佛学根本问题”评议[J]. 华南师范大学学报(社会科学版), 2009(5): 103-109.

[47] 乐晓旭.《周易》经传超越观念的轴心转向[J]. 周易研究, 2022(4): 58-67.

[48] 安乐哲, 欧阳霄. 比较哲学视域中的《易经》宇宙论[J]. 江西社会科学, 2022, 42(8): 5-10.

[49] 杨效雷, 曾华东.《周易》阴阳观与和合文化论析[J]. 周易研究, 2017(5): 92-96.

[50] 方向红. 先验《易经》引论:对《易经》的现象学考察[J]. 周易研究, 2021(3): 31-44.

[51] 汤一介. 释“易, 所以会天道人道者也”[J]. 周易研究, 2002(6): 3-8.

[52] 林安梧.《易经》现象学与道论诠释学刍论:以王弼《明象》与“存有三态论”为

中心[J].周易研究,2020(2):5-16.
[53] 马俊.形上之道如何说:以《系辞》为中心[J].周易研究,2019(4):51-58.
[54] 王新春.汉易的《周易》诠释视域与方法:以《周易集解》所集升卦诠释为例[J].周易研究,2019(2):16-26.
[55] 张文智.从《易经证释》之本体生成论看"继善成性"说[J].周易研究,2018(5):57-65.
[56] 李元骏,成中英."象"的两层意涵与"言象意"关系:从《易传》到王弼[J].周易研究,2016(4):13-21.
[57] 藤井淳,孙海科.如何是道?:"平常心是道"源流探析[J].佛学研究,2022(1):156-183.
[58] 林光华.非境界、非境域的《老子》诠释可能:从牟宗三到列维纳斯[J].人文杂志,2022(7):43-51.
[59] 丁四新.老子思想研究的文本依据:观念及其原则[J].社会科学战线,2022(6):34-44.
[60] 赵建永.佛教中国化与道教的发生:汤用彤《太平经》与佛道初期关系研究析论[J].西南民族大学学报(人文社会科学版),2022,43(6):90-95.
[61] 杨国荣.以道立言:《老子》首三章释义[J].上海师范大学学报(哲学社会科学版),2021,50(1):39-44.
[62] 叶树勋.老子"物"论探究:结合简帛《老子》的相关信息[J].中国哲学史,2021(1):5-12.
[63] 杨国荣.何为道:老子的视域[J].孔子研究,2021(2):5-15.
[64] 罗安宪.老子"水几于道"思想解说[J].社会科学战线,2022(6):25-33.
[65] 叶树勋.《老子·德经》首章的文本与义理问题:兼论老子哲学与周代思想传统的关系[J].四川大学学报(哲学社会科学版),2021(5):46-56.
[66] 曾勇,杨洁.《道德经》"知足不辱"思想探赜[J].世界宗教研究,2019(2):125-133.
[67] 尚建飞.《老子道德经注》中的道论与本体论思想[J].中国哲学史,2017(4):29-34.
[68] 伍先林.慧能禅宗的自性般若思想与佛教的中国化[J].中国哲学史,2022(6):104-108.
[69] 悟才.六祖慧能对佛教中国化发展的影响[J].中国宗教,2022(9):54-55.
[70] 任珈瑄.重思慧能的"自性":从体、相、用出发[J].湖北社会科学,2022(1):94-101.

[71] 米进忠,董群.《维摩诘经》与《坛经》"不二"思想之比较[J]. 世界宗教文化,2018(4):104-109.

[72] 常亮,赵翠华,毕国忠. 美国的《六祖坛经》研究概述[J]. 河北民族师范学院学报,2018,38(4):32-39.

[73] 魏东方. 论《坛经》的"道"[J]. 五台山研究,2017(1):11-17.

[74] 白光,洪修平. 大陆地区慧能与《坛经》研究述评[J]. 河北学刊,2016,36(2):21-26.

[75] 林啸. 禅宗视域下的念佛观与往生观:以《坛经》为中心[J]. 北京社会科学,2016(8):89-100.

[76] 释学诚.《六祖坛经》与佛教中国化[J]. 法音,2016(12):4-12.

[77] 江澜. 论《坛经》的"即心即佛"[J]. 湖北社会科学,2015(3):101-107.

[78] 徐仪明,李昕潮. 试述《六祖坛经》的佛性论及其历史意义[J]. 湖南社会科学,2015(3):40-43.

[79] 刘慧姝. 试论《坛经》世出世法的不二[J]. 世界宗教研究,2015(5):68-72.

[80] 朱松苗,侯晓斌. 论《坛经》中"自心是佛"的思想[J]. 五台山研究,2015(2):30-34.

[81] 李非,黄春忠.《坛经》探释:从心性本体到心行实践:基于"不二"的双重释义[J]. 中山大学学报(社会科学版),2015,55(5):120-127.

[82] 王冬.《坛经》的般若中道思想及其禅法特色[J]. 中华文化论坛,2014,(1):89-93.

[83] 李海涛. 慧能禅学在韩国:以知讷对《坛经》的理解为中心[J]. 世界哲学,2014(3):112-122.

[84] 丁小平.《坛经》中的净土思想[J]. 社会科学研究,2012(2):155-159.

[85] 伍先林. 试论慧能《坛经》的不二精神[J]. 佛学研究,2010(1):242-258.

[86] 朱钧. 从《坛经》对"空"的悬置论"空"与般若之关系[J]. 杭州师范大学学报(社会科学版),2008,30(2):68-72.

[87] 方立天. 慧能创立禅宗与佛教中国化[J]. 哲学研究,2007(4):74-79.

[88] 洪修平. 关于《坛经》的若干问题研究[J]. 世界宗教研究,1999(2):75-88.

[89] 方立天. 性净自悟:慧能《坛经》的心性论[J]. 哲学研究,1994(5):44-50.

[90] 王雷泉. "烦恼即菩提"辨析:以《六祖坛经》为中心[C]. //长安佛教学术研讨会论文集. 2009:280-287.

[91] 秦祎. 开启西方哲学史研究的新篇章:读冯俊教授主编的《西方哲学史》(五卷本)[J]. 世界哲学,2021(2):157-159.

[92] 史巍,韩秋红. 西方哲学史的研究范式及其历史转换[J]. 东南学术,2012(1):36-42.

[93] 邓晓芒. 西方哲学史中的理性主义和非理性主义[J]. 现代哲学,2011(3):46-48,54.

[94] 陶富源. 马克思实践理解论的解释学指导意义:兼评现代西方解释学家的相关观点[J]. 南通大学学报(社会科学版),2022,38(5):37-47.

[95] 黄小洲. 一种新马克思主义解释学的建构:哈贝马斯的批判解释学论纲[J]. 世界哲学,2022(1):21-31.

[96] 桑明旭. 恩格斯的解释学思想及其当代意义[J]. 武汉大学学报(哲学社会科学版),2021,74(5):52-65.

[97] 何卫平. 西方解释学的第三次转向:从哈贝马斯到利科[J]. 中国社会科学,2019(6):45-62.

[98] 张四化. 解释学、实证化、形式化:马克思辩证法当代发展的三个新趋向[J]. 云南社会科学,2016(4):37-43.

[99] 何卫平. 西方解释学史转折点上的经典之作:狄尔泰《精神科学中历史世界的建构》述评[J]. 山东大学学报(哲学社会科学版),2015(3):54-71.

[100] 彼得·琼克斯,骆月明. 多元与统一:解构主义哲学对形而上学的挑战[J]. 哲学分析,2017,8(4):71-81.

[101] 桑大鹏. 解构主义视野下禅宗思维技术之分析[J]. 当代文坛,2015(4):35-38.

[102] 闻凤兰. 论西方科学哲学从逻辑主义到历史主义转向的深层基础[J]. 社会科学战线,2015(7):21-25.

[103] 詹志华. 逻辑与历史的统一:解读西方科学哲学的新视角[J]. 云南社会科学,2008(2):76-80.

[104] 郑祥福. 当代西方科学哲学的“认知转向”[J]. 福建论坛(人文社会科学版),2005(8):36-40.

[105] 魏屹东. 西方科学哲学中的形而上学与反形而上学[J]. 文史哲,2003(4):86-91.

[106] 彭启福. “解释学转向”,还是“解释的转向”?——关于现代西方科学哲学走向的思考[J]. 浙江学刊,2003(1):77-80.

[107] 刘高岑. 当代西方科学哲学划界思想的演变和反思[J]. 自然辩证法研究,1999,(4):19-22,63.

[108] 冯鹏志. 现代西方科学哲学整体化趋势的方法论考察[J]. 求索,1995(3):

65-71.
[109] 高歌. 宇宙演化总论:二十一世纪广义宇宙学新探索(上)[J]. 前沿科学, 2009,3(3):26-43.
[110] 高歌. 宇宙演化总论:二十一世纪广义宇宙学新探索(下)[J]. 前沿科学, 2009,3(4):71-83.
[111] 黄庆国,朴云松. 宇宙如何起源?[J]. 科学通报,2018,63(24):2509-2517.
[112] 郭琦. 奇异矮星系:暗物质迷失?[J]. 科学通报,2020,65(5):325-326.
[113] 钱振华,徐在新. 宇宙学的人择原理[J]. 物理教学,2010,32(8):8-10.
[114] 邬焜. 现代宇宙学揭示的宇观、宏观与微观演化的相通性中体现出的哲学与科学的内在统一性[J]. 系统科学学报,2015,23(2):1-5.
[115] 吴玉梅. 人择原理与宇宙学参数问题[J]. 中国科技史杂志,2022,43(2): 254-262.
[116] 陈学雷. 21 cm 宇宙学的探索:天籁与鸿蒙实验[J]. 科学通报,2021,66 (11):1385-1398.
[117] 王有刚,陈学雷,邹振隆. 亚历山大·弗里德曼和现代宇宙学的起源[J]. 物理,2012,41(10):675-677.
[118] 孙扬.《现代广义相对论:黑洞、引力波和宇宙学》带你窥探"时空涟漪"[J]. 科学通报,2019,64(17):1763-1764.
[119] 杨书卷. 宇宙学迎来"大数据时代"[J]. 科技导报,2014,32(18):7.
[120] 吴玉梅,孙小淳. 霍金与人择原理[J]. 自然辩证法研究,2016,32(6): 63-69.
[121] 范祖辉,Keith Cooper. 寻找一个自洽的常数[J]. 物理,2020,49(8):548-549.
[122] 沈世银. 宇宙学原理及应用[J]. 大学科普,2016(4):37-39.
[123] 李霄栋,肖小圆,王凌风,等. 天琴对宇宙膨胀的探测能力研究[J]. 中山大学学报(自然科学版),2021,60(S1):62-73.
[124] 牟一岑. 宇宙学扰动中的共形不变量[D]. 合肥:中国科学技术大学,2021.
[125] 林艳. 中国视野下的圣经宇宙起源论:跨文本阅读的想象与实践[J]. 深圳大学学报(人文社会科学版),2009,26(6):13-17.
[126] 武家璧. 中国早期宇宙起源论的几个特征[J]. 自然辩证法通讯,2008,30 (6):72-75.
[127] 陈德述.《大诞生——中国宇宙起源说新解》序[J]. 中华文化论坛,2017,3 (3):187-190.
[128] 安继民. 宇宙起源问题的逻辑考察:神创论和自然论[J]. 社会科学战线,

2009(6):68-73.
[129] 仵凤鸣. 宇宙起源和演化的哲学原理[J]. 前沿科学,2010,4(3):80-87.
[130] 照日格图. 宇宙万物皆是保守与自由对立统一的生命[J]. 江汉论坛,2020(5):40-50.
[131] 赵君亮. 天体尺度上的重大灾变事件:宇宙在大爆炸中诞生[J]. 自然杂志,2011,33(4):187-191.
[132] 俞允强. 宇宙演化与热寂说[J]. 物理,2011,40(9):561-565.
[133] 徐生年,袁业飞. 星系中心大黑洞的宇宙学演化[J]. 中国科学:物理学 力学 天文学,2012,42(11):1256-1264.
[134] 张嘉懿. 威廉·赫歇尔与凝缩的宇宙[J]. 中国科技史杂志,2021,42(1):56-66.
[135] 陈红. 老子宇宙演化观的系统范式探索[J]. 中州学刊,2011(5):165-167.
[136] 张鹏杰. 广义相对论的宇宙学检验[J]. 科学,2012,64(2):12-14.
[137] 周建刚,张利文. 化自然以归人文:论周敦颐融道入儒的宇宙论思想[J]. 哲学研究,2012(11):54-60.
[138] 张新民,苏萌,李虹,等. 宇宙起源与阿里原初引力波探测[J]. 物理,2016,45(5):320-326.
[139] 李新洲. 对称子宇宙学[J]. 科学,2012,64(2):7-11.
[140] 康中乾,张维娜. 论中国古代形而上学思想[J]. 社会科学战线,2021(8):1-11.
[141] 王晖. 论中国古代宇宙起源"星云说"[J]. 陕西师范大学学报(哲学社会科学版),2004,33(4):61-69.
[142] 张志伟. 标准宇宙模型中时间概念的形而上学解读[J]. 哲学动态,2014(2):90-95.
[143] 梅荣政. 马克思主义实践观与党的群众路线的内在一致性[J]. 红旗文稿,2013(21):12-14.
[144] 夏庆波. 论马克思主义实践哲学对亚里士多德主义与康德主义的超越[J]. 甘肃理论学刊,2013(3):59-63.
[145] 邹德文. 马克思主义实践观的当代形态及其五重构建[J]. 中共中央党校学报,2014,18(6):40-45.
[146] 庞红付. 马克思实践观的逻辑演进:从《提纲》"实践"到《形态》"物质生产"[J]. 社会科学家,2014(6):15-18.
[147] 邹诗鹏. "实践唯物主义"与唯物史观的相通性:基于《关于费尔巴哈的提

纲》与《德意志意识形态》的探讨[J]. 马克思主义与现实,2015(4):22-32.
[148] 王国兵,雷龙乾. 实践与现实的竞合:马克思主义实践哲学中的“三种现实”[J]. 广西社会科学,2017(10):110-113.
[149] 袁伟. 马克思实践观思想发展研究[J]. 中共浙江省委党校学报,2017,33(6):76-83.
[150] 杨松. 马克思主义实践观的视角:“事实”何以推出“价值”[J]. 中国人民大学学报,2018,32(3):71-78.
[151] 刘宇. 马克思主义实践哲学视域下的实践具体化和实践叙事问题[J]. 哲学研究,2018(6):26-33.
[152] 雷龙乾. 批判的批判:中国马克思主义实践哲学的“超限”内蕴[J]. 思想战线,2018,44(5):162-172.
[153] 黄耀霞. 马克思科学实践观的诞生及其历史意义[J]. 马克思主义理论学科研究,2019,5(5):180-187.
[154] 周康林,郝立新. 新时代中国马克思主义实践观论析[J]. 中国特色社会主义研究,2019,(2):26-31,40.
[155] 刘爱莲,于涛. 马克思主义实践观与中国传统文化的“知行合一”[J]. 人民论坛,2019(5):108-109.
[156] 李冉. 中国道路与马克思实践观的革命性质[J]. 理论探讨,2019(3):62-67.
[157] 李哲. 用马克思主义实践观引领时代[J]. 人民论坛,2019(5):104-105.
[158] 韩庆祥. 马克思主义“实践生成论”及其本源意义[J]. 哲学动态,2019(12):5-12.
[159] 李坤. 论马克思实践观的四个维度[J]. 天津师范大学学报(社会科学版),2019(4):30-35.
[160] 张盾. 马克思的“新唯物主义”如何可能:论实践哲学的构成和限度[J]. 哲学研究,2019(2):9-22.
[161] 曹瑜. 马克思主义实践哲学的三重超越[J]. 学习与实践,2020(12):14-20.
[162] 杨玉成. 马克思主义实践论的人与自然观[J]. 人民论坛,2020(19):82-85.
[163] 何萍. 中国马克思主义实践哲学研究的当代价值:以中国理性思维方式的建构为主线[J]. 哲学动态,2020(9):5-15.
[164] 王邵军. 马克思主义实践观及实践思政研究[J]. 山东社会科学,2020(11):164-169.
[165] 仲帅,杨思远. 批判的批判:康德宗教神学之超越:基于马克思主义实践观

[J]. 浙江社会科学,2021(2):104-111.

[166] 李萍,卢俊豪. 理由与价值何者优先:从实践哲学维度探寻游叙弗伦难题之解[J]. 中国人民大学学报,2021,35(4):38-49.

[167] 付文军. 论马克思实践观的原则与高度[J]. 思想教育研究,2021(8):83-88.

[168] 张秀琴. 实践唯物主义中的"实践"概念:基于概念史的考察[J]. 社会科学辑刊,2021(6):13-19.

[169] 刘诤,李慧娟. 青年马克思实践观变革的"双重逻辑":基于《1844 年经济学哲学手稿》的考察[J]. 社会科学战线,2022(11):256-261.

[170] 成素梅,郭贵春. 量子测量解释的研究现状与视角[J]. 科学技术与辩证法,2003,20(1):45-50.

[171] 成素梅. 量子测量的相对态解释及其理解[J]. 自然辩证法研究,2004,20(3):23-33.

[172] 成素梅,郭贵春. 量子测量的玻尔解释语境[J]. 山西大学学报(哲学社会科学版),2004,27(3):7-11.

[173] 成素梅,郭贵春. 量子测量的玻姆解释语境[J]. 自然辩证法通讯,2004,26(4):29-35.

[174] 乔灵爱,成素梅. 论量子测量解释中的实在观[J]. 自然辩证法研究,2005,21(5):17-20.

[175] 成素梅. 量子纠缠证明了"意识是物质的基础"吗?[J]. 华东师范大学学报(哲学社会科学版),2018,50(1):66-72.

[176] 成素梅. 量子理论的哲学宣言[J]. 中国社会科学,2019(2):49-58.

[177] 成素梅. 科学与哲学在哪里相遇?——从量子理论的发展史来看[J]. 社会科学战线,2022(1):7-16.

[178] 付长珍,成素梅,刘梁剑. 量子论、量子思维与面向未来的科技伦理:钱旭红院士访谈[J]. 华东师范大学学报(哲学社会科学版),2022,54(2):29-37.

[179] 李宏芳,贺天平. 量子测量理论的认识论发展及新趋向:从多心解释到退相干解释与量子统计的结盟[J]. 科学技术与辩证法,2008,25(2):36-40.

[180] 李宏芳. 量子测量理论的认识论发展:从标准解释到隐参量理论[J]. 自然辩证法研究,2009,25(2):20-24.

[181] 李宏芳. 量子理论对于哲学的挑战[J]. 学习与探索,2010(6):13-17.

[182] 李宏芳,吴新忠. 量子测量与时间之箭[J]. 科学技术哲学研究,2011,28(6):11-16.

[183] 李宏芳. 量子信息的两种哲学研究进路[J]. 自然辩证法通讯, 2013, 35(4): 14-19.

[184] 郭贵春, 赵丹. 从信息传输看量子测量过程[J]. 自然辩证法研究, 2005, 21(9): 23-28.

[185] 赵丹. 量子测量的理论语境[J]. 科学技术哲学研究, 2011, 28(1): 34-39.

[186] 赵丹, 高策. 在真相与后真相之间: 量子引力理论蕴含的时空观[J]. 自然辩证法通讯, 2020, 42(1): 31-36.

[187] 张丽. 量子测量中的多世界解释理论研究述评[J]. 哲学动态, 2010(7): 85-90.

[188] 张丽. 量子测量中的多世界理论及其意义分析[J]. 自然辩证法通讯, 2012, 34(2): 12-17.

[189] 万小龙. 范·弗拉森关于量子测量的模态解释[J]. 自然辩证法通讯, 2002, 24(6): 21-26.

[190] 万小龙. 表征主义: 当代科学哲学与量子力学哲学的一个新动向: 访法国量子力学哲学家彼得保尔[J]. 哲学动态, 2004(3): 42-45.

[191] 陈思, 万小龙. 量子视域: 意识研究的新进路[J]. 自然辩证法通讯, 2014, 36(3): 1-5.

[192] 吴国林. 量子非定域性及其哲学意义[J]. 哲学研究, 2006(9): 90-96.

[193] 吴国林. 格罗夫算法、量子控制及其对量子测量的意义[J]. 自然辩证法研究, 2011, 27(1): 13-17.

[194] 吴国林. 量子技术的哲学意蕴[J]. 哲学动态, 2013(8): 84-90.

[195] 吴国林, 叶汉钧. 量子诠释学论纲: 兼论公共阐释[J]. 学术研究, 2018(3): 9-19.

[196] 吴国林. 超验与量子诠释[J]. 中国社会科学, 2019(2): 38-48.

[197] 唐先一, 张志林. 量子力学诠释综论[J]. 自然辩证法通讯, 2016, 38(6): 29-40.

[198] 唐先一, 张志林. 量子测量问题新解[J]. 自然辩证法研究, 2016, 32(2): 98-102.

[199] 沈健. 量子测量的还原困惑及其消解[J]. 自然辩证法通讯, 2007, 29(2): 38-43.

[200] 沈健. 从哲学视角看量子干涉、纠缠与消相干[J]. 现代哲学, 2009(5): 89-94.

[201] 陈明益, 桂起权. 从逻辑哲学观点看量子逻辑[J]. 自然辩证法通讯, 2011, 33(3): 5-11.

[202] 鲁品越. 因果性与统计关联:量子哲学的根本问题:《量子论与科学哲学的发展》要义发微[J]. 科学技术哲学研究,2014,31(1):109-112.
[203] 郭贵春,刘敏. 量子空间的维度[J]. 哲学动态,2015(6):83-90.
[204] 林运国,李永明. 量子测量逻辑与推理理论[J]. 陕西师范大学学报(自然科学版),2016,44(6):6-13.
[205] 李继堂. 从量子力学解释到量子场论解释[J]. 科学技术哲学研究,2017,34(1):36-40.
[206] 李德新. 量子粒子的同一性问题研究[J]. 科学技术哲学研究,2017,34(5):55-61.
[207] 孙岩,傅星源. 主体与真理之间:量子力学解释的齐泽克路径[J]. 自然辩证法研究,2017,33(10):3-9.
[208] 梁栋. 逆向因果关系:哲学与物理的反思[J]. 自然辩证法通讯,2018,40(2):31-38.
[209] 吴胜锋. 量子力学与当代心灵哲学中的二元论[J]. 科学技术哲学研究,2019,36(4):59-64.
[210] 郝刘祥. 哲学与物理学相遇在量子世界[J]. 中国科学院院刊,2021,36(1):28-36.
[211] 孙昌璞. 量子力学诠释与波普尔哲学的“三个世界”[J]. 中国科学院院刊,2021,36(3):296-307.
[212] 王凯宁. 量子力学的信息论重构及其实在论意义[J]. 科学技术哲学研究,2022,39(4):21-27.
[213] 郭齐勇. 论熊十力“天人不二”的思维模式[J]. 江汉论坛,1985(11):32-34.
[214] 蒋邦芹. 海德格尔论“动物缺乏世界”[J]. 江苏社会科学,2013(2):52-59.
[215] 姚卫群. 早期佛教的基本教义与奥义书思想[J]. 北京大学学报(哲学社会科学版),2007,44(2):29-35.
[216] 朱成明. 存在的分流:对印度哲学开端的初步思考[J]. 世界哲学,2016(1):151-159.
[217] 刘放桐. 现代西方人本主义哲学思潮的来龙去脉(上)[J]. 复旦学报(社会科学版),1983,(3):70-77.
[218] 刘放桐. 现代西方人本主义哲学思潮的来龙去脉(下)[J]. 复旦学报(社会科学版),1983,(4):47-54.
[219] 孙正聿. 从两极到中介:现代哲学的革命[J]. 哲学研究,1988(8):3-10.
[220] 罗骞. 马克思的唯物主义为何是历史的且辩证的?[J]. 南京大学学报(哲

学·人文科学·社会科学),2016,53(1):15-20.
[221] 杨耕.论辩证唯物主义、历史唯物主义、实践唯物主义的内涵:基于概念史的考察与审视[J].南京大学学报(哲学·人文科学·社会科学),2016,53(2):5-25.

报刊:

[1] 顾兆农,付文.扎根中国实践　树立理论自信:湖北省马克思主义实践观讨论综述[N].人民日报,2013-06-12(2).
[2] 牛冬杰.追求马克思主义的实践观[N].中国社会科学报,2016-08-15(1).
[3] 彭劲松.实践超越是马克思主义哲学的特质[N].光明日报,2017-03-27(15).
[4] 任平.深入认识新时代马克思主义实践观[N].人民日报,2018-06-25(16).
[5] 仲呈祥.坚持马克思主义基本原理同中华优秀传统文化相结合:习近平总书记在庆祝中国共产党成立100周年大会上的重要讲话学习笔记十题[N].中国艺术报,2021-07-16(3).
[6] 陈香.杨耕的哲学人生:生命与使命同行[N].中华读书报,2018-03-07(6).